本丛书为
北京外国语大学中国文化"走出去"协同创新中心重点项目

中国文化『走出去』研究丛书

总主编 张西平

中国文化"走出去"研究总论

General Research on Chinese Culture "Going-Global"

张西平 管永前 主编

北京大学出版社
PEKING UNIVERSITY PRESS

图书在版编目(CIP)数据

中国文化"走出去"研究总论/张西平，管永前主编.—北京：北京大学出版社，2016.6
ISBN 978-7-301-27172-8

Ⅰ.①中… Ⅱ.①张…②管… Ⅲ.①中国文化—文化传播—文集 Ⅳ.① G125-53

中国版本图书馆 CIP 数据核字 (2016) 第 120833 号

书　　　名	中国文化"走出去"研究总论 ZHONGGUO WENHUA "ZOUCHUQU" YANJIU ZONGLUN
著作责任者	张西平　管永前　主编
责任编辑	张　冰　朱房煦
标准书号	ISBN 978-7-301-27172-8
出版发行	北京大学出版社
地　　　址	北京市海淀区成府路 205 号　100871
网　　　址	http://www.pup.cn　新浪微博：@北京大学出版社
电子信箱	zhufangxu@yeah.net
电　　　话	邮购部 62752015　发行部 62750672　编辑部 62754382
印刷者	北京大学印刷厂
经销者	新华书店 720 毫米 ×1020 毫米　16 开本　28.75 印张　420 千字 2016 年 6 月第 1 版　2016 年 6 月第 1 次印刷
定　　　价	82.00 元

未经许可，不得以任何方式复制或抄袭本书之部分或全部内容。
版权所有，侵权必究
举报电话：010-62752024　电子信箱：fd@pup.pku.edu.cn
图书如有印装质量问题，请与出版部联系，电话：010-62756370

中国文化"走出去"研究丛书编辑委员会

主　任：韩　震　彭　龙
副主任：孙有中　张朝意

总主编：张西平
副总主编：何明星　管永前　郭景红
编辑委员会成员：（以姓氏笔画为序）
　　　　　　　　叶　飞　朱新梅　刘　琛　吴应辉
　　　　　　　　何明星　张西平　张妮妮　张晓慧
　　　　　　　　宫玉选　姚建彬　钱　伟　郭奇军

总　序

提高中国文化国际影响力的新尝试

2013年11月12日,党的十八届三中全会通过的《中共中央关于全面深化改革若干重大问题的决定》,首次明确提出"加强中国特色新型智库建设,建立健全决策咨询制度"。2014年10月27日,习近平总书记在中央全面深化改革领导小组第六次会议中强调,要重点建设一批具有较大影响和国际知名度的高端智库。2014年2月10日教育部印发《中国特色新型高校智库建设推进计划》,2015年1月20日,中共中央办公厅和国务院办公厅联合印发了《关于加强中国特色新型智库建设的意见》,这标志着我国由政府统筹的高校智库建设正式启动。

《关于加强中国特色新型智库建设的意见》中对高校智库提出专门的要求,文件指出:"推动高校智库发展完善。发挥高校学科齐全、人才密集和对外交流广泛的优势,深入实施中国特色新型高校智库建设推进计划,推动高校智力服务能力整体提升。深化高校智库管理体制改革,创新组织形式,整合优质资源,着力打造一批党和政府信得过、用得上的新型智库,建设一批社会科学专题数据库和实验室、软科学研究基地。实施高校哲学社会科学'走出去'计划,重点建设一批全球和区域问题研究基地、海外中国学术研究中心。"教育部在《中国特色新型高校智库建设推进计划》文件中就高校智库要"聚焦国家急需,确定主攻方向",将"文化建设"列为主攻方向之一,文件指出"围绕提升国家软实力、深化文化体制改革等重大问题,重点推进社会主义核心价值体系建设、中华优秀传统文化传承创新、文化产业发展、中国文化'走出去'等重点领域研究"。

中国文化"走出去"是一个伟大的事业,"提高中国文化国际影响力"是几代人共同的奋斗目标,因为这样一个目标是和整个世界格局的转变联系在一起的。我们必须认识到中国文化"走出去"绝非一路凯歌,中国文化将随着中国国家整体实力的崛起,重新回到世界文化的中心,在整个过程中伴随着与西方文化占主导地位的世界文化格局的博弈,这个历史过程必将充满变数,一切都是崭新的。因此,中国文化"走出去"的战略研究需要有我们对中国文化自我表达的创新研究为基础,有对中国文化在世界各民族的传播轨迹与路径、各国汉学(中国学)发展与历史变迁、世界各国的中国形象形成的机制等问题的系统深入的学术研究做支撑,才能真正揭示文明互鉴中的中国文化的世界性意义,做出有学术含量和有实际指导意义的战略研究。

一、文化自觉是中国文化"走出去"的前提

中华文明是人类历史上最古老的文明之一,是唯一流传至今,仍生机勃勃的文明。中华文化不仅始终保持着独立的、一以贯之的发展系统,而且长期以来以其高度的发展影响着周边的文化。从秦至清大约两千年间,中国始终是亚洲历史舞台上的主角,中华文明强烈地影响着东亚国家。在19世纪以前,以中国文化为中心,形成了包括中国在内的日本、朝鲜、越南的中华文化圈。由此,成为与西方的基督教文化圈、东正教文化圈、伊斯兰教文化圈和印度文化圈共存的世界五大文化圈之一。

近代以来中国文化历经磨难,即便此时,中国知识分子对其的祈盼从未停顿。"纵有千古,横有八荒。前途似海,来日方长。美哉我少年中国,与天不老,壮哉我中国少年,与国无疆。"①梁启超这激越的文字给处在转折中的中国人多少理想。

---

① 梁启超:《少年中国说》。

19世纪以来,中国已经不可能在自己固有的文化发展的逻辑中演化前进。作为后发现代化的中国,在西方外来势力的干扰下,打断了它自身发展的逻辑,而中华文化其固有的深厚底蕴,中国人民顽强的奋进和努力的探索,也不可能使外来文化毫不改变地移植到中国。"中国近现代新文化既非单纯的西学东渐,也非中华传统文化全方位的直接延续,而是西学与中国传统文化相杂交、相化合的产物。"①

当代中国的发展有着自己的逻辑,它所取得的伟大成就并非空中楼阁,中华文化是其伟大成就的思想支撑。中国的古代、近代和现代文化并不是一个断裂的文化,中国古代文化并未死亡,它以新的形态存活在当代文化中,从近代以来中国传统文化所面临的主要问题是如何消化西方文化的问题,完成自己的社会转变。中国有着自己的文化和历史,它不需要,也不可能完全按照西方的道路实现自己的现代化,而是要学习西方乃至世界各种先进和优秀的文化为我所用,在自己文化的基础上创造新的文化。近四百年的中国文化的演变大体是沿着这样的逻辑发展的。中国文化并不是一个博物馆的文化,一个只是发古人之幽思的死去的文化,它活着,它是发展的。中国文化从晚明以来的四百年历史有着一个一以贯之的逻辑和思想:学习西方、走自己的路,这样的自觉性使得中国文化获得新生。三千年、一百年、六十年,环环相扣,代代相传,万变不离其宗,中国文化,历经磨难,凤凰涅槃。

国家的独立、民族的自觉是中国文化百年变更的一个最重要成果,中华民族在1949年获得国家的独立和民族文化的再生有着中国历史和文化的内在逻辑。美国著名中国学家费正清告诫西方人"要了解中国,不能仅仅靠移植西方的名词,它是一个不同的生命。它的政治只能从其内部进行演变性的了解"。他又说:"中国的国家和社会的当代的形式,是一个基本上独立的进化过程的最终产品,它可以与希腊—罗马的犹太—基督教的西方相比,但绝不是一样的。"②文化民族主义、在西方帝国主义压迫下的国家独立与民族存亡的思想、

---

① 冯天瑜、何晓明、周积明:《中华文化史》第2卷,上海:上海人民出版社,2005年,第924页。
② [美]R.麦克法夸尔、[美]费正清:《革命的中国兴起》,北京:中国社会科学出版社,1990年,第14、15页。

中国几千年的传统文化,所有这些构成了中国当代历史发展的逻辑基础。历史中国和当代中国是融合在一起的一个完整的中国。

今天发展的中国以更大的包容性吸收着各种外来文化,在这个"三千年未有之变局"的伟大历史转折中,中国的传统文化作为它的底色,为现代文化的创新提供了智慧和思想,近现代文化的变迁和发展成为我们今天创造新文化的出发点。正像经过六百年的消化和吸收,中国彻底完成了对佛教的吸收一样。四百年来对西方文化的吸收与改造为今天中华文化的重建打下了坚实的基础,中国以其特有的古代文化的资源和现代文化再生的历程可以给当代世界展示其文化的独特魅力,可以为今天的世界提供一种古代与现代融为一体的智慧与思想。中国传统文化经过近代和当代的洗礼,以新的形态存活在中国人的心中,经过近现代西方文化洗礼后的中华文化仍是我们中国人的精神家园。

在探索中行进的中国人并未迷路,在困顿中创新的中国人并未停顿探索。分歧和争论时时发生,矛盾与苦恼处处缠绕着我们,但我们知道这是一个更为成熟的新的文化形态形成的标志;思想从未像今天这样活跃,社会生活从未像今天这样复杂多面,历史的转型从未像今天这样急速,但我们知道,我们在开创着历史,这一切都是崭新的。在向世界学习的过程中,我们的文化观念开始开阔,在消化外来文化之时,我们开始自觉。在发展中我们获得新生,在伟大的历史成就面前我们有理由为我们的文化感到自豪。中国近三十年所取得的伟大成就完全可以和人类史上任何一段最辉煌的历史相比,我们有理由将自己积淀在三千年文化基础上,历经百年磨难后在这个伟大的时代所迸发出来的思想和智慧介绍给世界,与各国人民分享中国的智慧。

二、全球视野是中国文化"走出去"的学术基础

梁启超当年在谈到中国历史的研究时曾说过,根据中国的历史的发展,研究中国的历史可以划分为:"中国之中国""亚洲之中国"以及"世界之中国"三个阶段。所谓"中国之中国"的研究阶段是指中国

的先秦史,自黄帝时代直至秦统一。这是"中国民族自发达自竞争自团结之时代。"所谓"亚洲之中国"的研究阶段,是为中世史,时间是从秦统一后至清代乾隆末年。这是中华民族与亚洲各民族相互交流并不断融合的时代。所谓"世界之中国"的研究阶段是为近世史。自乾隆末年至当时,这是中华民族与亚洲各民族开始同西方民族交流并产生激烈竞争之时代。由此开始,中国成为世界的一部分。

梁公这样的历时性划分虽然有一定的道理,但实际上中国和世界的关系是一直存在的,尽管中国的地缘有一定的封闭性,但中国文化从一开始就不是一个封闭的文化。中国和世界的关系,并不是从乾隆年间才开始。中国文化在东亚的传播,如果从汉籍传入为起点已经有一千多年①,中国和欧洲的关系也可追溯到久远年代,在汉书中已经有了"大秦国"的记载②,而早在希腊拉丁作家的著作中也开始有了中国的记载,虽然在地理和名称上都尚不准确③。我将西方对中国的认识划分为"游记汉学阶段""传教士汉学阶段"和"专业汉学阶段"三个阶段,虽然这样的划分有待细化,但大体说明欧洲人对中国认识的历史进程。这说明中国文化从来就不是一个完全封闭性的文化,它是在与外部世界文化的交流和会通中发展起来的。因此,在世界范围展开中国文化的研究,这是中国文化的历史本质所要求的。唯有此,才能真正揭示中国文化的世界性意义。

中国文化要"走出去",必须具有全球视野,这就要求我们要探索中国文化对世界各国的传播与影响,对在世界范围内展开的中国文化研究给予学术的关照。在中外文化交流史的背景下追踪中国文化典籍外传的历史与轨迹,梳理中国文化典籍外译的历史、人物和各种译本,研究各国汉学(中国学)发展与变迁的历史,并通过对各国重要的汉学家、汉学名著的翻译和研究,勾勒出世界主要国家汉学(中国学)的发展史。

---

① 参阅严绍璗:《日本中国学史》,南昌:江西人民出版社,1999年。
② 参阅[德]夏德著、朱杰勤译:《大秦国全录》,郑州:大象出版社,2009年;[美]费雷德里克·J.梯加特著、丘进译:《罗马与中国》,郑州:大象出版社,2009年;[英]H.裕尔著、张绪山译:《东域纪程录丛》,昆明:云南人民出版社,2002年。
③ [法]戈岱司编、耿昇译:《希腊拉丁作家远东古文献辑录》,北京:中华书局,1987年。

严绍璗先生在谈到近三十年来的海外汉学（中国学）研究的意义时说："对中国学术界来说，国际中国学（汉学）正在成为一门引人注目的学术。它意味着我国学术界对中国文化所具有的世界历史性意义的认识愈来愈深入；也意味着我国学术界愈来愈多的人士开始认识到，中国文化作为世界人类的共同精神财富，对它的研究，事实上具有世界性。或许可以说，这是20年来我国人文科学的学术观念的最重要的转变与最重大的提升的标志。"①

我们必须看到中国文化学术的研究已经是一项国际性的学术事业，我们应该在世界范围内展开对中国人文学术的研究，诸如文学、历史、哲学、艺术、宗教、考古，等等，严先生所说的"我国人文科学的学术观念的最重要的转变与最重大的提升"，就是说对中国人文的研究已经不仅仅局限在中国本土，而应在世界范围内展开。

当年梁启超这样立论他的中国历史研究时就有两个目的：其一，对西方主导的世界史不满意，因为在西方主导的世界史中国对人类史的贡献是看不到的。1901年，他在《中国史叙论》中说："今世之著世界史者，必以泰西各国为中心点，虽日本、俄罗斯之史家（凡著世界史者，日本、俄罗斯皆摈不录）亦无异议焉。盖以过去、现在之间，能推衍文明之力以左右世界者，实惟泰西民族，而他族莫能与争也。"这里他对"西方中心论"的不满已经十分清楚。其二，从世界史的角度重新看待中国文化的地位和贡献。他指出中国史主要应"说明中国民族所产文化，以何为基本，其与世界他部分文化相互之影响何如"，"说明中国民族在人类全体上之位置及其特性，与其将来对人类所应负之责任"。② 虽然当时中国弱积弱贫，但他认为："中国文明力未必不可以左右世界，即中国史在世界史中当占一强有力之位置也。"③

只有对在世界范围内展开的中国文化研究给予关照，打通中外，从世界的观点来看中国才能揭示中国文化的共同价值和意义。

---

① 任继愈主编：《国际汉学》第5期，郑州：大象出版社，2000年，第6页。
② 梁启超：《中国历史研究法》，《饮冰室合集》专集之七十三，第7页。
③ 梁启超：《中国史叙论》，《饮冰室合集》文集之六，第2页。

三、中国文化学术"走出去"的宏观思考

发展的中国需要在世界范围内重塑自己的国际形象,作为世界大国的中国需要在世界话语体系中有自己的声音,作为唯一延续下来的世界文明古国的中国应向世界展示中华文明特有的魅力,而要做到这一点,进一步推动中国文化走向世界,在世界范围内从更高的学术层面介绍中国文化已经成为中国和平发展之急需。

中国现在已经成为世界性大国,中国不仅在全球有着自己的政治利益和经济利益,同时也有着自己的文化利益。一个大国的崛起不仅仅是经济和政治的崛起,同时也是文化和价值观念的崛起。因此,我们不仅需要从全球的角度谋划我们的经济和政治的发展,同时也需要对中国学术和文化在全球的发展有战略性的规划,从而为中国的国家利益提供学术、文化与价值的支撑。

语言是基础,文化是外围,学术是核心,这是世界主要国家向外部传播自己的文化和观念的基本经验。我们应认真吸取这些经验,在继续做好孔子学院和中国文化中心建设的同时,开始设计中国人文社会科学"走出去"的战略计划,并将中国人文社会科学"走出去"的规划置于国家软实力"走出去"整体战略的核心,给予充分的重视和支持。我们应清醒地认识到:真正能够最终为国家的战略发展服务,使中国影响世界,确保中国发展的和平世界环境,并逐步开始使中国掌握学术和思想的话语权的是中国人文社会科学的研究在世界范围内产生影响。所以,要有更大的眼光,更深刻的认识来全面规划中国人文社会科学的"走出去"战略,提升中国软实力"走出去"的层次和水平,从而使中国的"走出去"战略有分工,有合作,有层次,有计划,形成整个中国软实力"走出去"的整体力量,为中国的进一步发展服务。

在传播自己文化和学术时最忌讳的是将国内政治运作的方式搬到国外。中国人文社会科学学术"走出去"的大忌是:不做调查研究,不从实际出发,在布局和展开这项工作中不是从国外的实际形势出发,完全依靠个人经验和意志来进行决策。在工作内容上,只求国内

舆论的热闹,完全不按照学术和文化本身的特点运作,这样必然最终会使中国学术"走出去"计划失败。不大张旗鼓,不轰轰烈烈,"随风潜入夜,润物细无声",这是它的基本工作方式。在工作的布局和节奏上要掌握好,要有全局性的考虑,全国一盘棋,将学术"走出去"和国家的大战略紧密配合,连成一体。

在全球化的今天,在中国已经成为世界大国的今天,我们应反思我们过去外宣存在的问题,以适应新的形势和新的发展。要根据新的形势,重新思考中国学术"走出去"的思路。以下两个思路是要特别注意避免的。

意识形态的宣传方式。冷战已经结束,冷战时的一些语言和宣传的方法要改变,现在是你中有我,我中有你。从全球化的角度讲中国的贡献;从世界近代史的角度讲中国现代历史的合理性;在金融危机情况下,介绍中国道路和中国模式。这样要比单纯讲中国的成就更为合理。冷战结束,并不意味着西方对中国文化的态度转变。但目前在西方对中国的态度中既有国家的立场,也有意识形态的立场。如何分清西方的这两种立场,有效地宣传中国是很重要的。要解决这个问题就必须站在全球化的背景下考虑国家的利益,站在世界的角度为中国辩护。

西方中心主义的模式。在看待中国和世界的关系时没有文化自觉,没有中国立场是个很严重的问题。一切跟着西方跑,在观念、规则、方法上都是西方的,缺乏文化的自觉性,这样的文化立场在国内已经存在很长时间,因而必然影响我们的学术"走出去"。中国有着自己的历史和文化传统,不能完全按照西方的模式来指导中国的发展。要从文化的多元性说明中国的正当性。那种在骨子里看不起自己的文化,对西方文化顶礼膜拜的观念是极其危险的,这样的观念将会使中国学术"走出去"彻底失败。

四、对话与博弈将是我们与西方文化相处的常态

随着我国综合国力的不断增强,中华文化在世界文化格局中的地位越来越重要。当前,推动中华文化"走出去"、提高中华文化国际

影响力,可谓正逢其时。同时也应清醒地认识到,中华文化"走出去"的过程不可能一帆风顺,必然要付出一番艰辛努力。在这个过程中,我们要认真吸收借鉴世界其他民族的优秀文化,使之为我所用;同时要在世界舞台展现中华文化的魅力,让世界了解中华文化的价值。

近代以来,西方国家在世界文化格局中一直处于主导地位。我国在政治制度、文化传统等方面与西方国家存在较大差异,一些西方媒体至今仍惯用冷战思维、戴着有色眼镜看待中国,甚至从一些文化问题入手,频频向我们提出质疑、诘问。如何应对西方在文化上对中国的偏见、误解,甚至挑衅,是推动中华文化"走出去"必须要认真对待和解决的问题。我们应积极开展平等的文化交流对话,在与其他国家文化交流互动中阐明自己的观点主张,在回击无理指责、澄清误读误解中寻找共同点、增进共识。习近平主席在许多重要外交场合发表讲话,勾画了中华文化的基本立场和轮廓,表达了对待西方文化和世界各种文化的态度。他指出:"当代中国是历史中国的延续和发展,当代中国思想文化也是中国传统思想文化的传承和升华,要认识今天的中国、今天的中国人,就要深入了解中国的文化血脉,准确把握滋养中国人的文化土壤。"这是对中国历史文化发展脉络的科学阐释,为推动中华文化"走出去"、为世界深入了解中华文化提供了基本立足点和视角。他还指出,"文化因交流而多彩,文明因互鉴而丰富",为不同文化进行平等交流提供了宽广视野和理论支撑。

推动中华文化"走出去",既需要我们以多种形式向世界推介中华文化,也需要国内学术界、文化界进一步加强与拓展对其他国家优秀文化传统和成果的研究阐发。同时,对其他国家,尤其是西方国家来说,认识和理解历史悠久又不断焕发新的生机的中华文化,也是一个重要课题。对话与博弈,将是未来相当长时间我们与西方文化相处的基本状态。

在文化传播方面改变西强我弱的局面,推动文化平等交流,需要创新和发展我们自己的传播学理论,努力占据世界文化交流对话的制高点。这需要我们深入探究当今世界格局变化的文化背景与原因,探索建构既具有中国特色,又具有国际视野的文化话语体系,进一步增强我们在世界文化发展中的话语权。需要强调的是,文化与意识形态紧密联系，文化传播工作者一定要把文化传播与维护意识形态安全作为一体两面，纳入自己对中华文化"走出去"的理解与实践。应时刻牢记，"不断扩大中华文化国际影响力，形成与我国国际地位相称的文化软实力，牢牢掌握思想文化领域国际斗争主动权，切实维护国家文化安全"是中华文化"走出去"的根本与前提。

五、发挥外语大学的学术优势，服务国家文化发展战略

北京外国语大学在65年校庆时正式提出北外的战略使命是"把世界介绍给中国和把中国介绍给世界"。这是我国外语大学第一次自觉地将大学的发展与国家的战略任务紧密结合起来。因为中国文化"走出去"是说着外语"走出去"的。同时，中国文化"走出去"作为一项国家战略，急需加强顶层设计、建设高端智库，从中国的国家实力和地位出发，为中国文化"走出去"设计总体战略、中长期发展规划提供咨询；急需充分发挥高校的人才培养的优势，解决当下中国文化"走出去"人才匮乏，高端人才稀缺的不利局面；急需动员高校的学术力量，对中国文化在海外传播的历史、特点、规律做系统研究，为中国文化"走出去"提供学术支撑；急需从国家文化战略的高度做好海外汉学家的工作，充分发挥汉学家在中国文化海外传播的重要作用，培养传播中国文化的国际队伍与本土力量。正是在这样的思考下，北外在2012年建立了中国文化"走出去"协同创新中心，与国内高校、国家机关、学术团体等联合展开中国文化"走出去"的战略研究，为中国文化全球发展提供智慧，为中国文化全球发展培养人才队伍。

战略研究、人才培养、政策建言、舆论引导和公共外交是智库的五大功能。北京外国语大学作为以中国文化在全球发展为其研究目标的智库，这五大功能更有着自己特殊的意义。

就战略研究来说，中国文化"走出去"是一个伟大的事业，"提高中国文化国际影响力"是几代人共同的奋斗目标，因为这样一个目标是和整个世界格局的转变联系在一起的。我们必须认识到中国文化"走出去"绝非一路凯歌，中国文化将随着中国国家整体实力的崛起，

重新回到世界文化的中心,在整个过程中伴随着与西方文化占主导地位的世界文化格局的博弈。因此,中国文化"走出去"的战略研究需要有我们对中国文化自我表达的创新研究为基础,有对中国文化在世界各民族的传播轨迹与路径、各国汉学(中国学)发展与历史变迁、世界各国的中国形象形成的机制等问题的系统深入的学术研究做支撑,只有这样才能真正揭示文明互鉴中的中国文化的世界性意义,做出有学术含量和有实际指导意义的战略研究。

就人才培养来说,北京外国语大紧密配合中国国家利益在全球发展的利益新需求,在做好为国家部门、企业和社会急需的跨文化交流人才培养,做好文化"走出去"急需的复合型专门人才、战略性语言人才和国际化领袖人才的培养方面已经取得了重要的成果,成为我国高端外语人才的培养基地,中国文化"走出去"高端人才培养基地,中国外交家的摇篮。

就政策建言来说,《中国文化"走出去"年度研究报告》是我们的主要成果,这份年度报告至今仍是国内唯一一份跨行业、跨学科,全面展现中国文化"走出去"的研究报告,也是国内高校唯一一份系统考察中国文化"走出去"轨迹,并从学术上加以总结的年度研究报告。2013年我们已经出版了《中国文化走出去年度研究报告(2012卷)》,这次我们出版的《中国文化"走出去"年度研究报告(2015卷)》给读者呈现中国文化在全球发展的新进展、新成果以及我们对其的新思考。为全面总结中国文化"走出去"战略的实施,总结经验,这次我们编辑了近十年来在中国文化"走出去"的各个领域的重要文章。读者可以从这些文集中看到我国各个行业与领域对中国文化"走出去"的认识。

就舆论引导而言,2015年央视多个频道播出了由北外中国海外汉学研究中心主编的大型学术纪录片《纽带》,受到学术界各方面的好评。

2016年是北外中国海外汉学研究中心成立20周年。北外中国海外汉学研究中心作为北外中国文化"走出去"协同创新中心的核心实体单位做了大量的工作。高校智库建设是"以学者为核心,以机构建设为重点,以项目为抓手,以成果转化平台为基础,创新体制机制,整合优质资源,打造高校智库品牌"。作为我校中国文化"走出去"协同创新中心的核心实体单位,为进一步做好智库建设,2015年6月我们将"中国海外汉学研究中心"更名为"国际中国文化研究院",新的名称含有新的寓意,这就是我们的研究对象不再仅仅局限于海外汉学研究,而是把中国文化在海外传播与发展作为我们的研究对象;新的名称预示着我们有了新的目标,我们不仅要在中国文化海外传播的历史、文献、规律等基础学术研究上推出新的研究成果,同时,也预示着我们开始扩张我们的学术研究领域,将当下中国文化在全球的发展研究作为我们的重要任务之一。这次更名表明了我们不仅要在海外汉学研究这一学术研究领域居于领先地位,而且要将我们的基础研究转化为服务国家文化发展的智慧,努力将"国际中国文化研究院"建设成一流的国家智库。

在"我国前所未有地靠近世界舞台中心,前所未有地接近实现中华民族伟大复兴目标、前所未有地具有实现这个目标的能力和信心"这样伟大的历史时刻,回顾我们20年的学术历程,或许李大钊先生的"铁肩担道义,妙手著文章"是我们最好的总结,将安静的书桌和沸腾的生活融合在一起将是我们今后追求的目标。

谨以此为序。

张西平

2016年3月5日写于岳各庄东路阅园小区游心书屋

绪 论

提升中国文化国际影响力

  2016年5月17日,习近平总书记在哲学社会科学工作座谈会上强调指出:"中华民族有着深厚文化传统,形成了富有特色的思想体系,体现了中国人几千年来积累的知识智慧和理性思辨。""要推动中华文明创造性转化、创新性发展,激活其生命力,让中华文明同各国人民创造的多彩文明一道,为人类提供正确精神指引。""面对世界范围内各种思想文化交流交融交锋的新形势,如何加快建设社会主义文化强国、增强文化软实力、提高我国在国际上的话语权,迫切需要哲学社会科学更好发挥作用。"这是对中华文化价值的科学阐释,勾画了中华文化的基本立场和轮廓,表达了对待中华文化和世界各种文化的态度,为推动中华文化"走出去"、为世界深入了解中华文化提供了基本立足点和视角。

  推动中国文化"走出去",提高中华文化国际影响力,是加强国家文化软实力建设,实施"文化强国"战略的重要内容。全球化背景下,各种思想文化交流交融交锋更加频繁,文化在综合国力竞争中的地位和作用更加凸显,维护国家文化安全的任务更加艰巨,增强国家文化软实力、提升中华文化国际影响力的要求更加紧迫。自党的十八大以来,习近平总书记围绕国家文化软实力建设、提升中华文化国际影响力、继承和发扬中国优秀传统文化等主题发表了系列重要讲话,其中包括与俄罗斯汉学家、学习汉语的学生和媒体代表座谈,全国宣传思想工作会议讲话，曲阜孔子研究院座谈会讲话，在中央政治局"提高国家文化软实力研究""培育和弘扬社会主义核心价值观、弘扬中华传统美德"两次集体学习上的讲话，在联合国教科文组织总部的演讲，与德国汉学家、孔子学院师生代表座谈，在纪念孔子诞辰2565周年国际学术研讨会暨国际儒学联合会第五届会员大会开幕式上的讲话，等等。习近平总书记指出，在全面对外开放的条件下做宣传思想工作，一项重要任务就是引导人们更加全面客观地认识当代中国、看待外部世界。宣传阐释中国特色，要讲清楚每个国家和民族的历史传统、文化积淀、基本国情不同，其发展道路必然有着自己的特色；讲清楚中华文化积淀着中华民族最深沉的精神追求，是中华民族生生不息、发展壮大的丰厚滋养；讲清楚中华优秀传统文化是中华民族的突出优势，是我们最深厚的文化软实力；讲清楚中国特色社会主义植根于中华文化沃土、反映中国人民意愿、适应中国和时代发展进步要求，有着深厚历史渊源和广泛现实基础。

中国是世界上最古老的国家之一，在几千年的历史发展中，中华民族创造了源远流长、博大精深的文化。独特的文化传统，独特的历史命运，独特的基本国情，注定了我们必然要走适合自己特点的发展道路。我们要讲好中国故事，传播好中国声音，加强对当代中国价值观念的提炼和阐释，拓展对外传播的平台和载体，把当代中国价值观念贯穿于国际交流和传播的方方面面；要提高对外文化交流水平，完善人文交流机制，创新人文交流方式，综合运用大众传播、群体传播、人际传播等多种方式展示中华文化魅力；要努力提高国际话语权，加强国际传播能力建设，精心构建对外话语体系，发挥好新兴媒体的作用，增强对外话语的创造力、感召力、公信力。党中央的重要决议和习近平总书记的重要讲话均表明，推动中国文化"走出去"，实施文化强国战略，增强国家文化软实力，已经成为新时期国家建设与发展的急需。因此，深入推动中国文化"走出去"，在世界舞台上把中国文化讲清楚，把中国文化的独特优势和个性魅力讲明白，努力消除中外误解、增强文化互动、增进相互理解，为中华民族的顺利崛起争取一个宽松、和平的发展环境，具有十分重要的战略意义。

发展的中国需要在世界范围内塑造自己的国家形象，作为世界大国的中国需要在国际舞台上发出自己的声音。作为唯一文明没有中断过的世界文明古国,中国应向世界展示中华文明特有的魅力。一个国家的强大不仅仅是经济、政治、军事的强大,更要在文化和价值观念上具有世界影响力。我们不仅需要从世界的角度谋划经济和政治发展,也需要对中国学术和文化在世界的发展有战略性规划,为中国的国家利益提供学术、文化与价值的支撑。实现这些目标,需要进一步推动中国文化走向世界,在世界范围内从更高的学术层面介绍中国文化。

正是基于这种考虑,我们组织编写了这本《中国文化"走出去"研究总论》。全书分为四编:第一编为中国文化"走出去"之理论前沿,主要收录党和国家、相关部委领导人关于中国文化"走出去"的讲话和重要学者的理论文章。第二编为中国文化"走出去"之问题与对策,主要探讨当前中国文化"走出去"面临的机遇、挑战与对策。第三编为中国文化"走出去"之翻译,主要探讨文化翻译能力提升与中译外人才培养。第四编为中国文化"走出去"之个案分析,主要总结我国戏剧、音乐、武术、出版、少数民族文化等"走出去"的成效与不足。

我们深知,随着我国综合国力的不断增强,中华文化在世界文化格局中的地位越来越重要。当前,推动中华文化"走出去"、提高中华文化国际影响力,可谓正逢其时。同时也应清醒地认识到,中华文化"走出去"的过程不可能一帆风顺,必然要付出一番艰辛努力。在这个过程中,我们要认真吸收借鉴世界其他民族的优秀文化,使之为我所用;同时要在世界舞台上展现中华文化的魅力,让世界了解中华文化的价值,真正揭示中华文化的世界性意义。

编者

2016 年 6 月 14 日

目 录

第一编　中国文化"走出去"之理论前沿

3　在纪念孔子诞辰 2565 周年国际学术研讨会暨国际儒学联合会第五届会员大会开幕会上的讲话（2014 年 9 月 24 日）
　　习近平

10　大力推动中华文化走向世界
　　刘奇葆

17　新形势下传承和弘扬优秀传统文化的思考
　　蔡　武

28　第二届"文化'走出去'：中国当代文化价值凝聚与国际传播路径"国际论坛会议综述
　　藤依舒　袁　媛

33　国家文化安全战略下的中国文化"走出去"战略
　　苏　毅

48　中国文化"走出去"战略的时代变革与思路创新
　　荆玲玲　张会来

60　推动当代中国文化"走出去"
　　赵少华

63　论中国文化"走出去"
　　张殿军

74　政府定位：文化"走出去"的关键
　　　黄　娟　沈德昌

80　协同创新推动中国文化"走出去"
　　　韩　震　陈海燕

87　中华文化"走出去"新视角
　　　李建军

100　多维视角考量下中华文化"走出去"的战略基点
　　　程　芳

111　对中国文化"走出去"经济政策的思考
　　　——基于政策分析的视角
　　　张　志　席春燕

第二编　中国文化"走出去"之问题与对策

121　当前文化建设的几个重点难点问题
　　　祁述裕

132　关于中国文化"走出去"的若干思考
　　　杨国荣

136　转型期传统文化"走出去"困境考量
　　　蒋云美　何三宁

144　关于中国文化"走出去"战略的几个问题
　　　董德福　孙　昱

156　数字传播条件下中国文化"走出去"的机遇、挑战与对策
　　　王春林

164　文化外交与中国文化"走出去"的动因、问题与对策
　　　张志洲

175　我国文化企业"走出去"：现状、问题及对策
　　　王海文

184　中华文化如何"走出去"
　　　——文化影响力建设的问题、原因与建议
　　　冯颜利

第三编　中国文化"走出去"之翻译

199　文化翻译与文化"走出去"
　　宋建清　高友萍

207　翻译与中国文化外交：历史发展及策略分析
　　孙三军　文　军

220　中国文学出版"走出去"：翻译的困惑、目的与对策
　　栗文达

226　文化"走出去"与复合型翻译人才培养研究
　　张瑜珊

231　翻译能力建构与中译外人才培养
　　吴　赟

245　文化"走出去"战略背景下的中国少数民族文学对外译介反思
　　方仪力

255　从生态位原理看中国文化"走出去"中的翻译活动
　　——新时期"东学西渐"翻译活动的生态位考察
　　罗顺江　王　松

266　"中学西传"之译介模式研究
　　——以寒山诗在美国的成功译介为例
　　鲍晓英

277　论少数民族文化"走出去"的汉译中介模式
　　——从达斡尔族乌钦体民间叙事诗《少郎和岱夫》英译谈起
　　王治国

287　从莫言英译作品译介效果看中国文学"走出去"
　　鲍晓英

第四编　中国文化"走出去"之个案分析

301　以差异化的杂技艺术产品推动文化"走出去"
　　薛金升

307 美国20世纪30年代"京剧热"现象的传播学解读
——中国文化"走出去"战略实施背景下的历史借鉴
沈 静

315 关于我国音乐文化"走出去"的思考
姜 楠

321 中国文化"走出去":外语学科大有作为
王 宁

326 我国高校人文社会科学学术成果的国际影响力分析
——基于"985工程"高校在 Web of Science 期刊发文引文的研究
姚乐野 王阿陶

346 文化"走出去"战略背景下外语期刊的发展思路
张逸岗

352 面向吉尔吉斯斯坦实施文化"走出去"战略研究
——以新疆籍少数民族华人华侨为例
王 静

364 关于中国文化走向阿拉伯世界的一些思考
陈 杰

376 文化"走出去"背景下的我国外国语言文学学科发展战略
戴炜栋 王雪梅

393 论中华文化"走出去"的出版策略
高 奋

401 "走出去"的中国文化:18世纪中国古典戏剧西传
吕世生 刘 浩

413 文化"走出去"战略背景下中国武术对外发展研究
王国志 张宗豪

425 附录:中国文化"走出去"论文存目(2012—2015)

435 论文作者简介

437 编后记

第一编
中国文化"走出去"之理论前沿

党的十八大以来,中央高度重视中华文化"走出去"工作,习近平总书记也多次就中国文化"走出去"问题做了重要论述。十八届三中全会也对提高文化开放水平、推动中华文化走向世界作出了重要部署。世界需要中国,中国也要融入世界,实施中华文化"走出去"战略,有助于增强中国的软实力和综合国力,提高中国在国际重大事务中的影响力。"走出去"作为一个长期的系统工程和宏伟的战略规划,需要国家层面的政策支持以及政府机构的具体谋篇布局,更需要企业、国人的共同参与。在新的时代背景下,中国传统优秀文化在越来越被世界认可的同时,也面临越来越大的挑战。我国文化"走出去",任重而道远,必须科学谋划,制订长期规划,有计划、有步骤、有重点地开展文化传播和交流。如何能让中华文化更好地"走出去",值得我们深思。

在纪念孔子诞辰 2565 周年国际学术研讨会暨国际儒学联合会第五届会员大会开幕会上的讲话

(2014 年 9 月 24 日)

习近平

各位嘉宾,

各位专家学者,

女士们,先生们,朋友们:

"有朋自远方来,不亦乐乎。"今天,来自中国和世界各地的嘉宾和专家学者齐聚北京,举行纪念孔子诞辰 2565 周年国际学术研讨会暨国际儒学联合会第五届会员大会。这次会议是国际儒学界和国际学术界的一次盛会。首先,我谨对会议的召开,表示热烈的祝贺!对朋友们的到来,表示诚挚的欢迎!

这次会议以"儒学:世界和平与发展"为主题,体现了关注世界前途、人类命运的人文情怀,是一个很有现实意义的题目。

和平与发展是当今时代的主题,也是事关各国人民幸福安康的两大问题。世界各国人民都希望生活在祥和的氛围之中,期盼战争、暴力远离人类。世界各国人民也都希望生活在安康的环境之中,期盼饥饿、贫困远离人类。然而,现实世界并不像人们希望的那么美好,局部战争依然此起彼伏,贫困饥饿依然广泛发生,连绵战火、极度贫困依然在威胁着众多人们的生命和生存,特别是许多妇女儿童依然在战争和贫困的阴影下苦苦挣扎。想到这些不幸的人们,我们心中充满了同情和责任。国际社会应该携手努力,一起来维护世界和平、促进共同发展。只有这样,和平才有希望,发展才有希望。

维护世界和平,促进共同发展,需要多管齐下、多方共济,其中很重要的一个方面就是要从思想上确立和平发展的理念。今年3月,我访问联合国教科文组织总部,其大楼前的石碑上用多种文字镌刻的一句话给我留下了深刻印象,这句话是:"战争起源于人之思想,故务需于人之思想中筑起保卫和平之屏障。"这句话讲得很有道理。我认为,在人们心中牢固树立爱好和平的思想,这对实现和平具有十分重要的作用。

中华民族历来是一个爱好和平的民族,爱好和平在儒家思想中也有很深的渊源。中国人自古就推崇"协和万邦"、"亲仁善邻,国之宝也"、"四海之内皆兄弟也"、"远亲不如近邻"、"亲望亲好,邻望邻好"、"国虽大,好战必亡"等和平思想。爱好和平的思想深深嵌入了中华民族的精神世界,今天依然是中国处理国际关系的基本理念。

从1840年鸦片战争爆发到1949年中华人民共和国成立,中华民族遭受了世所罕见的外族入侵和内部动荡,中国人民遭受了前所未有的苦难,一度到了濒临亡国灭种的危险境地。仅在中国人民抗日战争中,中华民族就付出了3500万人伤亡的沉重代价。近代以后经历了长期苦难的中国人民最懂得和平的宝贵,最懂得发展的重要。中国人民深知,和平对人类就像阳光和空气一样重要,没有阳光和空气,万物就不能生存生长。

己所不欲,勿施于人。中国需要和平、爱好和平,也愿意尽最大努力维护世界和平,真诚帮助仍然遭受战争和贫困煎熬的人们。中国将坚定不移走和平发展道路,中国也希望世界各国都走和平发展道路,大家一起把和平发展的理念落实到自己的政策和行动之中。

女士们、先生们、朋友们!

今年是孔子诞辰2565周年。孔子创立的儒家学说以及在此基础上发展起来的儒家思想,对中华文明产生了深刻影响,是中国传统文化的重要组成部分。儒家思想同中华民族形成和发展过程中所产生的其他思想文化一道,记载了中华民族自古以来在建设家园的奋斗中开展的精神活动、进行的理性思维、创造的文化成果,反映了中华民族的精神追求,是中华民族生生不息、发展壮大的重要滋养。中华文明,不仅对中国发展产生了深刻影响,而且对人类文明进步作出了重大贡献。

中国传统文化,尤其是作为其核心的思想文化的形成和发展,大体经历了中国先秦诸子百家争鸣、两汉经学兴盛、魏晋南北朝玄学流行、隋唐儒释道并立、宋明理学发展等几个历史时期。从这绵延2000多年之久的历史进程中,我们可以看出这样几个特点。一是儒家思想和中国历史上存在的其他学说既对立又统一,既相互竞争又相互借鉴,虽然儒家思想长期居于主导地位,但始终和其他学说处于和而不同的局面之中。二是儒家思想和中国历史上存在的其他学说都是与时迁移、应物变化的,都是顺应中国社会发展和时代前进的要求而不断发展更新的,因而具有长久的生命力。三是儒家思想和中国历史上存在的其他学说都坚持经世致用原则,注重发挥文以化人的教化功能,把对个人、社会的教化同对国家的治理结合起来,达到相辅相成、相互促进的目的。

从历史的角度看,包括儒家思想在内的中国传统思想文化中的优秀成分,对中华文明形成并延续发展几千年而从未中断,对形成和维护中国团结统一的政治局面,对形成和巩固中国多民族和合一体的大家庭,对形成和丰富中华民族精神,对激励中华儿女维护民族独立、反抗外来侵略,对推动中国社会发展进步、促进中国社会利益和社会关系平衡,都发挥了十分重要的作用。

当今世界,人类文明无论在物质还是精神方面都取得了巨大进步,特别是物质的极大丰富是古代世界完全不能想象的。同时,当代人类也面临着许多突出的难题,比如,贫富差距持续扩大,物欲追求奢华无度,个人主义恶性膨胀,社会诚信不断消减,伦理道德每况愈下,人与自然关系日趋紧张,等等。要解决这些难题,不仅需要运用人类今天发现和发展的智慧和力量,而且需要运用人类历史上积累和储存的智慧和力量。

世界上一些有识之士认为,包括儒家思想在内的中国优秀传统文化中蕴藏着解决当代人类面临的难题的重要启示,比如,关于道法自然、天人合一的思想，关于天下为公、大同世界的思想，关于自强不息、厚德载物的思想，关于以民为本、安民富民乐民的思想，关于为政以德、政者正也的思想，关于苟日新日日新又日新、革故鼎新、与时俱进的思想，关于脚踏实地、实事求是的思想，关于经世致用、知行合一、躬行实践的思想，关于集思广益、博施众利、群策群力的思想，关于仁者爱人、以德立人的思想，关于以诚待人、讲信修睦的思想，关于清廉从政、勤勉奉公的思想，关于俭约自守、力戒奢华的思想，关于中和、泰和、求同存异、和而不同、和谐相处的思想，关于安不忘危、存不忘亡、治不忘乱、居安思危的思想，等等。中国优秀传统文化的丰富哲学思想、人文精神、教化思想、道德理念等，可以为人们认识和改造世界提供有益启迪，可以为治国理政提供有益启示，也可以为道德建设提供有益启发。对传统文化中适合于调理社会关系和鼓励人们向上向善的内容，我们要结合时代条件加以继承和发扬，赋予其新的涵义。希望中国和各国学者相互交流、相互切磋，把这个课题研究好，让中国优秀传统文化同世界各国优秀文化一道造福人类。

女士们、先生们、朋友们！

人类已经有了几千年的文明史，任何一个国家、一个民族都是在承先启后、继往开来中走到今天的，世界是在人类各种文明交流交融中成为今天这个样子的。推进人类各种文明交流交融、互学互鉴，是让世界变得更加美丽、各国人民生活得更加美好的必由之路。

正确对待不同国家和民族的文明，正确对待传统文化和现实文化，是我们必须把握好的一个重大课题。我认为，应该注重坚持以下原则。

第一，维护世界文明多样性。"物之不齐，物之情也。"和而不同是一切事物发生发展的规律。世界万物万事总是千差万别、异彩纷呈的，如果万物万事都清一色了，事物的发展、世界的进步也就停止了。每一个国家和民族的文明都扎根于本国本民族的土壤之中，都有自己的本色、长处、优点。我们应该维护各国各民族文明多样性，加强相互交流、相互学习、相互借鉴，而不应该相互隔膜、相互排斥、相互取代，这样世界文明之园才能万紫千红、生机盎然。

丰富多彩的人类文明都有自己存在的价值。要理性处理本国文明与其他文明的差异,认识到每一个国家和民族的文明都是独特的,坚持求同存异、取长补短、不攻击、不贬损其他文明。不要看到别人的文明与自己的文明有不同,就感到不顺眼,就要千方百计去改造、去同化,甚至企图以自己的文明取而代之。历史反复证明,任何想用强制手段来解决文明差异的做法都不会成功,反而会给世界文明带来灾难。

第二,尊重各国各民族文明。文明特别是思想文化是一个国家、一个民族的灵魂。无论哪一个国家、哪一个民族,如果不珍惜自己的思想文化,丢掉了思想文化这个灵魂,这个国家、这个民族是立不起来的。本国本民族要珍惜和维护自己的思想文化,也要承认和尊重别国别民族的思想文化。不同国家、民族的思想文化各有千秋,只有姹紫嫣红之别,而无高低优劣之分。每个国家、每个民族不分强弱、不分大小,其思想文化都应该得到承认和尊重。

强调承认和尊重本国本民族的文明成果,不是要搞自我封闭,更不是要搞唯我独尊、"只此一家,别无分店"。各国各民族都应该虚心学习、积极借鉴别国别民族思想文化的长处和精华,这是增强本国本民族思想文化自尊、自信、自立的重要条件。

第三,正确进行文明学习借鉴。文明因交流而多彩,文明因互鉴而丰富。任何一种文明,不管它产生于哪个国家、哪个民族的社会土壤之中,都是流动的、开放的。这是文明传播和发展的一条重要规律。在长期演化过程中,中华文明从与其他文明的交流中获得了丰富营养,也为人类文明进步作出了重要贡献。丝绸之路的开辟,遣隋遣唐使大批来华,法显、玄奘西行取经,郑和七下远洋,等等,都是中外文明交流互鉴的生动事例。儒学本是中国的学问,但也早已走向世界,成为人类文明的一部分。

"独学而无友,则孤陋而寡闻。"对人类社会创造的各种文明,无论是古代的中华文明、希腊文明、罗马文明、埃及文明、两河文明、印度文明等,还是现在的亚洲文明、非洲文明、欧洲文明、美洲文明、大洋洲文明等,我们都应该采取学习借鉴的态度,都应该积极吸纳其中的有益成分,使人类创造的一切文明中的优秀文化基因与当代文化相适应、与现代社会相协调,把跨越时空、超越国度、富有永恒魅力、具有当代价值的优秀文化精神弘扬起来。进行文明相互学习借鉴,要坚持从本国本民族实际出发,坚持取长补短、择善而从,讲求兼收并蓄,但兼收并蓄不是囫囵吞枣、莫衷一是,而是要去粗取精、去伪存真。

第四,科学对待文化传统。不忘历史才能开辟未来,善于继承才能善于创新。优秀传统文化是一个国家、一个民族传承和发展的根本,如果丢掉了,就割断了精神命脉。我们要善于把弘扬优秀传统文化和发展现实文化有机统一起来,紧密结合起来,在继承中发展,在发展中继承。

传统文化在其形成和发展过程中,不可避免会受到当时人们的认识水平、时代条件、社会制度的局限性的制约和影响,因而也不可避免会存在陈旧过时或已成为糟粕性的东西。这就要求人们在学习、研究、应用传统文化时坚持古为今用、推陈出新,结合新的实践和时代要求进行正确取舍,而不能一股脑儿都拿到今天来照套照用。要坚持古为今用、以古鉴今,坚持有鉴别的对待、有扬弃的继承,而不能搞厚古薄今、以古非今,努力实现传统文化的创造性转化、创新性发展,使之与现实文化相融相通,共同服务以文化人的时代任务。

女士们、先生们、朋友们!

文以载道,文以化人。当代中国是历史中国的延续和发展,当代中国思想文化也是中国传统思想文化的传承和升华,要认识今天的中国、今天的中国人,就要深入了解中国的文化血脉,准确把握滋养中国人的文化土壤。

研究孔子、研究儒学,是认识中国人的民族特性、认识当今中国人精神世界历史来由的一个重要途径。春秋战国时期,儒家和法家、道家、墨家、农家、兵家等各个思想流派相互切磋、相互激荡,形成了百家争鸣的文化大观,丰富了当时中国人的精神世界。虽然后来儒家思想在中国思想文化领域长期取得了主导地位,但中国思想文化依然是多向多元发展的。这些思想文化体现着中华民族世世代代在生产生活中形成和传承的世界观、人生观、价值观、审美观等,其中最核心的内容已经成为中华民族最基本的文化基因。这些最基本的文化基因,是中华民族和中国人民在修齐治平、尊时守位、知常达变、开物成务、建功立业过程中逐渐形成的有别于其他民族的独特标识。

中国人民的理想和奋斗,中国人民的价值观和精神世界,是始终深深植根于中国优秀传统文化沃土之中的,同时又是随着历史和时代前进而不断与日俱新、与时俱进的。

中国共产党人是马克思主义者,坚持马克思主义的科学学说,坚持和发展中国特色社会主义,但中国共产党人不是历史虚无主义者,也不是文化虚无主义者。我们从来认为,马克思主义基本原理必须同中国具体实际紧密结合起来,应该科学对待民族传统文化,科学对待世界各国文化,用人类创造的一切优秀思想文化成果武装自己。在带领中国人民进行革命、建设、改革的长期历史实践中,中国共产党人始终是中国优秀传统文化的忠实继承者和弘扬者,从孔夫子到孙中山,我们都注意汲取其中积极的养分。中国人民正在为实现"两个一百年"奋斗目标而努力,其中全面建成小康社会中的"小康"这个概念,就出自《礼记·礼运》,是中华民族自古以来追求的理想社会状态。使用"小康"这个概念来确立中国的发展目标,既符合中国发展实际,也容易得到最广大人民理解和支持。

总之,只有坚持从历史走向未来,从延续民族文化血脉中开拓前进,我们才能做好今天的事业。

女士们、先生们、朋友们!

温故而知新。知识有前人传承的知识,也有今人创造的知识。前人传承的知识积累了人们历史上对处理人、社会、自然三者关系的重要认知和经验,今人创造的知识形成了人们应对时代问题的智慧和探索。这两方面的知识对人类继往开来都十分重要。

在 21 世纪的今天,几千年来人类积累的一切理性知识和实践知识依然是人类创造性前进的重要基础。只有不断发掘和利用人类创造的一切优秀思想文化和丰富知识,我们才能更好认识世界、认识社会、认识自己,才能更好开创人类社会的未来。

预祝会议取得成功!

谢谢大家!

大力推动中华文化走向世界

刘奇葆

党的十八大以来,中央高度重视中华文化走出去工作。习近平总书记多次作出重要论述、提出明确要求。十八届三中全会对提高文化开放水平、推动中华文化走向世界作出重要部署。中央政治局围绕提高国家文化软实力进行集体学习。我们要认真学习领会中央精神,进一步统一思想、提高认识,以改革创新精神推动中华文化走向世界,使中华文化国际影响力有一个大的提升。

一、推动中华文化"走出去"是一项重大战略任务

习近平总书记指出,中华文化积淀着中华民族最深沉的精神追求,包含着中华民族最根本的精神基因,代表着中华民族独特的精神标识,要努力展示中华文化独特魅力,塑造我国的国家形象。应当看到,推动中华文化"走出去",提高国家文化软实力,关系我国在世界文化格局中的定位,关系我国国际地位和国际影响力,关系"两个一百年"奋斗目标和中华民族伟大复兴中国梦的实现。要从战略和全局的高度,充分认识推动中华文化"走出去"的重大意义,切实增强做好工作的紧迫感责任感使命感。

推动中华文化"走出去",是增强国家文化软实力、在综合国力竞争中赢得主动的迫切需要。当今世界,综合国力竞争更趋激烈,文化

的地位和作用日益凸显。越来越多的国家把提升文化软实力确立为国家战略,文化竞争全面升级,文化版图正在重构。近年来,我国以影视剧、图书为前锋,推动中华文化"走出去",一批优秀国产影视剧在国外热播、精品图书在海外热卖,"中华文化热"在国际上持续升温。但总体而言,中华文化的国际影响力还不强,与世界第二大经济体的国际地位还不相称。要在新的国际竞争中赢得主动,必须不断提高文化开放水平,加快推动中华文化"走出去",尽快形成与经济社会发展水平和大国地位相适应的国家文化软实力。

推动中华文化"走出去",是营造良好外部环境、塑造良好国家形象的战略选择。文化如水,润物无声。文化"走出去"对增进各国人民相互了解、消除偏见和误解十分重要。面对中国的块头不断长大,国际上有些人开始担心,也有一些人总是戴着有色眼镜看中国,"中国威胁论""资源掠夺论""中国崩溃论"等论调屡见不鲜。这些年,我国加强国际传播能力建设和对外话语体系建设,积极传播中国声音,取得很大成效,但国际舆论格局"西强我弱"的总体态势没有根本改变。这就要求进一步加强和改进对外宣传,开展深层次、多样化、重实效的思想情感交流,着力塑造我国的国家形象,充分展示我国文明大国形象、东方大国形象、负责任大国形象、社会主义大国形象。

推动中华文化"走出去",是促进各国文化交流互鉴、维护人类文明多样性的必然要求。习近平总书记指出,文明因交流而多彩,文明因互鉴而丰富,文明交流互鉴是推动人类文明进步和世界和平发展的重要动力。中华文化是在中国大地上产生的,也是同其他文化不断交流互鉴而形成的。中华文化既为中华民族生生不息、发展壮大提供了丰厚滋养,也为人类文明进步作出了独特贡献,是全世界共有的精神财富。回望历史,丝绸之路上的驼队、郑和下西洋的宝船,带出去的不仅有精美的丝绸和瓷器,更有灿烂的中华文化。我们要保持对自身文化的自信、耐力、定力,坚定不移推动中华文化"走出去",积极参与世界文明对话与交流,进一步丰富人类文明色彩,让世界各国人民享受更富内涵的精神生活。

二、推动中华文化"走出去"要突出
思想内涵和价值观念

文化承载着一个国家的精神价值。推动中华文化"走出去",让国外民众触摸中华文化脉搏,感知当代中国发展活力,理解我们的制度理念和价值观念,应当是我们的不懈追求。要把内容建设放在第一位,突出思想内涵、彰显价值观念,不断增强中华文化的吸引力和感召力。

积极对外宣传阐释中国梦。实现中华民族伟大复兴的中国梦一经提出,就在国际社会引起了积极反响。对外宣传阐释中国梦,要向国外民众宣传中国梦是追求和平的梦、追求幸福的梦、奉献世界的梦,讲清楚实现中国梦给世界带来的是机遇不是威胁,是和平不是战争,是和谐不是动荡,是进步不是倒退;讲清楚随着中国不断发展,中国已经并将继续尽己所能,为世界和平发展作出自己的贡献。要注重把中国梦同各国各地区人民实现自己的梦想联系起来,在促进互利共赢中引导国际社会客观认识中国梦,觉得中国梦有实现基础、有中国特色,觉得实现中国梦是世界各国的机遇。

大力传播当代中国价值观念。习近平总书记指出,文化的影响力首先是价值观念的影响力,世界上各种文化之争,本质上是价值观念之争。当代中国价值观念代表了中国先进文化的前进方向,是中国特色社会主义道路的价值表达和重要标识。经过30多年的改革发展,世界上越来越多的人热情关注中国道路、高度评价中国道路,开始客观看待当代中国价值观念。要精心组织习近平总书记系列重要讲话精神对外宣传,深入阐释讲话中蕴含的治国理政方略,充分展示新一届中央领导集体的良好形象。要从理论与实践、历史与现实、国内与国际的联系上,宣传阐释好中国道路是由中国独特的文化传统、独特的历史命运、独特的基本国情决定的,宣传阐释好这条道路创造的举世瞩目的中国奇迹,开创的独具特色的新型制度文明,增进国际社会对我发展道路的理解认同。要把当代中国价值观念贯穿于国际交流和传播的方方面面,加强提炼阐释,拓展传播平台和载体,提高当代中国价值观念的国际知晓率和认同度,让当代中国形象在世界上不断树立和闪亮起来。当代优秀作品讲述了中国的精彩故事,表达了中华文化的核心理念,承载着当代中国价值观念。要抓好当代作品翻译工程,积极向世界推介当代优秀作品,更好地推动当代中国价值观念走向世界。

充分展示优秀传统文化独特魅力。中华优秀传统文化是一座精神富矿,不仅铸就了历史的辉煌,而且在今天依然充满着智慧的力量。中华优秀传统文化中讲仁爱、重民本、守诚信、崇正义、尚和合、求大同的价值追求,有利于促进国家之间、人与人之间的和谐相处,对当代世界发展有着重要意义。英国哲学家罗素说过,"中国至高无上的伦理品质中的一些东西,现代世界极为需要","若能够被全世界采纳,地球上肯定比现在有更多的欢乐祥和"。要坚守中华文化立场,把民族特色和世界潮流结合起来,把中华民族最基本的文化基因推广开来、传播出去,使跨越时空、超越国度、富有永恒魅力、具有当代价值的文化精神在世界上弘扬起来。艺术是一种世界语言,直指心灵,是最好的交流方式。京剧、民乐、书法、国画等,都是独具中国特色的文化瑰宝,外国人很感兴趣。要向世界大力宣传推介我国优秀传统文化艺术,让国外民众在审美过程中获得愉悦、感受魅力,加深对中华文化的认识和理解。

三、推动中华文化"走出去"要多措并举、多方发力

推动中华文化"走出去",是一项复杂的系统工程,需要方方面面共同努力。要坚持政府主导、企业主体、市场运作、社会参与,统筹国际国内两种资源,用好文化交流、文化传播、文化贸易三种方式,凝聚政府、企业、社会组织和个人四方力量,着力构建全方位、多层次、宽领域的文化走出去格局,增强中华文化国际影响力。

广泛开展对外文化交流与传播。我们的前人早就认识到,"远人不服,则修文德以来之"。要扩大对外文化交流,加强对外文化传播,充分发挥以文化人、以文促情、以文建信的作用,把继承传统优秀文化又弘扬时代精神、立足本国又面向世界的当代中国文化创新成果

传播出去,让国外民众更好地了解和体验中华文化。一要提高对外文化交流水平。围绕重大外交活动和领导人出访,结合丝绸之路经济带、21世纪海上丝绸之路建设,深化拓展对外文化交流活动。创新人文交流方式,精心组织感知中国、文化中国、欢乐春节、国家年等大型对外文化活动,办好用好海外中国文化中心、孔子学院,拓展中医养生、中华美食、武术健身等领域的交流交往,使交流内容更加丰富,交流效果更加显著。二要加强国际传播能力建设。近年来,我们着力完善机制、丰富内容、讲求实效,推动国际传播能力建设取得了很大进展。要抓紧编制国际传播能力建设中期发展规划,整体考虑不同国家和地区的布局,科学设计项目,制定合理指标,突出重点,分期分批推进。中央主要新闻媒体是加强国际传播能力建设的重点,要加快推动传统媒体和新兴媒体融合发展,坚持硬件、软件一起抓,进一步完善全球采编播发网络,提高新闻信息的原创率、首发率、落地率,努力打造国际一流媒体。

大力发展对外文化贸易与投资。经验表明,文化产品"卖出去"比"送出去"效果更好。现在,世界主要国家普遍采用贸易和投资的方式,推动本国文化"走出去"。要认真落实国务院《关于加快发展对外文化贸易的意见》,通过市场和企业的手段,推动更多文化产品和服务走出去。要培育一批外向型骨干文化企业。进一步深化文化体制改革,鼓励国有文化企业以资本为纽带进行兼并重组,建立现代企业制度,提高跨国经营管理能力,加快培育一批能与西方跨国文化集团相比肩的文化企业航母。要支持更多有实力、有丰富贸易经验的民营企业从事文化贸易,在财政补贴、税费征收、金融支持等方面,与国有文化企业一视同仁,尽快形成以国有文化企业为主体、多种所有制企业共同参与文化出口的生动局面。要加大对外文化投资。目前,我国已成为全球第三大对外投资国,但文化类投资占比还很小。要鼓励文化企业创新投资方式,走出去开展绿地投资、并购投资、联合投资,扩大境外优质文化资产规模。要加强文化出口平台和渠道建设,通过"买船出海""借船出海"等方式,进一步拓展国际营销网络,完善海外网点布局,推动我文化产品更多地进入国际市场。现在,国家在发展对外文化贸易方面,出台了一系列扶持政策,要用足用好这些政策,并根据新情况新问题及时研究出台新的政策措施,提高含金量和针对性,为中华文化走出去提供有力政策支撑。

综合运用大众传播、群体传播、人际传播方式。推动中华文化"走出去"单靠政府的力量是不够的,必须调动各方面的积极性,形成推动中华文化"走出去"的强大合力。要发挥学术团体、社会组织、中资机构的作用。引导各类学术团体加强与国际智库、国外学术机构的联系,鼓励代表国家水平的学术团体、艺术机构在相应国际组织中发挥建设性作用,更好地推动中国学术、艺术走向世界。鼓励社会组织、中资机构等参与孔子学院和海外文化中心建设,承担人文交流项目,使经济"走出去"与文化"走出去"相得益彰。要发挥留学生、出境游客、华人华侨的作用。随着国际交往日益频繁,到海外求学、旅游、定居的中国人越来越多,他们每一个人都是展示中国形象的"窗口"。要加强宣传教育,引导留学生和出境游客强化文明观念,提升道德素质,做中华文化的传播者、践行者。5 000万海外华人华侨与我们同根同源,要加强与他们的联系,鼓励他们积极参与居住地的文化活动和公共事务,介绍祖国的发展变化,传播灿烂的中华文化。要发挥各类知华友华人士作用。推动中华文化"走出去"是面向世界、高度国际化的工作,需要借助外力、借用外脑。要加大对国外政要、知名专家学者和工商界人士的公关力度,邀请更多外国知名记者、专栏作家和主持人来华采访,使更多有影响力的外国人士了解中华文化、传播中华文化。各国汉学家是中外文化交流的友好使者,要加强与他们的沟通联系、做好服务,支持他们深入研究和传播中华文化,更好发挥他们在传播中华文化中的独特作用。

积极创新文化"走出去"的方法手段。方式方法对头,就会事半功倍。要深入研究国外不同受众的文化传统、价值取向和接受心理,因地制宜、因人制宜,使中华文化不但能"走出去",而且能"走进去"。一要创新话语表达方式,精心构建对外话语体系,着力打造融通中外的新概念新范畴新表述,增强对外话语的创造力、感召力、公信力,讲好中国故事。要积极推进本土化传播,用本土化的方式展现中国价值的内核,尽可能减少"文化折扣"现象。二要运用文艺作品形式,通过文学、美术、音乐、影视等文化样式,有血有肉地表现中华文化,收到春风化雨、点滴入土的效果。电影是生动的文化名片,要把更多优秀国产影片推介到海外市场,形成一批讲述中国梦、传播当代中国价值观念的"铁盒里的大使"。三要借助新媒体力量,瞄准和利用最新技术,加快构建现代传播体系,注重传播的快捷精简,实现展示的多媒体化,使中华文化的传播更立体、更鲜活。要做大做强人民网、新华网、中国网络电视台、中国网等重点新闻网站,充分发挥主要商业网站的作用,在网络舆论场放大中国声音。

推动中华文化"走出去",任重道远、前景光明。我们要锐意进取、奋发有为,不断拓展中华文化"走出去"工作的广度和深度,进一步提高国家文化软实力,努力建设社会主义文化强国,为实现"两个一百年"奋斗目标、实现民族复兴中国梦作出更大贡献。

新形势下传承和弘扬优秀传统文化的思考

蔡 武

当今世界正处于大发展大变革大调整时期，世界多极化、经济全球化深入发展，科学技术日新月异，各国政治、经济联系更加紧密，各种思想文化交流交融交锋更加频繁。我国进入了全面建成小康社会的关键时期，经济发展不断跨上新台阶，工业化、信息化、城镇化、农业现代化深入发展。在这种时代背景下，如何认识中华文化的价值，保持中华文化的特色，保护和弘扬优秀传统文化，为实现中华民族伟大复兴、推动人类社会文明进步提供有力支撑，是我们必须面对的问题。新一届中央领导集体高度重视传统文化的保护和弘扬，党的十八大报告提出"建设优秀传统文化传承体系，弘扬中华优秀传统文化"的战略任务。习近平总书记多次就传承和弘扬中华优秀传统文化发表重要讲话，充分表明了我们党既是中华优秀传统文化的继承者和弘扬者，又是中国先进文化的倡导者和发展者的鲜明立场，同时也彰显了一个拥有五千年灿烂文明并正在走向世界舞台中央的大国领导人的豪迈气概。我们必须认真学习领会总书记讲话精神，全面认识中华文化的时代精神和当代价值，深刻理解中华优秀传统文化对中华民族伟大复兴、人类社会和平发展的战略地位和深远意义，扎实推动中华文化的保护和弘扬。

一、中华文化是中华民族的血脉,是中华民族共同的精神家园,是我国在世界文化激荡中站稳脚跟的根基,我们必须倍加珍惜

中华文化绵延数千年从未间断,凝聚着中华民族在长期繁衍和发展过程中所形成的理性认识和现实感受,是祖先智慧的结晶、中华民族的文化基因。它凝结着过去,联系着未来,决定了我们是谁,告诉我们从哪里来,又昭示我们到哪里去。正如总书记所说:"中华文化源远流长,积淀着中华民族最深沉的精神追求,代表着中华民族独特的精神标识,为中华民族生生不息、发展壮大提供了丰厚滋养。"

中华文化博大精深,可谓在思想上有大智,在科学上有大真,在伦理上有大善,在艺术上有大美。我们祖先所流传下来的物质文化遗产和非物质文化遗产,浩如烟海,灿若星河。据普查,全国不可移动文物有近77万处,非物质文化遗产总量近87万项。目前,我国拥有世界遗产45项,位居世界第二,38项入选联合国教科文组织人类非物质文化遗产的有关名录,位列世界第一。这些都足以令炎黄子孙感到骄傲和自豪。

在中华民族艰难而辉煌的发展历程中,中华文化薪火相传、历久弥新,创造出一个又一个灿烂的新阶段。许多极有意义和超越时空的优秀传统文化,体现在我们的举手投足间,渗透在我们的思维方式里,融化在我们的灵魂最深处,始终为国人提供精神支撑和心灵慰藉。汶川地震后中国人所表现出来的那种大爱无疆精神,央视评选的最美乡村教师、最美乡村医生等最美系列人物身上体现的敬业、奉献、诚信的品格,都传播着优秀传统道德的力量。春节、端午等民族节日连接着所有中国人的情感,凝聚着中华民族对美好生活的向往。因此,我们说,中华文化是中华民族文化身份和独特个性的象征,是中华民族割舍不断的精神命脉,是中国人民赖以栖息的精神家园。

近代以来,以农耕文明为基础的中华传统文化受到西方工业文明的冲击。五四时期,学术界、思想界对我国传统文化进行了不同程度的批判。在史无前例的"文化大革命"中,传统文化遭到灭顶之灾,

产生断裂,其影响至今依然可以深深感受到。20世纪80年代,经济全球化迈入加快发展的新阶段,我国也开始全面实施改革开放政策。随着经济发展和国际贸易的迅猛增长,文化交流与合作的不断扩大,各种外来文化特别是西方文化的影响开始深入到社会经济生活和文化生活的方方面面,对中华传统文化的价值观念、文化结构和文化模式再一次带来猛烈冲击。我国工业化、现代化、城市化进程的加快,也给传统文化的保护和传承带来了不少问题和挑战。大量古建筑和街区在城市建设过程中被毁,许多具有文化价值的传统村落消失。据调查,2000年至2010年,仅10年时间我国自然村总数就从363万个锐减为271万个,平均每天至少消失100个村落,传统村落从2005年的5 000个,锐减为如今的不足3 000个。许多非物质文化遗产消失。例如,1999年出版的《中国戏曲志》收集了各地、各民族剧种374种(木偶、皮影不包含在内),到2013年,全国现存剧种286种,15年间消亡了88种。可以说,我们传统文化的生存和发展还面临着前所未有的挑战。

面对这种现状,我们必须在全社会树立一种对历史文化遗产"敬畏"的理念。敬它,是因为历史文化遗产是祖先智慧的结晶,是民族的文化基因和血脉;畏它,是因为历史文化遗产不可再生,只有百般呵护,才能光彩永存。要以对民族、对历史、对后人高度负责的精神,把传承中华优秀传统文化作为义不容辞的责任,更好地用优秀传统文化滋养民族生命力、激发民族创造力、铸造民族凝聚力,建设好中华民族的共有精神家园,留住我们的根。

二、中华优秀传统文化是中国特色社会主义道路深深扎根的沃土,是实现中华民族伟大复兴的精神支撑,我们必须努力把优秀传统文化转化为实现中国梦的强大正能量

近现代以来,许多西方人都有一种普世主义情结,认为能够给世界带来进步与统一的,非西方文明莫属。全球化进程的提速,高科技、市场经济和资本的跨国流动,增强了世界的同一性、整体性及各

国人民之间的联系。文化越来越多地与政治利益和经济利益交织在一起,对世界发展产生着深刻影响。西方国家凭借其经济和科技优势,在输出产品的同时,也企图输出其制度和价值观念。对此,我们必须要有清醒的判断。

百里不同风,千里不同俗。不同国家的发展道路绝不只有一种模式。在道路和制度问题上,生搬硬套、削足适履不仅是不可能的,而且是十分有害的。总书记指出,每个国家和民族的历史传统、文化积淀、基本国情不同,其发展道路必然有其自己的特色。一个国家选择什么样的治理模式,是由这个国家的历史传承、文化传统、经济社会发展水平决定的。我国今天的国家治理体系,是在我国历史传承、文化传统、经济社会发展的基础上,长期发展、渐进改进、内生性演化的结果。中国特色社会主义植根于中华文化沃土,反映中国人民意愿、适应中国和时代发展进步要求,有着深厚历史渊源和广泛现实基础。这充分表明了我们党的道路自信、理论自信、制度自信。

从鸦片战争到新中国成立的百余年间,一代又一代中国人前仆后继,积极探索救国强国之路。君主立宪制、多党制、总统制的多次尝试,都以失败告终。只有中国共产党领导人民,把马克思主义基本原理同中国实际相结合,才找到了实现民族独立和人民解放、国家富强和人民幸福的中国特色社会主义道路。中国特色社会主义道路形成与发展的历史,既闪耀着马克思主义的光辉,又浸润了"穷则变,变则通,通则久","开放变革"这些中华优秀传统文化的精髓,彰显了中华民族兼容并蓄、海纳百川的品格。我们针对国情,创造性地提出"社会主义市场经济"的概念,是实事求是传统的体现;和平共处五项基本原则、和谐世界主张是"和合思想"的延伸;生态文明建设的理念,则能够在"天人合一"思想中得到呼应。可以说,中国特色社会主义之所以能在中国大地上破土而出、茁壮成长,关键就在于我们党充分挖掘和汲取中华优秀传统文化的宝贵资源,紧密结合中国实际,不断推进马克思主义的中国化。我们站在960多万平方公里的广袤土地上,吸吮着中华民族漫长奋斗积累的文化养分,"走出了一条不同于西方国家的成功发展道路,而且形成了一套不同于西方国家的成功制度体系",有着自己鲜明的特色和显著的优势。这足以说明,中华文化是我们屹立于世界民族之林的重要标识,也是我们在世界文化激荡中站稳脚跟的根基。我们必须充分挖掘中华优秀传统文化资源,切实把优秀传统文化转化为增强制度优势、实现中华民族伟大复兴中国梦的强大正能量。

三、中华文化是涵养社会主义核心价值观的重要源泉,是凝魂聚气、强基固本的重要基石,我们必须理直气壮地继承和弘扬优秀传统文化

价值观是人的信念系统、精神支柱和行动向导,深刻影响着人们的思想观念、思维方式和行为选择。任何一个社会,都有其核心价值观,它蕴含着人们对世界、人生和社会等一系列重大问题的价值共识,是人们思想上精神上的灵魂旗帜,是一定社会形态社会性质的集中体现,决定着社会制度、社会运行的基本原则,制约着社会发展的基本方向。正如习近平总书记指出的,核心价值观是文化软实力的灵魂,是决定文化性质和方向的最深层次要素。一个国家的文化软实力,从根本上说,取决于其核心价值观的生命力、凝聚力、感召力。世界上各种文化之争,本质上是价值观念之争。

基于国情不同,各国的核心价值观也不同。我国的核心价值观就是社会主义核心价值观。2006年10月,十六届六中全会首次提出建设社会主义核心价值体系的战略任务,提出了核心价值体系的基本内容,即马克思主义指导思想、中国特色社会主义共同理想、以爱国主义为核心的民族精神和以改革创新为核心的时代精神,以及社会主义荣辱观,在全社会树立起团结奋进的精神旗帜,有力地统一了思想,凝聚了社会共识。党的十八大提出,"倡导富强、民主、文明、和谐,倡导自由、平等、公正、法治,倡导爱国、敬业、诚信、友善,积极培育和践行社会主义核心价值观",从国家、社会、个人三个层面进行了阐述。社会主义核心价值观的提出,既反映了社会主义的本质属性,又吸收了人类文明的优秀成果,体现了国家、社会和个人价值追求的统一、中国特色、民族特性、时代特征的统一。它是每个中国人的梦想之舵,是中华民族的精神之钙,是当代中国的兴国之魂,是我

国最深厚的文化软实力。

牢固的核心价值观,都有其固有的根本。社会主义核心价值观的提出,就源自我国深厚的传统文化。例如,"大道之行,天下为公","天下兴亡,匹夫有责"的爱国情怀;"为天地立心,为生民立命,为往圣继绝学,为万世开太平"的担当意识;"言必信,行必果","与人为善","百善孝为先"的为人处世之道;"天行健,君子以自强不息;地势坤,君子以厚德载物"的个人追求,等等。蕴含着先人们对自然界、人类社会现象本质的思考,凝聚着中华民族普遍认同和广泛接受的道德规范、思想品格和价值取向,为中华民族提供了安身立命的原则。社会主义核心价值观恰恰充分体现了中华文化的优秀内核,无论是国家层面的目标,还是社会层面的追求和个人层面的规范,都能从传统文化中得到阐释。

20世纪90年代以来,随着经济全球化的不断深入,欧美等西方国家,凭借其强大的经济、政治、科技实力,抢占国际上的思想阵地和话语权。在这种背景下,培育和践行社会主义核心价值观,巩固全党全国人民团结奋进的思想道德基础,维护国家文化安全,就显得更加紧迫。总书记指出,构建具有强大感召力的核心价值观,关系社会和谐稳定,关系国家长治久安。要把培育和弘扬社会主义核心价值观作为凝魂聚气、强基固本的基础工程。必须把解决好价值体系问题作为推动国家治理体系和治理能力现代化的一个重要部分,大力培育和弘扬社会主义核心价值体系和核心价值观。加快构建充分反映中国特色、民族特性、时代特征的价值体系,努力抢占价值体系的制高点。总书记还指出,"培育和弘扬社会主义核心价值观必须立足中华优秀传统文化","要理直气壮地继承和弘扬中华民族传统美德"。总书记的讲话,深刻阐述了核心价值观的引领和凝聚作用,充分体现了我们党把握大势、着眼大局的战略眼光。

经过长期努力,我们的社会主义核心价值观建设取得了显著成就,社会思想道德主流积极健康向上,人民群众展示出良好的精神风貌,涌现出许多践行社会主义核心价值观的范例。但是,仍然存在道德失范、诚信缺失现象,一些社会成员人生观、价值观扭曲。我们必须深入贯彻总书记讲话精神,坚持古为今用、推陈出新的原则,扬弃地继承和弘扬优秀传统文化，努力用中华民族创造的一切精神财富来以文化人、以文育人，加强对优秀传统文化的阐释、教育、宣传和弘扬，充分利用传统文化的优势，大力培育和践行社会主义核心价值观，深入挖掘和阐发中华优秀传统文化讲仁爱、重民本、守诚信、崇正义、尚和合、求大同的时代价值，使核心价值观内化为人们的信念，外化为人们的行动。

四、中华优秀传统文化是中华民族的突出优势，是提升国家文化软实力的重要载体，我们必须积极推动中华优秀传统文化的创造性转化、创新性发展，不断增强中华文化的凝聚力、影响力和竞争力

一个国家的综合实力不仅体现在经济、军事力量等硬实力，而且体现在文化、意识形态以及社会制度等软实力。在世界多极化、经济全球化加快发展的今天，文化越来越成为民族凝聚力和创造力的重要源泉，在综合国力竞争中的地位和影响更加凸显。这种软实力的竞争某种程度上比硬实力的渗透力更强，影响力更持久。可以说，谁占据了文化发展的制高点，谁就拥有了强大的文化软实力，谁就能更好地在激烈的国际竞争中掌握主动权。

近年来，越来越多的国家都把提高文化软实力，作为增强国家核心竞争力的重要战略。我国高度重视文化软实力建设，党的十七大做出了提升文化软实力的战略部署，十七届六中全会和十八大都对文化软实力建设做出了全面部署。总书记多次强调，提高国家文化软实力，不仅关系我国在世界文化格局中的定位，而且关系我国国际地位和国际影响力，关系"两个一百年"奋斗目标和中华民族伟大复兴中国梦的实现，进一步从国际国内视角阐述了提升文化软实力的战略意义。

总书记深刻分析了中华传统文化和文化软实力的关系，指出"中华优秀传统文化是中华民族的突出优势，是中华民族自强不息、团结奋进的重要精神支撑，是我们最深厚的文化实力"。总书记之所以做出这样的判断，是因为中华文化在历史实践中形成的哲学思维、价值

取向、伦理观念，蕴含着中华民族特有的精神价值、思维方式，具有深刻的内涵和独特的价值。对内而言，它是连接民族情感的纽带，是增强中华民族凝聚力、创造力的基石；对外而言，也是与各国人民开展文化交流的桥梁和资源，是提升我国文化影响力和感召力的有效途径。

近年来，我国文物保护和非物质文化遗产保护工作力度不断加大，文化遗产宣传展示活动丰富多彩，社会各界公众对传统文化的认同不断增强。随着我国综合国力的不断提升，中国发展模式得到国际社会越来越多的认可，对外文化交流广泛深入开展，中华优秀传统文化深受外国人民喜爱。比如，儒家、道家思想为国际社会所认可和推崇，中国龙、中国红、长城、故宫成为中国的象征，学汉语、喝中国茶、练中国功夫在国外已经成为热门，可以说，我国的文化软实力得到显著提升。但是，我国文化整体实力和国际影响力与西方发达国家相比仍有较大差距，与我国经济、政治地位很不相称，与我国深厚的文化底蕴和文化资源大国身份也不相称，文化资源优势还没有转化为文化竞争优势，"西强我弱"的格局还没有完全扭转。国外民众对中国文化的了解和认知大多还停留在功夫、美食、服饰等具象和器物层面，对中华文化思想观念和价值观等还不是特别了解，话语体系构建滞后于中国道路实践，文化产品的竞争力、吸引力、传播力还比较弱。应该说，提升国家文化软实力的任务还很艰巨。

总书记指出，必须努力夯实国家文化软实力的根基，努力传播当代中国价值观念，展示中华文化独特魅力，注重塑造我国国家形象，提高国际话语权。要加强对中华优秀传统文化的挖掘和阐发，努力实现中华传统美德的创造性转化、创新性发展，把跨越时空、超越国度、富有永恒魅力、具有当代价值的文化精神弘扬起来。要体现尊重自然、顺应自然、天人合一的理念，依托现有山水脉络等独特风光，让城市融入大自然，让居民望得见山、看得见水、记得住乡愁。这些都为我们开展具体工作提供了遵循。

贯彻落实总书记讲话精神，我们就要妥善处理好继承与创新、传统与现代、民族与世界的关系，坚持内外兼修，找准重点，积小胜为大胜，不断扩大中华文化发扬光大和走出去的广度和深度，提高国家文化软实力。一是要加大文化遗产保护力度,着力构建优秀传统文化传承体系,大力弘扬中华优秀传统文化,增强中华文化的凝聚力和向心力。妥善处理好文化遗产保护与利用的关系,降下文化遗产保护和利用的"虚火"。特别要注重城镇化过程中文化遗产的保护。加强文化遗产的保护和宣传,对传统文化进行科学梳理、精心萃取,深入挖掘和提炼有益的思想价值,促进优秀传统文化与当代社会相适应、与现代文明相协调、与世界文化发展趋势相符合。要处理好政府引导与群众广泛参与的关系,既要发挥政府的主导作用,又要充分调动全社会的积极性,让13亿人都成为传播中华美德、弘扬中华文化的主体。二是要不断提升中华文化的整体实力。充分挖掘传统文化资源,推出更好更多的文化产品,丰富人民精神世界、增强人民精神力量,提升国民综合素质、促进人的全面发展。三是加强对中华文化的传播。坚持"走出去"与"引进来"相结合,对外文化交流和对外文化贸易并举,统筹国内国外两个大局、两种资源,全面提升中华文化影响力。把优秀传统文化,作为开展对外文化贸易和发展文化产业的重要资源。推出更多具有中国特色、中国风格、中国气派,能与外国民众形成共鸣的文化产品,努力塑造文明大国、东方大国、负责任大国、社会主义大国的国家形象。

五、中华优秀传统文化的优秀内核,对于人类社会文明进步具有独特的价值,我们必须坚持开放包容,推动不同文明对话,使中华文化发扬光大

在全球化不断深入和全面对外开放的条件下,人类生活在不同文化、种族、肤色、宗教和不同社会制度所组成的世界里,各国人民已经形成了你中有我、我中有你的命运共同体。任何一种文明或文化都不可能单独发展和独立存在。总书记在联合国教科文组织总部发表的演讲中指出,文明是多彩的,人类文明因多样才有交流互鉴的价值。不论是中华文明,还是世界上存在的其他文明,都是人类文明创造的成果。各种人类文明在价值上是平等的,都各有千秋,也各有不足。只要秉持包容精神,就不存在什么"文明冲突",就可以实现文明

和谐。推动文明交流互鉴,可以丰富人类文明的色彩,让各国人民享受更富内涵的精神生活、开创更有选择的未来。总书记的话生动形象,感人至深,充分表明了我国对不同文明互相尊重、和谐共处的鲜明态度,也充分体现了中华文明开放包容、求同存异、注重和谐和合的优秀内核。

几千年来,中华文化之所以绵延不绝、历久弥新,就是因为以海纳百川、开放包容的品格吸收借鉴世界优秀文明成果。早在两千多年前,我们的祖先就认识到"物之不齐,物之情也"。儒家主张"和合""己所不欲,勿施于人""为为贵""和而不同"等,推崇不同文化之间的相互交往、吸收、融合,反对冲突和战争;强调"与人为善""见贤思齐""三省吾身""君子慎独",推崇"仁爱""诚信""以德服人",等等,注重通过"修齐治平"的道德实践,实现个人品德提升以及内心和顺,讲求仁政、以德治国。道家倡导"道法自然、天人合一",认为人和天地、自然组成了一个统一体,强调人与自然的统一、人与自然的协调、人的道德理性与自然理性的一致。这些优秀传统文化,不仅塑造了中国人普遍持久的和平文化心理,而且成为我们与不同国家、不同文明之间和谐共生共长的经典论释和处世准则,对于今天人类追求和平与发展以及人与自然、人与社会、人与自我的和谐,仍具有重要启迪作用,是中华文化为人类文明所奉献的重要价值理念,有力地推进了人类社会的文明进步。

面对经济全球化、文化多样化的国际局势,我们必须树立高度的文化自觉和文化自信。必须认识到中华文化的丰富内涵和独特优势,同时也要认识到中华文化的不足,找准中华文化的位置,坚持"各美其美,美人之美,美美与共,天下大同"。要紧紧围绕建设社会主义核心价值体系、社会主义文化强国,切实承担起继承和弘扬中华优秀传统文化的职责,大力挖掘和阐发中华传统文化的思想精华和道德精髓。继续发扬中华文化开放包容的优势,尊重各国的文化差异,提倡不同文化的平等对话,推动不同文明间相互尊重、和谐共处,让文明交流互鉴成为增进各国人民友谊的桥梁、推动人类文明进步的动力、维护世界和平的纽带。要注意从国情出发,把民族文化独特性和世界文化多样性结合起来,既要以中华文化为主体,坚持民族文化的独特性和自主性,传播中华文化的价值理念,保持和突出中华文化鲜明的民族特色、民族特性,又要兼容并蓄、博采众长,从不同文明中寻求智慧、汲取营养,使中华文化充满生机,为中国梦的实现提供强大的精神动力和力量源泉。

第二届"文化'走出去':中国当代文化价值凝聚与国际传播路径"国际论坛会议综述

藤依舒　袁　媛

2014年6月6日,"文化'走出去':中国当代文化价值凝聚与国际传播路径"国际论坛在北京师范大学英东学术会堂举行。会议由北京师范大学主办,孔子学院总部、国家汉办、国家外国专家局、北京市社会科学界联合会支持,首都文化创新与文化传播研究院承办。来自政界、学术界、传媒界和产业界的诸多中外专家共同就"全球化时代中国文化的国际交流""中国文化产品的定位及市场竞争力"与"全球化语境下中国文化的传播策略"等话题,进行了广泛而深入的探讨。

文化的创造与创新是一个国家兴旺发达的不竭动力,文化的传承与传播是一个民族对世界文明的责任与担当。作为首都文化创新与文化传播工程研究院举办的年度系列论坛,文化"走出去"国际论坛的主题始终紧扣中国文化价值与国际传播两大核心。从第一届"中国文化价值运用"到第二届"中国文化价值凝聚"的主题演变,体现出首都文化创新与文化传播工程研究院在文化创新与文化传播问题上作出的独具北京文化特色的探索。作为文化"走出去"年度系列论坛的延续,本年度研讨核心为"如何不断创新文化生产领域的核心技术,凝聚当代中国文化的价值符号,搭建多元化的文化传播路径,构建全方位、多层次、宽领域的文化对外开放格局,推动中华文明与世界文明的深入交流"等课题,邀请国内外涉及该领域的专家学者献言献策,共同就文化"走出去"的主题进行顶层设计建议和产业实践案例分析,通过论坛设定的主题发言环节与圆桌对话等形式进行观点的表达与碰撞。

如何在传播当代中国价值观念的同时,加强中国文化的国际传播能力建设,并搭建起有效的对外话语体系,增强中国文化对外话语的创造力、感召力和公信力,是中国文化"走出去"长期面临的重要问题。这些命题也成为第二届文化"走出去"系列国际论坛举办的传播语境。面对这一重要课题,来自孔子学院、国家汉办、国家外国专家局、国务院新闻办公室、北京市委、北京市社会科学界联合会、北京市广播电视局、纽约大学、美国洛杉矶罗耀拉大学、中国传媒大学、清华大学、北京大学、中国人民大学、中国艺术研究院、中国对外文化集团、中国出版集团、中国日报等单位的嘉宾和国内外知名专家学者、文化产业业界精英在论坛中展开头脑风暴,碰撞起智慧的火花。

一、文化"走出去"的示范作用与窗口作用

北京市委常委、宣传部部长李伟在论坛中指出,文化传播的核心是价值观的传播,推动中华文化"走出去",就是要传播当代中国价值观念,发出中国声音,讲好中国故事,展示中国智慧和中国魅力。北京作为首都是向全世界展示中国的首要窗口,在文化"走出去"上,要做首善,立标杆,树旗帜,要把内容建设放在第一位,突出思想内涵,彰显价值观念,让世界通过北京这个窗口,通过北京的文化交流感知中国,了解中国。

孔子学院总部总干事、国家汉办主任许琳在论坛表示,"找朋友、交朋友"应当是中国文化传播的首要路径。面对世界想了解中国、中国离不开世界的大趋势,更加迫切地需要凝练中国文化价值,并在凝练的基础上讲述自己的故事。作为孔子学院的带头人,她更希望全世界123个国家的446座孔子学院能够作为平台,以孔子学院和孔子学堂为依托,探索中国文化"走出去"的有效实践路径,促进东西方文化及意识形态的沟通,达到相互了解、彼此理解的效果。

二、文化"走出去","人"是要素

在宏观层面,国家外国专家局局长张建国表示外国专家在文化"走出去"战略实施过程中已经成为一支重要的力量。作为国际人才引进的重要机构,国家外国专家局每年引进外国专家在我国各产业领域发挥重要作用,充当着中国文化传播的重要载体,成为传播、宣传、弘扬中华文化的使者,为中华文化的"走出去"发挥了作用。引进更多高端人才进入中国工作,有助于推动中国文化创造性的转化和创新性的发展,有利于文化"走出去"的尽快实现。外国专家局将会更好地发挥职能作用,为外国专家工作创造更好的环境,为中国文化传播奠定基础。

在微观层面,全国政协外事委员会主任、中国人民大学新闻学院院长、原国务院新闻办公室主任赵启正先生认为文化"走出去"要有路径,要通过含有中国传统文化的产品为依托,实现"走出去"。在开发具有中国文化特色的产品时,文化自信是文化认同的首要命题。故事驱动是文化传播的重要方法,而每一位中国人都可以通过身边故事的传播,做好中国文化的代言人。

三、把握文化核心,是"走出去"的前提

原全国人大常委会副委员长、北京师范大学汉语文化学院院长许嘉璐认为,跨文化交流现在在世界上是一种浪潮,中华文化传承与传播,需要对中国的价值有清晰的深层的认识,把握自己的文化核心,与西方实现跨文化的交际与融合。

著名道家学者、北京大学人文讲席教授陈鼓应认为,不同文化之间有许多共同点。作为道学研究者,陈先生从道家文化的"共同性、和谐观、释义"三方面提出了和谐文化观。他认为每一个人的意见、价值判断都有可取的地方,任何国家中的公民作为地球村里的一分子,要提供不同的价值观、不同的价值判断、不同的道德形态。不同的国家和民族都不能以自我为中心,排斥其他的国家和民族;应当在

表达自我文化理念的同时,倾听其他国家和民族的价值判断,实现不同文化的和谐交流。

对中国文化有着深入研究的前秘鲁总统阿兰·加西亚先生认为,中国的表意文字或象形文字,完全不同于西方的字母文字,中国的象形文字与字母之间的差异,引发了其他所有中国西方之间的差异或区别。他希望今后可以通过对中西方文字表达方式的研究,找到一个交汇点以及和平发展的方式来实现中西方文明的互融。

四、文化产品"走出去",传播策略是关键

中国传媒大学传媒艺术与文化研究中心主任、《现代传播》主编胡智锋教授认为,当今中国文化的传播在全球化语境中最大的难题是已经存在的"文化障碍"和"文化被妖魔化"两大问题。他通过讲解《媳妇的美好时代》走进非洲、独立制片人孙淑云西藏纪录片的对外传播以及《舌尖上的中国》走向戛纳三个案例,提出了"接近性的理念,现实性的路径""可信性的理念,专业性的路径"以及"普适性的理念,感性的路径"三种理论构想。他认为全球化的时代中,中国文化的传播要因时因地、有针对性地选择文化传播策略,只有这样理念和路径才能真正地实现中华文化"走出去"的理想效果。

中国对外文化集团董事长张宇先生从产业实践的角度提出了文化"走出去"的传播路径问题。他通过中国对外演出集团的海外市场推广经验,提出"做国际认可的中国文化"才是实现中国文化的有效传播路径。而实现中国故事国际表达的前提,是以国际化的方式挖掘和表现好中国元素,从国际视角看中国文化和中国表演艺术,让中国元素成为国际制作、中国故事国际化的表达。

360公司首席商务官刘允先生从互联网与媒体、文化的关联度的角度出发,提出通过大数据的信息关联研究,实现中国文化在互联网平台中的"主动、精准、强迫性、高关联度"的传播。他从业界的角度提出,中国互联网的发展已经拥有了庞大的数量基础,文化传播内容方面缺乏被检索的精准性,中国文化需要利用最新技术,实现"实时、有指向性、反馈分享"等互动式传播。

除了主旨发言环节中嘉宾的精彩演讲之外,在随后的圆桌论坛环节,与会嘉宾各抒己见,与参会的两百多位教师与学生展开了精彩互动。著名小提琴演奏家吕思清先生从小提琴的艺术流变历程与艺术演绎方式出发,纽约大学崔明慧教授从独立纪录片与独立电影创作的角度出发,分别从自身经历阐述了不同艺术类型对中国文化产品的内涵建构与传播效果。中国广播电影电视节目交易中心总裁马润生先生与中国艺术研究院副院长贾磊磊教授共同从国际市场行销策略对"中国文化产品的定位及市场竞争力"这一议题展开讨论,开启了论坛第一轮精彩的圆桌对话环节。在第二轮圆桌对话中,清华大学国家文化产业研究中心主任熊澄宇教授、美国洛杉矶罗耀拉大学亚太研究主任王蓉蓉教授、《中国日报》星期日版执行主编罗毓瑜女士和中国出版集团公司副总裁李岩先生就"全球化语境下中国文化的传播策略"进行了精彩的观点碰撞,引发了与会者的积极讨论。

北京师范大学长期致力于中国文化的凝练、提升、研究与传播,从民俗学大师钟敬文、国学大师启功到诺贝尔奖得主莫言,在一代又一代的国学大师精神的感召下,引领着中国文化的价值走向和传播方向。北京师范大学党委书记刘川生指出,大学是文化价值创新的重要基地,是引领文化传播走向世界的重要力量,随着研究院第二届文化"走出去"系列主题论坛的成功举办,更需要立足首都建设世界文化中心城市的重大战略,集思广益相互借鉴,为北京文化与中国文化的传承创新开拓新思路、提出新对策,努力将研究院建成北京文化创新发展的重要智库,为推动北京文化、中国文化走向世界贡献力量。作为首都文化创新与文化传播工程研究院成立两周年的系列活动,研究院院长于丹教授在论坛中提出了研究院的"经世致用、谋其长远"的工作定位,并对研究院过去一年的工作作了汇报总结。

国家文化安全战略下的中国文化"走出去"战略

苏 毅

一、中国文化"走出去"战略的重要性、必要性和可能性

1. 中国文化"走出去"战略的重要性和必要性

(1) 中国文化"走出去"战略是外国正确理解中国政治意图的必要途径。

20世纪90年代以来,许多非现实主义的学者开始认为,当前和未来一段时间内,国际冲突的形式不再表现为政治和军事等"高级政治"间的冲突,而表现为经济和文化等"低级政治"间的冲突。在此背景下,亨廷顿的文明冲突论开始独树一帜,开创未来冲突主要体现在文明间冲突的理论。亨廷顿认为,"冷战后时代的新世界中,冲突的基本源泉将不再首先是意识形态或经济,而是文化……全球政治的主要冲突将发生于不同文化的国家和集团之间。文明的冲突将主宰全球政治"①。在亨廷顿对文明的划分当中,世界由八种文明组成,即:印度教文明、伊斯兰文明、日本文明、东正教文明、儒家文明、西方文明、非洲文明和拉丁美洲文明。虽然后来有许多学者提出了不同的观点,甚至有学者对亨廷顿的理论进行批判,但不可否认的是,亨

---

① 倪世雄:《当代西方国际关系理论》,上海:复旦大学出版社,2004年,第420页。

廷顿的理论引发了人们对文化冲突的思考。历史证明,文化的不同并不是导致冲突的主要原因,但是在涉及国家利益冲突的时候,文化的不同会成为冲突发生的催化剂。要了解文化对政治冲突的影响,就必须先找到冲突的根源。

冲突与合作是国际关系学界讨论的永恒主题,许多学者从不同的角度来探究冲突发生的根源。詹姆斯·多尔蒂在《争论中的国际关系理论》中把国际关系学界对冲突根源的讨论分成两个部分,即:暴力冲突的微观理论和暴力冲突的宏观理论。在宏观理论中,国家成长是国际冲突的根源之一。舒克瑞和诺斯认为,国家成长会导致国家对外扩张,这是因为"这些需求无法在国内得到满足,横向压力形成,并到国界之外去满足这些需求",但他们同时认为横向压力并不一定会导致冲突,只有在不信任、消极等状态下,"需求的重叠最可能转变成暴力冲突"。从舒克瑞等人的理论中我们可以看出,国家成长必然会引起周边国家的恐惧和敌对,而这种恐惧和敌对情绪得不到舒缓的时候,局势就容易失控。

从现实中来看,中国的崛起确实引发了周边国家的恐惧和猜测。一段时期内,"中国威胁论"的观点在中国周边国家中盛行。国内很多学者都对"中国威胁论"的观点进行过反驳,许多学者认为"中国威胁论"是一些别有用心的国家挤压中国的国际空间、阻止中国崛起和发展的手段。但是,我们从国际关系的角度来看,"中国威胁论"的出现具有一定的必然性。中国崛起和周边国家的疑虑事实上就是一种"安全困境",而克服"安全困境"的最好做法就是加强沟通,使彼此意图得到充分的理解。加强沟通的途径除了政治对话以外,文化的交往也是至关重要的。文化交往既可以加深彼此的了解,也可以将自身的意图准确无误地传达给对方国家。中国文化中的"和"文化就是一个很好的例子。在中国文化中,"和"文化有很多层含义,包括"和谐""和睦""以和为贵""中庸"等,这些含义也是典型的中国人的处世哲学,也是中国的处世哲学。这种文化与西方的"人性本恶"文化形成了鲜明的对比。因此,把这种"和"文化向其他国家推广,让他们了解"和"文化的真正含义,将有利于外国对中国战略意图的准确了解。中国的"和平发展"和后来的"和谐世界"战略的提出都很好地证明了这一点。

(2) 中国文化"走出去"战略是经济"走出去"战略持续健康发展的必要保证。

最近二十多年来,中国的经济保持高速、持续、稳定的发展,引发了世界各国对中国经济的广泛关注。中国1990年的国内生产总值为3 569亿美元,而到了2011年国内生产总值为7万亿美元,增长了近20倍,并且在2010年取代日本成为世界第二大经济体。中国对外贸易的发展也是飞速的,二十多年来中国与世界的贸易量增长了近40倍。从世界经济的增长速度来说,中国当之无愧地成为世界第一,但是就经济发展质量来说,中国仍然落后。

从对外贸易的角度来看,中国与美国的贸易一直都保持着顺差;从国际收支的层面来看,中美贸易发展中,中国获益要高于美国。然而,从贸易质量上来看,中国出口到美国的产品主要还是低附加值的劳动密集型产品,而美国出口到中国的产品却是高附加值的技术密集型和资本密集型产品,这种比较优势在今后相当长一段时间内都无法改变。中美之间的贸易发展是不平衡的,这不仅体现在资本和技术上的差距上,也体现在文化产品贸易上。

文化产品是中国文化"走出去"战略中不可或缺的组成部分,也是中国文化"走出去"的最为重要的途径和方法之一。这里的文化产品主要包含了两个层面的含义:第一层面是狭义的文化产品,即音乐、影视、工艺品等具有中国文化特色的产品;第二层面是广义的文化产品,主要体现在产品的文化理念、文化传承等方面。

从文化产品上来看,中国近年来加大了对文化产品贸易的投入力度,文化产品贸易较以前有了明显的增长。中国海关的分析报告显示,"随着中华文化在全球影响力的日益增大,我国文化产品出口市场进一步扩大,出口目的地已遍布全球约220个国家或地区"[①]。然而相对于其他国家而言,中国文化产品贸易仍然处于绝对劣势。据统计,从1995年至2005年间,我国图书出版进口和出口的比例为10∶1;我国的网络游戏市场中,韩国的游戏产品占了近一半的市场

---

① 倪世雄:《当代西方国际关系理论》,上海:复旦大学出版社,2004年。

份额;中国的动画片超过八成来自西方国家。至2010年,这一状况仍然没有改变,甚至在与欧美发达国家的图书出口贸易逆差达到了100∶1。从进出口种类来看,中国文化制品出口种类仅为5 691种,而进口种类高达16 602种,其中,中美之间的差距近20倍,中英之间的差距为10倍,中日之间的差距为8倍。1999年中国的出口约一千万美元,只相当于美国大片《泰坦尼克号》发行收入的二百分之一[①]。美国2009年的大片《阿凡达》的票房收入比中国当年电影收入的总和还要高[②]。美国的影视作品中传播的是美国的文化,而这种文化通过影视作品渗透到其他国家,威力不容小觑。没有强大的文化产品市场需求,就没有广阔的文化产品贸易发展空间,就更谈不上文化理念的传播了。

从产品的文化内涵来看,中国对外贸易企业未重视产品的文化内涵。人们往往是先接受一个国家的产品,然后通过产品去了解和认知一个国家的文化。如我们所熟悉的美国好莱坞文化、快餐文化、体育文化等,我们在接受和熟悉这些产品的过程往往就是认知美国文化的过程,美国文化通过这些产业的发展起到了很好的渗透作用。又如,日本企业把创新、民族、忠诚等作为企业的文化内涵,并且通过产品把这些文化内涵带到世界各国,通过使用日本的产品,让我们认识到日本科技的发达和日本民族的创新能力;人们喜欢德国的汽车,除了性能和技术方面的考量以外,也受到德国人做事踏实、精益求精这些文化内涵的影响。相比之下,作为有丰富内涵文化的中国来说,却没有重视丰富产品的文化内涵。中国企业"走出去"战略已经实施多年,也有许多企业成功地走到了世界市场,但是缺乏文化内涵的企业扩张行为往往会被当地人误认为是掠夺,如缺乏对当地的人文关怀、造成当地的环境污染、对资源的过度开采等。这些行为不仅不利于中国文化的传播,反而有损中国在海外的形象,认为中国人都是"唯利是图"的。

因此,从文化产品的角度来看,全面规划和制定中国文化"走出

---

① 汪段泳:《中国海外利益研究年度报告2008—2009》,上海:上海人民出版社,2010年,第203页。
② 同上。

去"战略是非常重要的,它关系到中国经济"走出去"战略的持续性。

(3) 中国文化"走出去"战略是中国对外文化传播的重要载体和必要手段。

首先,文化外交是文化"走出去"战略的重要载体,文化外交是公共外交的主要形式。公共外交是一国通过文化交流等形式,对外宣传本国形象,从而提高本国国际形象和国际地位的一种外交方式。传统的公共外交以政府宣传为主,而现在的公共外交内涵更加丰富,外交的主体除了政府以外还有个人、社会团体、非政府组织等。文化外交作为公共外交的主要形式,主要承担三个主要目的:树立国家形象;提高国际地位;扩大国际影响力。中国和平发展过程中需要不断树立负责任大国的形象,争取国际话语权并且加强外国对中国政策的准确理解,这些都需要通过公共外交来完成。文化外交既是公共外交的主要形式,也是中国文化"走出去"战略的重要载体,对中国文化走向世界起到了至关重要的作用。

其次,中国文化"走出去"战略有利于海外中国文化的传承与发展。华侨华人是中国特有的海外人力资源优势,是中国文化在海外传承和发展的重要载体。在华人人口较多的国家中,华人家庭和社区至今仍然保持着一些中国传统习俗,但是,第四代、第五代华人受当地文化和西方文化的影响较深,已经无法从祖辈处把中国传统文化继承下来,这也是当前海外华人社会面临的"新的认同困境"。华侨华人是中国在海外的重要人力资源,而中国文化是维系中国与华侨华人的重要纽带。如果没有重视通过这个纽带来维系与华侨华人的联系,那么中国将会失去宝贵的人力资源优势。因此,中国文化"走出去"战略对维系海外华人和海外中国文化的传承来说是非常必要的。

2. 中国文化"走出去"战略的可能性

首先,中国文化"走出去"战略有强大的政治保障。强大的政治保障主要体现在两个方面:一方面,国内政治层面。中国在 2000 年的时候第一次提出了"走出去"战略,随后几年的"走出去"战略实践过程中更多停留在经济层面,即企业"走出去"。2011年胡锦涛指出:"要着眼于推动中华文化走向世界,形成与我国国际地位相对称的文化软实力,提高中华文化国际影响力。"①中国政府开始重视推动中华文化的国际化,把中国文化"走出去"提升到战略的高度,并且付诸实践。如:2011年开始,一则六十秒的中国国家形象宣传片在纽约时代广场大屏幕持续滚动播放,宣传片向美国民众介绍中国的成就、中国的人物以及中国的形象,让美国民众了解真实的中国。②另一方面,国际政治层面。中国国际地位的不断提升为中国文化"走出去"战略提供了坚实的后盾。近年来,中国的国际地位显著提升,从G8到G2,从金砖四国到G20,中国开始在世界政治经济秩序的协调中崭露头角,开始争取更多的国际话语权。国家实力和国际地位的提升必然对文化"走出去"战略的实施有着积极的推动作用。文化作为软实力并不是脱离国家硬实力单独存在的,其变化趋势是与国家硬实力变化呈正相关的,国家的硬实力越强,软实力的推广途径就会更广阔、力度就会更强。因此,无论是国内政策层面还是国际政治层面,都给中国文化"走出去"战略的实施提供了强大的政治保障。

其次,中国文化"走出去"战略有强大的经济保障。虽然,中国在2010年成为世界第二大经济体,但是中国经济仍然处于起步阶段,国内广阔的市场以及强大的消费能力是吸引外国经济体的强大动力。并且,中国在东南亚金融危机和国际金融危机中负责任大国的形象更是让许多外资对中国经济充满信心。对外国来说,中国经济的高速稳定发展是具有吸引力的,而学习中国文化将会对外国商人在中国找到更为广阔的商机。

我们认为,文化是具有经济属性的,一国文化的吸引力大小与经济吸引力大小呈正相关的关系。在海外华文教育的例子中我们可以清楚地了解这种正相关关系,如:1997年金融危机席卷泰国,会讲中文的企业精英因此保住了饭碗,这对泰国华人社会有重要的影响。

---

① 转引自邓显超、孙连江:《中国文化走出去面临的挑战》,《党史文苑:下半月学术版》2011年第9期,第56页。
② 陈文力、陶秀璈:《中国文化对外传播战略研究》,北京:九州出版社,2012年,第121页。

21世纪,随着中国经济的飞速发展,学讲中文能够给泰国华人带来更多的晋升机会,因此,越来越多的泰国华人开始接受中文教育和华文教育。一位在海外长期生活的朋友在谈到孔子学院的时候提到,近年来越来越多的当地人到孔子学院学习中文,但是他们中的绝大部分并不是对中国文化感兴趣,而是对中国经济的发展感兴趣,认为学习中文能够让自己"搭上中国经济发展这辆高速列车",文化的经济属性不言而喻。我们不能孤立地去实施文化"走出去"战略,应该要看到文化的经济属性。中国经济的强大发展动力为中国文化"走出去"战略提供了强大的物质力量。

再次,中国文化"走出去"战略有强大的人力资源保障。根据庄国土教授的最新估算,全球华人的人数为4 000多万人[①],今后也将会有越来越多的国人走出国门,成为"新华侨""新华人",海外华人的人数将会越来越多。20世纪70年代以前,中国华侨华人超过七成都集中在东南亚国家,后来越来越多国人选择移民到欧美等发达国家,这也意味着发达国家中海外华人的力量将逐渐壮大。近年来,一些国家的政坛上开始出现华人的身影,海外华人参政议政的积极性也日趋高涨;海外华商利用自身优势为中国企业"走出去"提供了强有力的支持,并且也加强了与中国经济的紧密联系;华人社团和华文媒体也在不断壮大和发展中。无论是华裔政治家、华商,还是华人社团领袖、华文媒体,都可能成为中国文化"走出去"战略的承载者:受到中国文化影响的华裔政治家将会让所在国更加准确地了解中国国情和理解中国战略意图;华商将更加凸显中国文化的经济属性,促进当地商人更加了解中国文化;华人社团领袖和华人媒体可以最直接地把中国文化传播到世界各地。

最后,中国文化"走出去"战略有行动基础和现实保障。中国文化"走出去"战略有两个重要的载体,一个是孔子学院,另外一个是华文教育。在这两个重要载体中,孔子学院的促进作用更为显著一些。据统计,"自中国在2004年建立第一所孔子学院以来,中国孔子学院发展迅速,截至2010年,我国已经在88个国家和地区建立了281所

---

① 庄国土:《东南亚华侨华人数量的新估算》,《厦门大学学报(哲学社会科学版)》2009年第3期。

孔子学院。目前,全球学习汉语的人数已达到 4 000 余万人"①。随着孔子学院数量的不断增加,汉语教育将会遍布全球,接触和学习中国文化和汉语的外国人将会越来越多。2011年党的十七届六中全会通过的《中共中央关于深化文化体制改革 推动社会主义文化大发展大繁荣若干重大问题的决定》中提出要"推动中华文化走向世界",特别强调要"实施文化'走出去'工程,加强海外中国文化中心和孔子学院建设"。2013年党的十八届三中全会提出要扩大对外文化交流,推动中华文化走向世界,鼓励社会组织、中资机构等参与孔子学院和海外文化中心建设。孔子学院和华文教育作为中国文化"走出去"战略的重要载体,在近几年的实践过程中不断成熟和发展,为中国进一步加强文化"走出去"战略提供了行动基础和现实保障。

二、中国文化"走出去"战略与文化安全的关系

1. 中国文化"走出去"战略是中国文化安全战略的重要组成部分

国家文化安全战略是指"从战略层面上,对维护国家安全的各个方面的事宜进行总体设计、规划,构建相关的安全模型,并制定具体的实施方案以及机制保障、措施办法等,以维护国家和民族主体文化价值体系、主流意识形态、主要道德评价规范等,使其保持独立性和自主性,以免遭受来自内部和外部的破坏和颠覆"②。事实上,国家文化安全战略是在新安全观背景下产生的,是国家安全战略的重要组成部分,国家安全战略的核心是保护国家的核心利益,而国家文化安全战略的核心是保护国家的核心文化利益。

与中国国家安全战略一样,中国国家文化安全战略也包含了很多内容,其中最为重要的一点就是中国文化"走出去"战略。在改革开放之初,中国国家文化安全战略的侧重点在于如何防范西方国家通过文化问题来干涉中国内政、影响中国政治,从而对中国进行和平

---

① 曹云华:《中国海外利益:华侨华人的角色扮演》,《暨南学报》2012年第10期。
② 张建英:《文化安全战略研究》,北京:国防大学出版社,2011年。

演变。虽然"守住底线"是构建中国国家文化安全战略的办法之一,但这种办法通常显得比较被动。随着科学技术的不断创新,新的文化传播途径的出现让这种"严防死守"的办法变得有些"捉襟见肘"。如:被作为美国"向其他国家的民众推介美国的信仰和信念"的美国之音在2011年开始全面停止其普通话短波、中波以及卫星电视广播节目,这其中很大部分原因是因为互联网在中国的广泛使用使收听美国之音的人数越来越少[①]。网络、微博等新媒体的广泛使用不断冲击着中国的国家文化安全。在这种背景下,只有采用"以攻代守"的战略,抢占舆论宣传的高地,在国际社会上争取更多的话语权,才能够真正有效地维护国家文化安全。

胡惠林认为,一个国家的文化安全状态往往是和一个国家的文化在世界上的影响力和吸引力大小呈正相关关系的,一个国家是否是文化大国,并不取决于这个国家历史的长短和文化资源的丰俭,而是取决于这个国家对世界的文化贡献力。国家文化安全系数由影响力、吸引力和贡献力决定[②]。这就意味着中国文化对世界的影响力大小、吸引力大小和贡献力大小决定了中国国家文化安全的系数,"三力"越大中国国家文化就越安全。而"三力"的大小就取决于中国文化"走出去"战略实施的深浅,中国文化"走出去"战略制定得越完善,执行得越有效,就会让中国文化更具影响力、吸引力和贡献力,在这种情况下,中国的文化安全系数将越高。因此,中国文化"走出去"战略是中国国家文化安全战略的重要组成部分,对中国国家文化安全战略实施的效果将起到决定性作用。

2. 中国文化"走出去"战略与中国文化安全战略关系的实质是海外利益与国家利益之间的关系

国家利益是国际关系的核心概念,汉斯·摩根索曾经对国家利益的概念进行过明确的定义,他认为国家利益应该包括领土、主权和

---

① 胡惠林:《中国国家文化安全论》,上海:上海人民出版社,2011年,第172页。
② 同上书,第276页。

文化的完整三个方面,国家利益最为本质的问题就在于解决国家的生存问题[①]。然而,不同时期以及不同发展阶段的国家利益内涵是不一致的,换句话说,随着国家的发展和壮大,国家利益的范围不断扩大,内涵不断丰富。随着中国"走出去"战略的提出,海外利益成为中国国家利益的重要组成部分。虽然当前的研究并未对中国的海外利益进行明确的界定,但主流的观点认为海外利益是国家利益的延伸,是国家利益范围的扩大和补充。海外利益与国家利益之间的关系主要表现在三个方面:首先,海外利益是国家利益的延伸;其次,海外利益与国家利益都与国家实力正相关,海外利益代表的"软实力"与国家利益代表的"硬实力"共同构成国家的综合国力;再次,海外利益是国家利益的补充和发展。

我们从国家安全战略的概念中可以看出,一方面,国家安全的核心就是保护国家利益,作为国家安全战略重要组成部分的国家文化安全战略的核心也是保护国家利益。而随着中国国家实力的增强,国家文化安全战略的范围和内涵不断扩大,海外文化安全也成为国家文化安全的范围。面对海外文化安全最好的保护措施就是实施文化"走出去"战略,这事实上也是通过文化"走出去"战略对海外利益进行保护的一种形式。因此,海外利益是国家利益的延伸,文化"走出去"战略是国家文化安全战略的延伸。另一方面,国家文化安全战略是保护国家安全的一个重要战略,它的建立和维护需要国家的综合实力作为后盾。从这个意义上来说,国家文化安全属于"硬实力"的范畴,而文化"走出去"战略并不能依靠"硬实力"而获得文化霸权,应该通过"软实力"来扩张文化的影响力。从这个意义上来说,"走出去"战略属于"软实力"范畴。"走出去"战略和国家文化安全共同构成了国家文化安全战略,"走出去"战略也是国家文化安全战略的延伸和补充。

[①] 倪世雄:《当代西方国际关系理论》,上海:复旦大学出版社,2004年,第252页。

3. 中国文化"走出去"战略对中国文化安全战略的构建有促进作用

国家文化安全战略的构建中,过多地考虑"内向性"的文化安全战略将会造成一些不良的后果,如不利于国际文化的交流、无法正确理解别国真实意图等。文化安全也是国家安全的一个部分,在国际社会无政府状态下,它也会陷入一种"安全困境"的状态。如果一个国家的综合实力不断强大,但是却采取较为"保守"的文化政策,那么将会导致周边国家的不安,因为周边国家无法正确理解这个国家的真正意图。周边国家会认为这种"保守"的文化政策是"文化霸权",甚至理解成"极具威胁的政治意识形态",这种"政治意识形态"被政治科学家认为是导致冲突的重要原因之一。事实上,解决"安全困境"的最佳方法就是交流和沟通,而文化"走出去"战略就是一种交流和沟通的渠道,它既能够准确地向外传播本国的思想和文化,也能够让外国正确地理解本国的真实意图,让"安全困境"导致的潜在冲突可能性得以降低和化解。

然而,在制定和执行文化"走出去"战略的时候,又必须考虑到"度"的问题,程度是否适中直接关系到文化安全战略的成败。文化"走出去"战略是一个长远的战略,适合细水长流,不适合急功近利。如美国一直以来通过文化战略对中国内政进行干涉,其对华文化战略一直都是通过各种途径扩大美国文化对中国的影响,"最终实现中国政治制度的改变……中美之间在文化上的冲突以及由此而形成的美国对于中国文化内政的干涉,都是构成(威胁)中国国家文化安全的重要因素","对于中国来说,来自美国的文化安全威胁就始终是一个重要的国家文化不安全因素"。① 以此套用,中国文化"走出去"战略应该坚持的"度"就在于:不要让中国文化成为威胁别国文化的一个重要的不安全因素。因此,"走出去"战略应该做长远的规划,不要威胁别国文化安全,这样才能保证文化安全战略的整体性和有效性。

---

① 付文科:《全球化下的中国国家文化安全——现状与战略选择》,河南大学硕士学位论文,2006年。

三、中国文化"走出去"战略的措施

1. 中国文化"走出去"战略要有明确的"核心概念"和准确的"着力点"

首先,中国文化"走出去"需要明确的顶层设计。主要体现在两个方面:一方面是要有明确的"核心文化理念"。这里的"核心文化理念"是指能够走出国门、为世界所容易接受、具有中国文化特色的一种文化理念。美国对外传播的"核心文化理念"是"物质、自由、民主",日本对外传播的"核心文化理念"是"科技、创新、爱国",法国对外传播的"核心文化理念"是"高雅文化的力量"。[①] 这些国家的文化推广战略有明确的文化理念,围绕核心文化理念开展对外文化战略将会事半功倍。相比较之下,中国的文化"走出去"战略仍然缺乏明确的核心文化理念,在中国对外战略中能够见到最为核心的概念就是"和"文化,如"和平崛起""和平发展""和平共处""和谐世界"等。虽然"和"文化是中国传统文化的精髓,但"和"文化过于抽象和空泛,缺乏具体的文化推广价值,换句话说就是吸引力不够。另一方面是要有明确的文化"走出去"战略组织和实施机构。美国的对外文化传播职能虽然散落在11个不同部门中,但是国务院专门设立了一个"教育和文化事务局",负责协调文化传播和推广事宜。而且美国的非政府组织在文化推广和传播中也起到了非常重要的作用。据统计,"在美国比较活跃的私人基金会总数超过了6.2万家,资金超过了1 630亿美元",这些基金会和资金都运用到文化对外推广当中。虽然说中国近几年也加大了对外文化推广的力度和投入,但是并没有形成一个统一协调和监管的部门来统筹实施文化"走出去"战略,也缺乏引导民间资本的有效措施。

其次,中国文化"走出去"战略需要有明确的"核心概念"和准确的"着力点"。有学者指出,中国文化"走出去"战略应该要关注流行

---

① 张建英:《文化安全战略研究》,北京:国防大学出版社,2011年,第74页。

文化的推广,流行文化更为大众所接受,如果能在这个方面下工夫将会收到很好的成效①。其实关注流行文化的主要目的并不是要摒弃"传统文化"来推广"通俗文化",而是要关注如何找到准确的"着力点"。韩国和美国的经验和做法就是典型案例,韩国把娱乐产业作为对外文化传播的"着力点",成功地把韩剧、韩国舞蹈、韩语等文化产品推广到世界各地,而美国则通过"饮食、科技、娱乐"产业,成功地把"三片"(薯片、芯片、好莱坞大片)推广到世界各地。② 那么中国文化的"核心概念"和"着力点"是什么?我们喜欢把能代表中国传统文化色彩的书籍翻译成外文进入外国的市场。根据中国出版科学研究所的统计显示,外国人更乐于接受的书籍是中国菜谱、中医、气功、风水等③。那么,我们也可以考虑把"饮食、医学"等作为中国文化"走出去"战略的"核心概念"和"着力点"。2012年中国推出的《舌尖上的中国》就是一部介绍中国饮食文化的很好的纪录片,被誉为2012年中国最有影响力的纪录片。它不是对中国美食的简单追寻,更多是通过博大精深、极富特色的中国饮食,展现了中国最地道与最质朴的传统情结和民族文化,为如何挖掘饮食背后所代表的返璞归真、兼收并蓄、融合创新的中国独特文化内涵做了很好的示范。

2. 中国文化"走出去"战略要有"营销理念"

文化能否作为产品在市场上销售?传统文化能否通过合理的市场包装而让自己更具吸引力?答案是肯定的。现阶段中国文化"走出去"战略最大的问题就在于没有树立"营销思维",而正是这种"营销思维"的缺乏,让我们失去了很多宝贵的素材和机会。"比如美国拍摄的《功夫熊猫》《花木兰》都是运用了中国的文化资源,耳熟能详乃至家喻户晓的《西游记》《三国演义》的故事被美国人、日本人制作成动漫和游戏而大赚其钱。"④

---

① 刘锋:《中国文化"走出去":为什么?如何"走"?》,《民主》2011年7月。
② 王岳川:《中国文化软实力与文化安全》,《光明日报》2011年7月29日。
③ 陈文力、陶秀璈:《中国文化对外传播战略研究》,北京:九州出版社,2012年,第204页。
④ 同上书,第228页。

市场营销的观念经历了四个重要的发展时期：第一个时期的观念是"生产导向观念"，即"我生产什么顾客就得买什么"；第二个时期的观念是"推销导向观念"，即"我要把我生产的产品推销出去"；第三个时期的观念是"顾客导向观念"，即"顾客需要什么我就生产什么"；第四个时期的观念是"市场营销观念"。与市场营销观念的发展历程类似，文化"走出去"战略的理念也将经历四个发展时期：在第一个时期，国家认为只要把中国文化传播出去了就是"走出去"战略；在第二个时期，国家开始考虑应该通过什么方式更好地把文化推广出去；在第三个时期，国家开始考虑什么文化产品和推广模式能够吸引外国；在第四个时期，逐渐形成相对成熟的"市场营销观念"。从上一段关于"书籍"的例子中就可以看出，中国的"走出去"战略还未进入到第三个阶段，目前仍然停留在第二个阶段，即开始考虑文化推广的方式和载体，如文化产品、对外交流、华侨华人等。那么，中国文化"走出去"战略应该如何树立"市场营销"观念呢？

市场营销观念从最初的 4P 发展到后来的 6P（产品、价格、渠道、促销、政策、公共关系），我们在制定和实施中国文化"走出去"战略的时候就要综合考虑运用这 6P 的概念进行全方位的包装，如：在产品上，我们的文化"走出去"战略应该重点打造"核心概念"产品；在定价上，我们的文化"走出去"战略应该定位为高端的"高雅文化"还是低端的"通俗文化"；在渠道上，我们的文化"走出去"战略应该选择怎样的"着力点"行业；在促销上，我们的文化"走出去"战略应该选择怎样的方式来吸引更为广泛的外国人，从而扩大影响力；在政策上，文化"走出去"战略是否能够在政策的持续性和有效性上找到统一；在公共关系上，怎样的文化"走出去"战略能够提升我国的国际形象。只有转变"走出去"战略的观念，真正地去用市场的观念来营销自己的文化，才能让我们的文化更具吸引力，也能保证文化"走出去"战略收到良好的效果。

3. 中国文化"走出去"战略要建立效果反馈机制

中国文化"走出去"战略还应该建立合理的效果反馈机制，通过量化的科学方法对文化"走出去"战略进行评估,通过建立反馈渠道来对效果进行及时反馈,为文化"走出去"战略的调整提供科学的依据。效果反馈机制的缺失将会导致大量投入而不见效果的问题出现。如:我国在纽约时代广场播放中国形象宣传片,耗资450亿,滚动播出20天,对过往人群进行了8 000多次的密集"轰炸",从政府层面看,450亿、20天和8 000多次这些数据就足以证明国家对文化"走出去"战略的重视和投入,投入代表的就是效果。然而,外国人的真实反馈却是"(我们看到)除了展现出中国丰富的人群和他们的成就外,我不太清楚它们想传达怎样的信息,(短片)并没彰显出中国充满活力的国家形象"①。这是典型的反馈机制缺失的案例。

没有效果评估反馈机制,就没有决策的修正和调整的科学依据,就不可能从失败的案例中总结出成功的可能性。所以,建立效果反馈机制,是中国文化"走出去"战略的内在组成部分。

---

① 刘锋:《中国文化"走出去":为什么? 如何"走"?》,《民主》2011年7月。

中国文化"走出去"战略的时代变革与思路创新

荆玲玲　张会来

当今社会,随着文化精神的物化,文化产业在世界经济中的贡献率越来越凸显,尤其是在全球性经济危机的侵袭下,文化的经济化已成为一个全球性的课题。而隐藏在文化之后的意识形态领域的竞争也愈演愈烈,随着文化全球化带来的巨大压力,中国正在遭受外来文化"主导"和文化"殖民"的巨大威胁。如何在坚持中国文化"走出去"战略的前提下,做好中国文化的传承与创新,把握好中国文化中传统文化与现代文化的定位问题?如何在激烈竞争的国际大背景之下,做好中国文化的"攻守兼备",主动迎接机遇与挑战并存的发展时期的考验?为了解决这些问题,越来越多的学者开始研究国际文化贸易中的文化特征,把目光投向了西方国家的文化政策,希望借鉴西方强国的经验来丰富中国国际文化贸易的理论基础,但却忽略了在自身的基础上寻求发展的机遇,也为研究以传统文化为主体的中国文化"走出去"战略提供了其现实必要性和创新与变革的新思路。

---

① 基金项目:黑龙江省教育厅人文社会科学研究项目(12512087);哈尔滨师范大学青年学术骨干资助计划项目(KGB201005)。

一、中国文化"走出去"意义的再判断

研究中国文化"走出去"问题必然存在着对传统文化与现代文化的定位问题,这也是关系中国文化"走出去"能否在国际市场立于不败之地的重要方面;是关系中国文化"走出去"能否保持其持久活力和竞争优势的关键;是关系中国文化对外贸易中能否取得比较优势,开拓国际市场占据主导地位的关键。因而研究中国文化"走出去"问题必然先解决传统文化与现代文化的定位问题。本文就是从传统文化的宗教历史隐性、国学复兴和传统文化当代的世界价值三方面去阐释以传统文化为主体的中国文化"走出去"的必要性。

1. 传统文化历史背景中的宗教隐性

中华文化源远流长,总言之,以儒、释、道三教文化最具代表性。中国文化带有鲜明的宗教色彩,道家文化的道教,释家文化的佛教,宗教元素最为深藏的儒教也有"死生有命,富贵在天"的宗教信仰,可见中国传统文化其实就是建立在宗教元素之上的学术理论。而作为中国文化承载的中国儒、释、道三家宗教体系又带有明显的隐性色彩,道家讲求超脱出尘,佛家倡导远离红尘,儒教虽提出入仕途"治国平天下"积累"外王"功德,但也有其传承非嫡系不传六艺真言的传统,三教都讲究一个缘法的命理,道渡仙缘、佛渡有缘等都使中华文化带上了强烈的历史隐性。三教文化的真解非有缘不传,使得中华真正高深的文化内涵从来就不为平常百姓所熟知。这也为现在中国传统文化的复兴和文化"走出去"设置了障碍,使得大部分的国人和外国人都难以理解中国的传统文化,无法理解中国文化隐藏在宗教背后的高深学术和文化信仰。

正是这种宗教文化背后的历史隐性,使得作为世界现存传承最完整的古老文明并没有成为当今社会的主流文化,而以西方基督教文明为主体的新世界文明体系的确立则是对古老中华文明的无情鞭笞,但是谁也不能否认中华文明对人类文明进步的巨大作用。正是基于这种历史背景,我们才应更好地定位传统文化在中国文化中的主体地位,积极地实施以传统文化为主体的中国文化"走出去"战略,把握当今国际社会文化变革的机遇尤其是世界道德信仰的重塑时机,发挥中华悠久文化对世界的影响力,提升中国作为文化大国对世界文化领域的话语权和发言权。

2. 传统文化的"文艺复兴"——国学热潮的兴起

中华文化历史悠久,但也在传承中遭受了一次又一次的伤害和打击,使得中华文化在历史上出现了短暂的"断层"现象,甚至于很多人都不知何谓中华传统文化,连最浅显的文化内涵都不知道,可谓是国民的悲哀!

说到传统文化,就不得不提近几年来出现的国学复兴热潮。虽然文学界和史学界并没有给出国学的具体概念的诠释,但是这都无法否认传统文化在所谓国学之中的主体地位。在这里本文把国学释义为以儒学为主体的中华传统文化与学术,包含儒、释、道三教的文化与传承,实则是儒、释、道三教合流的思想升华和提炼。当今社会,在当代一批有识之士的带动之下,传统文化出现了复兴的热潮,越来越多的国民开始接触和了解传统文化,更有一些国民去主动学习研究以传统文化为主体的国学的现代意义和应用理论,都为传统文化的复兴创造了条件,可谓是传统文化的"文艺复兴"。

正是"国学热潮"的兴起,为研究以传统文化为主体的中国文化"走出去"提供了时代背景和现实必要性,国民对"国学热潮"的支持和肯定,是国民对一国文化根基意识的觉醒,体现了当代中国人对国民自我文化的极大需求,也是国家对文化在国际与社会主导地位的认可与认知,体现了构建以传统文化为主体的文化体系的社会必要性。正是基于这种时代背景,研究以传统文化为主体的中国文化"走出去",让中国传统文化更好地向世界传播,强化中国文化在国际社会的主导地位,扩大中国文化尤其是中国传统文化对世界文化构建的影响力,有着极大的社会现实意义!

3. 以传统文化为主体的中国文化"走出去"的世界价值

在当今社会大多数国家实行的都是以西方"科学民主"为主体，以自由为根基的法治宪政，倡导人权、自由、平等、科学、法治。然而，这种以西方基督教文明为特色的西方文化体系弊端也日益暴露出来：一是整个文化根基中的科学要素和人文要素出现分离倾向；二是自由主义和民主主义也相互矛盾后，使整个社会偏离公正原则，西方文化体系下的行政领导管理体制出现了信仰危机。在这种背景下，西方的学者把目光投向了遥远的东方，希望在传承久远的文明古国中找到政治信仰的文化之源，于是世界各地的孔子学院、佛学院等具有神秘的东方特色的教育机构纷纷成立。而作为古老神秘东方文化中心的中国也必然会进行一场具有传统特色文化思潮，为研究以传统文化为主体的中国文化"走出去"提供了国际社会和时代的大背景。

挖掘传统文化的魅力，研究传统文化的古为今用，对于革新中国文化"走出去"的策略，发扬儒、释、道三教文化的悠久积淀，具有深刻的现实意义和世界价值。实施以传统文化为主体的中国文化"走出去"战略，对于完善世界文化体系，保障世界文化遗产，促进国际间文化交流，繁荣文化市场有着极大的现实意义。同时，中国传统文化所倡导"天人合一"的自然观，"养生育德、阴阳互补"的生态伦理观，"效天之德"与"仁爱和谐"的道德观，对于当今社会加强生态环境保护，重塑社会伦理道德观念，维护世界和平与发展，构建和谐世界，有着深远的世界价值！

二、中国文化"走出去"战略中国内的体制变革与创新

中华文化浩瀚如烟，充满了浓厚的人文气息，有着完整不曾断绝的传承，可谓是世界上"最优秀"的文化。但是所谓"逆水行舟，不进则退"，正因为明清时期中华文化的故步自封以及近代的"断层"影响，使得中华文化的精髓虽然仍旧耐人研读，但我们却不得不承认中

华传统文化的确与当代的现代文明存在着一定的"衔接间隙",也造成了一批所谓的"新新人类"大呼传统文化是"落伍""老掉牙的东西"。虽然国内掀起了一场复兴传统文化的"国学热潮",但是传统文化的普及程度并没有向着更广、更深、更有层次的方向发展,对于传统文化与国际主流现代文化的接轨问题,传统文化与现代文化的定位问题,传统文化应用领域的理论研究和应用研究并没有展开较深层次的学术研究,对于传统文化走出国门更好地传播也没有较好的创新模式,文化创新的力度还没有达到国际社会对于一国文化竞争的要求,文化的深层次开发与浅层次的扩展也没有取得显著的成绩,面对着这些急需解决的问题,研究以传统文化为主体的中国文化"走出去"必然离不开国内的体制变革与文化创新!

1. 以传统文化为主体的中国文化"走出去"必然离不开国内教育体制的变革

古语有云:"十年树木,百年树人。"可见教育作为国之根本的基础地位。自古以来中华大地就重视教育的问题,从孔子游学诸国广收门徒到国家大力兴办各类学府,再到大兴科举考试选拔人才,抑或是今天的各类层次的考试,教育一直是关系国计民生的头等大事。当今各国之间展开了激烈的人才竞争,人才强国战略也成了当代国际社会的发展战略之一。研究以传统文化为主体的中国文化"走出去",加强对外文化交流,扩大国家文化软实力必然离不开国内教育体制的变革。

教育体制的改革主要是在开展现代化教育的同时,注重培养中华传统文化的继承者,为中国文化"走出去"培养专业的人才,弥补中国文化对外交流中的人才缺失。首先,是增加传统道德启蒙教育在基础教育中的比重,为中华儿女重铸文化血脉。当代社会一切的动荡与矛盾的深层次的原因,都是道德信仰的危机。无论是社会上的群体性事件,还是地方政府的公信力下降,都可以在深层次的道德层面找其发生的根源。这不再是一个可以视而不见的小的社会问题,它已经成为一个波及全球的大的研究课题。正如西方学者把目光投向遥远的东方,不可否认中国古典的文化典籍之中的道德的确在重塑社会道德信仰体系方面有着巨大感染力和影响力。而基础教育的传统道德启蒙教育不仅可以重塑中华的文化血脉,还可以带来古典传统文化的兴盛,让更多的人才投身于中华文化血脉的继承和创新事业,也必然为中国文化"走出去"创造更大的空间和人力资源。其次,是加大高等教育体制的改革,开设更多传统文化应用研究的专业方向,增加传统文化的应用研究,使传统文化中的瑰宝在管理、营销等专业领域发挥更加显著的作用,同时培养专业的人才从事中国文化"走出去"的课题研究,丰富中国文化"走出去"的理论基础。第三,形成由政府倡导、民间主导、大学教育机构为主力的对外文化学术交流合作多与各地兴起的孔子学院、佛学院等传播中华文明的教育机构形成定期的互访式的学术交流,在社会上倡导学术"百家争鸣"、"百花齐放"的良好学术氛围,为以传统文化为主体的中国文化"走出去"创造良好的社会环境和学术环境。第四,重视汉语走出去的文化事业,积极发挥汉语作为中国走出去的巨大载体作用,努力展开由政府主导和民间主导的各类汉语文化的交流活动,重视海外华人的炎黄节日民俗等方面的活动,并给予人力、资金等方面的大力支持,搞好海内外华人的文化互动交流,扩大海外华人对中华文化的倡导力和影响力。

2. 以传统文化为主体的中国文化"走出去"必然离不开文化体制和文化内容的创新

中国当代的文化体制是以发展文化事业为主的文化政策,文化市场与文化产业的发展相对薄弱,国家重视发展政府组织性质的文化事业与文化项目,对文化市场的开放性较低,文化产业发展处于探索阶段。而实施中国文化"走出去"战略,必然要加强文化市场的开放性,充分与国际文化市场接轨,探索以传统文化为主体的中国文化与世界现代文化的衔接方式,加快以传统文化为主体的中国文化产业的快速发展,也就必然深化对文化体制改革的层次。

深化国家文化体制改革,通过转企改制使文化单位摆脱传统事业体制的束缚,成为真正意义上的市场主体,打造一批有实力、有竞争力和影响力的国有或国有控股的文化企业和企业集团,充分引入市场竞争机制,加大国内文化产业和国际企业的合作与交流,为文化产业的发展提供宽松的市场准入环境,加大政府对文化产业的支持力度,深化文化作为一国根基的重要地位,全面促进文化市场的极大繁荣。在实施以传统文化为主体的中国文化"走出去"过程中,把深化文化体制改革与加强传统文化深层次开发相结合,延伸以传统文化为开发项目的文化产业链条和开发层次,通过国有或国有控股的文化企业的全面参与和深层次开发,加强国家对传统文化项目开发的资金投放,提升以开发传统文化项目的文化企业的市场竞争力,鼓励民间资金向传统文化项目开发方向的投放与流动,给予文化产业发展政策上的扶持和鼓励,引导文化体制改革把开发传统文化项目作为文化产业发展的重要战略目标。

中国文化自古以来就讳莫如深,让人如入云雾,往往不知所谓,就是土生土长的中国人也不一定能理解多少,更何况文化"走出去"之后所面对的中华文明"门外汉"的外国人。同时,作为中华炎黄子孙的我们又继承了多少,是否只是"青灯古卷,白首穷经"地研读老祖宗的遗作,抑或是画地为牢而不知何为"苟日新,又日新,日日新"?面对激烈的国际格局,我们又如何能彰显中华文化的悠久影响力和文化魅力呢?中国文化"走出去"战略下又会采取何种策略来让习惯了"时间就是金钱"信条的外国人接受耗时难解的中国传统文化呢?这就使得在研究以传统文化为主体的中国文化"走出去"的过程中,必须对中国传统文化进行文化内容方面的创新与变革,对传统文化进行"深加工"和"潜化"的修订,使之适应接受当代社会的需求。

所谓中华文化的"深加工",就是加深中国传统文化的延伸和纵深,在增加中华文化的新时代的文化内涵的同时,加深对中华诸子百家、三教九流文化的归总典藏研究,建立完整的中国传统文化的知识体系和典藏体系。只有加大中华文化的纵深层次的研究,完善当代国学的宗旨观和历史观,以及形成体系化的完整的中华国学信息库,才能更好地继承和传承古圣先贤的"往圣绝学",体悟先辈那份"为天地立心,为生民立命"悲天悯人的情怀,使中华五千年薪火相传的文明延续下去。也只有我们炎黄儿女更好地继承了祖先的文化,才能更有信心地使中华文明播散世界的角落,让中华文化去影响世界,从而提升我国在国际文化竞争领域的话语权,继而占据国际文化贸易的有利地位。

中国文化要想更好地"走出去",就不得不对传统文化进行西式"快餐化"的改革,使之成为通俗易懂、易于接受而又散发着古老国度神秘气息的文化,让在当代厌烦城市喧嚣的人们得到心灵的慰藉,去守卫心灵深处的那份最原始的感动和觉悟,体悟古圣先贤对天地社会最质朴的觉知。只有中国文化在"走出去"之后成为"快餐化"的文化,才能在世界文化竞争领域迅速占领一定的市场份额,同时也去吸引外国人主动去找寻中国文化的真解和更深层次的文化内涵,从而实现以传统文化为主体的中华文化"走出去"更好地开展国际营销。

三、中国文化"走出去"战略中国际市场的营销创新

中国文化具有极强的民族特色,是东方文化体系的典型代表,其强大的文化感染力与亘古魅力是其他文化所不能比拟的,但正是这种文化的特质造成了中华文化在东方的强劲活力与在西方的柔弱势力,无法满足作为一种悠久文化对世界文化领域主导力的需求,所以研究以传统文化为主体的中国文化"走出去"离不开国际市场的创新营销。

1. 以传统文化为主体的中国文化"走出去"必然离不开文化营销内容的创新

首先,创新中国文化"走出去"的文化输出内容。中国文化博大精深,散发着浓郁而神秘的东方文化气息,不同的文化异域特质是一种文化对于他种族最好的吸引力,因而在国际市场的文化营销必然离不开文化内容的创新。在现代文化占主导地位的今天,人们已经厌倦了当代城市文化的喧嚣与快餐文化内容所带来的疲惫,开始追求心灵的释放与聆听自然的声音,而这正是五千多年中华文明所深

蕴的内涵。因而,以传统文化为主体的中国文化"走出去",就是要创新文化输出的内容,加强对中国传统文化的深加工与文化价值的提炼,突显中国传统文化的文化异域特质和文化享受价值,增加中国文化"走出去"传播过程中的文化吸引力,从而提升中国文化在国际市场中的营销份额。

其次,创新中国文化"走出去"的文化理念认知内容。中国传统文化的载体多是儒、释、道三教的经史典籍。由于文化传承与历史演变的时间跨度较大,大多数人对于中国传统文化的感觉是内涵深蕴而晦涩难懂,这就容易使得中国文化"走出去"过程中不可避免地产生了"文化折扣"的现象,从而降低国际市场对中国文化的价值认知,出现了优秀的文化无法被广阔市场所认可的情况。因而,以传统文化为主体的中国文化"走出去",就是要创新文化理念的认知内容,加强对于中国传统文化的内涵提炼,并以现代人的认知方式去解读和诠释。同时,政府要加大对于传统文化理念现代重构与认知建设的支持力度,集合社会各领域的权威人士对于中国传统文化进行全面而通俗的现代解读,并以文化宣传纪录片的方式对国外市场进行同步投放,让外国人能够接受到准确的文化内容,重建国际社会对于中国文化理念的认知体系。

2. 以传统文化为主体的中国文化"走出去"必然离不开文化营销方式与营销手段的创新

首先,要创新传统文化的输出方式,大力发展"出口不出国"等多种模式的文化产品与服务的输出,进行多元化的传统文化输出方式。同时加强文化定位在文化输出中的重要性,更加注重文化生态建设,提升传统文化的存在价值与文化享受价值,满足不同文化阶层的文化需求,增加国家的政策倾斜力度,增强文化政策的连贯性,全面为传统文化产品与服务的出口和输出服务。

其次,加大政府对海外传统文化输出运作的支持,支持海外文化营销公司的企业化运作,增强传统文化海外产业链条的延伸开发,全面参与海外文化市场的竞争,提升海外文化产品输出企业的国际竞争力。

第三,加强在国际文化贸易市场中的传播手段的运作,加强对传统文化输出市场的预测与经营,建立风险预测与应对体系。同时建立自己强大的海外营销网络,加强在传统文化输出过程中与海外文化输出学术机构的互动式合作,加大与海外有实力的文化中介机构的多形式合作,全面借助海外的力量推广中国传统文化的传播力度。

第四,加强专业的文化翻译人才建设,使得文化出口产品所蕴含的文化理念与价值能在国际社会得到准确而真实的反应和传播。同时,严守中国文化输出过程中的质量审核关,积极倡导健康主流的文化意识宣传,对中国传统文化进行高质量的定位和严格的定义,创造中国自己的文化品牌,防范因文化差异和低质量文化指导而产生的"文化误读"对于中国文化输出的负面效应。

3. 以传统文化为主体的中国文化"走出去"必然离不开传统文化在对外文化贸易中的"文化磁力"效应

中国的传统文化广博有力,具有极强的国际感染力,正如古代中国在世界的东方形成以汉唐古文化为中心的东方文化体系,形成覆盖日本、朝鲜半岛、东南亚、印度半岛等在内的东方汉文化圈。中国文化的广博纵深都可谓是世界之最,无论是诸子百家的学术成就,还是三教九流的专题研究,都为世界其他国家所仰视。正是这种文化上的强劲有力的优势,形成了中国文化在国际文化贸易中的"文化磁力"效应,广博内蕴的文化吸引力就像一块磁石一样吸引着其他各国民众想去了解和认知古老文明带给他们异域的神秘气息,而中国在国际文化贸易中的国际营销更应该充分发挥中国传统文化"文化磁力"的导向作用,借以拓宽中国文化的国际市场,抢占国际文化贸易的先机。

推动中国文化更好地走向世界,在继承和发扬博大精深的中国传统文化优势,向世界传播和宣传中国传统文化的同时,需要重视和实施传统文化的现代化转型,需要向世界展示一个现代的文化形象,而不是古典的、传统的中国文化借以现代媒体的不断重复演示。要为中国传统文化注入现代化的气息和今人对社会的感悟,便于中国文化与国际文化市场的接轨,更好地表达中国传统文化的强大活力和创新元素,体现中华民族不断探索前进道路的民族精神与炎黄儿女深沉的文化内涵,从而更好地展示中国文化的"文化磁力",发挥中华文化魅力导向作用,为以传统文化主体的中国文化"走出去"创造有利的文化氛围和国际环境。

而要发挥中国传统文化的"文化磁力"效应,就必然离不开强大的国家机器的支持。你的生活质量、生活环境和生活方式是最有效和最有力的文化展示方式和文化展示内容。而这一切的创造和展示都需要国家的大力支持,促进经济的高速发展,继而提高人民的生活水平和生活质量,从而向世界各国展示悠久文明的强大优越性,凸显中华文化的持久活力和创造动力,形成对世界其他民众强势的吸引力和感染力,以及对中华文明的崇尚力,为中国文化创造民众基础。同时,政府也应该加大与国际社会的对外文化交流合作,彰显中华文化的内在魅力。

四、中国文化"走出去"战略未来的新展望

文化是人类社会发展的深层原因,这是马克斯·韦伯等杰出思想家早在20世纪初就发现的历史规律。21世纪人类面临威胁自身生存的世界难题,根源都可归结为文化的因素,特别是西方文化的价值观念引发的恶果,全球性的道德信仰危机的蔓延已成为整个世界急需解决的重大问题。而在重构世界道德信仰体系的问题上,中国文化尤其是中国的传统文化必然发挥着决定性的力量。

1. 以传统文化为主体的中国文化"走出去"的广阔前景

中国传统文化灿如繁星,皎如皓月,深藏着天地至理的无穷智慧,三教九流留下了无尽的专著与学术成就,泱泱大国五千年的深厚积淀,为后人留下了无数的遐想和万千的感叹。以传统文化为主体的中国文化"走出去",将会给世界带来文化领域的强势冲击,带着对

中华古圣先贤的赞叹,一路播散下炎黄子孙的荣光,为世界道德体系与"和谐世界"的构建发挥其独特的作用。以传统文化为主体的中国文化"走出去",不仅将带动国内文化市场的高度繁荣,而且可以充分利用国外优秀文化资源来丰富中国文化的内容,从而发挥中国传统文化在国际文化贸易领域的有利地位,创造巨大的经济财富,展现低碳环保的国际理念,消除外来文化的"主导"与文化"殖民"的巨大威胁,重塑国内统一的文化意识形态标准,彰显健康和谐的价值理念,必然也将为世界与人类的生存与发展做出自己的贡献。同时,在世界的东方重构新的东方汉文化覆盖圈,与之相适应的建立东方的汉文化贸易体系,发挥中华文化在世界东方的主导地位,实现中华民族的伟大复兴。

2. 以传统文化为主体的中国文化"走出去"的深远影响

当今社会的发展,就是世界文化在起着主导的作用,谁掌控了世界文化的主导地位,谁就掌控了世界文化的发展方向。正如马克思主义哲学学体系所提出的"意识对物质的能动的反作用",世界的文化发展必然对人类社会的发展起到一定的影响。

中国文化从 20 世纪以来的"全面防御"政策在 21 世纪初转变为"攻守兼备",主动地迎合世界文化发展与竞争所带来的机遇与挑战。以传统文化为主体的中国文化"走出去",不仅仅是文化产品和服务的"走出去",更是文化原创性和国际文化竞争基础理论研究以及自身话语权的构建,中国将用大量的真正富于原创性的文化产品与服务不断增强民族文化在全球市场的竞争力,必然会不断提高中华文化的吸引力、感召力和全球影响力。

推动当代中国文化"走出去"

赵少华

对外文化交流是当代中国文化建设的重要内容。在当代中国文化建设不断繁荣发展的同时,对外文化交流事业也不断进步开拓,推动中华文化"走出去"的步伐不断加快。对外文化交流的规模和影响空前扩大,内容和形式日益丰富,渠道和层次更加多样。进入新世纪,我们坚持公益性文化交流和对外文化贸易相结合,鼓励文化企业参与国际市场竞争。文化贸易在交流中的比重从小到大,由弱渐强,贸易额逐年增加。丰富多样的文化交流已成为当代中国与世界沟通情感的重要桥梁和纽带,成为当代中国文化"走出去"的重要渠道和途径。

当代中国文化是中华文化"走出去"的重要组成部分。中国当代文化艺术蓬勃发展,在艺术观念和表现形式等方面展现出前所未有的多样性和丰富性。日益丰富多样的各类文化艺术活动极大丰富了人民群众的精神文化生活,同时也催生出一大批体现国家文化形象的艺术精品,催生了一大批知名的作家、艺术家。

经过近几十年的探索与实践,当代中国文化艺术体系正在逐步形成,并且在世界当代艺术舞台占有越来越重要的位置,成为推动世界文化艺术蓬勃发展的强劲力量。当代中国文化在展现我国文明、民主、开放、进步的形象中发挥了积极的作用。

文化"走出去"的成绩令人鼓舞,但是,我们还需要清醒地认识到,当代中国文化"走出去"面临严峻挑战。由于种种原因,国际社会对于当代中国文化的认知存在偏见与盲点,提到当代中国文化,要么想到反映落后、愚昧的中国封建文化遗存,要么将一些"非主流"思潮的文艺作品视作当代中国文化主流,要么热捧那些畸形表现、格调低下、哗众取宠的艺术人士。一些西方媒体和文化艺术评论常片面地认为这就是代表中国当代文化艺术精神的作品。由此,国外对当代中国文化艺术的认知匮乏,当代中国文化艺术作品与产品国际竞争力的欠缺,对外文化传播力度、广度与深度的不足,以及文化产业、对外文化贸易刚刚起步,等等,构成了推动当代中国文化"走出去"的困难与挑战,更折射出当前要大力推动当代中国文化"走出去"的必要性与紧迫性。

中国当代文化是我国社会走向现代化进程中所产生和发展的重要精神成果,是建设文化强国的重要内容,推动当代中国文化"走出去"是帮助世界了解当代中国发展的直接路径。我们应以更加开放的胸怀和科学发展的眼光看待当代文化领域的新现象、新发展,加快推动当代中国文化更好更快地"走出去",加快实现从文化资源大国到文化强国的转变。

党的十七届六中全会从时代发展的大局出发,从国内外客观形势和对外文化交流的客观规律出发,要求我们从战略高度推动中国当代文化走向世界,更多以当代文化为视角,展示当代中国人民旺盛的创造力和文化艺术成果,通过当代文化反映当今中国社会的核心价值和普通百姓的真实生活,体现时代精神风貌,全面树立当代中国改革开放、和平发展的形象。在推动当代中国文化"走出去"的过程中,我们应秉承对外文化交流多年积累的经验,把握原则,创新作为,内外兼顾,努力提升当代中国文化在国际上的感召力和影响力。

要进一步重视反映具有时代精神内涵和艺术价值的作品全方位、多角度的传播。对外文化交流应该是全方位的,既要有传统文化,更要有当代文化。在对外推介具有较高艺术价值和文化品格的当代艺术作品和优秀艺术家的同时,要重视对外推介和宣传体现中国优秀传统文化特色、民族精神,特别是具有创新精神的优秀作品,使国际社会对中国文化艺术的当代性有整体性的了解。在政府组织的大型对外文化交流活动中,坚持将当代艺术与传统艺术并重,重点推介、筹组有代表性的中国现当代文化艺术优秀作品,权威性地展示中国现当代文化艺术发展现状。

要进一步深化文化体制改革,加强当代文化"走出去"市场机制建设,完善"走出去"体制和机制保障。要大力统筹对外文化交流和文化贸易,鼓励创新,走精品战略,实施"文化中国品牌战略",鼓励对外文化更多地以民间和商业的方式"走出去",着力打造一批具有自主知识产权、具有较强国际竞争力的文化产品和文化服务贸易企业,形成一批有实力的跨国企业和著名品牌。积极搭建对外文化贸易平台,加强国际营销网络建设。改进文化出口奖励机制,构建完整有效的投资信息平台和文化贸易统计系统,形成以政府为引导、企业为主体、市场化运作为主要方式的对外文化贸易新格局。

要尊重文化艺术的创造发展规律,营造社会各界正确认识当代文化、积极支持当代文化"走出去"的氛围。文化发展有其内在规律,各种文化艺术间的发展关系和借鉴互动,体现了文化艺术发展的基本规律。在当代文化艺术建设中,不能厚此薄彼、厚古薄今或厚今薄古。文化建设是一个逐步积累、持续发展的过程。在推动当代中国文化"走出去"的过程中,要以政府为主导,充分发挥文化机构、社会团体、民间力量和地方省市在对外文化交流中的作用,全面调动、整合各方面的资源与力量,积极凝聚海内外华人艺术家,搭建平台,广开渠道,使得中华文化"走出去"的步伐更稳健、足音更强劲、风采更久远。

论中国文化"走出去"①

张殿军

党的十七大报告提出:加强对外文化交流,吸收各国优秀文明成果,增强中华文化国际影响力。在文化与经济和政治相互交融、文化在综合国力竞争中的地位和作用越来越突出的当今世界,积极实施文化"走出去"战略,对于提升文化软实力,建成富强民主文明和谐的社会主义现代化国家,实现中华民族的伟大复兴,具有极为重要的现实意义。

一、中国文化"走出去"的现实意义

大力实施文化"走出去"战略,对于推进经济政治发展,增强中国的国际影响力有着重要作用。

1. 有助于建设文化大国,复兴中华文明

人类文明进步的历史充分表明,文化与国家发展、强大密不可分。没有文化力的积极引领,没有文化创造力的充分发挥,无论这个

---

① 基金项目:国家社会科学基金项目"社会主义核心价值体系大众化面临的挑战与对策研究"(12CKS042),负责人阙和庆。

国家的经济军事硬实力多么强大,也不可能跻身于世界先进民族之林。中华文化曾长期领世界文明风气之先。但自19世纪末,曾以辉煌文明傲视世界几千年的中华帝国败于凭借"坚船利炮"开拓世界殖民地的西方国家之后,中国便沦为西方国家的文化输入地,成为西方文化的附庸。世界的历史也因之为西方国家文明所支配和谱写。复兴中华文化自此以后便成为中国人民不懈追求的目标。而复兴中华文明,既要有强大的经济军事硬实力为基础,又要有先进的精神文化软实力做支撑,二者缺一不可。中华民族伟大复兴必然伴随着中华文化的繁荣兴盛。中国文化"走出去",不仅有助于合理借鉴、吸纳人类社会创造的文化精华,建设与时俱进的社会主义先进文化,从而推动中华文明的复兴和发展,而且还能在向世界更多地贡献出中国文化价值观的同时,提升中国的文化软实力,增强中华文化的国际影响力。

2. 有助于增加国家互信,推动经济政治的交流与合作

在文化全球化时代,任何国家要进一步深化同他国的经济交流和合作,都离不开文化的强有力支持。如果不了解他国的文化历史、价值取向,不研究国外受众的文化心理和行为方式,各国在频繁的经济互动和交流中难免因文化的差异而产生利益冲突和矛盾纷争,从而影响国家经贸往来的正常开展。显然,积极实施文化走出去战略,一方面能够增进中国同不同文化背景、宗教信仰国家和区域人民间的相互了解和宽容,加深异质国家间的文化互信,从而奠定双方经济合作的集体共识和认同基础,另一方面,在不断扩大中国文化产品海外出口、带动国内经济增长的同时,还能传播中国的文化思想、价值观念,并通过对外文化宣传、造势,吸引世界眼球和关注目光,提高中国的世界美誉度,从而促进技术、人才和国际资本向有利于中国经济发展的方向流动。

3．有助于澄清世界对中国的文化误解与偏见，提升国家形象

自 1840 年鸦片战争以来，中国的国家形象就不断被西方殖民主义"东方化"。新中国成立后，特别是改革开放以来，西方国家更是变本加厉，极尽各种"妖魔化"手段，散布各种"中国威胁论"，大肆"丑化""污化"中国国家形象。可以说，百余年来，与西方走着不同道路、秉持不同价值观念的中国走的是一条被西方国家不断文化误读与妖魔化之路。这不仅严重影响到中国的国际信用，而且还极大地影响了中国国家软实力的建构和提升。因此，要摆脱国家的文化身份和国家形象"被话语""被叙事"的被动情形，中国就必须借助文化"走出去"战略，以东方人对东方的理解和话语方式表达自我，建构文化世界的自我形象，这样才能够在国家形象博弈日趋复杂的国际背景下引领国际舆论导向，并解构、改写国际社会有关中国的负面形象，提升中国的文化软实力，为中国的和平发展创造一个良好的国际舆论环境。

4．有助于影响国际制度乃至国际秩序的建构

在当今世界，国际制度已逐步取代战争等暴力方式而成为影响国际秩序变迁的重要变量。作为国际关系中不可或缺的公共物品，国际机制是在主权国家间的不断斗争中产生的。在国际社会中，一个国家的文化一旦被世界所共享，就会极大地提高同化他者文化思想和价值选择的能力，产生"让他人随我欲"的文化效果，其行为在别国的眼中就会更具有合法性和道义性，相关的国际机制也会因之而建构。显然，谁能掌控国际制度制定的主导权，将日趋取决于博弈各国之间的对比，特别是国家文化软实力的对比。这是因为，文化是制度之母，制度是文化的载体和体现。一定的制度总是反映和体现着一定的政治理念和文化价值。从这个意义上说，以国际制度、国际机制为基础建构起来的国际关系秩序其实就是一种国际文化秩序。

"国际制度的基本文化内涵,决定了国际制度乃至国际秩序的核心内容。"①

可见,中国只有积极、主动地实施"走出去"战略,借助对外文化交流平台,将文化价值、政治文化观念等参与到对整个世界秩序的塑造过程中,才能提高在国际关系中的政治合法性地位,将自己的文化价值理念转化为国际社会必须共同遵守的规则和制度,从而推动国际秩序朝着公正、合理的方向前进。

二、中国文化"走出去"面临的形势与问题

改革开放以来,中国通过文化开放主义战略的实施,已初步形成了全方位、多层次的对外文化交流新格局。但必须看到,伴随文化全球化的纵深发展,中国文化"走出去"面临的形势与问题日趋严峻。

1. 国际文化保护主义盛行

文化是一个国家实现国家利益的重要工具。冷战后,越来越多的国家开始运用文化战略去谋求国家利益,扩大国家影响力。这在加强世界各国不同文化相互交流、彼此融合的同时,也在不断加剧着异质文化间的冲撞和斗争。因此,国际文化领域的扩张与反扩张、渗透与反渗透逐渐成为当今国际政治舞台上一道靓丽的风景线。为了抵制殖民文化的入侵,各民族国家尤其是欧洲国家均在很大程度上采取了文化保护主义政策。如:法国在坚决反对将视听产品纳入世贸组织贸易规章制度中的同时,还规定国内电影院放映的影视节目中欧洲内容不能少于60%;加拿大35%的广播时段要用于播放加拿大音乐作品;韩国政府为维系民族文化认同,于1996年就立法规定本国电影院每年至少要放映本国电影146部。

近些年来,一些发展中国家为回应外国文化对民族文化的严重冲击,维护民族文化安全,也纷纷实施文化准入制度,构筑国家文化

---

① 陈东晓:《试论国际制度的本质特征及其与美国霸权的互动关系》,《国际政治研究》2004年第3期。

安全防护堤。如巴西不允许外国参与本国的无线广播电视,而在有线电视领域外国持有的股份不得超过49%。不仅如此,一些发展中国家还纷纷走联合自强之路,通过组建国际文化联盟如"亚洲—太平洋地区新闻交换网""不结盟国家通讯社""非洲国家广播电视组织"等,来平衡、抵抗美国等强势文化对本国文化的入侵和蚕食。

不可否认,国际文化保护主义的风盛,势必会加剧中国对外文化冲突的风险,增大中国文化"走出去"的难度。一些国家为维护其国家文化安全,必然会建立文化壁垒,想方设法阻碍中国文化对本国的输入。如近年来兴办的孔子学院,发展到今天其足迹虽已遍及世界五大洲,但一些国家或出于意识形态的顾忌,或由于受复杂国家间关系的影响。对在本国开设孔子学院一直持不作为的消极态度,甚至加以抵制;在一些欧洲发达国家如德国、法国,孔子学院由于受到本国语言保护政策的限制,开展起来的难度一直很大,可以说步履维艰。如何防止与他国发生文化冲突,在绕开文化保护主义的同时,促进中国文化与所在国文化的接轨,已成为未来大力推进中国文化"走出去"所面对的一个重大挑战。

2. 中国处于国际文化交流格局中的弱势地位

当前的世界文化格局是"西强东弱"。一方面,美国等为首的西方国家凭借着雄厚的经济物质基础和得天独厚的信息技术优势,将反映西方特色的文化价值理念、生活方式,源源不断地输送到世界的各个角落;另一方面,他们又借助语言中介和对外文化交流等管道,把体现其文化成果和思想灵魂的学术话语渗透到非西方的发展中国家,致使西方政治经济模式和文化理念在发展中国家大行其道。可以说,在国际文化市场上,美国等国家处于绝对的强势地位。

中国是文化"走出去"的后来者,不但"走出去"的时间短,市场化运作的经验缺失,而且目前我国的文化产业无论是在规模、实力方面,还是文化产品的竞争力等方面与发达国家相比都存在着巨大"落差"。中国在世界文化交往格局中处于弱势地位。这不仅表现在中国的文化场中充斥着大量的西方话语,患上了严重的西方话语"依恋症"。"中国现当代文化基本上是借用西方的理论话语,而没有自己的话语,或者说没有属于自己的一套文化(包括哲学、文学理论、历史理论等等)表达、沟通(交流)和解读的理论和方法。"①而且还体现在对外文化贸易方面存在着严重的"文化逆差"。正如前国务院新闻办公室主任赵启正所说:"和中国对外贸易'出超'相比,中国的对外文化交流和传播严重入超,存在'文化赤字'。"一项统计表明,近几年来,在文艺演出市场,引进和派出每场收入之比为 10∶1;出版市场的引进与输出比为 6.84∶1;版权贸易的引进与输出比为 10.3∶1。中国的对外文化贸易中存在着严重的"文化赤字"现象,说明中国的文化软实力还不够强大。要改变在世界文化交流格局中的边缘地位,需要我们付出更多的努力和探索。

3. 中国文化的地缘影响力有限

地缘文化影响力是衡量一个国家文化软实力的重要参考依据和指标。改革开放以来,中国虽然通过开展对外汉语教学、学术交流,举办中国文化年、文化周,建立中国文化中心等多种文化交流形式和手段,推动了中华优秀文化走向世界。但由于中国文化的创新能力不强,信息文化传播的技术水平不高,加之中国参与国际社会的广度和深度都有待进一步提高,因此,与美国文化的全球性影响相比,中国文化的影响力基本上是区域性的,主要限于日本、韩国和东南亚国家。以图书贸易为例,"多年来我国图书进出口贸易大约是 10∶1 的逆差……面对欧美的逆差则达 100∶1"②。这意味着中国在世界地缘文化空间的影响力仍十分有限。这不仅与中国的世界经济大国地位不匹配,还严重影响了中国文化在国际上的影响力和竞争力。

三、中国文化"走出去"的路径选择

中国要成功地实施文化"走出去"战略,并在全球文化思潮的相

---

① 胡惠林:《中国国家文化安全论》,上海:上海人民出版社,2005 年。
② 江志君:《我国版权贸易逆差扩大问题透视》,《中国贸易报》2006 年 3 月 24 日。

互激荡和博弈中有力地传播中国文化,有必要从以下几方面做起:

1. 树立理性的"文化主体间性"意识,反对文化交往过程中的单一主体观

当今世界是一种关系性的文化主体间性存在。这就决定了开放的中国在文化"走出去"的过程中,必须树立多元主体的文化交往实践观。一是要树立平等对待、互相欣赏的意识。任何文化都是人类在改造客观物质世界的实践活动中,为实现从必然王国向自由王国的历史跨越而不断创造出来的精神结晶。由于民族文化的形成总是与特定时空的地域局限性与封闭性联系在一起,因而造成了任何一种文化都不可能在一切方面领先于其他文化。因此在文化"走出去"的过程中,中国要自觉地破除一切形式的"文化中心主义"思想,以平等的理念和敬重的心态来对待他者文化。在文化交往中既不能妄自菲薄,鼓吹文化虚无主义,也不能居高临下,颐指气使,以自己的文化理念和价值标准来评判他者的文化和行为。二是坚持"和而不同"的文化原则。在文化全球化的时代背景下,任何文化的存在和发展,都必须以他者文化的存在和发展为前提和基础。也就是说,任何文化的发展,在任何条件下都不可能永远在一个封闭的文化传统和文化系统中独立进行,一个民族的文化只有实现与世界其他文化的相互交流、相互吸收与相互借鉴,才能获取生命的新生,才能发展与时俱进的能力。因此,在国际文化交往中,中国必须摈弃绝对主义的"和而同"思想,坚持"和而不同"、协同发展的宽容精神,尊重不同民族的文化传统和差异,并以共生共在的文化理念处理和对待不同文化之间的差异和冲突。这样,才能推动世界多元文化的共同发展,实现不同文化"各美其美,美人之美,美美与共,天下大同"的理想境界。

2. 根据"西强东弱"的世界文化交往格局,采取有中国特色的发展策略

在当今世界主要的文化市场已为发达国家垄断和主宰的情况

下,中国必须按照有所为、有所不为的原则,根据本国的文化资源禀赋和文化精神内涵与品质,着力打造不同于他国"卖点"的、更多具有"中国符号"或"中华元素"的文化产业,通过发展独具魅力和价值的文化创意产品和服务,来逐步吸引世界的眼球和注意力,努力为本国文化在文化多元化竞争的格局中,谋求更多的发展空间。

(1) 突出文化特色

中国要充分认识民族文化特色在经济全球化时代的独特价值,紧紧立足和依托丰厚的文化资源优势,以大力开发、挖掘具有民族特色和时代特征的优秀文化产品作为突破口,把深刻反映中华民族特色和当代中国精神风貌的文化产品和服务尽可能多地推介到国际市场中,力争将新的特色文化产业发展、培育成中国经济发展的战略支撑产业和文化经济增长点,把比较优势转化为竞争优势,更好地提高中国的文化软实力水平。

(2) 打造创意文化

从一定意义上说,一个国家文化对世界的影响力主要是通过其创意文化实现的。美国文化之所以畅行世界,就是因为其抓住了世界范围内不同地区人民的想象力。韩国之所以能够在强手如林、竞争激烈的文化百花园中脱颖而出,与该国强调开发国民的创造性和特有的生存智慧的创意产业战略也有着直接联系。因此,中国在借鉴世界其他国家创意文化成功经验的基础上,要始终立足于世界文化发展前沿,依托现有不可替代的文化资源优势,重点打造文化附加值高、融民族特色与世界价值于一体的文化原创精品,形成一批在国际上立得住、叫得响,在国际文化市场上享有一定声誉的拥有自主知识产权、具有核心竞争力的文化创意产品和品牌。只有如此,中国文化才能具备影响他国的软实力。

3. 针对国际社会文化传播渠道和载体分布的非对称性,实行非均衡性的重点发展策略

当前中国必须依据现有的文化资源和力量,针对国际文化传播渠道和载体分布非对称性的国际政治现实,突出重点,非均衡用力。

为此,必须在以下两方面重点做好文化走出去的工作。

(1) 积极加强与美国、欧洲等国家和地区的文化交流工作。

争取有利的国际舆论、塑造良好的国家形象,是中国文化"走出去"的重要任务。如同国内媒体往往通过"舆论精英"和"舆论领袖"来影响国家内外政策一样,国际社会的舆论也是由"舆论国家"制造出来的。在当今世界,由于西方发达国家经济基础雄厚,信息技术发达,因而在不对称、非均衡的国际信息交流中,西方社会大众对中国文化的认知和形象的塑造更易为美国、欧洲国家的主流媒体所左右。"纵观中美二百多年的交往史,中国在美国的形象一直在变化,但美国始终没有客观公正地评价过中国。"①这就要求中国在文化"走出去"的过程中,首先必须把加强与发达国家的文化交流作为"走出去"的重点来抓。一方面要加大同美欧等主流媒体的文化交流与合作力度,另一方面也要进一步加强同美国民间文化友好交往的强度。通过影响美欧的文化市场来逐步扩展中国文化在世界其他国家和地区的文化影响力。

(2) 大力拓展同跨国公民社会的文化交流与合作。

在当代,跨国公民社会的发展十分迅速,已成为影响国际公共事务和全球公共政策的重要力量。一是跨国公民社会能够利用它们同联合国等国际组织的联系,影响世界舆论,改变国际政治议程。二是能够利用广泛的群众基础,动用强大的全球性力量,促使各国政府承诺和遵守国际社会共同认同的各种游戏规则。中国积极开展同跨国公民社会特别是非政府组织的文化交往,积极参加由其发起、倡议和组织的一系列国际公益性事业和文化活动,一方面有利于为中国文化在世界的传播和发展提供一个方便的平台,另一方面,也能发挥文化沟通的桥梁作用。跨国公民社会的成员来自世界各地,群众力量广泛、雄厚,通过它们可以更广泛地联系社会,影响民众。也就是说,跨国公民社会在文化的主体间架起了一座中国文化"走出去"的桥梁,能够更好地传播中华文化。

---

① 潘志高:《中国在美国的形象:变与不变》,《解放军外国语学院学报》2003 年第 2 期。

4．根据不同国家的文化身份和性质，实施差异化的地缘文化"走出去"策略

中国文化要"走出去"，就必须因地制宜，根据不同国家的性质和地域文化特点，实行战略导向有区别、有差异的地缘文化"走出去"策略。

（1）以儒家文化为契合点，加强同周边国家的文化往来。

中国同周边国家如日本、韩国和东南亚国家有共通性的文化，即都属于儒家文化圈。无论是在文化传统、道德观念，还是生活方式、文化习俗上都有着诸多相似之处。中国的儒家文化不仅历史上对东亚"儒家文化圈"国家的文化发展作出过重大贡献，而且在当代对推动该地区经济社会的现代化发展也彰显出了独特的时代价值。可以说，儒家文化在世界各国尤其是东亚国家得到了广泛的认同。中国要利用与东亚国家文化背景相似、地缘接近等优势，充分利用双边和多边经济政治交往，进一步加强同该地区国家的文化交流和往来，努力增强中国文化的地区认同度和影响力，营造有利于中国和平发展的地区文化圈，并以此为中国文化走向世界的桥头堡，扩大中国文化认同的地理分布。

（2）以大众文化为切入点，加快中国文化走向西方市场的发展步伐。

中国与西方国家拥有不同的政治文化。从一定意义上讲，中国与西方国家围绕民主、自由、人权而发生的斗争都源于政治文化的冲突。这在某种程度上阻碍了中国文化对西方世界的扩散力。为了使差异巨大、相互敌视的两种政治文化分歧不影响到中国与西方国家文化关系的顺利发展，中国除了要理性地借鉴西方政治文化，主动、积极地加强与西方国家的政治文化对话之外，还必须另辟蹊径。当前，中国首先要将闪现着民族智慧的具有普适性的思想文化理念与道德取向如"和为贵""天下为公"等，和中国想要表达的执政理念与意识形态，想要施加的政治影响，利用大众文化的表现形式，通过电影、电视剧、新闻报刊、音像制品和艺术、体育等载体和媒介传送出去，通过同西方国家的文化交流，引导民众逐步认同中国大众文化作品所表达的价值观和理念,让他们更好地理解和接受当代中国很多独具文化特色的做法,从而在文化的潜移默化中改变它们对中国的认知结构,进而达到文化输出、开拓西方文化市场的战略目的。

(3) 以宗教文化交往为基础,加强同宗教国家的文化交流。

"在过去的一万年中,地球上没有一个地方的人没有自己的宗教。"①中国是多种宗教并存的国家。中国五大宗教中的四大宗教(道教除外)皆与国外其他宗教有着广泛的历史与现实联系,可以说,其宗教内涵当中积淀、蕴涵着许多佛教、伊斯兰教和基督教等文化因子。如基督教就是于公元 7 世纪经波斯沿"丝绸之路"传入中国的。在宗教日趋世俗化的今天,跨宗教的交流必然会促进跨文化的交流与传播。对于以宗教立国的一些国家,中国应积极鼓励政府、民间开展与国外宗教文化界、世界宗教组织如"世界宗教和平大会""亚洲佛教和平会"等的宗教文化交流和合作活动。通过宗教文化交流的窗口,把中国的宗教政策和宗教信仰自由的实际情况介绍给各国人民及宗教界,使他们对中国的悠久文化传统和各项政策有更进一步的了解,这样既可以宗教文化交流为平台和突破口促进中国文化产品的整体出口,为中国文化开辟广阔的世界发展空间,又可以有效减少和避免因中国文化输出而引发的文化交流中的意识形态壁垒和这些国家文化民族主义的对抗。

---

① [美]拉里·A.萨默瓦、理查德·E.波特:《跨文化传播》,闵惠泉、王纬等译,北京:中国人民大学出版社,2004 年,第 108 页。

政府定位：文化"走出去"的关键①

黄 娟　沈德昌

当前，文化"走出去"已成为国家发展的重要战略抉择。它关系着我国经济结构调整和产业结构升级，关系着国家的发展、民族的振兴。近年来，在各级党委政府的高度重视和社会各界的密切关注下，我国文化"走出去"的步伐不断加快，形成了文化建设和经济建设相互促进的大好局面。但是，我们必须看到，与发达国家相比，我国仍有不小的差距。我们必须通过大力推动文化"走出去"，不断提高国家文化软实力，进而在全球战略竞争的文化博弈中，成为一个积极的国际文化秩序的参与者和缔造者。

诚然，在贯彻实施文化"走出去"战略中，企业作为市场经济的主体扮演主要角色，但在经济全球化的背景下，今日之竞争已不仅是企业间的竞争，也是政府和企业联合力量间的竞争、政府作为文化"走出去"战略工程的宏观主体，如何定位、如何进行有效的引导和推动，已经成为影响这一战略工程的重要因素。

---

① 本文系 2011 年度河北省社会科学发展研究课题"河北文化走出去工程中的政府作为研究"的研究成果(201104014)。

一、政府介入文化"走出去"工程的理由

众所周知,政府如何在经济发展中发挥作用一直在理论界存在争议,不同的国家,甚至同一国家在不同时期都有很大区别。为了更清楚地阐明政府在我国实施文化"走出去"工程中的定位,首先需要明确在市场经济条件下政府应不应介入,以及应充当什么样的角色。

西方经济学在市场经济发展的不同阶段对于政府是否应该介入以及充当什么角色做了不同的回答。在自由资本主义时期,政府是"守夜人",其职能在于保护本国安全,维护社会治安,建设和维持公共工程和公共事业,资源配置完全由市场这只"看不见的手"来完成。随着市场经济的发展和经济关系的复杂化,市场的缺陷不断暴露出来,导致周期性经济危机的爆发,而古典分析范式对大萧条无能为力,由此产生了主张政府对经济进行调节和干预,发挥"看得见的手"的作用的"凯恩斯主义"。在1973年以前,凯恩斯主义一直统治着宏观经济学几乎所有的领域,受其影响,在日本、韩国甚至形成了"政府主导型的市场经济体制",取得了重大成就。但20世纪70年代中后期,西方主要发达国家经济出现了滞胀状态,凯恩斯主义无法解释和解决新出现的问题,政府失灵了。新自由主义经济学开始出现,凯恩斯的弟子们也开始转型,主张将市场与政府结合起来,明确界定了在经济运行过程中市场和政府各自不可替代的作用,强调在弥补市场缺陷的同时,也要尽力避免政府的缺陷。

邓小平在总结我国及其他社会主义国家发展实践经验教训基础上,又大胆突破了列宁、毛泽东的思想,明确提出计划和市场都是经济调节手段,计划多一点还是市场多一点不是社会主义与资本主义的区别标准。正是邓小平的"两种手段论"使我国社会主义的整体模式发生了转换,实现了国民经济的高速增长,综合国力的重大提升。

总之,完全理想化的市场、完全独立的外在化的国家是不存在的。政府和市场都是现代社会现实经济过程的组成部分,它们之间不存在非此即彼的选择,在一定程度上是相互渗透,存在着一种互替、互补、互动的复杂的结构性关系。尤其是在竞争日益激烈的今

天,政府更应发挥其经济功能,根据本国经济发展的总体战略,及时调整政府的定位,充分整合各种资源,扶持战略性产业的成长,增强其竞争力,提高本国参与国际分工的综合实力。

二、政府推动文化"走出去"的国际经验借鉴

随着全球经济一体化的迅猛发展和文化因素在国际经济发展中地位的突起,许多国家也积极采取多种方式向全世界推广本民族的优秀文化产品。各国在积极实施文化"走出去"战略中,政府无疑起着主导作用。"他山之石,可以攻玉",研究他国尤其是文化强国政府助推文化"走出去"的成功做法和定位,对于推动我国文化大发展大繁荣具有重要意义。

首先,制定文化立国战略,完善文化法律法规。美国是世界上第一个开展文化立法的国家,建立起一套完整的文化法律法规体系,从立法的角度保护文化产业的发展,如《专利法》《版权法》《商标法》等。日本在1995年就明确提出"文化立国"的战略,并将21世纪作为日本依靠本国的文化资源与优势开始新一轮发展的世纪。为了落实这一战略,日本政府相继出台一系列配套政策、法律、法规,如《科学技术基本法》《特殊21计划》《振兴文化艺术基本法》等。韩国在1998年正式提出"文化立国"战略,相继出台《国民政府的新文化政策》《文化产业发展五年》《21世纪文化产业的设想》等发展规划,并先后制定或修改了《文化产业振兴基本法》《影像振兴基本法》《著作权法》《电影振兴法》等法律。

其次,大力实施文化外交,提升文化影响力。在全球化竞争日益激烈的今天,许多国家都把文化外交作为助推文化"走出去"的重要手段。美国设有专门的机构国务院教育与文化事务局负责文化外交,主要通过各种文化交流,向外输出美国独特的文化价值观,以增进美国国家利益的实现。澳大利亚的文化外交由澳大利亚外交贸易部和环境、水资源、遗产和艺术部共同发起,由澳大利亚国际文化理事会(AICC)负责。法国早在1945年就在外交部成立了文化关系司,该司的主要职责是制定对外文化政策开展文化交流。日本文部

省在 1986 年斥巨资成立了"国际日本文化研究中心",搭建起对外文化交流、输出日本文化的国际平台。

再次,扩大投资渠道,鼓励多元融资方式。美国历经多年的发展已经形成了多层次的融资体制。美国联邦政府主要对非营利性文化艺术事业给予资助,美国各州、各地方、社会力量拨出相应的地方财政与联邦政府的资金配套。在英国,政府对企业投资文化产业实行"政府陪同资助",即若企业决定资助文化事业,政府将陪同企业资助同一项活动。在日本,政府也非常重视对文化产业的投资。文化产业作为新兴产业可以享有"研究投资和科学技术投资"的经费,而作为对国民投资又可以享有"文化投资"的经费。同时,日本政府也积极鼓励社会力量、民间团体投资文化产业。现今企业已是日本文化产业的主要投资及融资来源。

最后,各国政府都非常重视人才培养。人才的培养和储备是文化"走出去"的关键。离开人才,发展文化是没有出路的。美国非常重视文化人才的培养,全美有 30 所大学开设了文化管理、艺术管理学等专业,以培养本科生、研究生甚至具有博士学位的高质量的文化人才。同时,还以招收留学生、大企业招聘、聘用外国专家等方式,从世界各国搜罗大量的优秀文化人才,这些人才也为美国的文化发展作出了重要贡献。日本政府也重视文化人才的培养,一些高校专门开设了动漫制作专业,地方政府文化部门和民间文化中心也经常联合举办各种收费较少或完全免费的讲座。

综上可见,各国在推动文化"走出去"的时候,很多政策是一致的,而政府在其中的定位、作用是不可忽视的。它们的政府充当着战略的制定者、主导者、规划者、服务者。它们的成功经验无疑对我国政府在文化"走出去"工程中的角色定位具有重要的参考价值和借鉴意义。

三、政府在实施文化"走出去"工程中的定位和职责

政府作为宏观经济的决策与管理者、公共服务的提供者,必须在文化"走出去"工程中承担自己应尽的职责,发挥其在文化"走出去"

工程中的作用。那么,我国政府在文化"走出去"工程中应该充当什么角色?

首先,战略的制定者。文化"走出去"不仅仅是有形的文化产品、文化服务"走出去",也包括无形的文化价值"走出去"。这样,文化"走出去"不仅仅是一个文化战略,也是一个政治战略,是我国参与全球化时代话语权争夺的重要举措。我国政府应该按照科学发展观的要求,结合社会发展目标,科学编制文化"走出去"的战略发展规划,明确文化"走出去"的中长期战略目标和战略重点。要结合我国文化多样性、发展多阶段的特点,合理选择战略的目标市场、主体和工作任务,做到因地制"略",避免重复建设和不良竞争。要注重从全局层面搭建平台、疏通渠道、整体推进,地方则注重内容建设,提供有地方特色的文化产品和服务,充分利用国内外两个市场、两种资源,打造一批具有国际竞争力的文化产业集团。

其次,战略的引导者。文化"走出去"战略需要完善的法规和政策加以规范引导。虽然我国近几年先后出台了一些鼓励文化"走出去"的政策,但还未形成相对完善的政策扶持体系。目前,政府要理顺文化管理体制机制,建立不同文化管理部门的协调机制。要放宽审批条件、简化审批程序,放松外汇管制,制定和实施税收优惠政策。要研究制订文化资产、文化产品评估办法,尽快建立文化企业无形资产评估体系,实现金融资本与文化产业的有效对接。要以法律的形式明确在文化"走出去"过程中政府、社会组织和个人的责任和义务,为推进文化"走出去"提供法制保障。要建立文化产业监管的分类标准、指标体系、数据统计体系,为政府制定政策和企业决策提供更好的服务。

再次,战略的支持者。政府可以通过财政资金对从事文化"走出去"的事业、企业直接提供资助,也可以通过间接的财政资助手段予以资助,如通过减免税收降低企业投资成本,通过对各国和地区的文化环境、消费者喜好倾向进行相关的调查研究,以降低企业"走出去"的国别风险。政府还可以充分发挥信息优势,整合各种资源信息,直接提供信息支持,如通过政府有关的媒体向企业提供信息,充分发挥中国驻外文化机构的作用,为企业提供各国和地区法律法规、税收政策、市场状况等信息,加强政府间的合作,加大政府牵头、文化企业参加的各种国际和国内的展会的力度,以提高中国文化在世界范围内的知名度。政府还应通过有关科研院校有目的地系统培养文化方面的专门人才,或提供相关培训,以加大人力资源方面的支持。

最后,战略的监督者。在实施文化"走出去"战略中,政府除了政策促进、引导和支持外,对实施文化"走出去"战略进行监管仍是必要的。作为国家重大战略的制定者、管理者,需要把握战略实施的全局,根据国际政治经济发展的动态,建立风险预测、预警和快速反应机制,以加强对拟投资或已投资的项目的监管和限制。更为重要的是应着力于事后监管体系,以引导投资主体的健全经营,防止资产的流失。主要监督已"走出去"的文化企业是否有非法转移国内资产和从事未经许可的投资项目,监督文化企业的项目结束后的财产处理情况。对于经营不良的文化企业有权不准其再经营,对违反有关法律规定的企业进行不同程度的处罚。

在文化成为各国扩大自身影响力、争夺国际市场的有力武器的今天,我国政府应高瞻远瞩,准确定位,抓住机遇,逆势而上,加快文化"走出去"的步伐,实现文化产业的跨越式发展。

协同创新推动中国文化"走出去"

韩 震 陈海燕

现代科技迅猛发展、日新月异,在改变人类生存方式的同时,也改变了社会组织与周围群体的关系。大学开始逐步从学术象牙塔走向社会的中心舞台,与社会发展关系越来越密切,所承担的职能也随之不断丰富和拓展。从培养人才到科学研究,从社会服务到文化传承创新,大学职能的深度和广度都得到不断拓展。在经济全球化的今天,文化在综合国力竞争中的地位和作用日益显现,如何增强国家文化软实力、增强中华文化国际影响力,积极推动文化"走出去",是大学在承担文化传承创新功能过程中需要积极思考的现实问题。

一、文化"走出去"的使命与困境

自晚清以来,大批外国商人和传教士涌入中国,他们对中国印象的文字和影像资料是西方了解中国的重要信息渠道。在西方,中国人形象被固化在特定的"他者"形象。中国被描述为"停滞和落后的国度"。直至今日,在媒体报道中还能感受到外国人经过棱镜折射后的片面的、歪曲的"中国印象",这对中国与世界的"对话"造成文化上的障碍与困难。因此,如何消除这种信息不对称,塑造历史与今日中国的形象,成为中国大学和学者的时代使命。

近代以来,西方文明实现了从旧制度到资本主义生产方式的转变,社会生产效率出现了结构性跃升。因此在过去的一百多年里,"请进来"的现代文明在推动中国社会变革的过程中发挥了重要作用。早在晚清时期,京师同文馆等中国第一批新式教育机构成为晚清与西方世界沟通联络的桥梁。作为现代大学发展雏形的学堂,主要发挥的是"请进来"的作用,通过大量译介西方的科学知识和思想理论,在传播西学方面发挥着更新观念、接轨世界的重要媒介作用。

改革开放后,中国特色社会主义道路的成功让中国在世界上站稳了脚跟。中国不再是被逼迫、被拉扯着进入全球市场,而是自觉地融入到全球竞争之中,并且在这种竞争中逐渐找到了自信心,提升了国家核心竞争力。随着文化自信心的增强,我们越来越意识到:文明从来都不是单向的传播,而是双向对流的对话。任何民族在文化交流中,都不能丧失自己的根基,正是从这种根基出发,文化才能在交流互鉴中得到丰富和发展。

在推动文化"走出去"的过程中,我们面对着一个问题,即什么"走出去"和怎么"走出去"。近几年,我国政府以积极的姿态作了各方面的探索,如举办各种国际赛事与会议、开展政府间多边文化交流、创办孔子学院等。这些政府层面的努力促进了文化交融、彰显了中华文化特色,但要应对国际舆论甚嚣尘上的"中国威胁论""资源掠夺论""中国崩溃论",仅仅依靠文化合作或传播"书法""戏曲"等文化符号是远远不够的,要深化中华文化影响力,还需要加强与国外思想文化的沟通与理解。为此,就需要让国际理解中国的精神世界、价值观和思维方式,而要理解精神世界、价值观与思维的特点,就需要掌握与这种特点相伴而生的语言,需要我们发挥大学聚集的各种文化交流资源的作用,通过语言这种文化最直接的载体,深化和丰富文化"走出去"的内容与形式。

二、外语类院校是助推中国文化"走出去"的重要媒介

大学作为中外文化沟通交流的桥梁,除了继续承担"西学东渐"的角色,更需要保持文化自觉意识,主动发挥自身优势,不仅使传统文化得到创造性转换和创新性拓展,而且要助推文化"走出去"与其

他文化交流互鉴。外语类院校作为国家对外交往的重要窗口,在频繁的文化、教育交流合作中,应将"把世界介绍给中国"和"把中国介绍给世界"作为自身的办学使命,充分发挥自身在语言和对外合作交流方面的优势,不仅让中国了解多样的世界,而且让世界理解变化中的中国,为深化"走出去"在途径与内容方面做出积极的尝试。

1. 深厚的本土研究与国际研究

我国大学在建立之初都是以欧美为范本,在学科体系建立方面与西方有着相当的渊源。经过多年的建设与实践,国内大学对传统与现当代中国经济、政治、文化等各方面的研究已经累积了相当丰厚的成果,而海外也有一批从事"中国学研究"的学者从不同视域和文化背景出发对中国进行研究,"中国学研究"成为双方对话与交流的重要场域。在这方面,国内的许多外语类院校依托语言优势,通过整合法、德、俄、日、西、阿和其他亚、非、欧各国的学术力量,对世界主要地区中国学研究开展梳理与研究,在海外中国学研究领域里取得了巨大突破。与此同时,近年来借助各小语种的增设,我国对世界其他各国历史发展轨迹、文化传统、政治制度和外交策略等进行了深入研究。这些共同的研究对象为双方思想文化的交流与沟通奠定了基础。

2. 广泛的国际交流与学术合作

在中外文化交流的早期,学术著作的互译是各国了解对方的主渠道。早期我国孔子、庄子学说的外译就影响了一大批西方学者,对西方了解中国的哲学思想与历史传承起到了启蒙作用,不过这种外译工作以西方人为主导。现在,外语类院校有相当一批学者致力于中国优秀传统文化的对外传播,将中国丰富多彩的传统文化元素展示给世界各国,如阿拉伯文版的《老子》、西班牙文版的《论语》、泰文版的《洛阳伽蓝记》等。近年来,外语类院校又将中国当代学术外译作为重点,大量现代文学作品已经翻译为各国文字,成为传递中国历史文化、哲学思想的重要渠道。除了传统的学术著作互译外,中外大学近年来开始更加重视深层次的合作,如中外合作办学、共同举办国际学术会议、联合进行科研项目攻关等。大学间广泛深入的国际交流与合作架起了不同文明对话与交流的桥梁,成为超越意识形态和文化差异、增进各国相互了解的重要窗口。

3. 跨文化的人力资源优势

只有理解对方,才容易让对方理解自己。从文化交流的角度来讲,尊重彼此的语言、文化和历史是深入交流的重要基础。文化"走出去"最终要依靠特定的群体来实现,与其他机构相比,大学聚集的人才资源更具优势。尤其是外语类高校,因为聚集了大批研究世界各国语言文化、历史社会的专家学者,在人才培养目标上也倾向于培养"高层次、复合型、通晓国际规则、适应对外开放新形势的国际化人才",因此外语类院校具有跨文化的人力资源优势,是助推文化"走出去"、与其他文化交流互鉴的重要力量。此外,外语类院校基于自身学科发展以及外向型人才培养的需求,往往与国外各种教育机构、各国驻华大使馆保持着良好的联系,这种资源优势也有利于外语类院校主动开展多层面的交流活动,推广中国传统文化与风俗。

三、发挥大学特色优势,协同创新"走出去"

每所大学都有自己的优势学科和特色学科。"走出去"需要集合大学优势资源,以具有跨文化沟通合作能力的人才为载体,以各领域最顶尖的研究成果为内容,以广泛的国际交流合作为渠道,承担中国文化"走出去"的重任。外语类院校大多有着广泛的国际交流资源和渠道,不仅教师因自身学科特点与世界各国有着广泛的联系,而且有一大批校友活跃在外交、外贸、外事和对外文化交流领域。外语类院校要充分利用这个特点,通过协同整合,助力国家的国际间文化交流互鉴的事业。

1. 合力开展国际区域问题研究

随着我国综合国力的增强和对外开放领域的不断扩大，中国与世界各国的关联度越来越高，政治格局、经济利益、文化影响交织发展的态势日趋明显。面对纷繁复杂的国际舞台，深入了解不同国家和地区的历史、文化、社会状况，基于此进行国际合作的研究，成为中国深度融入世界的必然要求。但从现状来看，目前从事国际区域问题研究的学术力量还比较薄弱，即使有一些专门机构也大多还不成体系。因此，如何整合现有各方面研究力量，开展综合性的、前沿性的国际区域问题研究，是今后相当长一段时间内我国对外政策选择的关键所在。

外语类院校长期以研究世界各国文学、语言、风俗习惯为主攻方向，有大批学者熟悉各国的历史渊源、民族关系和文化传统。与之不同，综合类院校与研究机构则聚集了大批对世界政治、经济、社会等领域术有专攻的专家，他们从不同学科专业角度，致力于各国相关状况的深入研究。上述这两支不同学术背景的队伍是开展国际区域问题研究的重要基础和支撑力量。如果能够很好地整合这两支队伍，以语言为切入点，以文化历史为背景，将目光聚焦在政治热点地区、文化独特国家、资源集中地区，深入研究国际区域问题和国际联盟，如南海问题、北极问题，以及欧盟研究、中东欧研究、东盟研究、非盟研究、"一带一路"研究等，可为中国在世界舞台发挥影响力提供更为深入的智力支持和决策建议。

从当前看，大学需要探索的重要问题之一是如何联合校内外、国内外各专业领域的学术力量，建立以项目为纽带的跨院校、跨学科、跨领域的合作平台，以团队攻关模式替代以往单打独斗的研究方式。其中，组织跨学科、跨部门团队的难点在于如何突破现有的机制障碍，通过多元化的队伍建设实现多学科交叉融合，这些都是将来需要着力解决的问题，有待于高校与研究机构在实践中加以探索。

2. 合作搭建国际文化交流平台

大学身处中外文化交流的前沿,无论是在人才培养、科学研究、社会服务,还是在传承中华优秀文化上都占据关键地位。其中,外语类院校大多以外国语言和文学专业为主干,国际合作与交流频繁,师生国际化程度较高,对中外语言文化的表里关系以及加强传统文化教育的必要性有更为深刻的认识。在国际文化交流"走出去"与"请进来"交互进行的新时期,如何发挥自身的智力优势和网络优势,整合多方力量携手搭好交流平台,增强中国文化的感染力、影响力,同时汲取世界各国文化精华,推动中国文化在传播中创新前行,是当今大学尤其是外语类院校的时代责任。

为汇聚更多专家学者资源,加强本土教育与底色意识,外语类院校在培养国际化人才的过程中,应着力增加中国传统文化的内容,在通识教育中加大中国历史、文学、艺术的比重,在专业教育中融入中外对比研究的视角。与此同时,外语类院校应加强与综合性大学、艺术类院校及研究机构的交流,推动中国传统文化表现形式的传承与创新,并借助海外孔子学院的平台,推广汉语教材和文化读本,为中外文化交流互鉴提供平台。

3. 协同推进,助力中国文化"走出去"

中国文化历经五千年发展,已成为世界独树一帜的文化现象。当中国需要主动将自己介绍给世界时,思想层面的交流依然是核心。文化"走出去"作为深化改革开放、促进文化繁荣的重要举措,承载着传承与创新中国传统文化的时代使命——不仅要继承中华民族优秀的传统文化,还要对传统文化进行创造性转换和创造性拓展,创造符合时代需要、具有时代特征的现代文化;不仅要汲取世界文化的优秀成果,也要把自身的优秀文化传播出去。

因此,如何基于中国发展的现实,将历史中国与今日中国的文化观念、文化魅力以恰当、有效的方式进行传播,是我们必须思考的问题。外语类院校作为中国文化"走出去"的主力军,应创新文化传播机制,系统规划传播重点,合理确定传播方式,并使这种交流形式常态化、机制化,把国内文化资源整合成为对外传播的整体性力量,发挥优势互补、协同推进的功能。总之,外语类院校需对中国文化海外传播进行整体研究和系统梳理,为"走出去"提供支撑。

河流交汇之处既是融合之处也是创新之处,通常不乏鲜美之鱼。文化交流也是如此,中国优秀传统文化在中外交流中凸现民族个性的同时,也受到域外文化的影响,在撞击与交汇中实现着传统文化的生长和创新。"走出去"对文化大发展、大繁荣的意义也贵在于此。大学作为文化交汇之地,是文化传承创新的重要阵地,不仅要增强中国传统文化的内涵和色彩,还要为中国传统文化与其他文化交流、创新贡献自己的力量。

中华文化"走出去"新视角

李建军

中华文化如何"走出去",中华文化如何对外传播,一直是我国对外传播机构乃至学术界千万次的追问。虽然这个命题阔大而复杂难解,而且智者见智,仁者见仁,但某些"解题方案"已可列入"负面清单":即"三单"(单主体、单向度、单声道)式的,"以我为主"的,强势宣传、传播等传统的思维和方式,已不合时宜,亦不被当前国际传播公理和国际文化交流规则所接受。[①] 在中华文化"走出去"的理念上,要实现"单主体"向"双主体"的转变;在中华文化"走出去"的话语上,实现由"硬传播"到"软交流"的转变;在中华文化"走出去"的内容取向上,实现由语言"搅拌机"至文化、情感"搅拌机"的转变。

一、"走出去"理念:实现"单主体"向"双主体"的转变

文化"走出去"需要有科学的顶层设计、适当的交往理念和有效的传播方式。文化"走出去"是走出了国门,已置身于国际的背景下,那种以国内视野思考世界问题和文化"走出去"的尺度,具有明显的局限性,我们要具有全球视野和大国心态。文化"走出去"不可能是

[①] 李建军、刘会强、刘娟:《强势传播与柔性传播:对外传播的新向度》,《东北师大学报》2014年第3期,第190—195页。

"三单"(单主体、单向度、单声道)式的我宣传、我传播,你接受、你听命;这样的唯我独尊心态,不仅文化走不出去,还可能会使"中国威胁论"沉渣泛起。理想的"走出去"理念,须打破传统的"以我为主"的唯我论思维和单向、单声道传播定式,实现由"单主体"向"双主体"的转变。也即是说,我是主体,对方也是主体,交往的双方皆为交流主体。不能把交往对象当做客体或他者看待。文化是互动的,即便是一方的文化"走出去",也需在共同交往、理解尊重和互利共赢的基础上进行,那种一厢情愿地靠强势推广和单向宣传、传播的方式,往往欲速则不达,甚至会遇到对象国的猛烈抵制,这样不仅自己的文化走不进去,两国的政治互信同样会受到影响。中华文化"走出去",必须实现由"单主体"向"双主体"(主体间性)的转变①。在这一实践过程中,还应在观念上实现两个梯度的转变:一是由宣传理念到传播理念的转变;二是由传播理念再到交流理念的转向。

1. 由宣传理念到传播理念的转变

传播与文化一样,为最难下定义的几个词之一。关于传播概念的界定和表述,不论是本质主义的,抑或是关于话语的研究,已有近200种。公共传播具有双向性、共享性、快速性、广泛性的特点。在人类社会,传播是无处不在的。传播是学术话语,是指社会信息的传递或社会信息系统的运行。传播是一个持续不断的合作建构意义的过程,也是一个动态多变的编码和解码的过程。约翰·斯图尔特(John Stewart)提出,人类生存于"意义的世界"中,这个世界至少由六种成分构成:时间、空间、自然规律、关系、文化和工作。它们全是经由传播而获得,经由传播而建构,经由传播而修改,经由传播而成形。②

宣传在中国是个正向的常用词。"宣"具有公开说出来,传播、散布出去的意思。按照现代汉语词典的解释,宣传作为动词是指"对群

---

① 李建军:《实现中国语言文化传播的六大转变》,《中南民族大学学报》2014 年第 6 期,第 43—46 页。
② John Stewart (ed.), *Bridges Not Walls*, New York: Mc-Graw-Hill, 1999, p. 21.

众说明讲解,使群众相信并跟着行动",凸显倾向性和目的性的特点。① 与宣传相关的词语和词组搭配层出不穷:宣传部、宣传单、宣传栏、宣传画、宣传册、宣传片、宣传海报,等等。宣传是个外来词,但由于受"魔弹论"、冷战时美苏双方利用宣传机器大肆攻讦的影响,宣传的词性被丑化和妖魔化,目前在国际学术界则是个政治脉络明显的话语,具有"洗脑"的色彩或精神控制的负面意义指向。在对外交往中,用宣传这个具有不同含义和色彩的词,必然会徒增交往的不必要误会和交往障碍,不利于合作共赢和理解互信。仅仅为增强交往效果或促进文化"走出去",用国际上广泛认可的学术话语——"传播"更切实际,亦较为理想。

从传播学与宣传学的关系而论,虽然宣传学的诞生早于传播学,但传播学却以极强的生命力开疆拓土,后来居上,涵盖了整个"第二自然"的信息传播现象,使宣传学归于自己的麾下,作为传播学其中的一个研究范畴或二级结构而存在。宣传学强调意识形态的重要性和对人的灌输、鼓动和劝服功能。从两者的学科范畴比较来看,传播学的视野更为广泛,更富有学术张力。

2. 由传播理念再到交流理念的转向

由宣传理念到传播理念的转变是文化"走出去"的一个境界,我国目前还处在这样的一种转轨之中;从由文化传播理念再到文化交流理念的转向更是文化"走出去"的更高境界,我国要实现对国际传播理念的跨越,向文化(人文)交流的方向大步迈进。

文化传播是文化传通、文化撒播、文化交流、文化合作、文化对话、文化交往等的统称。根据文化专家桂翔的解释,从概念的外延方面,文化传播外延最大,涵盖了文化交往和文化交流,文化交往和文化交流可谓是文化双向交流的一种形式;而文化交往又包含文化交流,文化交流仅仅是一切文化往来的一种方式。文化交往与文化交流的区别还在于:一是文化交往涉及民族之间包括物质文化、制度文

---

① 中国社会科学院语言所词典编辑室:《现代汉语词典》,北京:商务印书馆,2013年,第1473页。

化和精神文化在内的文化往来,包括自觉和非自觉的文化往来,而文化交流一般主要是指狭义的文化交往活动,即观念和精神层面文化的交往和有意识的自觉的文化交往行为。二是文化交流一般指文化主体和平、平等的文化交往,而文化交往包括了非和平和不平等的文化交往,如战争、征服甚至殖民活动等形式。在日常语境下,文化交流更多的或者说主要目的是通过精神产品来展现一个国家或民族的文化,通过交流来促进民族之间精神(主要是价值观)的了解和理解。根据文化信息流动的结构性三层次递进规律——器物文化→制度文化→精神文化,文化交流是文化信息流动的高层次[①]。虽然桂翔大致对文化交往和文化交流做了一个切分,但笔者认为文化交流更多的是一种文化互动,既包括器物文化的互鉴互动,也包括制度文化和精神文化的正向互动,隐藏在文化冰山下的那部分"潜文化"更是文化交流的主题和价值所在。

强化文化的传播理念,并非是最为现实与理想的选择。一是根据普通语义学的早川一荣的观点,语言是抽象的,而实际是具体的。语言的抽绎程度越高,它与具体实际的依存关系就越间接。文化交流→文化交往→文化传播是由低到高的"抽绎阶梯","抽绎阶梯"层级愈高,语言就越抽象,就越容易引起误解。[②] 从普通语义学的角度来看,用文化传播这样的高抽象词并非是上佳的选择。二是由于传播具有"通讯、通知、信息、书信;传达、传授、传播、传染;交通、联络;共同、共享"等诸多义项,所以迄今仍没有让人信服的具有普遍认同的定义,这在理论和实践中会因其"多义性"而带来理解的偏差和行动的失当。三是传播是 communication 的英译词,其本身就具有双向互动的含义,而汉语中的传与播皆为单向传递的意思,由于词义不对等,实际上 communication 与汉译的传播属于包含与被包含的关系,这样就会对 communication 的真实理解大打折扣。这种汉译的缺憾既造成简单的望文生义,也体现在以"我"为主传播,单向、强势传播和推广等传播方式上。四是传播作为一种话语研究,传播是权

[①] 桂翔:《文化交往论》,北京:人民出版社,2011年,第43—46页。
[②] 索燕华、纪秀生:《传播语言学》,北京:北京师范大学出版社,2010年,第99—100页。

力,传播是控制,是丹尼斯·朗所言的"武力、操纵与说服"①三种权力的一种,"说服"代表传播权,是思想控制的同义语。这种传播隐藏着看不见的权力控制,这种传播是经过议程设置的,传播出来是一种"拟态环境",这样的传播理念同样会对文化走出去造成负面影响。

综上所述,鉴于宣传词性色彩的差异性和传播概念界定的不一致性等所带来的缺憾,在文化"走出去"过程中,按照"奥卡姆剃刀定律"的简洁原则,应把概念清晰、辨识度高、充满正能量的文化交流推向前台。虽然交流是传播的一个分支,也不能等同于传播,但却是传播中正向、正能量(互动与共享)的表征,就像文化中的文明一样,是传播中的褒义词,在国际和对外交往中易于被对象国认可和接受。当然启用交流一词不仅仅是词语意义的转变,还是文化"走出去"主体的思维方式、交往方式和价值取向的转变。

二、"走出去"话语:实现由"硬传播"到"软交流"

"我们是来宣传中华文化的","我们是来传播中华文化的",这样强势的"以我为主"的话语,就像我们要建立对外"桥头堡"和"前沿阵地"一样,无疑会引起对象国的警觉。如果在语言和象征符号上经常体现强权和居高临下的言语,在认知上把对象国看成小国弱国,看做是交流的客体、他者而不是主体,这样不但文化走不出去,而且还为"中国威胁论"制造口实。而"我们是来进行文化交流的"则会以话语中"双主体"的对等性、公平性博得对象国的青睐与尊重。不能赢得对方尊重的传播是无效的传播,不能赢得对方尊重的传播是需要反思的传播。赢得对方尊重和接受的传播是高层次的传播,是文化交流的理想境界。在理念上,实现由宣传到传播再到交流的转变是一个艰巨的任务,僵化的封闭思维定式需要变化、变革、创新,需要转向、转轨、超越。

---

① [美]丹尼斯·朗:《权力论》,陆震纶、郑明哲译,北京:中国社会科学出版社,2001年。

1. 超越唯我的强势的话语

为了凸显中华文化软实力和影响力,中国需要建构具有中国特色、中国风格、中国气派的话语体系,但这种话语体系不能仅仅是唯我的、"只赢不输""只进不退"的,而且应该是利他的、"有赢有输""有进有退"的,中华文化"走出去"同样如此。

文化是互动的,不是只为单向传播和"赢者通吃"。频频把传播中华文化挂在口头、写入报刊,就会变成唯我的地方性话语,融入不到国际的背景中。这种话语和心态拿到国际上,放到对象国去说,其直白的目的性恐怕会惹大的麻烦。一个国家不可能也绝不允许让另一个国家这样生猛地或长驱直入地传播它的文化,就连法国这样的西方发达国家面对美国文化的强势推进,也连连发出"文化例外"予以抵制。对象国可以使用我们的物质生活产品,但要消费我们的文化或精神产品,其欢迎程度则显著降低。

以柔克刚、换位思考不失为一种有效交流的路向。人们总习惯作为一个"演讲者"的角色出现,但我们如果把自己摆在一个"倾听者"的位置上,文化"走出去"就可能大有希望。自觉地主动地去倾听是一种态度,是一种理念,也是一种高端的交往艺术和交流定力。这种放下身段的态度有利于与对方进行友好的沟通,这种利他的理念有利于先声夺人,这种善解人意的品质本身就是一种定力。

交往是一门艺术。软性交流比硬性传播更有效。就像"中国是否援助目前因制裁而面临危机的俄罗斯"所爆发出争论那样,中国想直接地援助恐怕是一厢情愿。正如冯玉军所说:"俄罗斯是一个拥有强烈民族自尊心的国家,也是一个拥有300多年大国外交传统的国家。即使真面临困难、需求援助,它也绝不会直接伸手,而是会以委婉的方式、找到一些令施援者心动的理由来寻求合作,结果往往让人感觉到不是你帮了他,而是他帮了你。"[1]要在合作中巩固亲近感,不以施舍者或"救世主"的心态去助人,这不啻是好的交往方式。

---

[1] 冯玉军:《专家:中国人总想拯救世界 勿忘援助朝鲜越南后果》,《环球时报》2014年12月29日。

2. 以柔性话语力促国际理解

合作共赢是国与国关系的核心。语言"走出去"做得风风火火,出版"走出去"已经开始有了经验,文化艺术"走出去"已经开始有了规模,广播电视"走出去"已经开始全球布局,相比之下中国学术"走出去"最为薄弱。从文化传播学的角度看,这是很正常的。因为,思想和学术是文化的最高形态,它的传播和接受的程度代表着这种文化传播的最高指标。[①]

2011 年 9 月 13 日,某国家女性报曾以整版篇幅图文并茂地报道了中国人吃胎盘的情况,照片有虚构和伪造的成分,其分析也牵强附会,随意曲解。构建良好的中国形象,不一定非要用大批判的语言去回击"中国人吃胎盘"这样的报道,柔性话语本身亦有以柔克刚的力量。另外,国民道德的自省和文明的自觉是媒体彰显中国形象的利器,它也会起到立竿见影的效果。

让外国人理解中国人会有一个较长的过程,操之过急当然于事无补。实际上,随着中国国力的增强、中国对外开放程度的提高,只要中国坚持和谐世界的理念,站在道义的高地上与各国友好共处,互利共赢,以理想、正面、合意的国家形象展示自己,中国也将会愈来愈被世界所理解、所善待。2014 年 3 月 19 日,麦家的经典密码小说《解密》的英译本在美、英等 21 个英语国家闪亮上市。上市第一天,《解密》打破中国作家在海外销售最好成绩,冲破英国亚马逊 10 000 名大关,排名 6 102 位,同一时间位居第二的中国作家排名是 49 502 位。企鹅兰登董事局主席马金森先生亲赴杭州,给麦家送书赠画,表示祝贺。《解密》还被收进"企鹅经典"文库,麦家成为继鲁迅、钱钟书之后被收进该文库的中国当代作家第一人。[②]《解密》被《经济学人》评为 2014 年度优秀英文小说之一,获奖的理由是:"终于有一本不需要欧美读者对中国有特别了解就能读懂的中国作家作品。这本由前

[①] 张西平:《中国文化走出去年度研究报告(2012 卷)》,郑州:大象出版社,2012 年,第 22 页。
[②] 蔡震:《麦家〈解密〉英译本打破中国作家海外销售成绩》,《扬子晚报》2014 年 3 月 20 日。

情报部门人员创作的小说,因其很好的节奏和新奇的故事脱颖而出。"①

3. 话语是一种责任担当

福柯认为权力是无处不在的,包括话语亦隐含着一种权力。中华文化"走出去"主打的是一种柔性话语,也是一种权力。但这种权力是平等共生的权力,既不是谁俯视谁的权力,也不是谁仰视谁的权力;这种话语更应当做一种权利,既意味着利益共享,也意味着责任担当。就像中国构建"一带一路"那样,坚守的是和平、发展、合作、共赢的主题,坚持的是共商、共建、共享的原则,弘扬的是"和平合作、开放包容、互学互鉴、互利共赢"的丝绸之路精神,以促进政策沟通、设施联通、贸易畅通、资金融通、民心相通,打造政治互信、经济融合、文化包容的利益共同体、命运共同体和责任共同体,使人文交流更加广泛深入,不同文明互鉴共荣,各国人民相知相交、和平友好。"一带一路"是一种倡导性的话语,它更意味着一种时代使命和责任担当。

真正的文化交流,不是像打一场战役那样的尽快决胜负,不是像明天就要培养出500名文化交流大师那样急功近利,而是一个循序持久、健康发展的过程,追求的是一种精神品格和境界。② 这正是目前国内所倡导的,以优秀的传统文化为滋养,力推中国特色、中国气派、中国风格、中国精神的文化交流。老子《道德经》第四十一章曰:"上士闻道,勤而行之;中士闻道,若存若亡;下士闻道,大笑之。弗笑,不足以为道。是以建言有之,曰:明道若昧,进道若退,夷道若纇;上德若谷,广德若不足,建德若偷,质真若渝;大白若辱,大方无隅,大器晚成,大音希声,大象无形。道隐无名。夫唯道,善贷且成。"《老子》以大白若辱、大方无隅、大器晚成、大音希声、大象无形五种现象来说明道的无为境界,即最白的好像污浊,最方正的没有棱角,最大的器具最后完成,最大的音乐没有音声,最大的形象没有形象,彰显

---

① 《外国媒体怎么看这个星球》,东方财富网,2015年01月14日。
② 李建军:《中国传统文化现代转型的战略构建》,《江西社会科学》2013年第6期,第233—239页。

了自然辩证法和美的至高境界,亦说明任何事物不是孤立的,而是变化的相伴共生的,有形的至高境界即是无形,有声的最高境界即是无声,"玄之又玄,众妙之门"。从老子的《道德经》中可感悟到:有时在不利的交往中能做到心平气和就是一种境界。文化交往的精髓不在于手法的强势和覆盖面的大而全,而在于方式的柔性(软交往)和执行时的韧性与精细,只有这样才能达至春风化雨、润物无声的理想境界①。

三、"走出去"内容取向:由语言"搅拌机"至文化、情感"搅拌机"

王岳川谈道,现在有些观念很流行,请外国人吃几个饺子就是保留和传播了中国文化,用汉语分析某个西方哲学的词语就是把握住了哲学的精髓,刊物出个英文版就是走出了门,在国外发篇文章就是国际影响,等等。我们模仿西方付出了很多,也相当成功,但不能永远模仿下去。

1. "搅拌"是在传递真善美

正因为我们对世界了解还不深,对许多国家的文化交流还多是初步、浅表化、碎片化的,资源整合还不够,所以我们才集聚了交往的勇气和信心;正因为我们对世界的交流手段还是单一、单向、单调的,所以我们才产生语言的、文化的、情感的都拿出去"搅拌"的气魄和品格。

语言总是最先"走出去"。语言的"搅拌",是语言文字为载体的文化"走出去",是工具型的基础型的文化交流方式。而文化的"搅拌"则具有更富弹性的意义域,既可是器物文化层面的"搅拌",亦可为制度和精神层面的"搅拌";情感"搅拌"属于精神文化的"搅拌",属于心态文化层,由价值观念、思维方式、审美情趣等构成,可细分为社

---

① 李建军:《中国与中亚文化交流力的建构》,《中南民族大学学报》2013 年第 1 期,第 81—84 页。

会心理和社会意识形态两个层次,是文化的最隐形和柔软的部分。社会心理包括人们的要求、愿望、情绪,以及人类普遍存在的情感等。情感"搅拌"是诸多"搅拌"形式中位居顶层的"搅拌",是"搅拌"层级的高端。我们这里所说的文化"搅拌"是指彼此优秀的充满正能量的文化间的"搅拌";这里所说的情感"搅拌"特指正向的积极的情感"搅拌"。"搅拌"坚持的是不同文明的容并蓄、交流互鉴。

孔子学院是中国文化"走出去""搅拌"的中坚力量,是中国传递真善美、和合文化、和谐世界的主要孔道。孔子学院仅仅用了十余年的时间,就跨越了欧美对外语言机构上百年的路①。孔子学院是语言的"搅拌机",是文化"搅拌机",更是情感的"搅拌机"。孔子学院不是在一味模仿法语联盟、英国文化协会、塞万提斯学院、歌德学院等西方语言传播机构的运行方式,把非政府组织作为国家输出自己的价值观念、从事文化外交的"主力军",而是把孔子学院当作能承载和谐精神的容器,挚爱情感的"搅拌机",传递着友爱、传递着真诚、传递着信任,传递着人类的美好。孔子学院是个"搅拌机","搅拌"的主体既包括孔子学院、孔子课堂的中方教师,也包括对象国的师生,"搅拌"的目的不是为了中国的文化输出和价值观的传播,而是为了双方文化的交流、文化的理解、文化的增色和文化的提升,是把大爱和真情"搅拌"在一起,是把理解和尊重"搅拌"在一起,是把合作与共赢"搅拌"在一起,是把安邻、睦邻、友邻"搅拌"在一起,是把塑造世界共生共荣理念"搅拌"在一起。

2. 用真诚真情传递中国故事

马克思有句名言:"你们赞美大自然令人赏心悦目的千姿百态和无穷无尽的丰富宝藏,你们并不要求玫瑰花散发出和紫罗兰一样的芳香,但你们为什么却要求世界上最丰富的东西——精神只能有一种存在形式呢?"这位唯物史观的创始人,以极为形象化的语言表达了对客观世界多样性和文化多样性的看法。的确,"我们的世界大得

---

① 李建军:《中华文化中亚传播战略态势和优选方向》,《当代传播》2013 年第 4 期,第 102—104 页。

足以容纳许多真理"。当今世界,经济越来越呈现一体化的趋势,而文化却向多元化的方向发展,文化的园地像大自然一样本身应该是百花盛开的,而各国的文化因地理环境、风俗习惯、思维方式、民族性格、生活方式的不同,理应是五彩缤纷的。谁希望世界只有一种声音,谁希冀世界只有一种色彩,谁期盼世界只有一种味道,谁渴望人们只有一种表情。① 中国与世界的人文交往是多元文化的交往,这种交往需要用真诚作为纽带,在交往对话中给对方一个会心的微笑便是一种享受和温暖,但不能仅仅是礼仪式的或职业性的,就像拟剧与文化情感理论所提到的演员与观众互动一样,是一种操纵和表面行为,仅仅是为了表达交往规则:通常邂逅时所"赔上的一张笑脸"。实际上,要在微笑中,感到你真的高兴和快乐,而不是装出来的,只有发自内心的微笑才能感染在场的每一个人,使温情得到有效的传播。当然物极必反,倘若在交往中你始终洋溢着微笑或只是微笑,久而久之,同样会让人觉得单调、僵硬、乏味,因为只有一种表情的表情不是真表情。

有一位在奥什国立孔子学院的中方教师讲述了这样的故事:

> 我和另一位志愿者一起从学校往吃饭的餐厅走,途中路过苏莱曼山下的小广场。我们正在聊天,突然一个小小的身影冲过来,并一下抱住了我的双腿。我低下头的瞬间看到了这世上最美最纯真的目光,听到了如同天籁的一句汉语:"我爱你!"原来是前几天我们去家访时的学生艾迪力的小妹妹,只有七岁,穿着蓝色的毛衣,领子是白色的,头上编着可爱的小辫子。被问及是谁给她编的时,她眼光里闪着自豪甜甜地说:"是妈妈!"——当场萌化了我的心。
>
> 在饭后聊天中,我抱着这个可爱的小妹妹,原本以为过一会儿她就会离开,谁知她一直静静地依偎着我,还抬头看着我,害羞地对我说了一句"我爱你"。这让我既欣喜又惊讶,转身询问艾迪力才知道原来他回家后也教妹妹们学汉语,艾迪力的妹妹

---

① 焦若薇:《中国新疆主流媒体中亚传播受众需求研究》,《新疆师范大学学报》2014年第5期,第110—116页。

对学汉语饶有兴趣！我转回头，对她说："我也爱你！"她笑得更甜了，我似乎听到了花开的声音！之后她直起身凑上我的脸颊，轻轻地亲了一下，那一瞬间我有了幸福爆棚的感觉！

另一位老师讲述了一次家访的场景：

塔拉斯作为孔子学院二年级的学生，在生活上较为积极乐观，乐于助人，在学习上同样刻苦努力，成绩优秀。塔拉斯家位于距离奥什国立大学孔子学院较远的贾拉拉巴德州的一个村庄里，我们中方几位孔子学院老师下午三点多出发，一起驱车三个多小时，天黑时才到达了塔拉斯家里。当我们迈出车门，迎接我们的是已恭候多时的塔拉斯的父母等一家人。

塔拉斯一家为我们备好了丰盛的晚餐。在餐桌上，我们还发现了中国的筷子，了解后才得知，这是塔拉斯的父母为了迎接我们的到来而专门驱车两个多小时买的。晚宴开始，由于事先了解到家访的日期恰逢塔拉斯爸爸的生日，因此作为孔子学院中国民族音乐老师的我提前准备了由民族乐器竹笛和唢呐演绎的生日快乐歌。我的一曲生日快乐歌响起，其他在座的所有人也应笛声而哼唱起来。歌曲结束，塔拉斯的爸爸在喜悦感动中与我们大家一起举杯畅饮，同时我们也被塔拉斯爸爸的真诚与热情所感动。在畅聊过程中，我们孔院老师还将所带的中国剪纸作品等小礼品赠送给了塔拉斯一家，塔拉斯一家又将他们为我们男老师准备的礼帽和为女老师准备的围巾敬上。在互换礼品后，我又演奏了吉尔吉斯当地的几首民族歌曲，大家又跟随着音乐声跳起舞来。这种"零距离"的沟通，使我们与塔拉斯一家俨然是一家人。

对塔拉斯的家访，是一种互动仪式，唤醒了情感，增强了情感能量。家访造就了我们中方老师和塔拉斯一家人共同在场的情境，大家彼此关注和关心，对音乐艺术这一对象的共同注意和参与引发了节奏性同步。节奏性同步达到一定程度后，大家彼此愉悦，增强了互动中的共享心境和兴奋感，缩短了交流的心理距离，增强了跨情境的持久情感能量，使双方久久难以忘怀。

3. 在追求共识中发出中国声音

建立孔子学院是为了追求文化重叠共识。根据柯日布斯基的普通语义学的非等同原理,世界上没有各方面都完全等同的两个事物。正像世界上没有两片完全一样的树叶和雪花,也不可能有一模一样、百分之百相同的共识,只有基本的、原则上的、大致相同的共识。应运用主体间性的原则,以共存互补、敬其所异为准则,谋求区域重叠共识。

西方建立对外语言机构皆有鲜明的目的性。他们不是为了与对象国进行对等的文化交流,而是为了凸显强化自己语言的优越性和强势地位,为了用自己的价值观救赎和拯救全人类。如 1943 年在"法语联盟"成立 60 周年之际,戴高乐将军的临时政府曾公开宣称,"我们和其他人之间精神和道德的自由碰撞使我们的文化得以传播,让所有人从中受益。组织这样的碰撞和交流,就是'法语联盟'诞生的原因,也将是'法语联盟'继续存在下去的原因"[①]。中国不要像西方国家进行赤裸裸的文化渗透,要秉承和平、发展、合作、互鉴的和谐世界理念。在进行文化和情感"搅拌"的同时,也需理性、清晰、适度地发出中国话语和中国声音。中国人过去太重视外国人的声音了,难道我们的声音就不是声音,难道我们的声音真的无人倾听、无人喝彩?[②] 可能由于语言障碍的关系,对象国现在还听不懂,也许因为文化背景的原因,他们仅仅理解只言片语,但是我们要明白,他们的确已经在关注我们的声音,已开始在意我们的声音。因为中国经济奇迹的创造绝不是昙花一现,孔子学院数量和学生数量十年几何级增长不是一个偶然,我们在经济越发自信的时候,可不能依然文化自卑,看低自己的年代已经一去不复返了。[③]

---

① 唐虹:《非政府组织和对外文化交流——以英国、法国和德国的经验为例》,《欧洲研究》2009 年第 2 期,第 51—53 页。
② 李建军:《新中国成立以来新疆文化的变迁》,《新疆师范大学学报》2013 年第 5 期,第 69—77 页;李建军:《20 世纪上半叶新疆传统文化的流变》,《新疆师范大学学报》2014 年第 5 期,第 72—79 页。
③ 李建军:《论现代文化及新疆以现代文化为引领的依据》,《新疆师范大学学报》2011 年第 5 期,第 18—25 页。

多维视角考量下中华文化"走出去"的战略基点

程 芳

2014年年初,韩剧《来自星星的你》火爆来袭,由此掀起的文化"走出去"话题不仅成为全国"两会"代表、委员们热议的焦点,也将中华文化"走出去"这一重要的理论和现实问题重新摆在我们面前。中华文化"走出去",关系到我国文化软实力在综合国力竞争中的定位,关系到我国国际影响力和良好国家形象的构塑,关系到中华民族伟大复兴中国梦的实现,其重大战略意义不言而喻。如何推动中华文化更好地"走出去"?如何把握中华文化"走出去"的内容?在推动中华文化"走出去"的方式方法上如何体现国际性和与时俱进性?对这些问题的解答将成为推动中华文化"走出去"最关键的战略基点。在此基点上,我们才能从古与今的纵向维度、中与外的横向维度、内容与形式的范畴维度等多维视角,架构起推动中华文化"走出去"的立体化战略框架,以改革创新精神做好新形势下的中华文化"走出去"。

一、守正创新:中华文化的传统弘扬与注重当代的贯通

1. 文化的传统弘扬关键在于价值观的彰显

恢弘灿烂的中华优秀传统文化是中华民族的精神命脉,也是中

华文化"走出去"不可或缺的重要内容。在长期的对外文化交流中,我们展现给世界的多为中华文化的传统元素:舞狮子、秀书法依然是对外文化活动中必不可少的保留节目,中国结、红灯笼仍旧是大大小小活动现场亘古不变的背景元素,长辫子、大马褂是影视剧里"你方唱罢我登场"的永恒形象。据美国《新闻周刊》一项调查显示,外国人心目中代表中华文化的形象符号中汉语列第一位,接下来是北京故宫、长城、苏州园林、孔子、道教、孙子兵法、兵马俑、莫高窟等[①]。这说明,以传统文化的民族符号向世界描画中华文化的全貌,容易导致外界对中华文化的认知仅仅流于"器"与"物"的层面,而忽略了文化最深层次的价值观。

"写散文、诗歌,爱唱歌、跳舞,是文化吗?是,但还没有把制高点拎出来。我们讲的文化,更多侧重于建设中华民族的集体人格,确定精神价值的高度。"[②]作为一个包含器物、制度和精神三个层面的复合概念,文化的内核是精神价值,文化"走出去"最关键的应该是价值观的"走出去"。只有引起不同民族、不同国家、不同生活方式的人群在价值观上的普遍共鸣并赢得认同和尊重,才是真正意义上的文化"走出去"。以荧屏上大行其道的韩剧为例,在大批韩国明星横空出世的同时,各类韩国服饰、装饰品、生活用品在亚洲甚至全世界大受追捧,韩国本土的自然风光、风土人情、历史文化也得到充分展示。这其中,固然有一些不可或缺的因素,如俊男靓女的组合、精良细致的制作及市场化的运作机制等,但最根本的在于韩剧所宣扬的以仁义礼智信为核心的儒家文化。正如王岐山同志在 2014 年全国"两会"期间参加北京代表团审议时所言:"有时候我也有一段没一段看看韩剧,看了半天我发现我明白了:韩剧走在咱们前头。韩剧的内核和灵魂,恰恰是传统文化的升华。"[③]这种浓厚的儒家伦理情怀满足了当代人们的精神追求和情感寄托,对其中价值理念的认同感也使

---

① 《新闻周刊评 20 大中国文化符号:汉语居首毛主席在列》,2008 年 11 月 20 日,http://news.ifeng.com/opinion/200811/1120_23_87411.shtml。
② 《余秋雨做客人民网"文化讲坛"为中华文化做减法》,2010 年 12 月 23 日,http://culture.people.com.cn/GB/13556904.html。
③ 王岐山:《有时候我也看韩剧 韩剧走在咱们前头》,2014 年 3 月 6 日,http://news.xinhuanet.com/yuqing/2014-03/htm。

韩剧在有着相似文化背景的亚洲国家和地区征服了大批观众,继而对他国人民的审美情趣、文化心理、价值追求以及生活方式产生重大影响。

以此为借鉴,有着五千年悠久历史和灿烂文明的中国,关键是要在挖掘和阐释传统文化价值上下工夫,进一步彰显传统文化价值。要"让收藏在禁宫里的文物、陈列在大地上的遗产、书写在古籍里的文字都活起来"①,向世界全方位地展示我国优秀历史文化成果,赢得外界对中华优秀传统文化价值的理解和尊重,直至认同和接受。

2. 文化的当代性是文化创新发展的生机与活力

弘扬中华优秀传统文化,实现对传统文化的发掘保护和价值传承,不仅仅是回归传统,更要注重文化的当代性。文化的当代性,是传统文化创新发展的生机与活力,没有它,传统文化就很难具有文化阐释力、文化感召力和文化竞争力。中华文化"走出去",不仅要有典型的民族性格和传统特色,还要适应时代发展要求,考虑国外市场需求,能满足国外受众了解当代中国的兴趣和渴望。外国人喜欢什么样的中华文化?"太极拳、警句或书法,这些领域是迷人的,但我并不认为这些东西能吸引大多数西方人,尤其是年轻人。他们更感兴趣的是今天的中国,电影、音乐、经济和政治发展,简言之是中国当代文化。"②

当代文化是当今中国社会变革的生动写照和时代精神的结晶,是建设文化强国的重要内容,没有生机盎然、具有国际影响力的当代文化,绝不可能造就文化大国。一个只沉醉于昔日文化荣光的国家并不具有真正的文化软实力——在日益激烈的国际竞争中,文化软实力还是体现在一个国家现行制度中的价值影响力,体现在应对人类社会重大问题上的价值引领力和理论话语权。有着五千年悠久历

---

① 习近平:《建设社会主义文化强国　着力提高国家文化软实力》,2013年12月31日,http://news.xinhuanet.com/politics/2013—12/31/c_118788013.htm。

② 《外国学者眼中的中国文化》,2011年10月14日,http://theory.people.com.cn/GB/15891854.html。

史的中华文化,要重获活力和再续辉煌,同样也要实现古与今、传统与当代的贯通与超越。正如习近平同志所指出的:"把跨越时空、超越国度、富有永恒魅力、具有当代价值的文化精神弘扬起来,把继承传统优秀文化又弘扬时代精神、立足本国又面向世界的当代中国文化创新成果传播出去。"①

3. 实现中华文化传统弘扬与注重当代的贯通

(1) 传统弘扬与注重当代的贯通,必须依靠文化的创造性转化。

要根据实践需要,加强优秀传统文化思想价值的发掘和阐释,实现传统思想向现代思想的转化,赋予其新的时代内涵和通俗易懂的当代表达形式,让优秀传统文化在建设中国特色社会主义的进程中不断发扬光大。文化的创造性转换其实质就是指向未来,更新创造,不断实现文化的自我超越②。

(2) 传统弘扬与注重当代的贯通,必须依靠文化的创新性发展。

要立足当代、立足本土,不断丰富中华文化在新的时代背景下展现的特质和内涵,增强其影响力和感召力。要进一步凝练时代文化,挖掘提炼反映新形势新阶段中华民族时代风貌的民族精神和时代精神,向世人展现当代中国足以引领世界发展潮流、影响人类思想观念变革和价值选择的价值理念和建设性思维。这既是对中华文化内涵的补充、拓展和丰富,也是文化当代性的核心。

(3) 传统弘扬与注重当代的贯通,必须依靠文化的创造性运用。

要彰显价值观念,突出思想内涵,精心打造既体现传统文化精髓,又能被国际市场认可的文化精品;结合流行文化元素,创设有自主知识产权、有国际水准和市场潜力的流行文化品牌;大力推促文化产业与信息业、制造业等产业的深度融合,发展文化创意产业,培植更具吸引力的文化创意产品。

---

① 《习近平在省部级主要领导干部学习贯彻十八届三中全会精神全面深化改革专题研讨班开班式上发表重要讲话》,2014 年 2 月 17 日,http://news.xinhuanet.com/photo/2014-02/17/c_119374303.htm。
② 沈壮海:《文化软实力的中国话语、中国境遇与中国道路》,《马克思主义研究》2009 年第 11 期,第 127 页。

二、兼收并蓄：中华文化的个性彰显与寻求共识的交汇

1. 彰显文化个性是理性自我认知基础上的文化自觉

文化是民族的血脉，每个民族和国家都会植根于自身自然和社会条件、基本国情和历史传统，创造自己独特的文化，文化是其身份认同和本质特征的体现。每个民族和国家都应积极保护和发展自己的文化，中华文化概莫能外，尤其是在这个文化制胜的时代，面对世界文化潮流的风云激荡，只有保持并捍卫自己的个性，才能展现中华文化不可替代和复制的独特魅力，以文化立于世界。

当然，全球化大背景下，任何一种文化都不可能游离于世界文化发展潮流之外孤芳自赏或自我消弭，与世界文化的交融是其发展的必然。这是中华文化个性彰显所要客观面临的现实境遇，也是理性认识自我的前提条件。只有在对时代潮流与文化发展大势清醒认识的基础之上，才能准确把握中华文化在世界文化格局中的方位，才能看清自己前行的方向，从而有意识地选择适合自己的文化发展道路和方式。

中华文化的个性彰显，最主要的在于对自己的过去、现在和未来有一个清醒的认识和把握。即在当代中国日益融入国际化潮流的同时，礼敬自豪地对待中华优秀传统文化，不为追求所谓的"国际化"和"高端洋气上档次"而邯郸学步、数典忘祖，不因对中华优秀传统文化所谓的"陈腐不堪"的认识误区而嗤之以鼻盲目排斥，保护自身文化的传统基因和独特品性；在西方文化特别是英美文化占据强势地位、咄咄逼人的文化竞争态势之下，客观理性地认识中华文化的当代发展，既不妄自菲薄，又不妄自尊大，而是自尊自信、自觉自强，通过发展和壮大自我来维护国家的文化安全和国家安全；在中与外的交流、交融、交锋中，保持审慎的自我反思意识，清醒而客观地认识自身的特色和优势、存在的问题和缺陷，谋求进一步超越自我日臻完善的发展之道。

正因为拥有这种正确认识自我基础上的文化自觉，中华文化的

个性彰显才有了支点,才能深深植根于中国特色社会主义建设实践这一肥厚土壤,才能以开放进取的姿态,让真正具有中国精神、中国风韵和中国气派的文化大树永远生机盎然、硕果盈枝。这既是发展当代中国文化的客观要求,也是文化更好"走出去"的必然选择。

2. 寻求文化共识是对人类基本共性的追索与叩问

在谈到中西文化的差异时,瑞典著名汉学家罗多弼曾说:"我们都是人,归根结底,我们具有同样的需求、同样的喜怒哀乐,每个人都有他的独特性,每种文化也都有它的独特性。但是我相信独特性还是以普遍性为基础的,甚至可以说,独特性是普遍性的具体体现。"[①]这番话实质上道出了不同文化背后的人类共性。这种共性驱使着人类逾越种族和国家的界限,超越宗教信仰、政治模式、文化传统和风俗习惯的差异,拥有共同追求。

(1) 共识体现人文情怀。

对于获得诺贝尔文学奖,莫言自己说,他的小说"描写了广泛意义上的人。一直是站在人的角度上,一直是写人,我想这样的作品就超越了地区、种族、族群的局限"[②]。事实上,在中华文化"走出去"中,不管文化产品还是文化服务,都要关注人和人性,注重其道德追求、审美情趣、人文精神和人格理想的时代表述。这样的作品才能既是传统的,又是现代的;既是民族的,又是世界的;既是中国的,又是全人类的。[③]

(2) 共识关注现实生活。

《媳妇的美好时代》在非洲热播,好评如潮。演员海清微博中的"生活有国界,婆媳无国界"一语,道破了其受欢迎的真谛。而荧屏上"天雷滚滚"的各式穿越剧、戏说历史剧因为造作生硬和对现实的无限疏离,在昙花一现后只留下喧嚣后的寂寥和浮华后的苍白,很少能

---

① 钟声:《中国文化走向世界的强音》,《人民日报》2012年10月15日,第3版。
② 《莫言获奖感言:我的故乡和我的文学紧密相关》,2012年10月11日,http://news.xinhuanet.com/local/2012-10/Il/c_123812264.htm。
③ 萧盈盈:《中华文化走出去的现状分析与发展思考》,《现代传播》2012年第1期,第85页。

登上中外文化交流的盛宴。所以,寻求文化共识,就必须将视线投注现实生活,聚焦普通民众。唯有如此,"走出去"的文化才能拥有打动人心的力量,进而成为外界了解当代真实中国的窗口,发挥出展示和传播的现代功用。

(3) 共识彰显人类文明成果。

多样性文化共同绘就了人类文化异彩纷呈的生动画卷。在全球化的今天,在应对诸如生态危机、可持续发展和全球治理等人类普遍面临和共同关注的问题上,所有国家、民族的不同文化对人类共同命运的理性探索,都应纳入中华文化发展的视野,并为中华文化发展输送新鲜元素与活力,提供可资借鉴的裨益。

3. 实现中华文化个性彰显与寻求共识的交汇

(1) 个性彰显与寻求共识的交汇,要保持高度文化自觉。

一方面,客观清醒地面对世界文化相互激荡带来的机遇和挑战,既要深刻洞悉西方文化霸权的阴险残酷,又要善于吸纳西方文化中的优质因子;既要自觉建立文化预警机制,捍卫文化安全,又要抓住文化发展机遇顺势而为,在开放中提升中华文化的时代共性,弘扬中华文化的民族个性[①]。另一方面,要有底气、有魄力,勇于向世界表达我们自己的立场主张、制度理念和价值观念,以自信从容的姿态活跃于世界文化竞争的舞台之上。

(2) 个性彰显与寻求共识的交汇,要拥有深度文化认知。

一方面,尊重不同民族国家的文化及其价值观,要秉持"和而不同""求同存异"的理念,正确处理中华文化与世界其他多种文化的关系,做到共处而不冲突,对话而不对抗,交流而不封闭,兼容而不排斥[②];另一方面,在寻找中国与世界的话语共同点和利益交汇点时,要积极反映中国对全球事务和人类共同命运的思考和担当,在丰富、完善、提升中华文化内涵的同时,为世界多样文化的共同繁荣贡献

---

① 程芳:《文化冲突视角下的我国和谐文化建设研究》,兰州大学硕士学位论文,2007年,第44—45页。
② 陈至立:《尊重文化多样性差异性拓宽亚欧文化交流》,2003年12月4日,http://news.sina.com.cn/o/2003-12-04/09391254110s.shtml。

力量。

(3) 个性彰显与寻求共识的交汇,要持有广度文化眼界。

一方面,要积极吸纳各国文化精华为我所用,推动中外文化交流在更多形式、更大规模、更高层次上开展,在文化的激荡中学习借鉴,在碰撞中扬弃升华,在交融中发展丰富,在文化互动中不断融汇于我有所助益的精神财富、智力资源和制度文明,使中华文化始终保持旺盛的生机与活力;另一方面,要用中华文化在开放包容、广纳博收后所形成的集成性文化创新成果,不断赋予人类文明花园以新的靓彩,蔚然而成"各美其美,美人之美,美美与共,天下大同"之人类文化盛景。

三、相融共生:中华文化的中国故事与国际表达的融合

1. 中国故事是中国发展理念与实践的生动描绘

约瑟夫·奈教授曾说:"成功不仅取决于谁的军队赢得胜利,而且取决于谁的故事赢得胜利。"[①]中国有五千年的文化积淀,博大精深的中华优秀传统文化在今天依然充满人类智慧的力量,其中"天人合一""厚德载物""和为贵"等精神内核延续至今,仍有着强大的生命力和特殊的时代价值。这些重要的文化资源理所应当是中国故事的重要内容。

但是,中华文化的中国故事绝不局限于过去的文化传统,而必须展示当代中国真实完整的图景和当代中国价值观念。这个图景就是:一个发展中国家,在短短几十年的时间内成为世界经济增长的引擎和世界最有活力的国家之一,发生了翻天覆地的变化。是什么让中国取得了这么大的发展成就?中国特色社会主义道路有没有借鉴意义?这条道路创造的举世瞩目的中国奇迹、开创的中国特色新型制度文明现在及未来对世界产生什么样的影响?中国这艘扬帆远航

---

① 姚晓东:《如何向世界讲述中国故事——美国媒体国际传播的经验及启示》,《江海学刊》2010 年第 6 期,第 104 页。

的东方巨轮在新一届中央领导集体新的治国理政方略引领下如何"直挂云帆济沧海"？对这些问题的深刻探究，正是"中国故事"需要去解答的，其内容本身就是中国故事里绝好的素材。

近年来，随着我国综合国力的不断提高，国际上各种误解、诋毁甚至妖魔化中国的论调此起彼伏不绝于耳，从"中国威胁论"甚嚣尘上，到"中国崩溃论"沸沸扬扬，再到"抨击中国综合征"大行其道。这其中固然有传统的意识形态差异、客观存在的历史文化差异、国家之间竞争的战略考量等多重因素，但也必须承认，这与中华文化的国际话语权的缺位、失语、薄弱也紧密相关。无怪乎《大趋势》的作者、未来学家约翰·奈斯比特曾经指出："中国每一天都有精彩的故事，但是你们没有把它说好。"因此，增进国际社会对我国基本国情、价值观念、发展道路、内外政策的了解和认识，提高当代中国价值观念的国际知晓率和认同度，树立我国文明大国形象、东方大国形象、负责任大国形象、社会主义大国形象，便成为当下中国故事创新的重中之重。

2. 国际表达是融通中外话语体系的理性构建

习近平同志出席全国宣传思想工作会议时指出："积极借鉴人类文明创造的有益成果……着力打造融通中外的新概念新范畴新表述，讲好中国故事，传播好中国声音。"[①]这对于中华文化的国际表达，无疑极具指导意义。前一原则不用赘述，任何一种文化的进步必须广泛吸纳一切民族先进的文明成果，才能兼收并蓄延伸拓展；后一原则强调融通中外，意味着我们传播的概念、范畴、表述既要符合中国国情，有鲜明的中国特色、中国风格、中国气派，又要多贴近海外受众的思维习惯和语言习惯，将中外话语体系、表达方式更好地相融相通。

在这方面，中央电视台纪录频道推出的大型美食纪录片《舌尖上

[①] 《习近平出席全国宣传思想工作会议并发表重要讲话》，2013年8月21日，http://fanfu.people.com.cn/n/2013/0821/c141423-22642723.html。

的中国》似乎为我们提供了一个范例:纪录片——国际通行的影视语言;"民以食为天"——最日常最熟悉的中国题材;叙事手段——英国广播公司等西方主流媒体惯常使用的剧情化、故事化、细节化;剪辑模式——碎片式、跨越式、信息量大等。博大精深的中华美食以这种国际化的表达方式充分展现了美食背后当下普通中国人在时代变迁下的悲欢离合,蕴藉其间的历史文化传统和社会流变也在受众唇齿留香和心驰神往之间似乎触手可及、鲜活生动。正是这种中国故事与国际表达的完美结合,《舌尖上的中国》系列不仅在国内引发收视狂潮,而且其版权已销售到海外几十个国家和地区,实现了艺术和经济的双赢,成为中华文化"走出去"的又一成功样本。

3. 实现中国故事与国际表达的融合

(1)"中国故事国际表达",要加强媒体建设。

一是推进国内重点传媒建设,打造一批在世界范围内有较高知名度和较强竞争力的骨干型新闻传媒集团,完善全球新闻信息采集传播网络,提高新闻传播的"时、度、效",让我们的声音传出去[①]。二是要整合传统媒体与新兴媒体的各自优势,提升二者在内容、渠道、平台、经营、管理等方面的融合力度,加快构建具有强大传播力和竞争力的传播网络,强化其规模效应。三是要充分发挥海外民间媒体作用,逐步实现机构本土化、人员本土化、内容本土化,推进中国声音的本土化传播。四是要加强与国外各类媒体发展合作关系,使之成为中国对外传播的重要话语渠道,推动中华文化走向世界。

(2)"中国故事国际表达",要构建全方位、多层次、宽领域的文化"走出去"格局。

一是政府层面,在搞好政府间文化交流的同时,更主要的是扮演好文化"走出去"战略的制定者、引导者、支持者、服务者和监督者的角色。二是企业层面,要充分发挥文化企业在对外文化贸易与投资

---

① 《为什么要加强国际传播能力和对外话语体系建设》,2014 年 1 月 31 日,http://news.xinhuanet.com/world/ 2014－01/31/c 119194622.htm。

中主力军的优势和作用,扶持培育一批有较强国际竞争力的外向型文化企业,推动文化企业开辟海外发展空间,努力构建以政府为主导、企业为主体、市场化运作为主要方式的"走出去"体系。三是民间层面,要重视人的因素和民间力量,充分发挥留学生、海外侨胞、各类知华友华人士的窗口、桥梁和纽带作用,鼓励社会组织、中资机构等参与孔子学院和海外文化中心建设,鼓励高水平的各类学术团体、艺术机构在相应国际组织中发挥建设性作用。

对中国文化"走出去"经济政策的思考
——基于政策分析的视角

张 志 席春燕

中国文化博大精深,源远流长。自古以来,中国文化对世界产生了并仍在产生着巨大的影响。根据葛剑雄先生对"中国文化"的定义,在历史上"中国文化"指中国境内和部分藩属国的文化,包括匈奴、鲜卑、氐、羌、突厥、契丹、女真、蒙古、满、越等的文化,在今天"中国文化"则包括中国所有民族的文化。中国文化是汉民族和其他民族、农业民族和牧业民族相互交融、相互渗透、相互影响而形成的。中国文化的特点是独立发展、适应农业社会、具有延续性和"天下之中,无所不有"的自信、开放而不主动传播。然而,在全球一体化趋势日甚的今天,无论何种文化,都在不同程度地与其他文化互相交融,每种文化都有其独特的个性和优点,因此,不仅中国需要世界文化,同样,世界也需要中国文化。在党的十七大报告中,胡锦涛同志提出"推动文化大发展、大繁荣"的文化发展方向,通过激发全民族文化创造活力,提高国家文化软实力,使社会文化生活更加丰富多彩。其中,文化"走出去"是其中重要的一环。党的十七届六中全会审议通过的《中共中央关于深化文化体制改革 推动社会主义文化大发展大繁荣若干重大问题的决定》强调指出,要"实施文化走出去工程"。在产业层面,我国的文化"走出去"取得了一定的成效,主要体现在3个方面:①武术、民间曲艺、文物展览、民间工艺品展览等纷纷通过商业渠道走向国际文化市场,2009年我国约有426个商业演出团境外演出1.64万场次,获利约7 685万元;②影视作品出口成果显著,2011年中国电影海外票房和销售收入达20.46亿元,有55部次影片在18个国际性电影节上获得82个奖项;③出版物版权贸易进展迅速,2010年全国共输出出版物版权5 691种,增幅为35.3%(1486种)。输出图书版权3 880种,增幅为25%(777种)。但是在经济政策层面,各级政府对文化"走出去"的支持力度尚显不足,没有建立起完善的对外文化贸易的政策扶持体系,在资金补助、税收减免、出口奖励等方面力度也还不够。如何借鉴我国其他行业和其他国家,尤其是发达国家在经济政策方面的先进经验,如何进行经济政策执行、经济政策评估、经济政策调控等经济政策活动,是值得我们思考的问题。

一、国内其他产业"走出去"与其他国家文化"走出去"的经济政策对我国文化"走出去"的借鉴意义

1. 国内其他行业"走出去"的经济政策经验

(1) 国内其他行业现行"走出去"经济政策及其效应

目前,我国已有相当一部分产业、企业初步具备了一定的国际竞争力,在国内外市场上站稳了脚跟,从对外投资上的资源开发、境外加工组装、高新技术上的研究发展机构,到境外上市融资及服务业的海外投资,都得到了一定的发展。但同时也应看到,目前我国在利用外资方面,主要是通过引进外资和利用外商在国外的营销渠道进行的,"走出去"更多的是靠数量扩张型的出口及其他经济技术合作实现的,虽然取得了一定的进展,但影响和作用有限。对我国企业而言,开展"走出去",如境外加工贸易,存在着一系列的"移动性障碍",一类是设备技术的出口、资金的流出与流入及人员的出入境等,另一类是有效信息不足,包括对目标市场(东道国)的法律、法规、政策措施、进出口体制、投资政策、税收、会计制度等了解不多。因此,现行"走出去"经济政策就是着力解决这两类问题。如国务院转发的《关

于鼓励企业开展境外带料加工装配业务的意见》对境外加工贸易进行了界定,并从指导思想和基本原则、工作重点、有关鼓励政策、项目审批程序、组织实施等5个方面提出了具体的政策措施。随后,配合这份指导性文件,国务院各有关部门又分别制定了具体实施的十几份配套文件。同时,各企业、行业和各地政府对该政策进行了积极响应,一些国内企业开始到境外投资开展加工贸易。但该《意见》也存在政策支持力度不够、审批手续过于繁杂、一些热点市场大量企业一哄而上等诸多问题。

(2) 国内其他行业实施"走出去"战略的经济政策体系

实施"走出去"战略必须制定一整套经济政策措施体系,以保证其有效贯彻落实。我国现行对外投资政策,特别是境外加工贸易的一系列经济政策措施对于我国企业"走出去",以对外直接投资形式,特别是带料出口加工装配形式,深度开拓国际市场,参与经济全球化的竞争起着十分重要的推动作用。应当说经济政策的制定和实施产生了一定的积极效果,但在经济政策设计、实施与操作中也存在一些问题和局限。因此,我们应从体制创新的角度研究并设计适合我国国情的对外投资宏观管理体制和政策框架,并建立国有企业海外运营的微观机制,才能推动我国企业真正"走出去",使之在国际市场的激烈竞争中立于不败之地。

(3) 其他产业"走出去"经济政策对文化产业"走出去"经济政策的启示与借鉴

通过以上分析,我们可以对其他产业"走出去"经济政策存在的优势和不足有一个清晰的认识,从而为建立与完善文化产业"走出去"的法律体系、审批制度、管理制度、资金税收及保险等支持政策和服务体系提供积极的启示与借鉴作用。同时,我们在制定或改善文化产业"走出去"经济政策时,既要吸取其他产业的精华,还应有看到文化产业与其他产业的不同之处,即文化产业的精神属性,以使文化产业"走出去"经济政策更加具有针对性和适用性。

2. 海外发达国家文化"走出去"的经济政策经验

跨国文化经营活动是资源(包括资本资源、技术资源和文化资源)在国与国间的转移,尽管理论界承认国与国间文化资源互动的自由化有助于世界整体文化的提高和经济的发展,这种看法在经济政策决策者的思想中也有共鸣,但有关各国(包括文化输出国和东道国)仍旧关切文化企业的对外投资活动对各种社会经济目标的具体影响,并力图通过政府政策影响跨国文化企业的行为,使之为本国利益带来更大的贡献。在这方面,各国政府都在不同程度地采取政策活动,实现这种企图。对于中国这样一个发展中国家,在市场经济体制尚不完全成熟,多数文化企业还缺乏足够的跨国经营经验,企业行为也不规范的背景下,政府应如何借鉴发达国家的经验来构建文化"走出去"的经济政策体系,是至关重要的。

(1) 发达国家针对本国文化"走出去"的经济政策措施

各国对待本国文化"走出去"经营活动的态度,因各国在各个不同国际环境、本国经济实力和文化软实力的变化而各不相同,并随时间的变迁而发生变化。发展中国家对本国文化企业直接对外投资的态度,一般比较谨慎,并采取较为严格的审批制度。而以美国为首的发达国家,更主张贸易自由和文化自由政策,突出市场调节的主体作用,而弱化政府的直接干预。但即便如此,任何一个国家在制定文化"走出去"经济政策时,鼓励与限制是交织并存的。与其他产业"走出去"的经济政策相比,各国专门对待本国文化企业"走出去"的经济政策较为零散,不成体系,但通过整理,仍可管中窥豹。如美国联邦和州政府在政策和资金方面为美国文化产业"走出去"提供支持,高度发达和完善的市场经济体制和宽松、自由、灵活的对外贸易政策与文化政策,是美国文化产业大量"走出去"取得成功的重要保证。美国在多方面为文化产业"走出去"保驾护航,创造条件,特别强化知识产权保护,放松媒体所有权限制,在传媒业形成了兼并和集中的新格局;放宽对跨媒体所有权限制,使电话与有线电视、电信与互联网业进入传媒市场,促成了超大集团的出现;改革广播电视网黄金时间,调改节目内容,培育了国际市场。再如法国,在 2011 年 9 月公布的 2012 年的文化预算中,政府拨专款 7 750 万美元,用于海外文化事业的发展。在欧债危机影响下,仍然增加文化"走出去"支出,我们可以从中看到法国对于文化产业"走出去"的战略定位。

(2) 国外鼓励文化"走出去"经济政策对我国制定文化"走出去"经济政策的启示

信贷支持。许多国家通过官方或半官方的金融机构,对文化"走出去"活动给予信贷支持。这种信贷支持通常与各国为推动本国文化产品出口而提供的出口信贷相联系,如日本,对于政府认为应优先发展的文化"走出去"项目,通常提供直接优惠贷款。通过信贷支持手段,对于那些政府优先鼓励发展的文化项目,产生了明显的鼓励、扶植作用,改善了文化企业的国际竞争地位。

税收鼓励。文化"走出去"工程涉及不同的主权国家,各国税收制度及其变化直接影响"走出去"文化企业的利益和利益的国别分配。针对双重纳税问题,大多数国家采取抵免法来保证文化"走出去"的经营活动享受平等的纳税义务。

政府服务。大多数国家的政府通过多种渠道搜集有关文化与商务方面的情况,为文化"走出去"提供优质服务,如传播投资机会的信息、协助识别合作伙伴,提供文化"走出去"咨询服务,传递有关各国投资环境变化的信息,等等。

(3) 国外保护本国"走出去"企业利益的投资保证制度对我国文化"走出去"经济政策的启示

协调国家之间的经济政策,保护本国"走出去"文化企业的利益,为它们创造一个公平竞争的外部环境,是发达国家实施文化"走出去"经济政策的重要方面。这方面的经济政策措施是由缔结双边、多边投资保护协定和投资保险制度共同组成的。如发达国家在进行文化产业输出时都要同东道国签订双边的投资保护协议与版权保护协议,在文化版权保护、投资安全、资本撤出和利润汇回、争端解决程序等方面做出规定,力求通过这种双边安排,来保护"走出去"文化企业的利益。文化"走出去"企业除面临经营风险外,还面临着一系列的政治风险、文化风险,如战争、货币兑换障碍、版权纠纷、对东道国的宗教信仰可能造成的侵犯等。此类风险给文化"走出去"造成了很大的不确定性。针对这种状况,大多数发达国家设立了专门机构,对"走出去"文化企业有可能面临的这些风险进行保险,即当承保的风险发生并给文化企业造成损失时,国内的相关保险机制即立刻启动。

可见,发达国家政府在对待本国文化"走出去"方面一直充当着以下角色:①强有力的支持者,通过扶植本国文化项目"走出去",来提升国家的软实力;②管理者,引导文化"走出去"的发展方向,规范其行为,使之符合本国的整体利益;③保护者,即保护本国"走出去"文化企业的利益,规避其风险,并保证其在国外免受不公平待遇。

(4)国外政府其他方面的管理或引导措施对我国文化"走出去"经济政策的启示

各国在对文化"走出去"采取促进和鼓励措施的同时,也同时实施一些管理和限制措施,以保证文化"走出去"工程不至于损害本国的国家形象、税收收入、国家安全等目标,使文化"走出去"与本国利益最大化的目标相协调。这些管理措施的实施因国而异,并随各国国内经济形势和文化形势的变化、国内经济政策目标侧重点的变动而进行调整。与我国对文化"走出去"实行审查制相比,许多发达国家并不要求"走出去"文化企业事先得到批准。我国虽然做不到这一点,但应考虑如何做到市场主导、程序简约与贸易自由的最大化,提高文化"走出去"的效率。在其他管理措施方面,国外多是为了保障本国的税收利益和国际收支平衡目标。各国税务环境的错综复杂和对国外账目与档案审查的难度,使得逃税的现象有可能发生,这会直接损害国内文化产业与之竞争的公平性,从而阻碍国内文化产业的发展。

为避免类似情况发生,各国政府采取了各种措施,如健全和强化会计—审计制度,敦促东道国相关部门对"走出去"文化企业在税收财政方面严格监管等。

二、对中国文化"走出去"经济政策环境的思考

政策都是在一定的制度环境中制定出来的,也就是说所有的决策都是在一定的政治制度和经济、社会、文化环境下决定政策的。所有的决策行为受制度环境的限制和影响。政治社会环境、经济文化环境、国际环境共同构成了文化"走出去"政策的政策环境,它们都不同程度地影响文化"走出去"经济政策的制定、执行、调控等一系列政

策过程。

1. 政治社会环境对文化"走出去"经济政策的影响

政治制度是一个国家权力构成及其运行的组织制度,即居于统治地位的阶级采取何种形式组织政权以及政权如何动作等方面的制度。它具有权威性、阶级性、党派性的特征。在各种制度中,对经济政策直接影响最大的就是政治制度。社会环境是指存在于人类社会生活中建立组织体系和形成行为方式的社会关系的稳定和受到遵守的程度。社会环境孕育着无数的社会问题,任何政策的制定和执行都要在相应的或相关的社会环境中进行。在我国,政治社会环境是相对稳定的,政治制度和社会制度得到广泛的、良好的遵守,这也决定了文化"走出去"经济政策的长期性和稳定性。

2. 经济文化环境对文化"走出去"经济政策的影响

一个国家的文化总体上与其经济发展同步,只在局部时间或某些方面会超越或落后于经济的发展。软实力只有通过硬实力才会起作用。我国的"走出去"经济政策就是在我国经济大繁荣,硬实力日益强大的背景下提出的。文化产业经济是整个国民经济中的一个重要组成部分。目前,我国 2011 年国内生产总值已达到 471 564 亿元人民币,超越日本居于世界第二位。外贸进出口总值 36 420.6 亿美元,比 2010 年同期增长 22.5%,外贸进出口总值刷新年度历史纪录。其中,贸易顺差 1 551.4 亿美元而与此形成鲜明对照的是文化产业经济在总体经济中所占比例过低,文化产业对外贸易无论在数量上,还是在质量上,都与欧美、日本等发达国家存在较大差异,且存在较严重的贸易逆差。这也是我国文化"走出去"经济政策的经济文化背景之一。

3．国际环境对文化"走出去"经济政策的影响

国际环境是指经济政策运行时所依据的客观存在的国际条件、状况以及影响经济政策过程的各种国际因素的总和。国际环境也被称为"超环境系统",一般包括国际自然环境、国际经济环境、国际政治环境、国际文化环境,具有整体性、层次性、复杂性、变化性和一定程度可控性的特征。国际环境影响经济政策系统的价值选择,为经济政策制定提供了参照目标,也影响着经济政策的范围和功能。随着全球化进程的加快,国际环境的开放程度迅速扩大,国际环境内各系统的联系和交流也日益加深,国际环境对经济政策的作用将更为深刻、复杂和微妙。目前,国际竞争已经从军事、经济等硬实力的竞争逐步转向文化等软实力的竞争,各国,包括西方发达国家、亚洲的日本、韩国等都将发展本国文化并实施文化"走出去"战略置于前所未有的高度。严峻的国际环境要求我国文化"走出去"势在必行。

第二编
中国文化"走出去"之问题与对策

中国文化"走出去"已成为重要的国家文化战略,它既是文化自身发展的长远规划,也是运用文化力量推动发展的一种策略。世界需要中国,中国也需要世界,中国文化"走出去"是大势所趋,历史的必然,是关系我国整体利益、顺应全球经济文化发展的重要战略,必须要坚定不移地实施。近些年,我国在实施中国文化"走出去"的过程中已经取得了一些成效,但是,也仍然存在一些问题和挑战。要想使中国文化走向世界,增强中华文化的国际影响力,必须树立健康积极、包容自信的文化心态,培养文化创新能力,提高和加强中国的文化影响力和文化话语权,并统合各方面的力量,建立起科学、合理、有效的统筹协调机制,着力开创中华文化国际影响力不断增强的新局面。

当前文化建设的几个重点难点问题

祁述裕

2003年启动文化体制改革至今,已有十个年头。我国文化建设和文化体制改革取得了很大成绩,深层次问题也日益凸显。本文联系十七届六中全会审议通过的《中共中央关于深化文体制改革 推动社会主义文化大发展大繁荣若干重大问题的决定》及十八大报告中关于推进社会主义文化强国建设的内容,就其中的一些问题进行探讨。

一、如何看待文化"走出去"

文化"走出去"是文化建设的一个重大问题,也一直是公众议论的一个热门话题。前一段时间,国内有关机构先后在美国纽约时代广场做了几次形象宣传广告,招致许多批评。最近,国外又出现了一些政府和民间人士质疑孔子学院动机的言论,这也在公众中间引起了不小波澜。这使文化"走出去"的理念和方式问题再次受到公众的质疑。我们确实需要思考究竟如何看待文化"走出去"。现在有这样一个流行的说法:我国国内生产总值现在位居世界第二,已经是一个经济大国,但文化在国际上缺少话语权,这不正常。因此,需要大力推动中国文化"走出去",尽快改变这种状况。文化需要"走出去",需要加大在世界上的文化话语权,这些都毋庸置疑。但以现在经济强、文化弱的思维模式论证文化"走出去"的紧迫性，这种说法似是而非。

第一，国内生产总值总量大与国家强盛不能画等号。1895年以前很长一段时期，清朝国内生产总值总量一直是世界第一。1895年以后才被美国超越，列世界第二。但我们知道，从1840年开始，中国就逐步沦为半殖民地半封建国家。1895年清朝与日本签订的《马关条约》更是使清朝坠入万劫不复的深渊。第二，经济影响力与文化影响力常常不同步。19世纪末美国经济是世界第一，但其后约70年时间，世界文化中心一直是在欧洲。直到20世纪60年代以后，世界文化中心才逐步转到了美国，欧洲也才承认美国在文化上的主导地位。第三，文化创造力决定文化影响力。美国文化影响力从哪里来的？靠的是文化创造性。支撑美国文化影响力的是激发人们创造热情的教育体制，层出不穷的创造性人才，有吸引力的文化产品。目前，全球排位前100的大学美国占了一半；全球诺贝尔奖的人数美国占70%；国际文化市场中美国提供的产品和服务占43%。可见，美国文化之所以在国际上有强大的影响力，背后是有教育体系、创新体系和文化产品生产体系作为支撑。必须看到，要推动中国文化"走出去"，重点是要把国内的事情做好，打好基础。

首先，需要转变文化"走出去"理念。一是要改变急于求成心态。那种认为，只要政府加大投入，只要政府出台几个文件，文化"走出去"就会收到立竿见影效果的看法，是不切实际的。二是以文化吸引力为导向。文化能不能"走出去"，关键是看有没有吸引力。靠宣传、灌输、靠送文化，是无法真正"走出去"的。苏联新闻社塔斯社一度用三四十种语言向全世界广播，但因为听众寥寥，逐步萎缩，后来只有三四种语言。三是坚持效果原则。文化能否"走出去"不是看投入多少，是看效果如何。法国钢琴家克莱德曼一个人在世界巡演，同样收到良好效果。四是以增加认同为目的。文化"走出去"的目的是寻求共识，增加认同。

其次，需要转变文化"走出去"方式。一是要改变政府主导文化"走出去"方式。从主要靠行政力量推动文化"走出去"，转为主要依靠社会力量、特别是市场力量推动文化"走出去"。二是改变通过强力推动文化"走出去"，转为采取柔性的方式"走出去"。从目前来看，文化"走出去"有四个关键元素,分别是政府、民间力量、送文化、卖文化。一般来说,在文化"走出去"中,四种因素组合不同,效果也不同。从实际来看,民间＋市场的方式是最优方式;民间＋送文化是次优选择;政府＋市场再次;政府＋送文化是最次选择。因此,中国文化"走出去",重点是支持民间(这里所讲的民间是指企业、社会力量)把文化产品卖出去,减少政府送文化的做法。

二、如何推动公益性文化事业单位管理创新

2003年启动的文化体制改革提出了一个重要概念,叫"分类改革"。就是把国有文化单位划分为两类,一类叫公益性文化事业,一类叫经营性文化产业。与此相对应的是,国有文化企业也划分为两类,一类叫公益性文化事业单位,一类叫经营性文化企业。前者提供公共文化产品,后者提供满足市场需求的产品。类别不同,改革的重点也不同。对公益性文化事业单位,国家主要是增加投入,改变以前经费不足的问题。"十一五"时期,全国公共文化事业经费年均增幅达19.3%,总量是"十五"时期的2.5倍。对经营性文化企业,国家主要是要推动转企改制,鼓励企业参与市场竞争。

2011年,公益性文化单位、博物馆业龙头老大故宫博物院爆出了"十重门"事件。"十重门"事件涉及文物失窃、文物损坏、文物丢失、文物倒卖、国有资产滥用等种种问题。故宫博物院不差钱,但公共服务意识欠缺、管理混乱、缺乏外部监督等问题多多。这说明,仅仅靠增加投入,并不能解决公益性文化单位存在的弊端。文博单位存在的问题,公共媒体同样存在。近些年,《人民日报》《光明日报》《经济日报》影响力日渐萎缩。为扶持三大媒体,财政部每年拨款七八个亿。尽管投入增加,三大报纸影响力下降的局面依旧。这说明,仅靠增加投入,解决不了根本问题。这实际上提出了两个问题。

第一个问题:如何科学划分国有文化机构性质?

公益性文化事业单位以及文化体制改革出现的种种问题,使公益性文化事业与经营性文化产业二分法的科学性受到质疑。从表述方便的角度,公益性文化事业与经营性文化产业的划分有其合理性。

但严格按照这两个类别制定政策,公益性文化事业单位主要是增加投入,经营性文化企业主要是转企改制,很多问题就出来了。

实际上,公益性文化事业与经营性文化产业、公共文化产品与满足市场需求的文化产品,并不能截然分开。在很多情况下,两者是一块硬币的两面。比如,中央电视台《新闻联播》节目前后广告时段,在中央电视台广告收费最高,《新闻联播》节目所属的一频道属于公益文化事业类。再比如,美国好莱坞大片是商业片,都是以赚钱为目的的,但好莱坞在传达美国精神上所起到的效果是任何其他手段都不及的。可见,公益性文化事业需要重视经营市场,经营性文化产业也要重视公共价值。只有社会效益和经济效益都得到体现,文化产品才能实现效益最大化。

既然公益性文化事业与经营性文化产业二分法存在很大的缺陷,那么,有没有取代公益性文化事业与经营性文化产业二分法更好的分类方法?有。笔者认为,营利组织与非营利组织的划分更科学。国际上通行用营利组织与非营利组织来对一个机构的性质进行分类。营利机构与非营利机构的区别是什么?营利机构就是经营者有权占有和支配经营收益。非营利机构经营者则无权占有经营收益,只能将财富回报社会。非营利机构因为承担的是一种公共职能,所以可以获得财政支持,接受捐助,税收政策也有优惠。所谓取之于民,用之于民。

相比公益性文化事业与经营性文化产业二分法,营利机构与非营利机构划分的优胜之处是,强调无论什么文化机构都要最大限度地利用市场,都要追求效益(社会效益和经济效益)的最大化。

第二个问题:如何推动公益性文化事业单位管理创新?

2003年启动的文化体制改革重点是国有文化单位转企改制,公益性文化事业单位管理创新不多。故宫博物院等公益性文化机构暴露的问题说明管理创新十分紧迫。这项工作如何推动?我认为有以下五点思路:

第一,建立理事会治理结构。我国公共博物馆、公共媒体为什么服务意识不强?关键是负责人是上级行政部门任命,因此,只对上负责、不对社会负责。建立理事会治理结构就是要改变这种状况。就公共博物馆来说,理事会治理结构是理事会决策、馆长负责。理事会成员除了政府官员、主办单位,还要吸收社会精英和服务对象参与治理,做到自治、自律。发达国家的公共文化机构如英国大英博物馆、英国广播公司都是实行理事会治理结构。根据2012年4月中央出台的推进事业单位改革指导意见,凡是面向社会提供公益服务的事业单位,比如故宫博物院、中央电视台、人民日报社、新华社等,都要实行理事会治理结构。

第二,信息公开透明。阳光是最好的防腐剂。信息公开、接受社会监督,才能避免权力滥用。比如,英国国家审计局定期公布大英博物馆、英国广播公司的收入和开支情况,接受公众监督,并随时接受公众质询。我国故宫博物院、中央电视台、人民日报社等,也要做到这一点。

第三,鼓励社会力量兴办公益性文化事业。公共文化服务无需国家包办。宁波市有近百家博物馆,其中民营博物馆占三四成,而且形成多样,有国助民办、民企民办、合作联办等多种。公共媒体是不是只有国家才能创办?也不一定,美国之音、英国广播公司都不是国有资产。允许社会力量参与提供公共媒体服务,应该是我国媒体发展的大趋势。

第四,完善社会捐赠制度,促进资金来源多元化。公益性文化事业不一定都要财政买单。美国文化艺术团体收入来源,财政支持只占约6%。私人捐助约占40%。应该通过建立完善的捐赠制度,促进公共服务基金来源多样化。

第五,公众满意是绩效管理最重要的指标。对于任何一家文化机构来说,消费者认同度是绩效管理最重要的指标。消费者认同才能谈得上社会效益和经济效益。消费者不认同,经济效益和社会效益就无从体现。

三、文化产业发展要纠正哪些误区

21世纪以来,我国文化产业蓬勃发展。但也存在一些误区。可概括为"四多四少":

1. 讲文化产业占国内生产总值比重多,讲如何提高国民文化素质少

有一个现象,就是在各地制定的"十二五"发展规划中,几乎都提出要把文化产业建设成为支柱性产业,却很少讲如何通过发展文化产业提升国民文化素质。这既反映了浮夸、跟风心理,也说明对文化产业发展规律缺乏正确认识。实际上,文化产业占国内生产总值的比重,并不是衡量文化产业发展状况的决定性指标。由于产业结构不同,统计方式不同,不同国家文化产业占国内生产总值比例有高有低。英国占国内生产总值8%,日本只有3%。不能说,日本文化产业就不行。文化产业不光有经济价值,更有提升国民文化素质的功能。从很大程度上讲,后者比前者更重要。中国台湾地区出台的文化创意产业促进有关规定中对文化产业下的定义是:"源于个人创意和才能,通过知识产权之方式,具有创造财富和提供就业机会(之产业),并能够提高公众美学素养,并提升生活环境之产业。"

2. 讲文化单位组织结构改革多,讲文化内容管理制度建设少

为发展文化产业,我们下了很大力气推动国有文化单位转企改制。这是必要的。但文化产业是内容为王。现在,文化界的一个突出问题是缺少名家,缺少精品。没有名家、名品,就谈不上大发展,大繁荣。出现上述局面很重要的原因是文化内容管理有很大缺陷,不利于激发艺术家的创造力。究其原因,一是管理手段粗疏,二是长官意志。完善文化内容管理需要做到管理精细化和法制化。比如:准确界定文化内容底线、实行文化艺术消费分级制、对承担不同功能的媒体实行分类管理、善于利用科技手段管理文化等。

3. 讲做大做强国有文化企业多,讲扶持中小文化企业少

目前,各级政府重视做大做强国有文化企业,优惠政策也很多。对扶持中小文化企业重视不够,办法不多。这种思路应该改变。因

为：其一，中小企业是文化产业的基础。一般制造业到了成熟阶段，往往只剩下为数不多的几家大企业。但文化产业却很不同。支撑美国好莱坞电影产业的不仅是六大影视公司，更是上万家各类中小文化企业。其二，中小文化企业机制灵活，往往是创新的发动机。其三，中小文化企业是解决就业的主力军。其四，中小文化企业抗风险能力差，需要政府支持。所以，各国都把支持中小文化企业作为发展文化产业的重点。比如，2011年，韩国就专门出台了《一人创作企业育成法》，扶持一人公司。

4. 讲产业发展多，讲完善教育支撑体系少

发展文化产业多做打基础的事情，要从教育抓起。要完善中小学艺术教育体系，培养高素质的文化消费者，培养创造性人才。

四、是否要做大做强国有文化企业

从20世纪90年代中期，我们就提出要做大做强国有文化企业。主要途径有两种：一是组建企业集团，二是推动国有文化企业上市。现在，国有文化企业集团已有将近200家，国有文化企业上市约20家。十几年过去了，国有文化企业是不是做大做强了？还不能这么说。目前，把已经上市的国有文化企业市值加在一起，大约只有腾讯一家公司市值的四分之一，与国外跨国文化公司相比差距就更大。笔者认为，做大做强国有文化企业这目标难以实现，也没有必要。究其原因，有以下几点：

1. 国有文化企业集中在夕阳产业

现有的国有文化单位主要集中在报刊、纸质出版、广播和电视等传统媒体产业，这些都是夕阳产业。出版业、报刊业是夕阳产业不用再证明。电视业同样是夕阳产业。有统计，现在中国电视消费者的平均年龄是49岁。最近三年北京电视开机率已经从以前的70%，减

少到 30%。在网络媒体和移动媒体时代,要做大做强这些传统媒体产业,几乎是不可能的。能不能通过涉足新媒体产业实现转型?很难。国外尚无成功案例,所以,发达国家总是新媒体兼并传统媒体,美国在线兼并美国时代华纳就是一例。

2. 垄断

能够做大做强的文化企业一定是市场打拼出来的。但我国目前媒体资源是国有垄断。于是出现了一方面国有文化单位垄断媒体资源,享受垄断特权,另一方面还接受国家补贴的怪现象。除了前面说的三大报纸享受财政补助外,广电业每年也获得财政补助 250 亿。有这两方面的好处,文化企业是不会有动力去做大做强的。

3. 推动做大做强国有文化单位有负面效应

第一,行政撮合。比如,我们采取行政手段,强令一些出版单位合并,组建教育出版集团、科技出版集团、高校出版集团。这样做并不利于出版业的发展。这种行政化撮合式的合并高校已经有前车之鉴。再说从发达国家出版业看,出版单位有各种类型,有出版集团,有专业集团,还有三、五人的出版机构,不是都要合并在一起的。

第二,合并同类项。跨国文化公司都涉足不同文化行业,或者形成上下游产业链,或者跨界融合,这样才能实现产品价值利用的最大化。我国做大做强国有文化企业是由主管部门来牵头的。因为文化单位分属不同行政部门,只能纵向组合,其结果只能是合并同类项,诸如演艺集团、出版集团等,无法实现产品价值利用的最大化。

第三,强化垄断格局,不利于维护舆论多样性。我国媒体属于国有,本来就是垄断行业。现在,为推动国有文化企业做大做强,更加强化了媒体垄断,这不利于维护舆论多样性。媒体具有很强的公共属性,很重要的功能是表达不同阶层公众的声音。因此,发达国家对媒体垄断有严格的限制,同时资助区域性强、订户不多的报纸。比如,瑞典 20 世纪六七十年代出台了《新闻生存保存法》《新闻补助及

《广告税法》,专门设立新闻补助金,支持那些因普及水平低、收入少的报社,目的就是为了维持言论的多样性。

第四,重新定位国有文化单位的功能。综上所述,我们需要重新定位国有文化单位的功能,国有文化单位的基本定位应该着眼于提供公共文化服务。就报刊来说,应该集中力量办好时政类、学术类等报刊。同时,从一般性竞争性报刊(如娱乐类、时尚类、体育类生活类等)退出来,让民间力量去办。

五、文化领域要不要实行大部制

长期以来,我国宣传文化领域实行的是分业管理体制,即不同文化行业,分属不同政府文化部门管理,如文化部管演艺和群众文化;广电总局管广播电影电视;新闻出版总署管报刊出版;国新办管对外宣传;工信部管网络传输;中国文联、中国作协管文学艺术等;加上中宣部负责协调,共有八个部门在分管文化领域,被戏称为"八龙治水"。

行政管理的一个普遍现象是,同一个领域,管理部门与效率呈反比关系:管理部门越多,效率越低。同一个文化领域竟然有八个部门分管,其结果可想而知。分业管理,一是造成上下不对应。现在副省级以下基本都实行三局合一(文化系统、新闻出版系统、广电系统),也有的把体育、旅游等也合在了一起。但中央一级仍然是分业管理。这给地方带来和很大的不便。二是造成管理空白。随着新媒体不断涌现,出现了管理空白情况。于是,各文化管理部门又都想纳入自己的管理范围,由此产生矛盾。如2009年,围绕一款名叫《魔兽世界》的网络游戏运营商变更后需不需要再审核,文化部和新闻出版总署意见不一,并引发公开冲突。真正受损的是运营商。由于两个文化管理部门意见不一,《魔兽世界》运营商网易无法运营这款网络游戏,每天损失几百万元收入。"贾君鹏,你妈喊你回家吃饭",就是《魔兽世界》运营商网易策划的表达不满的一种宣传手段。这句网络语言带来了数百万点击率,成为当年最流行的网络语言之一。

实际上,发达国家无一例外都是实行大部制。英国叫文化、传媒和体育部,简称文体部,统管艺术、广播电影电视、旅游、体育等众多领域。澳大利亚叫通讯、信息技术和艺术部,管理职能更多,除艺术、广播电影电视、旅游、体育外,还包括通讯业等。我国文化领域实行大部制也是势在必行。

六、小结

破解眼下文化体制改革中的重点难点问题,需要做到"智者不惑,勇者不惧"。既要坚持正确的理念、做法不动摇,也要大胆创新、大胆突破不畏缩。

1. 要坚持"两个面向"

2003年启动文化体制改革时,我们确定了"两个面向"(面向群众、面向市场)的原则,提出要发挥市场配置资源的基础性作用。一言以蔽之,就是要强化市场力量,弱化行政力量。现在,有一种占上风的观点,认为:"文化有其特殊性,发挥市场配置资源的基础性作用不适合文化领域。"这种观点似是而非。其一,坚持"两个面向"是文化为人民服务的必然要求,是坚持消费者的主体地位必然要求;其二,在文化领域坚持发挥市场配置资源的基础性作用,是建立市场经济体制的必然要求;其三,坚持"两个面向"、坚持发挥市场配置资源的基础性作用,并不否认文化有其自身规律,强调市场配置资源,同时也是强调政府要承担解决市场失灵的责任,促进文化健康发展。

2. 要突破意识形态束缚

我们知道,我国文化管理理论、管理体制、管理方式,建立在战争年代、发展于冷战时期。战争年代和计划经济时期,文化管理的目的是为政治服务,手段是依靠政权力量,主要方式是宣传灌输。这种管理体制和方式曾经发挥过巨大积极作用,也出现过严重的问题。如今,时代已经发生了翻天覆地的变化,文化管理理论、管理体制、管方式迫切需要与时俱进。简单地讲,要从为政治服务转为为人民服务,从依靠政权力量管理文化到依靠社会认同引导文化,从宣传灌输到协商共建。

3．要坚持民主管理、依法管理

民主管理、依法管理是文化发展繁荣的保证。现在有一种观点很流行,认为:"意识形态管理主要靠行政管理,不合适依法管理,这是中国特色。"这种观点十分有害。建设社会主义法治国家,坚持依法行政,是我国基本的治国理念,文化领域也不例外。坚持民主管理文化、依法管理文化就要做到,文化体制改革重大政策要经过民主程序充分讨论,特别是要经过改革主体的讨论和认同。文化管理,特别是文化内容管理,禁止什么,反对什么,必须有法可依,有章可循。

关于中国文化"走出去"的若干思考

杨国荣

一、"走出去"与"沉下来"

中国文化"走出去"现在已成为一个重要的话题,在中国经济、政治、文化发展到当前这样一个阶段以后,这也是自然的要求。从现实的层面看,"走出去"首先需要考虑:我们是否有值得"走出去"的东西,这是很重要的前提。这个问题也可以从两个方面来考虑,从中国古代文化方面来说,对孔子、老子等思想的理论意义、学术价值,基本上没有什么异议。然而,除此以外,当代中国人文学科研究当中是不是也有一些值得"走出去"的东西?这就涉及另一个问题。在这一方面,"走出去"和"沉下来"是相互关联的:当代中国文化要"走出去",首先要"沉下来"形成具有价值的东西。在这个意义上,国际化和本土化也是并行不悖的。如果我们把"走出去"变成某种外在"姿态"的宣示,那么,它的意义和价值便可能会受到很大限制。

二、"走出去"的二重前提

"走出去"并不仅仅是一个要求,在一个实质的层面上,"走出去"的东西应该真正对西方文化、欧美文化能够产生影响。这里涉及两个问题。一是从实质层面来说,我们推出去的东西同时应当是欧美文化发展所需要的东西,亦即人无我有,其独特品格、独特价值为他们需要,但又是他们所缺乏,这样的东西才真正会受到欢迎,并使西方文化愿意接受、乐意接受。另一方面,我们介绍的东西同时也不应该跟西方已有文化之间相互对立,不能使之对他们而言成为格格不入的东西。从历史的角度来看,以往文化交流中已经提供了一些值得我们思考的问题。

这里可以简单回顾两个方面,一个是佛教的传入,一个是西方文化的传入。

当佛教传入的时候,当时中国确实需要印度相关文化、宗教。佛教传入之所以后来能够形成重要的影响,也与之相关。一方面,它在实质层面上提供了当时中国没有的东西,而这些东西又是当时中国所需要的,具体而言,包括终极层面的关切、对精神生活细致的分析,等等。这是汉民族以往传统文化比较缺乏的,而在那时候恰恰是汉民族所需要的。另一方面,从接受方式来讲,也经过了漫长的过程,一开始外来的印度文化跟已有的中国文化之间也有摩擦,但是后来逐渐他们走上一条和中国已有文化相容的道路。例如,佛教后来接受了中国传统儒学性善的观念,把佛性与性善结合起来,同时,又结合中国日用即道的观念,对此岸和彼岸进行沟通,于是逐渐地不再表现为中国文化的异己形态,相反,能够与之结合起来。可以看到,一种文化要对另外一个文化产生真正的影响,需要以上提到的实质与形式一两个前提。

另外一个例子就是西方文化的早期传入。明清之际,西方文化也希望"走出去",到东方产生影响。当时传教士们便带着他们的宗教理念到中国来。但是开始时,他们介绍西方文化的实际影响非常有限。他们提出一些诸如"天主实义"等观念,从实质层面上看没有真正构成当时中国的需要。到了近代,情况就不一样了,那时候中国人开始自己迫切向西方需求真理,西方文化则适应了中国当时的历史需要,由此,它们逐渐在语言、观念等不同程度上也融入到中国文化之中,产生了重要的影响。

以上历史提示我们,现在讲"走出去",既要考虑西方文化到底有一些什么层面的需要,也要考虑我们以什么方式进入到它们已有的文化当中去，使他们能够认同和接受。

从另外一个角度来说，现在中国文化在西方的影响，已产生了一定的实际结果，这里可以提出三个词或观念。一是"道"，二是"功夫"，三是"关系"。这三个词在英语世界中现在都用音译，以保持其原有的中国涵义。"道"（dao）这个词是形而上层面的，跟西方的逻各斯（logos）差不多在一个层面上，尽管它取得了英文的形式（dao），但其涵义依然保持了"道"这一中国概念原有的内容。第二是"功夫"，相对于形而上的"道"，它具有形而下的内涵。现在的外国年轻人，对"功夫"是非常热衷的，而且他们就用gongfu（功夫）这一音译，该词在观念和狭义的行为方式上已经对西方文化产生了某种影响。第三个词是介于形上与形下之间，即"关系"（guanxi），现在已成为社会学意义上的概念，西方不用relationship或tie来翻译，而是直接用guanxi来表示，其中保留、隐含了深厚的中国文化意蕴，后者也随着这个词进入西方社会而影响到西方文化。外国商人做生意，或者学术交往，有时候也往往会注意到guanxi这个方面。以上现象从一个层面表明，从中国独特的文化背景出发，可以提供一些西方文化中也需要的文化观念和内涵，并在实质方面对他们产生影响。另一方面，这些观念和他们已有的文化并非截然冲突，而是他们可以认同，可以接受的。

与此相关，在价值观层面上，同样地要跟西方进行对话。在这方面，我们目前似乎老是处于被动的格局中，往往被迫应战。然而，在价值观的层面上，比如像人权这种观念，我们可以在更高的层面上，把西方的人权观念容纳到我们所理解的人权观念之中，然后再做进一步的提升。其他核心价值理念，比如像自由、民主、正义等，我们现在在考虑价值体系的时候也可以从新的层面上，把他们融合到我们系统之中，所谓"范围而又超越之"。这样，我们在价值观层面上，便可以在更理直气壮，而不是处于劣势、被迫招架的格局。换言之，我们应避免简单的拒斥，而是以更宽宏的气度，把它们的某些观念消化、容纳到我们自己的系统之中，从我们独特的传统文化中，赋予它以更深的内涵。"走出去"不仅仅是形式的上的层面，而是观念层面上的，包括更高层面的价值观念上"走出去"。

三、"走出去"的具体方式

现在有一种比较流行并逐渐蔓延的做法,即在中国办外文的学术刊物,或者到国外开中国的学术会议,也就是所谓将各级学术会议开到国外去。从实质层面上,这类举措的意义是非常有限。从学术刊物来说,我们与其自己办一个学术刊物,自娱自乐式地在国外学者一无所知的自办"外文"杂志上发表论文,还不如尽可能到在各个领域已经产生重要影响的国外学术刊物中发表论文,展示我们的研究结果。实际上,国内办的"外文"刊物国外学者通常是不予理会的;汉学家直接看中文杂志,非汉学家则关注已在学术共同体中被认可的外文杂志。自办的"外文"刊物可以说没有人看的。

学术会议也是这样。我们自己大张旗鼓、劳民伤财地到国外某个高校,哪怕是一个很知名的高校开一个学术会议,国外真正一流的学者往往未必会参加。但是反过来,如果我们参与在西方文化已经产生非常重要影响的学术会议,在这种学术会议发表我们的意见,传播我们的声音,那么,这个影响就要远远比我们兴师动众地去国外办一个学会来得大。"走出去"办会,往往如同杂技演出,更多的是形式上的效应,实质的影响远远谈不上。总之,学术上的"走出去",主要在于进入国外的主流学术共同体,并在这种共同体中展示我们的研究成果、传播我们的学术声音。

转型期传统文化"走出去"困境考量

蒋云美 何三宁

一、传统文化"走出去"的必要性

著名学者梁漱溟分析了中国文化"文化同化他人之力最为伟大""吸收若干邻邦外族融成""内部具有高度之妥当性调和性"等七点个性[①],即使到了当代,传统文化之价值犹在,"失去了中国传统文化的中西跨文化交流只能局限于与当代的对话而缺乏与中国古代伟大心灵的对话,失去了中国传统文化的中西跨文化交流是不完整的交流,失去了中国传统文化的中国文化是没有魅力的"[②]。在中西文化交流史上,传统文化承担着不同的功能角色,当然我们不得不承认传统文化需要跟时代很好地结合才能更好地为社会主义文化事业服务,才能在当代挖掘其存在的更深层次意义,才能被更多的人所认同和支持。

1. 增强国家软实力

美国哈佛大学教授约瑟夫·奈(1990年)首次提出了"软实力"概念,是相对于经济、军事等硬实力概念而提出的。文化软实力对外

[①] 梁漱溟:《中国文化的命运》,上海:人民出版社,2011年,第8页。
[②] 崔婷:《全球化与当代中国跨文化交流》,济南:山东大学出版社,2009年,第253页。

关系到一个国家在国际社会的认知度和认同度,对内关乎国民的感召力和凝聚力。相对于硬实力而言,文化软实力的力量更能以和平的方式来完善人类的思维方式,在综合国力的竞争中彰显国家魅力。当代世界的主题是和平与发展,在这样的大前提下,各国在提升国力的同时仍不断强化其软实力,从而增强综合国力的竞争。

2．加强文化对经济的反作用力

自新中国成立以来我党一直秉承以经济建设为中心的宗旨,文化现代化的目标也正是得益于经济的迅猛发展才能更快更好地实现,传统文化被赋予了商业价值,出现"文化唱戏、经济搭台"的现象,进而世俗化、娱乐化、商业化,挖掘不到价值的文化则无人问津,落得逐渐走向衰退的境地。然而随着文化建设在社会整体规划中的地位日益突出,经济的发展同样受制于文化的反作用力,依附于经济发展的文化最终也是为经济建设服务的,从而形成一个良好的社会循环。

3．凸显文化交流的新理念

梁启超在1896年《变法通义·论学会》一文中论证了文化交流的必要性:"道莫善于群,莫不善于独。独故塞,塞故愚,愚故弱;群故通,通故智,智故强。"①只有通过文化交流才能启发民智,将传统文化推向更高的视野。当前,中国正处于社会转型的关键时期,文化转型为其提供了理论基础和精神支撑,因此解决了传统文化的转型问题,将会带动整个社会转型。

二、转型期传统文化"走出去"困境分析

1．困境的成因分析

中国是历史悠久的文明古国,在几千年的历史变迁中积累了辉

---

① 吴佳勋、李新华:《梁启超选集》,上海:上海人民出版社,1984年,第17页。

煌的文化财富也经历了全盛时期和社会改革时期,然而不管处于何种社会阶段都未曾放弃对文化事业的追求和改造。当代中国始终坚持不渝地走文化强国的发展路线,当人类迈入了新的时代,世界整体格局也随着新时代的来临有了大的转变。走故步自封、死守传统的老路,中国的命运将会重蹈历史的覆辙。呼唤传统文化"走出去"不仅仅是重拾传统,而是立足传统、创新传统,在不失传统特色的基础上向现代化看齐。

随着中国在全世界的国际地位稳步提升,中国这个古老的东方大国也必不可免地与世界产生交集,在中国未来发展的大问题上也不得不考虑到外围的全球大环境。仅从文化层面来说,一方面中国悠久的文化受到了全世界的关注,外界对中国传统文化的态度从好奇热爱到深入研究严谨对待转变,从美国唐人街的兴起就可以看到这里面不仅有广大华人的努力,还有中国传统文化的魅力所在;另一方面中国传统文化也受到了外来文化的冲击,外来文化是一把双刃剑,对传统文化产生积极影响的同时也不可避免地带来了不良影响,因此我党一直为创造外来文化和本土文化之间的和谐努力,积极做好文化"走出去"工作,为整个社会转型贡献力量。

2. 困境的表现形式

(1) 民族自卑情节的心理阻碍

我国各民族创造了诸如"四大发明""剪纸""戏曲"等传统文化形式,无不彰显着我国文化的源远流长,也吸引了西方国家对此进行积极的探索。然而随着近代鸦片战争的爆发,中华民族的自信心被逐渐击毁了,世界不再是天圆地方的乐土,蓄有辫子的老祖宗被人嘲笑,四书五经因为拯救不了当时的中国也被抛弃在角落,民族自信受到了严重的伤害。

民族自卑的原因主要有以下几点:其一,新鲜器物的出现对国人思想的冲击。器物的变化是生产关系的组成部分,能够反映生产力水平的高低,举例来说外国的火车引进到了中国,以往骑马赶路几天的路程只要一天甚至更短时间就能到达,这让国人产生了不如别人的自卑心理。器物的改变往往都与老百姓吃穿住行紧密相关，也是他们内心最能深刻感受到自卑的源泉。其二，传统文化本身所致。自古以来的封建枷锁已经造成了人们内心卑微，安于天命的惯性。传统文化已经规定了生活的林林总总，规定了作为子民必须顺应上天和君主。其三，综合国力的悬殊。尽管在新中国成立以后极力追赶，但在很多方面的竞争力仍不如西方国家，这样的现实对民族自信也有着一定的影响。

(2) 文化交流的被动接受

根据文化交流规律，高势能文化总是向低势能文化进行文化输出。目前，鉴于经济、军事、话语权等因素，西方国家必然要进行大规模的文化输出和渗透。就世界范围的总体情况来看，我国仍处于低势能文化地位，出现了文化交流的逆差现象，同样也显露出资本主义国家追求剩余价值的本质在这样的整体形势下中国传统文化必须"走出去"，化被动为主动，充分掌握中国在国际上的主动权。

西方国家凭借其强大的军事、经济实力，提出"西方中心论"，指出世界上的文化都是围绕西方面展开的，西方文明是世界的中心，鼓吹所谓的民主和自由，用自己的价值观去普及世人，用隐蔽的手段来达到他们统治的目的。实践证明，西方对中国的认知是片面愚昧的，是没有建立在事实基础上的妄自揣度。中国的文化交流活动从近代开始一直受到西方的影响，往往处于被动地位，没有真正占据主动权。我国传统文化的对外传播已经迫在眉睫，传播方式是多种多样的，主要包括大众传播媒介的引领、强化海外孔子学院的建设、与西方文化的交流合作等。通过这些途径，不断输出具有中国特色的传统文化精髓，打开西方了解神秘东方的窗口，加快中国传统文化对外传播步伐。

(3) 传统文化的认同艰难

在封建社会走向消亡以后，中国高举马克思主义旗帜、摒弃旧制度旧思想，传统文化相对经历了被完全批判、被平反、被边缘化的过程。西方的文化快餐已经逐渐进入到人们的生活中，改变了生活方式和观念。"传统意义上的文化有着淡出我们视界的趋势，经典文化受到挤压和排斥；影视、通俗小说报刊、卡拉OK、MTV等大众文化、通俗文化、'快餐文化'的盛行;好莱坞大片对中国电影市场的冲击;图书出版受到话语权利和市场经济的制约越来越带有商业化的特征,等等。"①诸如此类的种种现象,可见中国传统文化已经逐渐淡出人们的视野,给人难懂难学落伍的印象。

传统文化的认同是一个漫长的心理征服过程,需要正确地引导,实现其迅速发展可以通过多方面多途径来解决。传统文化从边缘化走向现代化这条艰苦之路过程中,必须得到受众内心的广泛认同才能促成传统文化"走出去",这也是民族自信的一个构建过程。在经济全球化的大背景下,传统文化不可避免地受到外来文化的冲击,造成传统文化认同艰难的转型困境。中西文化的差异是客观存在的,但增强传统文化的认同是前提,必须在此基础上去构建中国特色的现代文化。

三、实现传统文化"走出去"的途径

1. 文化自觉与文化自信

费孝通首次提出了"文化自觉"概念:"文化自觉只是指生活在一定文化中的人对其文化有'自知之明',明白它的来历形成过程,所具有的特色和它发展的趋势。"②首先,要实事求是地认识我们受之于历代祖先的中华文化,民族自信要建立在充分认识传统文化的基础上,只有真正了解传统文化底蕴的民族才有可能自信起来。其次,文化自觉中的自知之明是为了加强文化转型的自主能力,取得决定适应新环境、新时代文化选择的自主地位。在传统文化"走出去"的过程中,中国一定要占有自主权,不能被迫按照西方的模式和要求来进行改革,那样就失去了国际话语权,不能正确地表达自己,必然也会被别人所表达。

文化自觉也是发掘传统文化现代价值的前提条件,为其加大实

---

① 王宁:《全球化与文化:西方与中国》,北京:北京大学出版社,2002年,第214页。
② 费孝通:《文化与文化自觉》,北京:群言出版社,2010年,第195页。

现的可能性，文化自觉需要的并不是简单地重拾传统文化，更应该对传统文化中有利于或者有害于文化建设的部分进行扬弃。值得一提的是这里说的文化自觉并不仅仅是对中国传统文化的自觉认识，更应该对西方文化采取文化自觉，这是未来一种大趋势，必须结合西方文化的优越来创新发展我们的传统文化。

不可否认中国距离西方的科技水平还存在很大差距，但盲目崇拜和学习都不是一种好的消除自卑心理的手段。民族自信的构建关系到整个民族的群体凝聚力，是中国在国际活动中的一股底气，必须作为文化建设中一项重要指标考虑其中。建国立本之际，文化建设应该立足于传统文化来展开，在此基础上加以创新，重拾自信更好地为现代化事业贡献文化力量。

2. 文化传播机制的完善

全球一体化的发展拉近了各国之间的距离，也加剧了各国之间的竞争。一方面，在大和谐背景下发达国家进行军事战争活动不仅消耗了本国的资源而且也败坏了自己的形象，为此他们便转向文化领域寻求新的解决途径。另一方面，在竞争角逐中经济的比拼已经不能彻底征服弱小国家，他们转而向文化软实力投入更多的力量。由此看来，中国优秀的传统文化不能只等着别人来发现，还需要通过文化交流的方式把传统文化传播出去，利用文化带动经济发展，向全世界展现东方传统文化的精神所在。

传统文化"走出去"必须完善文化传播机制，现在的时代已经不再是"酒香不怕巷子深"的时代，需要对文化进行适度的宣传才会被更多的人所知晓。这里说的文化传播机制的完善并不仅仅是对外的传播，也包含国内的传播与弘扬，因为本国人民对传统文化的重视也是推动文化转型的一股力量。文化传播随着科技日新月异的发展突破传统拥有了新的媒介，增大传播范围和效果，促进了社会生产力的发展，促进了文化传播机制的创新。在国际社会上如果不主动表达自己就必然被别人所表达，完善文化传播机制是中国外交的必要选择，必须立足本国国情，把传统文化能为现代所服务的精髓进行提取和优化，打造文化品牌，这不仅仅加强了国际对中国的进一步了解和肯定，也为我国带来了巨大的发展生机。

3. 挖掘传统文化的现代价值

传统文化产生于封建制度之中，也在封建社会繁荣并被统治者极度推崇过，延续几千依旧地位稳固，必有其可借鉴之处，虽然传统文化在当代社会主义时期有所弱化，但在某些方面还是潜移默化地影响着我们。"传统文化在其发展过程中和许多制度化、规范化的东西盘根错节、紧紧缠绕在一起，由此形成的文化网络仍然在很多情况下维系着中国社会的方方面面。"[1]传统文化也在支撑着社会文化体系，凝聚着社会的向心力，在新的时代必须深入了解传统文化的现代价值，做好文化继承发扬工作。

传统文化是民族的血脉和人民的精神家园，必须放在更重要的战略位置。应加强传统文化教育，拓展优秀传统文化传播渠道，更好地守护民族的血脉和人民的精神家园。传统与现代文化确实存在客观上的差异，发掘其现代价值才能缩小其差距，加快完成现代化转型。一方面传统文化可以创造商业价值，进而推动经济的发展，文化交流带来了人的流动，给中国经济市场带来了新的投资者和消费群体，给经济带来了新的生机。另一方面，传统文化的现代价值是我国民族文化的重要组成部分，"不发达国家的民族文化应在这些国家所进行的争取自由的斗争的中心地带占有自己的位置"[2]，挖掘传统文化的现代价值在中国走向现代化进程中必将发挥积极作用，为中国争取自由公正的国际地位做出贡献。

4. 传播主体的现代化培育

培育现代化的传播主体，是与马克思关于人类全面发展的思想

---

[1] 孙兰英：《文化共存论》，长春：吉林人民出版社，2005年，第304页。
[2] Frantz Fanon, *The Wretched of the Earth*, New York: Grove Press, 1968, p.188.

相契合的。如果人的思想观念还停留在不适合生产力发展的层次，那么必然会成为传统文化"走出去"的最强阻力。著名的"英格尔斯效应"也印证了这样的观点，就算是再先进的生产工具如果交给还停留在传统思想的人身上就不会起到作用，"国民的心理和精神还被牢固地锁在传统意识之中，构成了对经济与社会发展的严重障碍"[1]。

当代中西文化交流带来了西方自由民主的思想，也激发了国民冲破传统约束，改变原来的生活方式和思想，中国传统文化经由群体文化向个人文化的转型，就是要个人为寻求自己的价值而努力。当今社会也要求为民族为国家而奋斗，但是不以牺牲个人的价值为前提，让一小部分人先发达起来带动落后的群体，只有人民真正自由民主富裕了，整个国家才能真正地富强起来。

传统文化走出去是一个漫长艰辛的过程，著名社会学家马克斯·韦伯的社会假说是这样表述的：任何社会行动背后都需要有无形的社会精神的支撑。而在传统文化"走出去"这项大事业中同样也需要社会各阶层的齐心协力，只有中国人民自己真正认同的文化才有可能打动世界。

四、总结

当代中西文化交流与历史上的任何一次交流活动都不一样，也给传统文化带来了挑战和机遇，传统文化只有通过主动"走出去"才能在中西文化交流中占一席之位。在我国综合实力不断提升的同时，很有必要将中国的传统文化传播出去来构建中国的形象，只要我们能够根据自己的国情，坚持我们既定的原则，就会不断提升我们的文化自信，加快传统文化的传播步伐，从而彰显传统文化价值。

---

[1] [美]英格尔斯:《人的现代化》，殷陆君译，成都：四川人民出版社，1985年，第3页。

关于中国文化"走出去"战略的几个问题

董德福　孙　昱

近年来,中国推行文化"走出去"战略的自觉性越来越强,步骤与策略也越来越明晰,这是中国转变经济发展方式、走和平发展之路并最终实现中华民族伟大复兴的必然选择。身处全球化时代的任何一个国家,关起门来搞文化建设,不仅缺少理论方面的支持,事实上也不可能。中国文化"走出去"是一个复杂的系统工程,有许多基本的、前提性的问题有待我们去破解,从而为实施这一战略廓清道路。

一、中国文化为什么要"走出去"

中国文化"走出去"战略的提出,绝非源于一时的冲动,而是有着客观的必然性。

1. 文化交流与文化发展规律是中国文化"走出去"战略的理论依据

文化属于上层建筑,它归根结底是由生产方式所决定,同时又有着自身内在的发展规律。随着经济全球化进程的加快,文化走出国门融入世界文化大潮成为必然。正如季羡林先生所说:"文化交流是推动人类社会前进的重要动力之一。我们简直无法想象,如果没有历史上的文化交流,我们今天的社会会是一个什么样子。"①一国文化的发展,必须敢于并善于迎接世界范围内不同文化之间的交流交融交锋,在异质文化的交流交融交锋过程中获得自我更新、自我发展。我们不能孤芳自赏,而应以尊重差异、包容多样、海纳百川的胸襟取世界文化之长,在国际文化交流中激发中国文化的生命力,展示中国文化的独特价值,维护中国文化的自主性,为世界文化发展作出自己应有的贡献。中国文化"走出去"战略的提出,不仅是中国自身文化发展的需要,也是符合世界文化多元化发展规律的明智之举。

2. 中外文化交流史是中国文化"走出去"战略的历史前提

中国是世界上最古老的文明古国之一,具有五千年的文明史,是世界上唯一文化从未中断的国家。中国文化"走出去"有着悠久的历史,自汉朝始便与波斯、印度等国家开始进行文化交流。此后,丝绸之路的开辟使得中国与外国的文化交流更加频繁。唐宋时期,中国经济发达,文化繁荣,国家开放,国力强盛,可谓文明盛极一时,独步于天下。中国文化不仅泽惠亚洲,而且影响到欧洲近代启蒙运动和资本主义文明的发展。马克思指出:"**火药、指南针、印刷术**——这是预告资产阶级社会到来的三大发明。火药把骑士阶层炸得粉碎,指南针打开了世界市场并建立了殖民地,而印刷术则变成新教的工具,总的来说变成科学复兴的手段,变成对精神发展创造必要前提的最强大的杠杆。"②相比较于历史上中国对人类文明的贡献,近代以来的中国对人类的贡献则相形见绌。1956 年毛泽东在《纪念孙中山先生》一文中颇有感慨地说:"……中国应当对于人类有较大的贡献。而这种贡献,在过去一个长时期内,则是太少了。这使我们感到惭愧。"③在此后的半个多世纪里,中国已经在经济、政治、科技、外交等领域为人类文明的发展作出了杰出的贡献,但文化上的贡献还十分有限。尽管拥有丰富灿烂的文化向来被视为中国的一大标签,但"酒

---

① 季羡林:《〈世纪中外文学交流史〉序》,《南通师范学院学报》2000 年第 1 期。
② 《马克思恩格斯文集》(第八卷),北京:人民出版社,2009 年,第 338 页。
③ 《毛泽东文集》(第七卷),北京:人民出版社,1999 年,第 157 页。

香不怕巷子深"的时代早已过去,只有通过文化"走出去"战略扩大中国文化的海外影响力,我们悠久醇厚的文化底蕴和朝气蓬勃的文化实践才能为世界所了解,其承载的文化精神和核心价值观才能得到更广泛的认同和接受。当今中国推行文化"走出去"战略,可以说是历史上中国文化"走出去"的延续,也是推动世界文明发展的应有之举。

3. 提高中国核心竞争力是中国文化"走出去"战略的现实目标

党的十七大报告指出:"当今时代,文化越来越成为民族凝聚力和创造力的重要源泉、越来越成为综合国力竞争的重要因素。"[1]当今世界国家之间的竞争已经从经济、军事、科技等"硬实力"比拼转变为以文化为核心的"软实力"较量。所谓软实力就是"通过吸引而非强迫或收买的手段来达己之所愿的能力。它源于一个国家的文化、政治观念和政策的吸引力"[2]。我们要从国家的根本利益出发,在经济发展起来、国力强盛起来的同时,积极实施文化"走出去"战略,着力提升我国的文化软实力,提高我国在国际事务中的话语权和世界上的影响力。中国文化"走出去"不是简单的对外宣传中国文化,而是在营销中国的文化产品,传播中国文化价值观的过程中,引导世界正确认识中国文化的特点和内涵,让世界理解中国正在做或将要做的事情,从而消除所谓的"中国威胁论",使中国在国际交往中游刃有余,为中国的改革开放与和平发展营造良好的国际环境。

二、中国文化拿什么"走出去"

中国有着丰富的文化资源,这为中国文化"走出去"提供了坚实的基础。中国文化凝聚着中国古人和今人的无限智慧,一些历久弥

---

[1] 胡锦涛:《高举中国特色社会主义伟大旗帜 为夺取全面建设小康社会新胜利而奋斗——在中国共产党第十七次全国代表大会上的报告》,北京:人民出版社,2007年,第33页。

[2] [美]约瑟夫·奈:《软力量——世界政坛成功之道》,吴晓辉、钱程译,北京:东方出版社,2005年,第2页。

新的文化理念和文化成果为世人所瞩目。但不可否认的是,中国文化中也存在着许多落后于时代、与世界主流价值观相悖的因素。那么,中国文化究竟拿什么"走出去"呢?除了中国传统文化中哪些老生常谈的东西之外,当代中国的文化创造中是否也存在着能引领世界文明健康发展的质素呢?

当今世界以和平与发展为主题,但依然充满着地区冲突、宗教纷争、资源掠夺、霸权主义、恐怖主义、环境污染、发展失衡等一系列不和谐的因素。中国文化"走出去"必须为上述问题的解决提供文化价值和方法论的支持。中国文化的核心和精髓是"和","和谐"的理念是中国文化宝贵的遗产,其中的含义非常深刻。《易经》等古代经典强调阴阳平衡,阴阳二气相交而成和谐的状态,从而产生了万物,所谓"和实生物"也《淮南子·汜论训》指出:"天地之气,莫大于和。和者阴阳调、日夜分而生物,春分而生,秋分而成,生之与成,必得和之精。故圣人之道,宽而栗,严而温,柔而直,猛而仁。太刚则折,太柔则卷,圣人正在刚柔之间,乃得道之本。"孔子及其弟子"和为贵""君子和而不同,小人同而不和"(《论语·子路》)的理念至今仍熠熠生辉。中国传统文化中儒道所谓"天人合一",道家所谓"道法自然",中国佛教所谓"从心开始",均充满了"和谐"的因子,这些文化因子完成创造性转化后,完全应该走向世界。

"和谐"是一种理想的状态,也是一种哲学,一种文化;更是一种艺术,一种方法,一种境界。和谐作为一种文化思想在中国源远流长,是中华民族优秀文化的一部分,主要体现在人自身的和谐、人与自然的和谐、人与社会的和谐、异质文化间和谐和民族国家间和谐等方面。中国目前提出了构建社会主义和谐社会的目标任务,表达了共建"和谐世界"的愿景,奉行着"协和万邦"的外交理念,倡导"人类命运共同体"意识,[①]彰显着改革开放、创新发展的时代精神,这一切无不是人类未来发展重要的价值资源。

另外,中国传统文化也注重"仁"的精神,主张"仁者爱人""与人

[①] 胡锦涛:《坚定不移沿着中国特色社会主义道路前进 为全面建成小康社会而奋斗》,北京:人民出版社,2012年,第47页。

为善""以礼相待""仁义礼智信""义而后取""推己及人""言必信,行必果"等。中国文化中的"和谐"理念、"仁"的境界、"天下一家"的观念、革故鼎新的精神及由此衍生出的与时俱进的创新精神、合作共赢的理想等,是中国文化"走出去"的精髓,它们对于构建健全的人与自然的关系,对于当代政治文明建设、国际交往实践、人生的幸福、未来理想社会的构建等,都具有十分重要的意义。有学者指出:"扩大中华文化的国际影响力的一项迫切任务,认真总结现代化建设的'中国经验'中所包含的文化因素,使外部世界了解甚至佩服我们的经济成就的同时,也认识以至亲近我们的民族文化。"[1]

三、中国文化怎样"走出去"

中国文化"走出去"战略是一个由浅入深、由点到面、由表及里的过程,必须在探索中前行。中国文化就像中华民族一样,具有费孝通先生所说的"多元一体"的特征。与文化资源的多样性相适应,从事文化传播的渠道也应丰富多样。

1. 明确中国文化"走出去"的主体

中国文化要走向世界,责任主体一定是多元的,如政府部门、公司企业、科研机构、文化团体、公民个体,等等。政府具有决策层次高、涉及领域广泛、合作信誉好、推进效率高等优点,当然,政府主导的文化"走出去"也是利弊并存。我们认为,政府不能包办一切,它的职能主要在于规划实施中国文化"走出去"战略,制定有效的政策,加强文化管理法律法规建设,研究并培育"走出去"工程与市场接轨的机制。除政府外,文化企业团体应成为中国文化"走出去"的中坚力量。文化企业需根据国际文化市场规律,努力打通我国的文化产品与外国市场之间的通道,借助不同的平台,文化企业从不同的渠道宣传和营销我国的文化产品,在推动对外文化贸易发展,努力实现文化

---

[1] 童世骏:《文化软实力》,重庆:重庆出版社,2008年,第83—84页。

贸易顺差的同时,完成传播中国文化的使命。我们不仅要发挥政府部门和公司企业的作用,还要发挥民间团体和公民个人的作用,专家学者和留学生也应在中国文化"走出去"战略中扮演重要角色,发挥其独特的无法替代的作用。专家学者和留学生的知识涵养和人格独立性,使得他们在学术交流中承担的文化传播功能更具有权威性、含蓄性,我们应把学术交流与一般文化交流结合起来,把阶段性大规模交流与常规性含蓄交流结合起来,让中国文化诉求得到全世界的理解和认同。此外,还应鼓励智库、学会、青联等团体组织大胆地走上国际舞台,参加国际对话,弥补在国际舞台上看不到中国非政府组织的身影这个缺点。

2. 精选中国文化"走出去"的内容

在明确了中国文化"走出去"责任主体之后,必须规划中国文化"走出去"的重点。文化旅游是经济效益高、资源消耗和环境污染少的产业,中国的自然风光、名胜古迹数不胜数,旅游业发展有着非常独特的优势。如中国服饰文化、酒文化、茶文化、饮食文化、山水文化、历史文化等底蕴深厚,对国际友人具有极强的吸引力,是文化旅游的重要内容和中国文化"走出去"的重要载体。价值观是文化的核心,它与一个国家的意识形态、社会制度、政治观念紧密联系在一起,我国应围绕"和谐"文化理念与和平发展实践大做文章,在文化传播过程中充分发挥自己文化的比较优势。我们向世人展示的中国文化既要有历史的厚重,又要有现时代的气息。文化"走出去"不是简单的贩卖先人的思想遗产,以人为本、天人合一、仁爱精神等都需要与时俱进,在创新中赋予其新的时代内涵,并且以新的容易被大众接受的形式呈现出来,电影《功夫熊猫》《花木兰》在中国的成功传播,可以为我们提供诸多启示。

3. 优化文化"走出去"的途径

在中国文化"走出去"的过程中,政府层面可以组织一些符合大众审美的文化交流与文化展示,如举办中外文化年、世界主题博览会、大型国际性文体活动、新闻发布会等,以此展示中国文化的独特魅力,传达中国文化的核心价值观,让世界更好地了解和理解中国。政府还可以利用其他国家和组织举行的艺术节和文化博览会,推广我国丰富多彩的文化资源,在宣传中国的同时,增进与世界各国的友谊。文化企业集团应进行文化市场细分,瞄准国际市场需求,不断推出文化精品,采取演出、展览、销售、跨国合作等形式,积极参与国际文化贸易,扩大我国的文化产品在国际市场上的占有率。中国文化"走出去"也应充分重视教育界和民间团体的力量。中国的高等教育是中国文化"走出去"战略的重要一环,很多高校利用各自优势在国外成立孔子学院、建立汉语教学实验点,大量派出留学生和吸收外国留学生,承办或参与高层次国际学术会议,这些都有利于增加我国在文化意识形态领域的话语权。爱国人士、归国华侨、民主党派人士、政府扶持的一些民间活动,也都能在世界舞台上集中展示中国文化的活力和魅力,提升中国文化的影响力。

4. 根据不同地区进行分类指导

中国文化"走出去"不能搞一刀切,而应根据文化资源的不同地域分布和海外不同地区文化需求的差异,制定不同的"走出去"战略,挖掘各地独具特色的文化资源,开拓不同的文化市场。就国际文化市场而言,东南亚地区与中国的地理位置接近、文化特性相似,对中国文化有着强烈的需求,我们可以将"走出去"与"引进来"相结合,提高中国文化在这个地区的辐射力和影响力。对于发展中的国家地区,应该主张文化多元化,形成互补型文化贸易区,推动文化的双边和多边交流,促进国家间文化沟通。欧洲跟北美地区依然是全球文化市场的核心地区,逐步融入甚至占领这些区域的文化市场,在国际事务中发出中国的声音,是中国文化"走出去"的重要战略目标。就国内文化资源的地域分布而言,北京的政治文化,上海、广东的现代文化,云南、广西、内蒙古、新疆、西藏、四川等地的民族文化,都各具特色,具有自身的比较优势,在中国文化"走出去"战略中扮演着不同的角色,发挥着不同的作用。

四、中国文化"走出去"面临什么样的挑战

中国文化"走出去"不可能一帆风顺,会遇到来自国内外的诸多困难和挑战,主要包括认识上的误区、意识形态方面的冲突、国际贸易壁垒的存在、宣传手段的失当、市场需求的误判,等等。中国文化"走出去"战略的成功实施,必须面对并回应这些挑战。

1. 缺少文化自觉与文化自信

人类社会发展史从某种意义上说就是人类文化进步史,任何一个国家和民族的进步,都是以相应的文化觉醒为前提和基础的。改革开放以来,西方文明挟裹着形形色色的商品和思潮向我们涌来,反思批判中国传统文化、拥抱西方"蓝色文明"的声音不绝于耳。从文化意识到文化形态,从文化资本到文化产品,从文化传媒到文化教育,都受到外来文化的影响和冲击。一些人尤其是对中国文化缺乏基本了解、感知、自觉和自信的新生代,充满着崇洋媚外的思想,拜服在美欧乃至日韩的浅表性快餐文化面前,似乎外国月亮真的比中国圆。一些人在对待民族的历史、传统和文化上,非常热衷地干着自我怀疑、自我作践、自我颠覆、自我否定的蠢事。一些人对中国文化的过去和未来缺少正确的认知,对文化在综合国力竞争中的地位和作用缺少自觉,对文化建设规律和文化贸易规律存在着认识方面的误区,对中国文化的当代价值和全球价值缺少充分的自信。这一切都构成中国文化"走出去"的观念障碍。

2. 选择不当,质量粗糙

有人说,越是民族的东西,越是能够走向世界。对此,我们表示谨慎的赞同。庞中英说过:"不要把发展中国的软实力局限在所谓发扬光大'中国传统文化'上。'中国传统文化'提供给我们的'软实力'

资源并不很丰富,因为中国文化传统中具有许多不符合世界现代文明进步方向的糟粕性。"[1]如果选择不当将这些糟粕性东西送出国门,也许能博得洋人一笑,但终究是对自己的作践。我们的许多文化企业缺乏文化品牌意识,数量不少的文化产品没有自己的核心技术和自主知识产权。就文化产品的国际化问题而言,目前我国的文化产业存在着两个不容忽视的结构性缺陷,一个是文化产品的进出口总额在我国对外贸易总额中比例偏小,二是文化产品的进出口存在巨大的贸易逆差。文化产品输出存在着重数量轻质量的倾向,出目的文化产品往往不注重包装,不重视营销和推广,这直接导致了中国文化贸易逆差。中国经营文化的企业对政府的依赖性强,外贸理念落后,在面对西方成熟的市场运作机制的时候,常常招架不住。这些都是中国文化"走出去"过程中亟待解决的问题。

3. 存在文化隔阂、文化歧视和文化防御

近年来,伴随着中国的快速发展,国际上"中国威胁论"甚嚣尘上,不仅经济、政治、军事领域是如此,文化领域也时常能听到"中国威胁论"的声音。由于文化的多元特性,不同文化之间存在着隔阂乃至一定程度上的冲突是在所难免的,让外国人了解、理解直至认同、接受中国文化,需要一个较长的过程。又由于宣传意识的淡薄和宣传手段的缺乏,国际上对我国奉行的文化"走出去"战略难以理解,以为是中国在实行文化渗透,这些极不利于中国文化"走出去"战略的实施。全球化时代各国间经济竞争、意识形态竞争异常激烈,为避免外国文化产品挤占本国市场,一些国家对外国文化产品采取准入政策。例如,欧盟国家为电影院放映非欧洲本土影片设置最高比例,以此抵御他国的"文化入侵";又如,一些国家在中国制造的文化衍生品进入这些国家的时候设置过高的门槛,以此限制我国文化出口,保护和促进本国文化产业的发展。当然,对中国文化"走出去"限制最严重的因素在于文化歧视或文化误解这种非市场壁垒。长期以来,西

---

[1] 庞中英:《关于中国的软力量问题》,《国际问题论坛》2006年春季号,第12页。

方发达国家总以为自由、民主、平等、人权等价值是"普世价值",对中国文化要么误解,要么歧视,从而造成中国文化输入这些国家后出现价值折扣现象。1988年,产业经济学家考林·霍斯金斯(Colin Hoskins)和米卢斯(Rolf Mirus)借用"文化贴现"概念说明这个现象,指出:"进口市场的观赏者通常难以认同于其中描述的生活方式、价值观、历史、制度、神话以及物理环境,此外,语言的不同也是文化贴现产生的一个重要原因,因为配音、字幕、不同口音的理解难度等干扰了欣赏。"①因此,加强异质文化之间的对话与交流,是消除文化出口贴现,畅通中国文化"走出去"的必要途径,否则,中国文化的核心价值将难以走向世界。

五、中国文化"走出去"应采取什么样的策略

1. 要增强文化自觉和文化自信

按照费孝通先生的解释,文化自觉是指生活在一定文化中的人,对自己的文化有"自知之明",即明白它的来历、形成过程、特色和发展趋向。概括起来说就是文化的自我觉醒、自我反省、自我创建。②换言之,所谓文化自觉,即是要自觉地认识到本国文化的来龙去脉,自觉地认识到文化在综合国力的竞争当中地位及文化对社会经济发展的支撑作用越来越重要,自觉地认识到文化建设的特殊规律,并且遵从这个规律。没有文化自觉,就不可能制定文化发展和文化"走出去"战略,即便有此战略,也会因违背文化交流与文化输出的规律而寸步难行。而文化自信本质上是对本国文化——传统文化、革命文化、民族文化——的信念信心,一个对自己文化有充分信心的民族,既不会盲目自大、故步自封,也不会全盘西化,而是有对自身文化进行理性审视和科学分析的勇气,有推进文化创新的自觉。同时,对外来文化采取包容、借鉴、吸收的态度,也是文化自信的重要表现。文

---

① [加]考林·霍斯金斯等:《全球电视和电影:产业经济学导论》,刘丰海等译,北京:新华出版社,2004年,第6页。
② 费孝通:《反思·对话·文化自觉》,《北京大学学报(哲学社会科学版)》1997年第3期,第22页。

化自信不仅关系着对本国文化的价值评判,而且决定着文化的未来走向。对中国文化抱有信心,就能坚定在文化创新基础上走中国特色社会主义文化道路的决心,就能产生让世界人民分享中国文化成果的愿望。相反,一个没有文化自信的民族,是不可能提出并实施文化"走出去"战略的。

2. 要明确不同主体的责任担当

政府要制定并组织实施中国文化"走出去"战略,加快文化体制改革,建立一套与WTO规则相适应的法律法规体系,加强政府对文化外贸的宏观调控,规范文化贸易秩序,减少和规范行政审批程序,加大对文化产业和文化企事业单位的经费投入,理性制定文化"走出去"的步骤。要鼓励文化企业积极参与国际文化贸易竞争,大力培养复合型文化人才,特别是培养具有国际视野和跨文化交流、善于开拓、营销中国文化的国际化文化人才。文化企业集团要加强品牌意识,不断推进文化创新,打造具有中国特色、中国风格且附加值高的文化精品,不断拓展国际文化市场。理论工作者要立足现实,面向世界,将民族意识与世界视野结合起来,不断推进理论创新,创建具有中国特色、中国作风、中国气派的哲学社会科学,在世界文化交流中拥有自己的话语权,为中国文化走出去营造学术氛围。

3. 要按照文化传播规律宣传中国文化

文化与经济不同,它具有意识形态性,加上语言、价值观、历史背景、生活方式的差异,在文化交流和文化认同上存在一定障碍。当中国经济大踏步走向世界时,中国文化"走出去"却步履艰难,究其原因,主要在于文化隔阂、意识形态的防御性和贸易保护主义。较之过去,中国文化"走出去"的力度明显增强,已经引起国际社会的警觉。目前有两个最主要的威胁来源:一是全球化在文化领域的推进给我国文化主权带来的威胁,二是美国对华文化政策及其对中国文化的生存和发展带来的威胁。中国历来反对西方国家的文化渗透和价值观输出战略,在中国文化"走出去"步伐加快的今天,我们面临着来自国际社会同样的质疑,这些质疑助长了"中国威胁论"的气焰。对此,我们一方面要坚定地走中国特色的和平发展道路,向世界释放和谐发展、合作共赢的善意;另一方面要尊重文化发展和文化传播规律,运用法律、行政和市场等手段保护自身文化市场和文化利益。运用行政手段强行推进中国文化"走出去"战略是不可取的,必须遵循和而不同的文化理念,向世界表明构建和谐世界的决心,以开放的心态处理异质文化的关系,广开宣传渠道,丰富宣传手段,耐心解释我们的文化战略,以寻求他国的理解和支持。

数字传播条件下中国文化"走出去"的机遇、挑战与对策[①]

王春林

当前,数字传播正在蓬勃发展。日益丰富的数字传播形态正在改变人类的阅读方式和娱乐方式,开拓新的文化消费领域和精神生活空间。数字传播产品形态的广泛性与兼容性、数字传播方式的互动性和多样性等优势,使数字传播成为文化国际传播的新兴领域、文化输出的关键平台。在数字传播条件下,中国文化"走出去"既面临难得的机遇,也受到新的挑战。抢占数字出版传播新高地,繁荣发展数字传播产业,是增强中国文化"走出去"实效、增强中华文化辐射力和影响力的必然要求。

一、数字传播给中国文化"走出去"带来难得机遇

1. 数字传播使文化"走出去"的成本更低、速度更快、覆盖面更广

21世纪以来,快速发展的计算机与信息技术使出版传播全面进入数字时代。数字技术实现了创作、编辑加工、印刷复制、发行销售

[①] 基金项目:2011年度国家社科基金项目(11XGL010)阶段性成果。

和阅读消费等全程数字化,"数字出版以互联网为传播渠道和载体,其生产的数字内容建立在全球平台之上,并通过数据库达到重复使用目的"。数字传播的全球化、网络化、海量化,让世界上不同地域、不同民族的人们增进文化传播和交流。对于中国这个图书出版品种居世界第一位、电子出版物总量居世界第二位的传统出版大国而言,通过数字传播方式,更便于我国的优秀文化走向世界各国。

2. 数字传播有利于跨越意识形态壁垒,使中国文化"走出去"的内容更加丰富

西方一些国家以冷战思维对待中国的崛起,渲染"中国威胁论",在"文明冲突论"的固化思维中,将中华文化视为异质文明加以排斥,对中国的图书、报刊等文化产品加以审查和防范,中国文化产品普遍遭遇西方的文化壁垒,存在发行难、落地难等问题。与传统媒介相比,"互联网的'把关人'较少,具有较高的'可进入性',互联网用户可以随时访问世界各地的网站,获取跨越国界的网页信息"。通过互联网,一方面,数字媒体可以及时有效地报道我国当代的政治、经济、文化、科技成就,展现我国真实的国家形象和民族形象,传达国家意志和民族精神。另一方面,我国网民通过个人网站或主页,或者通过公共网站 BBS、新闻组、聊天室等言论场所,或者通过博客、播客等新媒体,与全球网民进行信息和影像的自由交流。这样,网络媒介突破传统的文化传播藩篱,让我们每个人都可成为言论自由的出版者,这为中国文化全面深入地走进世界各地打开了一扇方便之门。

3. 数字传播减少语言障碍形成的文化折扣,使中国文化易于被理解和接受

目前,中国文化产品在世界文化产业中影响较小的一个客观原因就是语言障碍。按照美国人类学家霍尔(E. T. Hall)的研究,中国文化属于高语境文化,而西方文化属于低语境文化。由于文化背景和语言的差异,对于西方人而言,中文难学难懂。在跨文化传播中,

语言障碍所产生的文化折扣,大到期刊、图书出版,小至电影电视、录音录像、动漫、电子游戏等所有传播领域。随着电视、数码产品、手机、多媒体阅读器等成为数字传播的传播媒介,信息传播形式已由单一的纸质文字扩展为具有交互功能的图文声像,跨文化传播也由文字为主向音频、视频、图片等多媒体形态延伸。图像、视频可以增加实在感,既增加人们的阅读兴趣,也有助于人们领悟和接受。一些反映当代中国的景观图像、新闻图片和人民生活的音视频,体现出当代中国真实面貌、精神气质的图片、图像和音视频等数字多媒体出版物,生动具体、直观明了,能让世界观众在审美愉悦和情绪感染中领略我国的文化风貌,在潜移默化中接受中华民族的核心价值。

4. 数字传播便于及时发现并满足国外读者的需求,使文化"走出去"的针对性和实效性更强

网络技术和数字技术改变了传统出版编辑流程和营销方式,数字出版将传统出版"作者—出版社批发商—零售商—读者"流程简化为"作者—出版者—读者"和"作者—读者",作者在图书生产和营销中的作用更加突出。比如,通过出版网页的评论、投票互动功能,以及收集网站点击率和受众调查数据,出版的选题创作、编辑加工更具针对性,也更有效率。数字传播具有数据库在线、大储存量、在线搜索功能,能大规模地满足读者个性化需求,并能极大提高中国作品在国外出版的效能。因此,发挥数字化出版功能,提升文化内容质量,中国文化走出去将会迎来黄金时代。

二、数字传播对中国文化"走出去"的挑战

出版的网络化、数字化正如一把双刃剑,既给文化"走出去"带来机遇,也提出新的挑战。

1. 数字传播技术拓宽了文化"走出去"的空间,海外迅猛扩张的数字阅读需求,对中国数字传播物的内容质量提出更高要求

日益普及的智能手机、电子阅读器和平板电脑,促进了数字内容消费市场需求日益增长。中国作为文明古国、文化大国和经济大国,伴随着中国经济地位、国际影响力的迅速提升,国际上阅读中国、共享中华文化的愿望越来越强烈,海外对中国内容的数字传播需求也更加多样化。尽管中国是传统出版大国,但是数字传播起步晚,总体还处于初级阶段。中国的数字传播物在内容、语言、制作等方面还不能满足国际市场的需要。近年来,很多国外出版商在采购中国图书海外版权的同时,纷纷要求授权数字版权,试图抢占"中国内容"数字传播资源。一些大型国际出版集团利用自己的数字传播产品销售平台,邀请中国出版社在其平台上销售"中国内容"。因此,打造多语种、本土化,反映中华文化精粹和当代成就,更具有时代特点的数字化精品力作,是数字传播时代中国出版"走出去"的紧迫任务。

2. 数字传播技术丰富了文化传播的载体和渠道,实现中国文化多渠道、立体化"走出去"的目标,需要不断丰富和发展数字传播的形态

当前,随着移动互联网的发展和普及,数字信息传播已经发展成为文字、图片、音频、视频等信息内容并行,纸质、电子、网络、卫星通讯同时存在的多媒体、全媒体传播方式,电子图书、数字报纸、互联网期刊、网络动漫、网络游戏、手机出版、数据库出版成为实现文化"走出去"的新载体和新渠道。在数字传播时代,文化的传播与阅读不再是"直线、一维、被动的,而是非线性、互动、立体的"。我们要多渠道、立体化实现中国文化"走出去",就应贴近海外受众群体的阅读习惯和智能手机、电脑、户外显示设备等终端设备客户的需求,不断丰富和发展多种形态的数字内容产品,努力推动中国文化产品和服务出口向高端化发展。

3. 数字传播模式加剧了国际文化竞争，改变中国话语传播的国际弱势状况，需要构建国际一流的数字传播体系

在全球化时代，"传播力决定影响力，谁的传播手段先进、传播能力强大，谁的文化理念和价值观念就能广为流传，谁就能掌握国际话语权"。以美国为首的西方国家先声夺人，凭借雄厚的经济实力和技术设备的绝对优势，纷纷加强本国数字信息传播能力建设，积极打造Google，Amazon，Yahoo，Youtube，Facebook等一批有实力有影响的网络媒体，不断强化国际传播的主导地位和话语霸权。尽管我国在大力加强数字化国际传播能力建设，但在当前剧烈争夺的国际舆论环境中，"西强我弱"的格局还没有根本改变。要改变中国话语传播的国际弱势现状，切实维护国家文化利益和安全，迫切需要建设"语种多、受众广、信息量大、影响力强、覆盖全球"的国际一流数字化传播体系。

三、数字传播时代提高中国文化"走出去"实效的对策

近年来，迅速发展的数字传播，为我国缩小对外文化贸易逆差发挥了重要作用。但是，与发达国家相比，我国数字传播仍处于初级阶段，存在优势文化资源数字化开发不够、数字内容的受众贴近性不强、数字传播能力有待提高等问题。数字传播时代如何增强中国文化的国际影响力，无疑需要通过发展数字传播，从而促进文化内容与文化服务形成竞争力。

1. 加强数字传播内容建设，打造中国出版国际品牌

内容是出版数字化发展的核心，内容为王是出版业的永恒主题。增强国家文化软实力，取决于我国文化的吸引力和感染力。文化内容的独特性与创新性，是提高我国文化国际竞争力的关键。数字化条件下，在海量信息、快速传播和及时互动的数字化环境里，读者尤

其需要高品质的阅读体验。因此,中国文化"走出去",必须考虑在中文出版内容选题上因势利导,树立"中国立场、世界眼光、人类胸怀"的理念,从贴近外国读者阅读兴趣、审美需求中寻找内容的切合点。对于对外文化传播,必须改变陈旧的对外宣传模式和话语体系,注重用国外读者看得懂、易接受的语言和形式表达中国的历史文化、发展成就、时代风貌、价值观念。同时,要加大对国际数字化阅读市场研究,强化内容和创新,在新闻报刊、大众出版、学术出版、教育出版领域重点打造一批具有自主知识产权和核心竞争力的国际知名品牌,重点推出一批既能展现中华文化魅力、反映当代中国精神风貌和学术水准,又能贴近国外受众文化需求和消费习惯的优秀出版物。

2. 构建中国版权贸易国际化平台,畅通中国数字出版对外营销推广的渠道

图书版权贸易是出版业发展的主流方向,是中国文化"走出去"的主要方式。当前,我国图书国际贸易主要通过国际书展和版权代理等交易平台,往往受到成本高和时效性差等因素制约,使我国的对外图书版权贸易存在信息不对称、贸易渠道不通畅等问题。随着移动互联网的发展,手机阅读、手机视频、微博、微信等通讯和娱乐方式广泛普及,版权使用频繁,参与的人群多,传播分享快,版权需求分散,这对版权流通环境、交易模式提出了更高要求。解决这一问题,要在实现全国出版电子版权与出版信息的网络化方面下工夫:一是建立作品数据库和作品版权信息库两大数据库,整合全国作品版权资源。这些数据库要尽可能完备地集中全国近期出版各类图书数据和各时期的畅销书、长销书、历史名著的版权信息,以及作者意欲转让或许可使用的作品信息。比如,中国图书进出口(集团)总公司建立"易阅通"数字资源国际交易服务平台,向国外推广和宣传我国图书,扩大了我国图书版权输出的数量和范围。二是建立具有对版权许可(或转让)谈判和交易功能的网络交易平台。加大版权国际合作力度,通过契约方式与国外重点相关网站和大型书展网站合作,使我国数字传播能直接在网上对外推送和销售。如与美国亚马逊公司合作,在网站开设"ChinaBooks"书店,"亚马逊中国书店"已成为海外读者选购中文图书的最大网上平台。

3. 强化"中国内容"的数字化传播体系,提升中国文化国际传播能力

在当今时代,传播力决定影响力。美国在全世界形成了超强的文化软实力,关键是它拥有先进的科学技术和实力雄厚的美国有线电视新闻网、美国广播公司、美国全国广播公司、美国之音等现代化传播体系。可以说,谁掌握了信息传播载体,谁有强大的国际广播、卫星电视和互联网络,谁的文化理念和价值观念就能广为流传。中国海外传播渠道不发达是文化"走出去"的一个主要障碍,这直接导致文化"走出去"难以进入所在国的主流渠道和主流社会。因此,强化"中国内容"的国际传播,首先要通过加快云出版技术、卫星数字发行技术、移动多媒体广播电视、数字复合出版系统、数字传播物投送平台、数字版权保护等技术体系建设,联合、重组、整合新闻出版传媒企业、技术提供商、平台运营商力量,打造基于互联网、移动通信网、有线电视网和直播卫星网等多网覆盖的全媒体数字内容传播体系。其次要加强与发达国家的交流与合作,借鉴参考先进的新闻出版传媒运行机制、操作方式和理念,推动我国国家级数字化出版传媒实现战略转型、结构调整和技术升级,以新技术和新业态提升国际竞争力。

4. 建设面向全球的"中国学"数字化交流多维平台,推进中国哲学社会科学的国际交流

美英等发达国家经验表明,在全球开展哲学社会科学交流合作,可以更为直接有效地向各国社会精英阶层和知识分子推广文化与价值观,提升文化影响力。因此,我们要广开渠道,促进多个层面的学术文化交流。一要鼓励国内高校、社科研究机构与国外高水平研究机构、图书馆建立合作交流关系。二要加强中华文明国际研究中心

建设,举办"中国学"专题国际研讨会,创办有国际学术影响的数据中心和专业学术期刊,打造学术交流的高层次平台,提升中国学术的国际影响力。三要加大建设外文版中国学术网站和中国传统文化、中国历史、中国哲学、马克思主义研究成果、中国改革开放 30 年等专题学术数据库,促进中国社科学术成果的国际发表。四要提升优化"中国文化网""中国日报网""中国社会科学网"等国家级文化外宣网站平台,联合驻外使领馆、孔子学院、商务机构、留学机构,打造一个集中国文化资讯互动、中国文化资源整合、中国文化咨询服务的大平台,形成全球最权威的推介中国思想文化的对外交流传播的网络集群,实现文化信息服务的自由流通。

5. 发挥博客、微博、播客等自媒体在对外传播中的作用,树立和维护中国良好的国际形象

在数字化国际传播时代,尽管西方国家媒介巨头的声音仍然是国际舆论的主要信息源,但是,博客、微博、播客等自媒体结合了信息网络传播和人际传播的优势,具有及时性、便捷性、海量性、全球性、互动性、多媒体性等特点,其在树立国家形象过程中的影响力不可小觑。并且,名人博客、名人网页、名人微博在跨国界的网络交流中更加凸显公共外交作用,比传统的政府外宣更具亲和力、信任感,也更加易于被接受。因此,针对西方媒体歪曲的、妖魔化中国的报道,我国必须加强网络新媒体信息发布与公共外交的机制建设,以驻外的使领馆、新闻通讯社、孔子学院、留学机构、商务机构为重点,组建专门的中国内容微博发布队伍和国家形象网络舆情信息监测体系。同时,要在世界各国培育一批代表中国国家形象的国际网宣员,利用博客、微博、播客等网络公共平台传递专业化、权威化、可信度高的中国正面信息,引导和影响国际网民大众。

文化外交与中国文化"走出去"的动因、问题与对策

张志洲

进入 21 世纪以来,随着文化在国际关系中的地位愈加凸显,中国的文化外交活动也不断得到拓展,大量的文化年、文化季、文化月、文化周活动逐渐汇聚为文化外交的新潮流。特别是最近数年来,不仅文化外交活动在深入发展,而且理论认识上也进一步升华。由于认识到"文化越来越成为民族凝聚力和创造力的重要源泉、越来越成为综合国力竞争的重要因素",党的十七大报告中提出了要"加强对外文化交流,吸收各国优秀文明成果,增强中华文化国际影响力"。2009 年 7 月,国家主席胡锦涛在第十一次驻外使节会议上的讲话中又指出,"要加强公共外交和人文外交,开展各种形式的对外文化交流活动,扎实传播中华优秀文化"。2010 年 10 月 18 日通过的《中共中央关于制定国民经济和社会发展第十二个五年规划的建议》中,有两处分别写道:"加强对外宣传和文化交流,创新文化'走出去'模式,增强中华文化国际竞争力和影响力","加强公共外交,广泛开展民间友好交往,推动人文交流,增进中国人民同各国人民相互了解和友谊"。2011 年 10 月召开的中国共产党第十七届中央委员会第六次全体会议上通过的《中共中央关于深化文化体制改革 推动社会主义文化大发展大繁荣若干重大问题的决定》对于"推动中华文化走向世界"的"走出去"战略与"积极吸收借鉴国外优秀文化成果"的"引进

来"工作都有着系统和深入的阐述,更是将实施中国文化"走出去"战略和提升中华文化国际影响力作为增强中国国际话语权与国家文化软实力以及"妥善回应外部关切,增进国际社会对我国基本国情、价值观念、发展道路、内外政策的了解和认识,展现我国文明、民主、开放、进步的形象"的基本手段。近年来中国的文化外交和对外文化交流,主要就是围绕这两个方面进行的,中国文化"走出去"则是文化外交战略的一个重点。

一、推动中国文化"走出去"的基本动因

1. 冷战后与全球化时代文化在国际关系中的地位上升

人类社会从来就是个文化社会,不存在"没有文化"的社会,因此,人类社会的交往和交流中自然而然渗透着文化因素。在古代,只是因为交通和通讯技术的限制,文化因素的相互影响是比较缓慢的。而且,由于本身的"渗透性",在人们的认知中,也不会特别突出何种交往是属于"文化"的,何种交往是属于政治的或贸易的。不管是"丝绸之路"还是日本遣唐使的历史,不管是唐僧"西天取经"、儒家文化圈的形成还是起源于西亚的三大宗教向欧洲的传播,直至近代的"西学东渐"等,无不说明不同国家和民族间文化交流的源远流长及其对于世界面貌的塑造力。然而,近代民族国家体制的建立,特别是进入20世纪后全球性的民族国家化进程,使得和平与战争、安全保障与霸权争夺、权力和利益这些现实主义的因素成了国家间关系中的主导力量和逻辑,国家间关系往往窄化成了"国际政治"。及至20世纪中后期冷战盛行的年代,尽管民族国家间文化的交流仍然绵延不绝,但世界被"国际政治"所主宰,文化往往成了国家意志与国际政治的婢女,国际文化交流深受国家对于权力和利益的盘算以及意识形态对抗观念的影响。这一时期的文化交流大都局限于不同阵营内部的国家之间,而在跨阵营的国家之间,文化外交通常就是宣传攻势,文化交流通常被当作服务于政治需要的工具。于是,20世纪八九十年代交接之际冷战的终结,也就成了"文化婢女"获得解放或至少增强

了对国际关系施加影响的自主性的历史机遇。再说,与冷战终结后时代相伴随的,是由交通、信息和通讯技术飞速发展、知识经济浪潮汹涌、市场扩张意愿难以遏制等因素所共同推进的全球化时代的到来。冷战终结拆除了原来东西方对抗的国际政治藩篱,其本身为全球化时代的到来提供了巨大的推动力。因此,世人可以看到,全球化时代与冷战后时代的相互重叠以及相互建构。全球化以解构民族国家的主权政治和国际政治为本能,它的冲击进一步削弱了"国际政治"对于国家间关系的主宰地位,使原先被"国际政治"所掩盖、所附庸的文化因素,重新上升到了国际关系中的重要地位。

冷战后时代文化外交的兴起,首先正是基于文化因素在国际关系中地位上升的反映。而如前言中所论,对文化因素地位上升的一些影响广泛的理论认知,也促进了文化外交潮流的形成。其中,有两种理论特别突出:一是亨廷顿的"文明冲突论",二是约瑟夫·奈的"软实力"理论。亨廷顿一改对于国际关系的原有解释范式,将现实主义和新自由制度主义的观察视角放置一边,而从"文明"角度,实际上也可以说就是文化的角度,重新解释冷战后的国际政治,认为文化是现代世界冲突的主要力量,尽管政治、经济、意识形态和国家利益依然重要,但是文化压倒一切;文化对人性而言至关重要,跨越了国界的限制;文化冲突正在破坏文明的断层,因此,文明之间的冲突将是现代世界冲突演化过程中的最新阶段。概言之,他把文化因素看作冷战后时代世界政治最为重要的基础。亨廷顿的"文明冲突论"尽管被无数学者所批驳,为许多非西方国家不认同,甚至在一定程度上有违美国自身的"政治正确"原则,但它一出场即成为一个世界性话题。它的巨大影响之一,便是将文化因素带到了国际关系的核心视域之内。约瑟夫·奈的"软实力"理论,则把文化、价值观、意识形态的吸引力以及国家形象视为一国软实力的基础,而冷战后时代的国际政治竞争在很大程度上在于软实力的竞争。这一理论将"文化"与"软实力"捆绑在一起,又将"软实力"视为国际关系中权力的至关重要的内容。这两种理论直接将文化因素推上了当今世界国际关系观念的中心地位。文化外交由此有了更加系统的、学术化的认知基础和理论基石。至于中国在冷战终结十来年之后才出现文化外交的明显潮流,只是一个正常的时间差而已。

2. 中国和平发展的需要

自 20 世纪 80 年代之初,中国就认识到和平与发展是当今世界的主题,中国也一直在推行和平发展的路线、方针和政策,特别是进入 21 世纪之后,这一思路更加理论化和系统化。2010 年 10 月 18 日《中共中央关于制定国民经济和社会发展第十二个五年规划的建议》中论及对外政策部分时再次指出:"高举和平、发展、合作旗帜,奉行独立自主的和平外交政策,坚持走和平发展道路,坚持互利共赢的开放战略,维护我国主权、安全、发展利益,同世界各国一道推动建设持久和平、共同繁荣的和谐世界。"戴秉国在 2010 年 12 月撰写的《坚持走和平发展道路》一文中指出,"这是对当代中国对外举什么旗、走什么路、达到什么目标和怎样实现目标的深刻阐述",同时深入系统地阐述了中国和平发展道路的政策动因、含义、战略意图、强大起来的中国永不称霸等十大问题。2011 年 9 月 6 日国务院新闻办发布的《中国的和平发展》白皮书,更是以专门的国家外交文件形式系统地阐述了坚持和平发展道路:"中国多次向世界宣示,中国始终不渝走和平发展道路,在坚持自己和平发展的同时,致力于维护世界和平,积极促进各国共同发展繁荣。在进入 21 世纪第二个十年和中国共产党成立 90 周年之际,中国再次向世界郑重宣告,和平发展是中国实现现代化和富民强国、为世界文明进步作出更大贡献的战略抉择。中国将坚定不移沿着和平发展道路走下去。"走和平发展道路已是中国的既定外交路线和政策,与中国的和谐世界建设目标也是相辅相成的,是对西方国家历史上一旦强大必走建立殖民体系、争夺势力范围、对外武力扩张道路的超越,是打破"国强必霸"模式的明证。

然而,随着日益强大并呈现强劲的崛起态势,不仅西方一些国家立足自身历史经验和现实主义的外交哲学"以小人之心度君子之腹",不时抛出花样翻新的"中国威胁论""中国挑战美国霸权论""中国傲慢论""中国新殖民论",诋毁中国人民的和平发展意愿和权利,损害中国在国际社会的良好形象,甚至连周边一些国家和发展中国家也对中国有"国强必霸"的类似疑问,或附和西方某些不负责任的看法。这种情况给中国的和平发展道路和有计划地实现国家现代化发展的战略目标造成了极大困扰,必须积极地予以妥善回应。分析各种形式的外来质疑,有对中国外交政策的误解,但其中很大一部分是出于对中国数千年来形成的"以和为贵"和谐文化的不了解,因此,除了有必要在外交政策上加以澄清外,还有必要通过文化对话、文化解释、文化交流来消除误解,增信释疑,从而为中国的和平发展创造良好的国际环境。而文化本身具有系统性,中国崇尚和平,主张"和而不同""天人合一""以和为贵""多元共生""己所不欲,勿施于人"的文化价值观也体现在各种具体的文化样式之中,这就决定了中国的文化外交应该全面、深入地开展。而通过文化交流,吸收世界各国的优秀文明成果,也是中国"融入世界"并成为一个在文化上更好地被他国理解和接受的国家的重要途径。简言之,当前中国文化外交潮流的兴起以及文化"走出去"战略的实施,是增强文化软实力的必然选择,更是和平发展的根本需要。

3. 中国文化自信心的提升与政府外交观念的更新

尽管冷战后与全球化时代文化在国际关系中地位的上升为中国文化外交潮流的兴起提供了国际性的时代背景、知识基础和发展机遇,和平发展的需要为中国文化外交提供了国内政策机遇和政策动力,但是如果对自己的文化缺乏自信,害怕"走出去"后自惭形秽,或者只重视硬实力而不重视文化软实力建设,那也将在根本上制约中国文化外交的开展。近年来中国文化外交潮流的兴起还有一个重要的动力,即文化自信心的提升以及政府外交观念的更新。

中国有世界上唯一的连续不断的五千年文明,有博大精深的灿烂文化,在古代世界一直处于"先进文化"的地位。然而,到了1840年鸦片战争之后的近代,由于不断遭受外来侵略和割地赔款,民族存亡危机,屡战屡败的痛苦经历,"师夷之长技以制夷"政策的破产,君主立宪改制的失败,1911年后民国虽建但"革命尚未成功",国家积贫积弱,使国人把对民族前途的思考转向对自身文化的深刻批判甚至否定，"五四"新文化运动的健将甚至还提出了废除汉字的主张。此后，"全盘西化论"一直颇有市场。其结果是中国的民族文化失去了在西方文化而前的自信心。直到 20 世纪 80 年代，还流行柏杨先生关于中国文化是"酱缸文化"的观点，电视系列片《河殇》呼吁放弃中国自身的"黄色文明"而全力拥抱西方的"蓝色文明"。一个没有文化自信心的民族，拿自己的文化与西方的强者比较，觉得中国文化处处不如人，对于文化"走出去"自然缺乏动力。马克斯·韦伯对儒家伦理不能导出资本主义式的生产力发展机制的论断，也成了无数国人对中国文化自惭形秽的圣经般依据。但是，随着中国国力的不断增长并重新走上世界中心舞台，国人的民族文化自信心又回归了，以更加骄傲的眼光来看待和欣赏自己的民族文化，以更博大的胸怀来吸收其他民族的优秀文化成果，也为更加自信地让中国文化"走出去"提供了心理基础。于是，也把向外传播中国的优秀文化和丰富多彩的文化成果当作日益强大起来的中国为世界作贡献的重要方面。与此同时，民族文化自信心的回归也反映到国家外交政策的层而，中国政府的发展和外交战略不再只重视经济、科技、军备等硬实力的发展，而越来越重视文化作为国家软实力的作用，"文化越来越成为综合国力竞争的重要因素"与"提高国家文化软实力"的表述同时被写进了中国共产党的十七大报告之中。政府外交观念的更新，强化了文化软实力在实现外交战略中的应用。中国文化外交新潮流的兴起，中国文化全面"走出去"的态势，正是日益崛起的中国文化自信心不断提升和政府外交观念更新的重要产物。

二、中国文化"走出去"面临的问题

1. 在文化与软实力关系上存在认识误区

当前中国文化外交潮流的兴起，尤其是大力推动中国文化"走出去"，有一个基本的认知前提，即文化交流是塑造国家国际形象和提升国家软实力的重要手段，而为了塑造良好的国际形象和提升软实力，必须积极开展文化外交。这一建立在约瑟夫·奈"软实力"理论之上的认知,却远未考虑到文化外交、国家形象和软实力三者之间逻辑关系的复杂性。固然,文化外交有利于树立良好国家形象以及提升软实力的例子不胜枚举,但相反的事例也随处可见。文化外交必要性的一个前提其实是文化差异性的存在,即对文化差异性越大的国家才越有必要进行文化外交,而文化同质性越强的国家之间,文化外交的空间及其作用则将越小,因为文化外交是要通过实现文化的被认同来获得软实力,文化软实力的基础恰恰是文化被认同的程度。然而,这带来了两个令人困惑的问题。

(1) 即使文化同质性很强的国家之间未必能给予对方一个良好的国家形象,文化的认同未必能带来友好的关系,从中也看不到文化作为软实力的踪影。

不管是文化同质性极强的西方国家之间还是阿拉伯伊斯兰国家之间,都曾因政治行为和对外政策冲突、权力和利益角逐、意识形态分歧以及外来势力的介入而发生分裂和斗争。在这样的情况下,根本看不出文化转为软实力而起到积极作用。即使文化同质性确实有利于一国在政策、制度、利益诉求等方面争取另一国民众的认同,但是反过来站在另一国的角度看,文化同质性可能恰好是其受文化兄弟国政策干预的便道。在现实主义国际政治逻辑仍然主导着当今时代国际关系的现实下,文化外交能否转为软实力要视许多其他因素而定,其间并不存在单一的逻辑对应关系。对于中国而言,与西方国家的文化差异性很大,由文化差异或误解而引起的问题可借由文化外交来消除,文化确实可以起到软实力的作用。但是,从近现代以来的历史来看,最了解中国文化的周边"儒家文化圈"国家,如日本、韩国、越南等,恰是与中国产生过纷争的国家,文化同质性本身也成为"同文同种"的日本侵略中国的借口之一。新加坡作为一个华人国家,其对华政策也是以国际政治的现实主义为基础而非以文化认同为导向。客观地说,文化外交既不能必然保证良好国家形象的建构,也不必然带来软实力的提升,它需要其他的条件参与作用。文化外交为塑造良好的国家形象和提升软实力提供了可能性,而非必然性。概言之,当文化外交遭遇到现实主义的国际政治逻辑时,文化的软实力就难以彰显,影响不了由现实主义外交哲学所主宰的国家间关系的主流。

(2) 文化软实力不等于政府软实力。

在中文里,政治的国家和民族的国家缺乏区分,以致混淆。事实上,文化往往是属于民族意义的国家(nation),而非政治意义上的国家(state),由文化丰富性或文化价值观被认同而构建起来的国家(nation)形象,不等于政治意义上的国家(state)及其政府形象。这大概也是人们常使用"中华文化"而非"中国文化"的部分理由。换言之,文化软实力是属于民族意义上的国家而非必然属于政治意义上的国家。他国他民族对一国的民族文化传统有正面的看法,并不意味着就对该国的政府形象有认同。就如人们可以因认同法国的自由、民主、博爱文化价值和多族裔文化丰富性面对法国的国家形象有正面看法,但对萨科齐政府可能持有负面观点;人们会认同哲学家、音乐家辈出的德国文化及其构建的良好国家的形象,但不可能认同反动的希特勒法西斯主义政府。文化外交虽然是国家主导性行为,但在政治制度上国家毕竟是由政府来代表的,因此文化外交实质上是一种政府行为。如果他国政府或民众对一国政府的看法是负面的,那么文化外交所塑造的良好国家(nation)形象就难以转化为政府的外交软实力,反而有可能成为批评政府的理由。政府的形象更多的是靠其政策行为和政治理念来构建的,而非靠泛泛而言的"文化"。

2. 处于文化结构性弱势中的中国如何选择文化价值观进行外交

文化有物质性的(如建筑、瓷器、丝绸等)、精神性的(如宗教、文学艺术、审美等)以及价值性的(如伦理、道德观念等),而在国家形象建构和外交中能发挥软实力作用的,主要是价值观。文化外交因此在一定程度上就是价值观外交。然而中国现在的文化外交侧重的却是物质性的和精神性的方面,而非价值观的方面,这就使文化外交往往"费力不讨好",即达不到将文化外交转化为外交软实力的目的。这里的一个困境或问题在于,在当今时代的国际文化格局中,相对于西方的价值观优势,我们在文化价值观上处于结构性弱势之中。作为一个拥有五千年不间断文明的东方古国,中国的文化本身是一个体系,而且自成一体,其中所包含的价值观多种多样,也往往自相矛盾。这样,一方面,任何断章取义注定是不完整的,因为中国文化体系在根本上是与其古代成熟的农业文明联系在一起的;另一方面,在现实的外交背景下又不能不有所取舍,既要保留自己的文化特质又能与国际社会"主流"价值融合或共生。于是,对文化价值观的取舍就成了中国文化外交的关键。

虽然说儒、道、释构成了中国传统价值体系的主流,但是作为一个"博大精深"的体系,中国文化内在的价值冲突比比皆是。比如,中国文化的主体精神之一是"和谐"价值,但也有强调斗争的,从来不缺乏"与天斗,其乐无穷;与地斗,其乐无穷;与人斗,其乐无穷"的豪情,在讲求人与自然和谐的同时,也颂扬"战天斗地""人定胜天""愚公移山"的精神。在社会与政治领域,讲求"和谐"的同时强调恪守等级制(如"三纲五常"),希望把和谐秩序建立在权力和权利不平等的基础上,"和谐"和等级制实则是同一个硬币的两面。又如,中国文化中既有"大道之行也,天下为公"的普世情怀,又有"人不为己,天诛地灭"的信条;既有人心齐、泰山移的集体主义精神,又有"各人自扫门前雪,莫管他人瓦上霜"的自私自利主张;既有"满纸的仁义道德",又有纸背后"吃人"的人伦礼教;既提倡"杀身成仁""赴汤蹈火,在所不惜",也提倡"好死不如赖活";既有"饿死事小,失节事大"的卫道精神,也有"笑贫不笑娼"的功利主义传统;既有儒家的修齐平治人生诉求,也有道家的出世思想,还有佛家的"万物皆空"理念;如此等等,不一而足。那么,在如此庞杂、矛盾、纠结的中国文化价值体系中,应该选择什么样的价值观来进行文化外交呢?选择的标准,自觉地或不自觉地,无疑应该是中国特质和普世性的结合。然而,中国特质的文化要被表述成普世价值常常不得不被"断章取义"。而以"普世性"的西方现代价值为准则来考虑取舍中国文化的价值观以用于文化外交,本身就说明了中国文化之"结构性弱势"地位,反映了中国文化外交一种深深的价值困境。

三、原则性的对策思考

1. 争取国际话语权,努力改变中国在国际文化价值观中的结构性弱势地位

在一个多样化的世界上,文化价值观的多元性是非常自然的事情,除了有些文明社会共同的禁忌不可冒犯、共同的规则不可践踏外,很难说某一种文化价值观是优于另一种文化价值观的,同样很难说一种文化价值观具有本质性弱势。然而,近代以来的西方优先发展及其扩张的历史,也建构了西方价值观的世界性强势地位,使其他文化的价值观处于结构性弱势之中。如今的世界虽然权力结构已经发生了巨大变化,但西方文化的强势地位依然依赖两个因素来维护,一是依赖于西方在整体上仍然具有的硬实力优势,二是依赖于原先它所构建的话语权优势。文化价值观演变相对缓慢性和滞后性的特点,也有利于西方即使在硬实力相对衰落后也能继续占有文化价值观优势和话语权优势。文化强势地位的一个重大表现就是话语权优势,而话语权优势又会反过来维护和巩固文化价值观的结构性优势地位,以及对国家政治制度、内政外交行为合法性的辩护,从而转化为软实力。这里的关键是话语权优势。

文化外交能否将文化转化为软实力,关键在于文化价值观能否被认同,而文化价值观被认同有两个条件:要么一国文化所体现的制度和价值符合对象国民众的期待和既有价值认同,要么一国文化外交能起到对他国民众的说服和引领作用。前者意味着该国文化必须是包含"共同制度和价值要素"的文化,后者要求该国文化是一种强势文化或拥有某种主导型话语权。对于中国来说,自身文化的独特性使得我们对于以西方制度为普世准则是不予完全认同的,我们趋同于西方的"共同制度和价值要素"是有明确底线的。因此,通过争取更大的国际话语权来重新阐释中国文化价值观的世界性意义,就是我们可以选择的努力方向。

2. 构建中国社会核心价值观，在文化现代化、国际化与保持传统文化之间达成最佳的平衡

文化外交的核心既然是价值观外交，那么重构中国社会的核心价值观就是要使中国文化更具有影响力和发挥外交功能的逻辑性要求。文化外交本来就有"引进来"和"走出去"两个方面，以开放包容的心态大胆吸收其他国家和民族的优秀文明成果，以之作为重构中国社会核心价值观的新鲜要素，使我们的文化更具有国际性和现代化色彩，从而更好地获得世界认同，转化为软实力，无疑应该是中国文化外交的一大基本诉求所在。当今中国文化外交的过程应该就是价值观重构的过程以及中国文化更趋向现代化和国际化的过程，然而，中国文化外交的重点仍然应该是"走出去"，让世界了解和喜爱中国的文化传统特质，不然将难以达到文化外交的目的，甚至反而失去民族文化的特性和国家的文化身份认同。因此，在文化现代化、国际化与保持传统文化特质之间达成最佳平衡，既是重构中国社会核心价值观的需要，更应该是中国文化外交和文化"走出去"的根本努力方向。

我国文化企业"走出去"：现状、问题及对策

王海文

当前世界经济一方面在货物经济、服务经济迅猛发展之后迎来了文化经济的全球繁荣,另一方面又在绿色贸易、低碳经济的呼声中面对和承受着变革和转向的压力。而作为参与并推动世界经济发展及全球化过程的重要主体——企业,特别是从事对外文化产品及服务的贸易企业,无疑将在新的环境下面临来自各方面的机遇和挑战。有鉴于此,本文将在分析当前我国文化企业"走出去"现状及存在问题和挑战的基础上,提出相应的对策建议,以期对我国文化企业更快更好地融入国际市场、参与国际竞争有所裨益。

一、我国文化企业"走出去"的现状

统计显示,从 2001 年到 2010 年,我国核心文化产品和文化服务出口的平均增速分别为 15.9% 和 28.7%,出口规模分别增长了 2.8 倍和 8.7 倍。2011 年我国文化贸易继续显现快速发展的趋势,核心文化产品进出口总额为 198.9 亿美元,其中出口 186.9 亿美元,同比增长 22.2%,进口 12.1 亿美元,同比增长 10.4%,贸易顺差 174.8 亿美元;文化服务进出口 77.6 亿美元,顺差 5.8 亿美元。快速增长的对外文化贸易离不开文化企业的成长壮大、奋发有为。

1. 政策推动支持力度不断加大，文化企业"走出去"步伐加快

党的十七届六中全会提出要建设社会主义文化强国，完善支持文化产品和服务"走出去"政策措施，培育一批具有国际竞争力的外向型文化企业和中介机构，开拓国际文化市场，从而吹响了全面构建支持文化"走出去"政策体系，落实具体扶持措施，向文化强国进军的号角。近年来，促进文化产业、文化贸易发展的相关政策文件密集出台，如《关于支持文化企业发展若干税收政策问题的通知》《关于金融支持文化产业振兴和发展繁荣的指导意见》《文化产品和服务出口指导目录》等，对文化企业在投资、融资、税收、进出口等各方面给予优惠倾斜。以新闻出版为例，继"版权年""渠道年"之后，2011年新闻出版总署"走出去"工作迈入"政策年"。以出台《新闻出版业"十二五"时期发展规划》《新闻出版业"十二五"时期"走出去"发展规划》、制定《关于加快我国新闻出版走出去的若干意见》为标志，新闻出版总署以政策为突破口，大力强化"走出去"工作。[①] 上述一系列政策的出台对于文化企业无疑是重大利好消息，从而为其"走出去"奠定了全方位、立体化的坚实、可靠、有力的政策支持体系。

2. 国有领航，民营及中小文化企业成为"走出去"新的生力军

与民营文化企业相比，国有文化企业依托政府的优先支持、实力雄厚的创作服务团队、多年积累的对外交流渠道资源等优势理应处于"走出去"的前列。目前国家正在深入推进文化体制改革，通过分类改革、面向市场、引入竞争，进一步激发文化企业，特别是国有文化企业的经营活力，由此促进不同所有制文化企业百舸争流的局面。

就国有文化企业而言，以中国对外文化集团等为代表的国有文化企业加快"走出去"步伐，并实施"本土化"战略，正在抢占国际文化竞争的主动权。报道显示，从2004年至2010年，该集团共向全球近

[①] 陈少峰、张立波：《中国文化企业报告2012》，北京：华文出版社，2012年，第294页。

80个国家和地区派出演出团组630多个,演出33 000多场,现场观众超过7 000万人次,实现直接贸易价值5.5亿元。另外,集团还出色完成了国家各项文化交流项目,成功举办俄罗斯中国文化节(2004年)、美国中国文化节(2005年)、中法文化年(2003年—2005年)、中日韩文化体育交流年(2007年)、中俄国家年(2006年—2007年),获得经济效益和社会效益的"双丰收"。①

近年来,在文化大繁荣、大发展的有利环境中,民营及中小文化企业异军突起,它们以准确的市场定位、灵活的经营方式、高效的管理运营等特点和优势,不仅在国内文化消费市场上立稳脚跟,同时也成为"走出去"新的生力军。2009年7月15日,中国民营资本运营的第一家电视台在美国诞生——松联国际传媒和天星传媒联合购得洛杉矶天下卫视华语电视台。几乎同时,另一家美国电视台被中国民营资本并购,交易双方分别是有着10年海外传播经验的俏佳人传媒与拥有800万华人受众和1300万美国受众的国际卫视电视台。② 种种事实表明,我国文化企业"走出去"的主体结构已经得到进一步优化,潜力正在逐步发挥。

3. 发达地区和城市文化企业"走出去"占比较大,发达国家和地区依然是"走出去"首选目的地

产业是贸易的重要基础。从目前我国文化经济发展程度来看,经济发达地区和城市文化产业发展基础好,文化市场繁荣,文化企业竞争力强,"走出去"数量多,相对欠发达地区和城市占比较大,由此形成文化贸易进出口区域大体上也呈现空间集中、发展不平衡的态势,三大都市经济圈、东南沿海成为我国对外文化贸易的重点地区。2012年评选的第四届文化企业30强,大多数企业均来自上述地区,它们中许多是我国对外文化贸易的龙头企业。

除此之外,从对外文化贸易地理方向来看,依据联合国教科文组

---

① 陈青松:《文化产业探索"走出去"新路》,《中国企业报》2011年10月21日。
② 郑洁:《中国文化企业征战海外市场》,《中国文化报》2012年7月7日。

织《1994—2003年文化商品和文化服务的国际流动》,高收入国家和地区是我国文化产品和服务贸易的主要伙伴国,其中尤以发达经济体排在前位。统计显示,早在2003年,美国已经占到中国对外文化贸易出口额的三分之一,达到37.4%,并且随着文化经济的发展和美国贸易优势的进一步发挥,这一比例仍在增长。而欧洲七国则占到我国对外文化贸易出口额的26.8%。就文化贸易进口而言,贸易伙伴国较为分散,但是发达经济体依然构成主体。这些地区不仅是我国货物贸易的主要伙伴国,同样也是文化贸易的主要伙伴国。它们文化市场广阔发达,消费力强,成为我国文化企业"走出去"的首选目的国和地区。

4. 新兴业态类文化企业"走出去"成为亮点,出口模式呈现多样化

文化产业部门纷繁复杂,既涉及货物,也包含服务,而且行业之间特性不一,有的差别甚大。不仅如此,该产业方兴未艾,在分工深化、产业融合的趋势下其边界仍在扩大,传统业态壮大的同时新兴业态不断涌现。《中国对外文化贸易年度报告(2012)》称,在众多文化产品门类中,艺术品、网络游戏、电影、动漫等产业对外贸易额居前。特别是近三年来,在政府财政资金、税收优惠等政策扶持下,动漫产业及网络游戏"走出去"成果明显,涌现出一批具有核心竞争力与品牌影响力的动漫网游企业及作品,出口规模增幅领先于整体文化产品出口20%的平均水平。动漫方面,在上海动漫"走出去"项目中,炫动传播的电视动画片《非常小子马鸣加》《兔子帮》,上海美影厂的动画电影《大闹天宫》,今日动画的电视动画片《中华小子》等作品在海外市场取得了良好的销售业绩。网游方面,2011年仅完美世界一家,就完成近8亿元人民币的海外销售收入,占据海外市场头名。仅从上海来看,盛大网络的《魔界2》、第九城市的《八仙封神传》、巨人网络的《黄金国度》等原创网游产品成功推广到欧美等海外市场,年度出口额约1亿多美元,约占全国国产网络游戏出口额的25%。[①]

[①] 郑家梁、郭羽:《网游海外市场年出口产值增长76%》,《上海商报》2012年12月21日。

在新兴业态涌现成长的同时,文化企业出口模式也在依据行业特征和属性不断创新,呈现多样化的态势。有的学者认为,目前我国文化产业"走出去"主要呈现三种新模式:"出口不出国"模式、"集成创新"模式、"借船出海"模式。① 还有学者将出口模式表述为:一是发挥人力资源优势,推动服务外包和人才输出;二是通过海外代理渠道;三是通过资本运营和品牌运营带动文化产品出口。② 而无论哪种模式,随着我国文化行业的发展及对外文化贸易的壮大,模式创新及多样化将成为不可阻挡的趋势,其中出口模式从单纯的贸易型向投资型转变以及国内外合作的加强具有代表性。2011年,上海新闻出版发展公司与法国拉加代尔公司在美国纽约肯尼迪机场维珍书店联合举办了"阅读中国"展销活动;全球电子商务巨头亚马逊在9月启动了首个以国家命名的主题书店——"中国书店"。而2012年8月,中美合资的东方梦工厂又宣布落户上海徐汇,联合拍摄出品《功夫熊猫3》。③ 像完美、蜗牛、畅游等一批中国著名民族网游企业则在海外设立分公司,中国的原创游戏在全球100多个国家和地区获得巨大成功。

二、文化企业"走出去"存在的问题

从上述对我国文化企业"走出去"现状的分析可以看出,在后危机时代全球文化经济迅猛发展的新形势下,国内政策环境的优化改善对我国文化企业"走出去"发挥了重要的推动作用,由此使得文化企业在全球拓展方面取得了不俗的成绩。然而同时必须看到,"走出去"虽然意味着更大的市场、更广阔的机遇,却也伴随着不少风险和挑战,其中存在的问题尤为值得关注。

---

① 贾佳、葛夏欢:《北京地区文化贸易走在全国前列》,《中国文化报》2012年4月23日。
② 陈青松:《文化产业探索"走出去"新路》,《中国企业报》2011年10月21日。
③ 孙丽萍:《中国文化企业加快走向海外市场》,新华网,2012年12月20日。

1. 文化企业"走出去"的体制环境需要进一步优化

尽管党的十六大以来文化改革取得历史性成就,走出了一条中国特色社会主义文化发展道路,然而在建设社会主义文化强国、实现中华民族伟大复兴的新的历史条件下,体制改革、机制创新不是维持现状,而是需要加大力度、加快步伐。首先,我国文化体制改革虽然取得了阶段性胜利,然而文化事业与文化产业边界依然需要进一步理清,部分文化事业单位与文化企业单位内部以及相互之间的关系尚未完全理顺,由此就不能很好地面对市场、参与竞争,这对于文化企业在全球的拓展形成掣肘。其次,改革是解放和发展文化生产力,没有止境。在发展新段,文化企业,特别是中小企业、边远落后地区企业"走出去"的能力尚有很大不足,亟待通过体制改革激发活力,增强竞争能力。再次,文化企业"走出去"面临经济发展方式转变的压力和迫切要求,因而需要将经济体制改革与文化体制改革自觉结合起来,而不能孤立地思考和实践后者的改革,全面优化文化企业"走出去"的体制环境成为后续重任、当务之急。

2. 文化企业"走出去"渠道狭窄、平台薄弱

国外文化交流、传播及贸易之所以强大、通畅,其中一个重要原因是具有庞大的经济与非经济、官方与非官方的通道和平台,这为相关文化企业的国际化发展以及本国文化"走出去"、进而纵横四海创造了极为有利的条件。应该说,开放市场经济条件下,信息通路、沟通平台以及营销网络对于国际化经营至关重要,这不仅是社会分工的必然,同时也是强势文化立足的基础。反观我国文化企业,不仅缺乏推进文化"走出去"的整体战略规划,而且"走出去"的渠道极为狭窄,中介组织极度匮乏。即便处于此种情势,尚有文化企业各自为政、相互竞争,难有合力共同面对外部市场,这已成为制约我国文化企业"走出去"的重要因素。

3. 文化企业"走出去"缺乏具有竞争力的品牌及产品和服务

文化企业"走出去"靠的是对市场的科学、准确的把握，既要深谙市场需求，又要很好地将市场规律与艺术创作规律结合起来，提供具有市场影响力、号召力的文化产品和服务，赢得消费者的认可，由此才能立于不败之地。这种状况，对于"内容为王"的文化经济尤甚。品牌、创意即意味着市场和成功，而我国的文化企业，却恰恰存在品牌不强、文化产品和服务创意不足的问题，由此导致文化贸易较为严重的逆差，这已成为中华文化"走出去"的软肋，必须加以重视和解决。

4. 文化企业"走出去"应对国际争端、适应国际规则的能力有待提升

在当前文化经济全球化的背景下，随着我国文化企业"走出去"步伐的加快，世界文化竞争格局以及传媒秩序的重构会进一步增大国际竞争压力，不仅文化安全会更加受到关注，而且贸易摩擦势必会增多。文化企业不可避免地要面对世界文化经济强国的竞争，接受来自国际文化贸易领域的各种挑战，其中在自由与保护主义长久抗争下的贸易利益与文化利益的纷争，甚至报复将不再是我国对外文化贸易领域的偶发现象。而目前我国大多数文化企业缺乏"走出去"的经验，对于国际协定及规则不能熟谙，也少有应对国际争端的机会，因而在应对国际争端、适应国际规则能力方面有待提升。

三、加快文化企业"走出去"的对策

1. 加快经济发展方式转变和文化体制改革，加大对各类文化企业的发展扶持力度，在结构调整中鼓励重点行业、优势部门、龙头企业率先"走出去"，为重构文化竞争格局开拓道路

后危机时代我国文化企业"走出去"不能离开国内外宏观形势的

向好,其中更要做好国内经济工作,依此才能为文化"走出去"战略的成功实施奠定基础。因此,当前的关键在于要把握契机,加快经济发展方式转变,不断增加文化产业在经济结构中的比重,重点通过金融、财税等各种手段和政策措施不断加大对文化企业的扶持力度,特别是依据国情,既要注重部门和区域平衡发展,更要鼓励国内发达地区重点行业、优势部门、龙头企业在对外文化贸易国际化方面率先突破,不断积累经验,从而发挥积极的示范作用和带动效应,为重构文化竞争格局开路。此外,要严格执行中央在文化经济发展方面的战略决策部署,做好"十二五"规划,落实好相关政策,切实深化文化体制改革,真正形成功能完善、机制健全的社会主义文化市场体系,鼓励有条件的不同所有制、各种规模文化企业积极参与对外文化贸易,形成万马奔腾、百舸争流的文化竞争和发展环境。

2. 大力培育文化中介组织,创新发展模式,鼓励文化企业跨国投资,建设文化企业对外贸易的涉外桥梁

要学习、借鉴国外先进经验,采取不同形式开展国际文化中介组织的创建、合作和经营,大力培育具有本土特色和竞争力的文化中介组织,使其对内成为沟通政府、企事业单位、消费群体和市场的纽带,对外成为联系、整合国外资源的涉外桥梁。要将产业结构调整和产业振兴规划、外贸"走出去"和文化"走出去"战略结合起来,在提高货物贸易及服务贸易科技含量的同时,着力提升其文化含量,打造具有国际影响力的文化品牌。要深入研究新形势下文化贸易的动因,扩大包括跨境交付、境外消费、商业存在和自然人流动这四种不同贸易模式下文化产品和文化服务的贸易规模,改善其贸易结构,并鼓励条件成熟、具备实力的文化企业进行跨国投资,推进文化贸易的外商直接投资模式。

3. 强化市场导向，遵循经营规律，培育创新土壤，提高生产效率，打造传世精品，不断提升文化企业的国际竞争力

市场不仅是配置资源的重要手段，也是化解发展难题的有效途径。当前文化企业改制转轨面临诸多困扰和难题，解决的办法就是要大胆的试验和探索，将问题真正置于市场中去破解。要在发挥政府导向作用的同时，坚持社会主义市场经济导向，用市场手段汇聚资源，调节供求；注重相关单位的市场化运作，以建立现代企业制度和运作机制确保其文化生产力的充分发挥；注重不同性质的文化活动以及不同发展阶段的文化企业适用差异化的政策体制和机制，切实鼓励创新，激发创造活力。要切实遵循文化创作的原则和规律，着力建设好文化作品素材、项目储备库，在普遍繁荣的基础上，大力扶持精品、传承经典，在坚持文化创作的人民大众路线的同时，走好国际品牌路线，从而在确保创作的根源基础和消费保障的条件下，拥有更多的国际化突破口，不断提升文化企业的国际竞争力。

4. 贯彻战略性贸易政策，发挥政府的支持和引导作用，建立和完善与文化企业"走出去"相关的政策、法制、人才等支持体系，创造文化企业发展的坚实基础和良好环境

实施战略性贸易政策，其意并不在于倡导贸易保护主义，而是凸显当代经济社会中政府的支持和引导作用，在产业升级、企业扩张、市场拓展等方面发挥积极作用。因此，我国要在世界贸易组织框架协定下，充分利用诸如补贴、退税和保护国内市场的措施，促进文化贸易的发展。同时，要协同各方面的力量，充分重视文化企业"走出去"支持体系的建立和完善，在政策、法制、人才等方面进行系统化地扶持、建设和培育，不断夯实文化企业"走出去"的基础。

中华文化如何"走出去"
——文化影响力建设的问题、原因与建议

冯颜利

实施中华文化"走出去"战略,对增强中国的软实力和综合国力,提高中国在国际重大事务中的影响力起到了重要作用。新世纪以来,我国文化产业化进一步发展,在世界文化市场有了一席之地,中国传统优秀文化也越来越被世界认可。与此同时,中国文化"走出去"也面临越来越大的挑战:社会主义核心价值体系建设尚需进一步推进;与世界文化大国相比,中国无论是在文化外宣还是文化产业化上都有很大差距;中国经济"走出去"和文化"走出去"严重不相称。党的十八大报告强调力争"中华文化走出去迈出更大步伐",着力开创"中华文化国际影响力不断增强的新局面",为此必须准确把握增强中华文化国际影响力存在的问题,深入分析这些问题存在的根本原因,并提出切实可行、具有操作性的建议。

---

① 基金项目:国家社会科学基金重点项目"科学发展与社会和谐双重视阈中的中国特色社会主义文化强国建设研究"中期成果(12AZD001)。中国社会科学院马克思主义研究院博士研究生唐庆对本文亦有贡献。

一、中华文化国际影响力存在的问题

我国虽然有着灿烂辉煌的民族文化和特色鲜明的时代文化,但由于文化对外传播起步较晚、方式方法有所欠缺,文化"走出去"并未取得与经济"走出去"和外交工作相匹配的成就。当前,中国文化在"走出去"方面明显存在以下问题:

1. 中华文化占据世界文化市场的份额过低

改革开放以来,在市场经济的推动下,中国的文化产业化取得了长足的进步,从中央到地方,各级政府对文化产业化发展都给予了大力支持,不仅文化产业成为对外开放的重要阵地,文化产品出口也成为我国外贸的重要内容。但是,我国文化产业在国民经济中的贡献,远远低于美国等发达国家。美国文化产业生产总值占到整个国内生产总值的25%,日本达到20%,而我国仅为2.5%。我们在世界文化市场上占据的份额很少,尚不到整个世界文化市场的1/20。而且,中国文化产品鲜有创新,多是一些中小企业生产的低端文化产品,没有国际知名品牌,在国际竞争中缺乏竞争力和持久生命力。这一差距与我国世界文明古国的地位不相称,与世界第二大经济体的地位也不符合。

我国文化产业发展起步较晚,文化市场发展不完善,文化企业规模普遍偏小,产业规模化和集约化程度较低,文化领域的战略投资者较少,骨干文化企业也较少。有数据显示,在400家最富有的美国公司中,有72家是文化企业;在400家最富有的日本公司中,有81家是文化企业。在2011年世界文化市场格局中,美国、欧盟、日本、韩国所占比重依次为43%、34%、10%和5%,而中国仅为4%,位列第五。其中大部分为依托中国廉价劳动力资源而获得成本优势的"硬件产品",内容和创意等"软件产品"比例不高。

2. 中华文化对外交流内容和形式单一

文化"走出去"要包括传统文化，也要包括社会主义先进文化。但是，到目前为止，世界各国对中国文化的认识几乎仅限于中国传统文化，面对社会主义制度建立以来形成的新文化尚未有全面理性的认识。我们的文化产品，也大都取材于传统文化，基于社会主义新文化的产品比例很小。从交流形式上来看，尽管目前的民间活动在文化"走出去"中扮演了越来越重要的角色，但政府依然是文化"走出去"的主要推动者，文化艺术机构、民间组织也在政府的统一安排下参与国际文化交流活动。这样的交流活动，无论是内容，还是影响效果，都大打折扣。相反，作为市场主体的企业参与高质量文化"走出去"仍然较少。政府作为文化"走出去"的主要推动者，难免被认为带有一定的政治色彩而受到抵制。从客观上来说，文化产业作为新兴产业，"走出去"也是21世纪以来才重点推进的工作，无论是政府、企业、团体还是个人，都缺乏对文化交流和文化市场的充分了解，未形成较成熟的经验。

3. 中华文化的世界认可度偏低

近年来，"中国威胁论"甚嚣尘上，在一些国家颇有市场，也成为这些国家加强军备防范中国的借口。在非洲和拉丁美洲，"新殖民主义"的恶名也被扣在中国头上。那些没有来过中国、未经实地调查的民众，对中国的认识依然比较肤浅，还停留在对古代中国的认识上。外国普通民众形成的这些错误认识，与影视作品中的负面形象描述不无关系，也与西方社会对中国的长期排斥不无关系。我国改革开放以来的崭新面貌为何至今尚未得到正确展示，其原因值得进一步深思。深究起来，在国际上，展现传统中国负面形象的文化糟粕占据了主要领地，而体现社会主义革命、建设和改革开放时代精神和民族精神的文化作品却少之又少。单就传统文化来说，有的在国内被认为是精粹的文化传统，在外国人眼里甚至变成了避之唯恐不及的糟粕。新中国成立后,我们在相当长的一段时期内对西方社会和以西方为主导的国际组织持排斥态度。改革开放以来,虽然对外交流日益增强,但总的来讲,我们"走出去"的多,人家"走进来"的少,结果是我们了解人家的多,人家了解我们的少。现在,不少西方人对我们的了解还停留在历史书上,或者是来自道听途说。所以说,世界对中华文化特别是社会主义新文化了解度较低是不争的事实。

二、中华文化难以"走出去"的原因

相对于其他领域的对外开放,文化"走出去"更加难以把握和控制。中华文化国际影响力存在的问题主要是由于中外文化本身的差异等客观原因和传统文化与创新文化不协调等主观原因,使得我国文化"走出去"效果不尽如人意。

1. 中外文化本身的差异

世界上 200 多个国家和地区,上千个民族,每个民族和国家都有自己独特的文化传统。这些文化传统根基于本民族和国家的自然条件和社会条件,也受各自传统文化的影响。在不同的自然和历史条件下,会形成各自独特的文化。在原先相对封闭的环境中,文化缺乏交流,这种文化的差异性很明显,特别是中国文字的音与形又是分离的,这给外国人了解中国文化带来了较大的困难。哥伦布发现新大陆以来,文化才随着商品贸易开始在不同地区和国家之间展开交流。无论从人才投入、重视程度、发生频率和交流效果来看,这时的交流都是浅层次和偶然性的。第二次世界大战后,文化的交流高峰才真正到来。因此,中外文化交流进行的时间并不长,中外文化之间的差异就非常明显。

2. 传统文化与创新文化的协调问题

从鸦片战争开始,国门逐渐被打开,中国同世界各国展开交往,逐渐被世界各国所认知。当时的传教士和海外侨民传播了一定的中国传统文化,但规模相对较小,而且很片面,不足以代表中国传统文化。20世纪,中国经历了翻天覆地的历史性变迁,古今中外各种文化在这里交汇,也形成了各种各样的文化思潮。然而,新中国文化,特别是改革开放之后形成的独具特色的社会主义文化,不仅没有"走出去",而且多有误解。在社会主义新文化中,又以爱国主义为核心的民族精神和以改革创新为核心的时代精神最能代表改革开放以来的中国文化面貌。然而当前,我们在推行文化"走出去"战略时,仅仅从国际社会已经形成的传统印象出发,而未能打破传统,未能以中国特色社会主义创新文化示人。当前,并不能代表中国当代发展现状和发展趋势的传统文化和低端的文化产品占据了对外文化交流的主要阵地,而社会主义创新文化却迟迟未能在世界上得到认可。从客观上来讲,中国坚持中国特色社会主义制度,与西方所坚持的资本主义制度格格不入,引起他们对中华文化的偏见和封锁。中国人全面、深入地认识西方、了解西方,积极主动地译介西方文化至今已有一百多年的历史,而西方人对中国有比较全面深入的了解,也就是在中国经济崛起的这二三十年之间。

3. 经济"走出去"与文化"走出去"不同步

自2001年加入世贸组织以来,中国各大中小型企业把握战略机遇,顺应全球化产业规律,不断开拓全球市场,主动"走出去"寻找机会,到世界各地开辟市场,取得令世人瞩目的成就。但是,中国企业在对外投资的过程中,遭遇的阻力也越来越大。在非洲国家,屡次出现当地员工罢工、当地居民绑架中方工作人员的事件。无论是在发达的欧美国家,还是不发达的非洲国家,都有中国企业不受欢迎的例证。按理说,中国投资既能帮助当地发展经济,又能提供就业,是一件好事。为何反而不受欢迎?中方企业过多注重经济效益,施行中方管理模式,缺乏事先的了解和沟通。文化工夫没做到家,久而久之则会让当地人形成对中国的负面看法。

三、增强中华文化国际影响力的可行性措施

党的十八大强调"扎实推进社会主义文化强国建设",尤其是增强中华文化的国际影响力。改革开放三十多年的发展为增强中华文化的国际影响力提供了雄厚的经济基础,社会主义文化建设本身也硕果累累。文化作为一种社会意识形态,必须充分考虑与文化相关的政治、经济等领域的关系,必须统筹国内文化发展与文化输出两个大局的关系。针对目前我国文化"走出去"面临的机遇和挑战,应该从如下几个方面着手,以切实增强中华文化的整体实力,特别是其竞争力与国际影响力。

1. 坚持党对文化"走出去"战略的核心领导

文化"走出去",代表的是一个国家的形象,体现的是一个国家的综合国力,维护的是一个国家的最高利益。国内文化发展不好,必然影响增强中华文化的国际影响力,进而影响一个国家形象、实力和利益。党对文化"走出去"的领导,实际上也就是对一个国家在国际上发展方向的领导,只有靠党来把握国内文化发展和文化"走出去"方向,才能最终把握一国在国际上的发展方向,实现国内发展和国际发展两个大局相互统筹,真正发挥文化与经济同步发展的作用。

2. 继承传统文化精华,凝练创新时代文化,彰显文化魅力

我们处于一个充满竞争和活力的时代,鲜明的时代特点必须通过一定的精神和文化形式予以表达和彰显。为了彰显时代文化的魅力,我们应该着重抓好这两个方面:一方面,要进一步彰显传统文化价值。在中国近现代的历史进程中,传统文化一直是我国文化"走出去"的主要内容。作为中国传统文化的继承者,新中国成立以来,党和政府做了大量的传统文化整理和发掘工作,有效地保护、继承和发扬了传统中国文化。但是,改革开放前我国长期处于被封锁和敌视

的状态,改革开放又主要以经济领域的改革开放为主。传统文化并没有成规模成体系地向外传播,不足以改变我国在国际社会中的传统形象。当前,我们就是要进一步地发扬中国传统文化的精髓,让真正代表中国民族传统的优秀文化"走出去"。此外,当前世界各种文化相互激荡,占据文化制高点成为一国对外政策的主要目标。传统文化作为我国的文化优势,就应该充分发挥和利用,以此增强我国的文化软实力和综合国力。另一方面,要进一步凝练时代文化。近现代以来,中国人民着力于国家的繁荣和富强。在中国共产党领导中国人民进行社会主义革命、建设和改革的重大历史进程中,形成了可歌可泣的民族精神和时代精神,如从共产党成立之初开辟农村革命根据地进行艰苦奋斗的"井冈山精神",到后来的"长征精神""延安精神""红岩精神""西柏坡精神",还有建设和改革年代形成的"大庆精神""两弹一星精神""抗洪精神""抗击非典精神",此外,还有航天人"特别能吃苦、特别能战斗、特别能攻关、特别能奉献"的"载人航天精神"与"神舟精神"等。在中国共产党带领全国人民进行社会主义改革的历史进程中,我们的小康社会、社会主义和谐社会、社会主义现代化建设等都取得了伟大成就,深刻体现了我国以"改革创新"为主要内容的时代精神。这些民族精神和时代精神,是我国文化建设的最重要成就和中心内容。推动文化"走出去",就是要对外展现我国的时代精神和民族精神,展现当前中国足以引领世界的积极思维与先进文化。

3. 不断夯实文化产业基础,创造文化"走出去"的重要条件

当前,在文化产业的发展方面,我们有着文化资源丰富和文化产品市场广阔等优势,我们要继续争取使文化产业的发展成为促进我国经济社会发展的一个重要增长点。正如党的十七届六中全会所提出的,发展文化产业是社会主义市场经济条件下满足人民多样化精神文化需求的重要途径。必须坚持社会主义先进文化前进方向,坚持把社会效益放在首位、社会效益和经济效益相统一,按照全面协调可持续的要求,推动文化产业跨越式发展,使之成为新的经济增长

点、经济结构战略性调整的重要支点、转变经济发展方式的重要着力点,为推动科学发展提供重要支撑。具体来说,就是要构建文化产业体系,形成公有制为主体、多种所有制共同发展繁荣的文化产业格局。

4. 重视文化话语体系的协调与对接

世界众多国家和地区,都有着独特的文化,同时也有着独特的观察世界和理解外来文化的思维方式和独特方法。我们要充分了解各国的语言文化体系,了解他们接受中国文化的方式,更要了解他们所接受的中国文化的程度,用对方听得懂、理解得透的方式传递给他们,真正做到"中国故事,国际表达"。只有从对方的角度出发,才能有的放矢,针对不同的国家,采用不同的话语体系,争取最大限度的理解、认同和支持。以海外投资企业为例,各国经济环境、经营环境和人文环境与中国有很大不同,中国企业海外投资日益增多,但常常在当地政治生态、文化、法律等问题上遇到"水土不服"问题,"企业要提高自身专业化水平,引进专业化管理人才和团队,按当地规则办事,这样'走出去'才会比较容易"[①]。

客观上,由于我国近现代曾受多国侵略,近几十年的发展又领先世界,社会主义制度早年又被宣传为与资本主义势不两立的社会制度,这些因素的存在,使一些国家对我们望而生畏。同时,无论是我国的政治、经济还是文化对外战略,都显示出一种要战胜周边国家独自强大的意图,这也令其他国家有所防备。当前,我们在对外宣传时,要理解对方立场,在强调振兴国家、民族复兴、文化崛起等战略时,强调自我发展基础上对外国文化的借鉴,避免将自我强大战略定位在战胜其他文明之上,以赢得朋友和伙伴。

---

① 柳丝:《"入乡随俗"成就中航海外投资》,《国际商报》2012年10月31日。

5. 抓好文化交流平台的整合与开辟

文化交流必须借助一定的平台和沟通渠道,才能实现文化信息的沟通和思想的交流和交融。为有效推进文化"走出去"战略,我们需要做好以下工作:

(1) 要积极抢占国际主流传媒渠道

当今世界传播技术飞速发展,任何一个国家的重大事件都会形成被普遍关注的新闻热点。文化"走出去"就是要充分把握这些重要契机,把吸引世界目光的时机,转变成民族文化和价值输出的重要时机。而我们在一些重大事件、重大主题传播中的失语现象和反应滞后问题曾经抹黑了我国的国际形象。相反,也有利用重大事件成功传播民族精神的事例。例如,在 2008 年四川汶川大地震中,政府第一时间公开信息、第一时间组织救援,国家领导人第一时间赶赴灾区,全国四面八方的志愿者不畏艰难涌入灾区救援。这一过程形成了可歌可泣的抗震救灾精神,政府和全国人民的积极应对,更是鲜明展示了中国人民的团结一致以及党和政府的组织高效。北京奥运会、上海世博会等的成功举办,皆是文化传播的成功范例。这些成功,除了国内媒介主动应对外,还要归功于长期以来与国际主流传媒渠道的良好合作。

(2) 要大力打造高端文化交流平台

文化"走出去",利用国际主流传媒渠道是远远不够的。作为一个经济总量世界第二、人口总量和侨民人数都居世界第一的大国,我们要成功塑造自己的国际形象,要成功地传播自己的文化价值,发挥争取支持和影响世界的作用,有必要打造特色鲜明的高端文化交流平台。这种高端文化交流平台不仅要能熟练掌握国际文化传播的各种规则,还要能够建立自己的国际标准,以中国化的话语体系去传播中国文化。

6. 发挥政府主导作用,不断丰富文化交流主体,实现主体多样化

一方面,在实施文化"走出去"战略中,必须充分发挥政府主导作

用。文化"走出去",并非一朝一夕之功,也并不是哪一个人能独力完成的,需要政府、企业、组织和人民齐心协力来完成。文化"走出去"是一项系统性的浩大工程,必须由政府主导。在文化"走出去"过程中,政府主导作用主要体现在:文化发展战略和具体政策的制定和落实;文化传播对象的联系和沟通;文化传播内容的甄别和推动;文化安全的维护。从更具体的角度上来讲,政府应该搭建文化传播平台,为中国文化"走出去"创造机会,提供资金、组建人才,为文化"走出去"提供动力。

另一方面,要积极发挥多个文化主体带动作用。文化"走出去",仅靠政府单方的力量是远远不够的,政府只能起到统筹和协调作用。文化传播要靠政府、企业、文化组织和团体以及其他民间力量来共同完成。上述主体本身是不同领域发挥不同作用的文化主体,所从事的文化领域和所承担的文化责任不尽相同。在文化"走出去"过程中,充分发挥各种文化主体的力量,这样有利于形成不同层次的文化"走出去"局面,相应地也就形成不同层次的文化接收方。双方的共同努力,最终构成全方位、宽领域、深层次的文化交流局面。当前,我们要充分发挥传统文化被广泛认可的优势,继续以传统文化为先导,以民间文化组织为主要力量,在世界各国展开文化交流,传播中国文化。在支持各方参与文化建设和文化"走出去"战略时,要注意处理好两个关系:在充分考虑国际文化市场需求和国内文化资源优势、人才优势、技术优势的基础上,明确战略重点,集中优势企业抱团走出去,实现重点突破。同时,国家层面掌握着开展对外文化交流的优势渠道和广阔平台,而地方有丰富的文化资源和文化产品,加强地方和国家两个层面的联动,实现上下联动、资源共享、优势互补。具体而言,政府和企业的侧重点是不完全相同的,政府是考虑通过文化交流、通过"走出去"使中华文化能够更多地融入到世界,能够让更多的人了解,达到彼此尊重。而企业则通过自己的产品和服务获得消费者的青睐,为企业发展创造很好的社会和经济效益。这应该是提升中华文化软实力的主要做法,政府的推动与企业的积极性相结合,尤其是要鼓励企业通过市场行为"走出去"是重中之重。①

7. 经济和外交要与实施文化"走出去"战略相协调

在当今世界局势下,和平和发展成为各国所公认的时代主题,但国家之间的各种利益争夺此起彼伏,形势并不太平。在各种合作伙伴、友好关系背后,还隐藏着各种各样的争端。在各种矛盾冲突的地方,政治和外交都不适宜"出面"时,文化能够以最小的代价避免和解决冲突。当前,改革开放推动的经济开放和外交都已经趋于成熟,成为我国对外开展活动的主要领域。经济开放是国家对外的主要目的和主要内容,外交是维护经济开放的主要手段,也是传统手段。而文化作为维护一国经济利益和政治利益的武器,其作用还没有完全发挥出来。推进文化"走出去",就是要把深刻把握我国当前的经济开放和外交格局,把文化"走出去"战略与经济开放和外交格局紧密结合起来,发挥文化为政治、经济和外交服务的作用。文化"走出去"的作用不限于此,作为上层建筑,文化具有一定的预见性,文化"走出去",就是要充分与对象相结合,反映当地的政治、经济和文化全方位特征,为国内的经济和外交决策提供参考和预见。同理,文化"走出去",是与经济和外交"走出去"密切相关、相互依存的一个整体,经济开放和外交战略的制定,同样要考虑文化因素,把文化"走出去"列入经济开放和外交的主要内容之一。唯有如此,才能实现经济开放、外交和文化"走出去"相统一协调和全面发展的格局。

8. 要正确处理文化开放与文化安全之间的关系

总结改革开放 30 多年来的成功经验和教训,我们在引进西方优秀文化的同时,要注意筛选,将那些糟粕文化、腐朽文化挡在国门之外。历史实践证明,拜金主义、享乐主义、无政府主义等消极文化会阻碍我国构建社会主义和谐社会的努力。同样,我们在推进文化"走

---

① 《文化"走出去"更重要的是依靠企业》,《北京商报》2012 年 11 月 13 日。

出去"战略时,也要注意策略,以免被敌对力量所利用。当前,作为世界上最大的社会主义国家,以及发展速度最快的发展中国家,我国的日益强大会对传统资本主义强国形成压力和挑战,西方国家往往会披着文化的外衣,向我传播资本主义意识形态。我们一定要强化自己的信仰,辨明是非。同时,作为文明古国和文化创新大国,我们要坚持社会主义核心价值体系,继续坚持"以爱国主义为核心的团结统一、爱好和平、勤劳勇敢、自强不息的伟大民族精神",充分发掘总结自己的优秀文化,打造文化品牌,主动加强对外文化交流,在各种文化交流场合发出自己的声音,设置越来越多的文化交流年或文化交流节,继续在国外的学校机构中设立孔子学院或类似的对外文化传播机构,从硬件上来推进中国文化走向世界。

当然,纵观人类文明史,只有那些真正体现时代性、反映社会发展前进方向的文化,才会在交流交融中获得成果。中华文化通过对传统文明的继承和创新,完全可以打造中国的文化品牌,最终吸引世界各国来此取经,真正发挥文化整体实力和竞争力的品牌效应,从而不断增强中华文化的国际影响力。

第三编

中国文化"走出去"之翻译

翻译是中国文化"走出去"至关重要的一环,探寻翻译活动与文化交流的复杂关系,有助于确定跨文化传播的有效路径,更好地服务于中国文化"走出去"的战略决策。翻译活动本身又包含翻译人才培养、译介理论模式探索、翻译作品出版、发行、传播等环节。

文化翻译与文化"走出去"

宋建清　高友萍

党的十八大报告根据我国经济社会发展实际,提出要在全面建设小康社会目标的基础上努力实现新的要求,其中重要的一条就是文化软实力要显著增强,文化产品更加丰富,公共文化服务体系基本建成,文化产业成为国民经济支柱性产业,中华文化"走出去"迈出更大步伐,社会主义文化强国建设基础更加坚实。文化是一个民族凝聚力的重要源泉和创造力的重要载体,是当代综合国力竞争的重要方面。20世纪90年代以来越来越多的国家认识到提升文化软实力对国际竞争的重要意义,纷纷着手研究文化软实力理论,制定文化软实力发展战略。[1] 文化软实力在国内也逐渐成为学术界研究的热门话题。不断提高国家文化软实力和中华文化的国际影响力成为时代发展的要求。文化软实力的力量来自其扩散性,一种文化广泛传播时才会产生强大的力量。[2] 翻译是跨文化交流的重要桥梁,影响着文化跨界传播的广度和深度,对国家文化软实力的消长有举足轻重的影响。中国文化如何更好地"走出去",眼下已经成为全社会普遍关心的话题。从官方到民间,大家普遍希望通过对中华经典和现当代优秀作品的汉外翻译助力中华文化"走出去"。

---

[1] 肖永明、张天杰:《中国文化软实力研究的回顾与前瞻》,《湖南大学学报(社会科学版)》2010年第1期。
[2] 王沪宁:《作为国家实力的文化:软权力》,《复旦学报(社会科学版)》1993年第3期。

一、汉外翻译出版工作取得的成绩和面临的问题

20世纪以前,我国的对外文化传播主要是通过外国来华的留学人员和传教士进行,如唐朝时日本来华的遣唐使、明朝时来华的传教士利玛窦。新中国成立以来,特别是改革开放以来,汉外翻译工作在我国经济、政治、外交、文化、新闻、出版等各领域取得了不少成绩,取得了较大突破。我国党和政府近年来十分重视文化走出去工作,出台了一系列的鼓励政策并采取了一系列的措施,实施了"中国图书对外推广计划"和"中国文化著作翻译出版工程"等一批重点项目。我国自己培养的翻译工作者用多种外文翻译了大量的中国题材内容,并通过多种媒体和渠道向外传播。

根据2012年中国翻译协会与北京外国语大学联合推出的《中国文化对外翻译出版发展报告(1949—2009)》,在新中国成立后的30年间(1949—1979),我国共用40多种外文翻译出版了总计9 356种中国文化图书,其中马克思列宁主义、毛泽东思想与邓小平理论类3 045种,中国政治、法律和文献类2 709种。这两大类内容占同期整个中国文化外译图书的62%,体现了前30年间中国对外译介以思想政治题材为主的文化特征。改革开放以来的30多年间,翻译成多种外语语种出版的图书总计9763种。其中历史地理类2 426种,政治法律类2 079种,科教文体艺术类1 347种,文学类993种,经济类745种,语言文字类493种,中医药类315种,哲学宗教类181种,社会科学总论类118种,马列主义与毛泽东思想类48种。从品种来看,后30年和前30年在总量上大致相当,但翻译出版的种类、内容和规模大大超过了前30年。[①]

当代翻译学研究已经取得了很大的进展,人们对翻译本质的认识也有了很大的提高。翻译并不仅仅是两种语言文字之间的转换,翻译活动的背后实际是两种文化的相遇和协商。中国历史上出现过

---

① 李子木:《〈中国文化对外翻译出版发展报告(1949—2009)〉发布》,《中国新闻出版报》2012年12月14日。

几次把外来文化翻译进来的高潮,这几次翻译高潮对中国文化发展的积极影响是大家有目共睹的。翻译活动促进异质文化之间的交流、本土文化的更新和文化的引进来与走出去。外汉翻译见证了世界走向中国的历史轨迹,汉外翻译要实现的是中国走向世界的文化宏愿。

当前汉外翻译出版工作面临的问题主要有三个方面。一是译作的质量还不够高,二是译介和传播的效果并不理想,三是高层次专业汉外翻译人才严重短缺。这三个问题成为影响中华文化走出去和我国国际传播事业发展的主要制约因素。文化部部长蔡武曾指出:"翻译工作是决定对外传播效果的最直接因素和最基础条件,从某种角度讲,也是一个国家对外交流水平和人文环境建设的具体体现。"[①] 目前中国文化在国际上的影响力,与中华文化自身的丰富内涵和深厚底蕴仍相去甚远,面对日益扩大的对外交往和提升文化软实力的需要,如何提高汉外译作质量和译介传播效果、迅速建立高水平的汉外翻译队伍是亟待解决的问题。汉外翻译工作任重而道远。

二、提升汉外翻译文化传播效果的措施

应从维护世界文化多样性、提升国家语言能力和增强国家文化软实力的战略高度关注和推进中华文化的对外翻译事业,思考如何加强相关外语和翻译人才培养、提高外语和翻译实力并给予政策和制度的保障。

1. 加强顶层设计规划,提供政策制度保障

政府相关部门应对中华文化外译的作品数量、品种、翻译运作模式、翻译队伍建设、译作出版发行营销等环节制定一系列总体规划,鼓励高校和民间参与,吸引国际合作,为目前较为分散的汉外翻译工作体系提供更加明确的指导思想。

---

① 胡兆燕:《文化"走出去"需过翻译关》,《中国财经报》2011年12月22日。

推动相关立法或行业规范,发挥政府职能,提供政策制度保障。适时制定行业标准,实行行业准入制度。如国家翻译标准规范、翻译资格认证、外语和翻译人才培养标准等。开展相应的外语教育和翻译教育规划,通过政策引导高校培养具有汉外文化翻译应用能力的翻译专门人才,建设相对稳定和高水平的汉外翻译人才队伍。相关法律政策的健全可以为汉外翻译活动的有序进行和高水平翻译人才队伍的稳定和发展提供有力的保障。中国各级翻译协会可利用自身资源优势与职能特点,推动行业相关政策法规的制定和实施,成为政府职能部门管理的有效补充。

2. 整合翻译出版资源,实现跨界跨境合作

充分地利用我国的文化、翻译、出版和传播资源,发挥中外热心传播中华文化的文化界、翻译界和出版界人士的力量和优势,争取更多的政府资助与扶持,同时借力市场商业运作模式,形成官方与民间良性互动、文化翻译与出版传播通力合作的局面,把更多的中华文化介绍给世界,让中国的文明成果为更多人共享。可以设法吸引海外汉学家和翻译家参与进来,借助他们的身份优势、译入语的优势和在海外出版界的人脉优势提升中华文化的实际译介传播效果。探索与海外汉学研究机构、海外翻译机构或企业开展各种形式的交流与合作。充分发挥翻译行业协会的作用,整合社会翻译行业与高校教学资源,合理借鉴国外翻译产业的成熟经验。翻译协会还应在政府相关部门扶持下,整合国内外翻译行业资源,聚集行业优秀人才,建立和不断完善汉外翻译人才库,努力培养青年汉外翻译人才。下力气扭转翻译界只注重翻译、出版社只注重出版的各自为政的做法,与国内外出版发行界联手攻关汉外翻译出版领域的重大课题,开展理论研究和实务工作,对中国传统文化经典与现代优秀文化作品进行系统化和规模化译介。

3. 遵循汉外译介规律，提高译作整体质量

在译介学的视角下，译作走出去不应该简单地归结为一个只关涉语言文字转换的翻译问题，还应注意文化的跨国、跨民族、跨语言传播的方式、途径和接受心态。① 从接受心态来说，由海外汉学家或翻译家主持翻译的中国作品在其所在国的接受效果一般要优于中国翻译家译作，如在美国，《红楼梦》的霍克斯译本在读者的借阅数、研究者对译本的引用数、发行量、再版数上就远远超出杨宪益译本，尽管杨译本的翻译质量确实相当不错并在国内一直被推崇为汉外经典译作。②

在当今世界，文化走出去一定要遵循译介规律和传播规律，不能一味从自身出发考虑加强推广手段，结果往往事与愿违、事倍功半。要重视对不同体制国家的文化传播途径的研究，深入了解国外出版发行体制和各国通行的传播方式与操作流程。只有设法从各方面融入对方的社会，才有可能达到理想的译介传播效果，否则，就算我们通过努力大大提高了译作的质量，并不等于就取得了良好的传播效果。更何况，今天国内的汉外翻译领域的中国翻译者的整体语言水平和跨文化素养还是一个问题。引进海外汉学家和翻译家的力量，开展汉外译介文化合作甚至由他们负责联络译作在各自国家的出版和发行不失为一个明智之举，这样既可以直接大大提升作品在相应国家的译介与传播效果，同时也加强了海内外汉学研究的交流，在合作交流中锤炼了国内汉外文化翻译队伍，可谓一举多得。

4. 分析国外受众需求，提高译介传播效果

中华文化可谓博大精深，选择什么题材外译，传统文化与现当代文化的比例如何确定，国外受众更愿意接受什么样的作品，如何能够

---

① 谢天振：《译介文学作品不妨请外援》，《中国文化报》2013 年 1 月 10 日。
② 赵芸、袁莉：《著名翻译家倾谈"文化走出去"》，《上海采风》2010 年 3 月。

让他们更好地接纳译作,这些问题恐怕都需要在必要的调查研究的基础上认真地加以思考和分析。为了更好地铺就中华文化"走出去"的平坦之路,我们必须要对自己的文化全面了解,同时对海外受众的品位和兴趣有相当的了解。同时还要注意不能习惯性地套用国内的一套宣传思路,否则中华文化在海外必然会遭遇许多障碍和冷遇,看似从中国走出去了,其实没有真正地走进去,使传播效果大打折扣。

因此,我们一定要做好文化交流的研究,一方面可以借助国内现有的国际关系研究力量对中华文化"走出去"开展研究,另一方面可以调动庞大的高校外语教师队伍开展对所教授语言国家的研究,了解掌握相关的文化信息和文化交流信息,开展跨文化交流方式和效果的研究,提出规划和具体、有针对性、可操作的实施步骤。以现有汉学家为依托,在海外培育更多愿意了解中国、向往中华文化的人群,比如通过吸引更多的海外留学生来华留学甚至专门研习中国文化。在选择汉外文化翻译题材的时候请他们根据自身的判断,从待选的内容里面提出建议清单供我们参考。这样挑选出来的外译题材在真正走出去的时候可能会更受海外受众的欢迎。同时我们要仔细评估中华文化的内容中究竟有哪些是可以对全人类文化发展有贡献的。外译工程应循序渐进,讲究效果,最后达到中华文化"走出去"并真正"走进去"的目的。

5. 改革外语教育体系,创新翻译教育模式

文化能否"走出去"与国家在一个特定时期的综合国力密切相关。从文化传播的角度说,文化交流和传播历来都是双向的。当然,这种双向交流与传播大都又是不平衡和不对称的,文化的发展水平和影响力往往取决于各自社会政治经济的发展水平和实力,从而形成以强势文化向弱势文化的单向运动为主的流动。随着我国综合国力的不断增强,推动中外文化交流,逐步实现从文化引进来阶段过渡到文化间互动阶段,再到文化"走出去"阶段的跨越已经成为目前我国外语教育的一个重要使命。坚持用外语发出中国文化的声音,表达中国文化的价值诉求,减少他国对中国文化的误读,提升中国整体

外在形象,应成为外语教育界的时代重任。①

符合现代外语和翻译人才培养规律和要求的外语教育和翻译教育体系是实现文化翻译事业可持续发展的根本保障。从现有情况来看,仅靠外语专业的翻译教学已难以满足国家对汉外文化翻译人才的实际需求。传统的外语教学模式注重培养的是听说读写的外语技能,一般缺乏对学生进行足够的翻译实践能力的训练,其他如现代信息技术在翻译中的应用、翻译的职业伦理与操守等方面则更少涉及。翻译教育的发展要求对现有的外语教育体系进行改革,翻译不能仍停留在多年来作为外语教学的一种方法手段,如语法翻译法就在外语课堂教学中沿用多年。2006年以来,我国高校开设的翻译专业数量不断增长,成为翻译教育转型的契机。翻译教育应该是培养职业翻译人才和翻译研究人才的专业教育。翻译的师资要逐步实现专业化,要接受专业系统训练,具有翻译理论素养和实践经验,熟知行业规范。翻译人才的培养要按照职业化、现代化、协作化的路子走,培养出当前急需的汉外文化翻译人才,打造一支高素质、专业化的汉外翻译人才队伍。

高校翻译专业教育要转向应用型人才培养模式,吸收国内外先进翻译教育理念,通过多种方式聘用国内外高端翻译人才驻校交流、讲学或担任指导老师,增加传统文化与现当代文明课程,探索翻译项目实训与教学的融合,努力按照国家和社会需求培养应用型翻译人才。还可以通过与海外合作高校的教师互访、学生互换交流等形式派遣翻译专业的师生出国浸润式学习了解他国语言文化,提高文化适应力和培养跨文化翻译的敏感度。同时也可以吸引外国留学生来华学习汉语文化,努力造就一支对中华文化有兴趣、有感情的跨国籍、跨语种、跨文化的翻译人才队伍并实现可持续发展。

十八大报告提出,我们一定要坚持先进文化的前进方向,树立高度的文化自觉和文化自信,向着建设文化强国的宏伟目标阔步前进。文化是一个民族的灵魂,是国家软实力中最具凝聚力的力量。各民族在历史的长河中积累了各自灿烂的文化,构成了人类文明的一部

---

① 宋建清:《外语教育的文化使命与翻译中的身份认同》,《教育评论》2013年第3期。

分。树立文化自觉,就要从本土的历史和文化出发,从中总结提炼出本土文化的精神实质和文化意蕴。树立文化自信,就要在尊重异质文化的同时防止自我矮化,要在文化平等对话的平台上积极推动中华文化走向世界。① 不同语言民族之间文化软实力的作用离不开翻译这座跨文化交流的桥梁。翻译可以助增文化软实力、体现文化软实力并展示文化软实力。② 与西方发达国家相比,中华文化"走出去"还处在初期探索阶段,文化"走出去"是一个漫长而艰苦的过程,需要汉外文化翻译界与出版界长期不懈地共同努力,以最终实现中华文化"走出去"的宏愿。

---

① 宋建清:《外语教育的文化使命与翻译中的身份认同》,《教育评论》2013 年第 3 期。
② 刘明东、陈圣白:《翻译与文化软实力探析》,《外国语文》2012 年第 4 期。

翻译与中国文化外交:历史发展及策略分析

孙三军　文　军

一、引言

近年来,随着文化在国际关系中的作用日益凸显,文化外交活动日趋活跃,相关研究开始增多。文化外交的定义大致有两种①:

1. 主权国家利用文化手段以实现特定政治目的或对外文化战略目标的一种外交活动;

2. 各国及其人民为增进相互了解而在观念、信息、艺术等方面的交流。②

这两种观点的侧重点不同:前者视文化为服务于政治的手段,而后者视对外发展本国文化为目的本身。既然是外交,文化外交的主导者通常是一个国家的政府,外交对象则是外国公众和政府。文化外交与公共外交密切相关,一些学者③认为文化外交是公共外交的重要组成部分。

---

① 缪开金:《中国文化外交研究》,中共中央党校研究生院,2006年,第23页。
② Milton C. Cummings, *Cultural Diplomacy and the United States Government: A Survey*. Washington D. C.: Center for Arts and Culture, 2003, p.1.
③ 如Philip M. Taylor, *Public Diplomacy on Trial*, in A. Fisher & S. Lucas (eds.), *Trials of Engagement: the Future of US Public Diplomacy*, Boston: Martinus Nijhoff Publishers, 2011, pp.19—31.

文化外交可以促进两国人民的相互理解,减少彼此之间的成见,提高双方互信程度,增强软实力,提升国家形象。软实力这一说法的提出者约瑟夫·奈①认为,一国的软实力基于三种资源:文化、政治价值观念与外交政策。一个国家的形象与其自我形象通常不同,比如我们认为中国热爱和平、追求合作共赢、积极参与国际事务,而美国对中国的看法却截然相反。这充分表明了我国实施文化外交的必要性。

文化外交的方式包括政府层面的文化外交(如文化代表团的互访)、教育文化交流活动(如设立孔子学院)、信息交流活动(包括图书报刊、广播电视电影、互联网)等②。翻译是文化交流的桥梁,在文化外交活动(特别是信息交流活动)中一直发挥着重要作用。美国国会文化外交咨询委员会 2005 年在其报告中称"翻译位居文化外交举措的中心",建议国会设立翻译专项资金,将国内外重要的文学、哲学、政治、学术著作翻译成英文或外语。2007 年,时任我国国务院新闻办公室主任的蔡武在首届"中译外——中国走向世界之路"高层论坛开幕式上明确指出:"翻译工作是决定对外传播效果的最直接因素和最基础条件,从某种角度讲,也是一个国家对外交流水平和人文环境建设的具体体现。"

目前国内外有关公共外交、文化外交的著作数以十计,但专门探讨翻译与文化外交关系的研究却不多。加拿大路易斯·冯·弗罗托(Luise von Flotow)教授曾于 2007 年撰文介绍高雅文学(比如诗歌)的翻译在西方国家公共外交中的应用。国内相关文献在探讨这些问题时很少提及文化外交,而是采用了其他概念和视角,包括对外传播、对外宣传(简称外宣)和文化"走出去"等,所采用的分析框架有译介学、传播学、翻译改写理论、多元系统理论、翻译规范理论、跨文化交际等。

---

① Joseph S. Nye, *Soft Power: The Means to Success in World Politics*. 1st ed. New York: Public Affairs, 2004.
② 缪开金:《中国文化外交研究》,中共中央党校研究生院,2006 年。

本文以拉斯韦尔的传播模型①为主要框架，简要介绍新中国以文学艺术等外译为途径的文化外交的历史变迁，总结外宣翻译的经验教训，为我国文化"走出去"战略提供一些参考。拉斯韦尔的传播模型将传播过程归纳为五个要素：传播主体（Who）、传播内容（Says What）、传播渠道（In Which Channel）、传播受众（To Whom）和传播效果（With What Effects）。在翻译领域，与这五个要素相应的要素是译介主体、译介内容、译介渠道及手段、译介受众和译介效果②。这些要素相互关联。

二、我国文化外交的历史变迁

一般认为，法国是第一个设立文化外交专门机构的国家。该国于1883年成立法语联盟，旨在传播法语文化，提升法国国家形象。英国于1934年设立英国文化协会，美国则于1938年设立国务院文化关系司以主管文化外交活动。自新中国成立以来，我国政府一直很重视文化外交活动。1956年4月，周恩来总理在第二次驻外使节会议上指出："我们的外交包含政治、经济、文化三个方面，而且往往是经济、文化打先锋，然后外交跟上来。"③帕辛（Passin）在其 *China's Cultural Diplomacy*（《中国的文化外交》）一书中列出中国自1949年至1960年有关文化外交活动的许多统计数字。

文化外交的思路、做法和工作重点依国际政治风云与国内政策形势而变。新中国成立伊始便面临西方对我国的经济文化封锁和分别以美国与苏联为首的资本主义与社会主义两大阵营与意识形态的激烈对立。这时的文化外交被定位为对资本主义斗争的工具，对外宣传社会主义建设的成果，声援支持第三世界国家的民族解放运动。1966年至1976年的"文化大革命"对文化外交工作造成巨大冲击。

---

① Harold Lasswell, *The Structure and Function of Communication in Society*, in L. Bryson(ed.), *The Communication of Ideas*, New York: Institute for Religious and Social Studies, 1948, pp.37—51.
② 郑晔：《国家机构赞助下中国文学的对外译介——以英文版〈中国文学〉(1951—2000)为个案》，上海外国语大学博士论文，2012年，第11页。
③ Herbert Passin, *China's Cultural Diplomacy*, New York: Praeger, 1963.

20世纪80年代,政府对对外传播工作进行了相应的调整,开始注重同英美发达资本主义国家的民间往来。1992年,邓小平南方谈话,自此文化外交活动开始步入市场经济阶段。2004年8月,胡锦涛在第十次驻外使节会议上指出:"新时期新阶段,我们要加强经济外交和文化外交,推动实施'引进来'和'走出去'相结合的对外开放战略,深入开展对外宣传和对外文化交流。"这是中国领导人首次正式提出"文化外交"这一说法,文化外交进入新的历史阶段。

外宣翻译活动自新中国成立便开始。其中,文学翻译在对外宣传中占有重要地位。德国作家马丁·瓦尔泽曾说过,读者通过阅读莫言的小说"可以更加了解中国,比看任何一种符合我们国家正统的有关中国的报道了解得多得多"[①]。

1. 译介内容

1949年10月,中央人民政府新闻总署国际新闻局成立,主管对外宣传、新闻报道和出版工作。1952年改组为外文出版社,成为国家对外宣传外文书刊的统一出版机构,其宣传任务是"有系统地向国外读者介绍我国的革命经验、基本情况、现代(包括五四时期)和古代文学艺术作品"[②]。外文出版社在20世纪50年代时创设多种多语种刊物,其中英文版《中国文学》创刊于1951年。

从外宣翻译题材而言,1949年至1976年外宣书刊的重点是政治类图书(如毛泽东著作和政策法令文件)。据统计,1949年至1966年间,外文出版社共翻译出版中文图书494部,其中政治文献类约占总数的39%,戏剧小说类约占总数的23%[③]。外文出版社在1953年工作计划中也认识到"书题种类太少,缺乏多样性","大多数是中国革命经验理论、政府法令报告和时事性的综合报道","关于中国历

---

① 魏格林:《沟通和对话——德国作家马丁·瓦尔泽与莫言在慕尼黑的一次面谈》,《上海文学》2010年第3期,第80页。
② 戴延年、陈日浓:《中国外文局五十年大事记》,北京:新星出版社,1999年,第30—31页。
③ 滕梅、曹培会:《意识形态与赞助人合力作用下的对外翻译》,《解放军外国语学院学报》2013年第3期,第75—80页。

史、地理、文化、艺术方面的,几乎一种也没有"。① "文化大革命"十年,以阶级斗争为纲,外宣书刊成了输出毛泽东思想和宣传"文化大革命"的工具,中文小说仅外译了三种。这一时期,刊登在英文版《中国文学》上的作品也带有鲜明的政治色彩,刊物译介的作品主要是工农兵题材,宣扬革命斗争,以作家的政治身份为标准来挑选现当代作家,"文化大革命"期间译介的现代作家只剩下鲁迅一人②。

1981 年,应《中国文学》主编杨宪益提议"熊猫丛书"系列外宣图书开始出版,其选材标准是作品适合对外宣传,并且文学质量要高。截至 2009 年底,该系列共出版图书 200 余种,包括英文版图书 149 种;英文版图书中,现当代小说有 97 种、诗歌散文戏剧类有 33 种、信息性文本(如《藏北游历》)有 15 种③。1995 年《大中华文库》(汉英对照)国家重点出版工程立项,旨在向世界推出外文版中国文化典籍约 110 种,题材涉及文化、历史、哲学、经济、军事、科技等,目前已出版 90 余种。进入 21 世纪,中国图书外译项目增多,如"中国图书对外推广计划"(2004)、"中国当代文学百部精品对外译介工程"(2006)、"经典中国国际出版工程"(2006)、"中国文化著作翻译出版工程"(2009)、"国家社会科学基金中华学术外译项目"(2010)等。

根据中国翻译协会联合北京外国语大学 2012 年发布的《中国文化对外翻译出版发展报告》,1980 至 2009 年 30 年间,翻译成各个外语语种出版的图书累计有 9763 种,其中数量最多的三类分别是历史地理类、中国政治法律类、中国艺术文化科学教育类,各占 20% 以上,中国文学类占 10%,马列主义与毛泽东思想类数量不足 1%。

从译介内容来看,自改革开放以来,意识形态对外宣翻译的影响日趋减弱,市场经济"看不见的手"开始发挥作用,信息性文本大幅增加,文化学术类图书明显增多。

---

① 周东元、亓文公:《中国外文局五十年史料选编 1》,北京:新星出版社,1999 年,第 71 页。
② 郑晔:《国家机构赞助下中国文学的对外译介——以英文版〈中国文学〉(1951—2000)为个案》,上海外国语大学博士论文,2012 年。
③ 耿强:《国家机构对外翻译规范研究——以"熊猫丛书"英译中国文学为例》,《上海翻译》2012 年第 1 期,第 17 页。

2. 译介主体

译介主体包括政府外宣主管部门、外宣出版单位、翻译与编辑人员等①。新中国成立后,外文局(1963 年由外文出版社改制而来)长期以来都是国家外宣书刊统一的出版机构。20 世纪 90 年代,外文局成为中央所属事业单位,其部分下属出版社与杂志社开始独立经营、自负盈亏。从事外译的出版社开始多起来,比如《大中华文库》参与出版社有 20 多家。1980 年左右,中央和地方出版社便开始同外国出版社洽谈翻译出版中国书籍,尽管这在当时与文化部的规定并不一致②。

外文局从事外译工作的人员包括中文编辑、英文编辑(即译者)和外国专家等。其中,中文编辑在选稿和改稿的权力上一直大于译者。杨宪益在回忆录中写道:"该翻译什么不由我们做主,而负责选定的往往是对中国文学所知不多的几位年轻的中国编辑,中选的作品又必须适应当时的政治气候和一时的口味。"③20 世纪 80 年代,译者地位有所提高,但人员调动频繁。到了 20 世纪 90 年代,外文局人才流失严重,出现人才青黄不接的局面。④ 对此,时任外文局局长的杨正泉在 1997 年谈到外文局"职工的工资低、奖金少、住房困难",难以吸引社会上高水平的翻译人才。⑤

从译者角度看,书刊外译有三种模式:一是由外国专家翻译,二是由中国译者翻译,三是中外合译。这三种模式在外文局均存在,比如中外合译方面著名的例子便是杨宪益、戴乃迭夫妇,尽管两人也经常单独翻译。翻译界常对这三种模式进行比较。外文局副局长黄友义认为,如果翻译的是文学作品,译者或第一译者最好是外国人。谢

---

① 郑晔:《国家机构赞助下中国文学的对外译介——以英文版〈中国文学〉(1951—2000)为个案》,上海外国语大学博士论文,2012 年。
② 戴延年、陈日浓:《中国外文局五十年大事记》,北京:新星出版社,1999 年,第 378 页。
③ 杨宪益:《漏船载酒忆当年》,北京:北京十月出版社,2010 年,第 190 页。
④ 郑晔:《国家机构赞助下中国文学的对外译介——以英文版〈中国文学〉(1951—2000)为个案》,上海外国语大学博士论文,2012 年。
⑤ 周东元、亓文公:《中国外文局五十年史料选编 2》,北京:新星出版社,1999 年,第 475 页。

天振教授持同样观点,他举例说在美国大学,杨宪益、戴乃迭夫妇翻译的《红楼梦》在读者的借阅数、研究者对译本的引用数、发行量上都远逊于英国汉学家霍克思的译本①。这对外译工作不无启示。

3. 译介渠道及手段

文化"走出去"的渠道大体有两种:非营利性的对外文化交流和营利性的文化贸易。前者主要由政府和文化组织机构(如作家协会)推动,后者则通过市场机制推动。新中国成立后在相当长的时间内,国家统一经营书刊进出口贸易的机构是国际书店(1963 年改由外文局领导),其任务是输入各国书刊,并输出中国可以出目的书刊以增进国际宣传。1953 年,国际书店称,出口书刊"贸易发行占 82% 非贸易发行占 18%"②。1959 年 12 月,对外文局要求书刊对外发行要"继续执行以贸易发行为主,非贸易发行为辅的方针","非贸易发行部分应适当增加"③。不过,据时任外文局局长的杨正泉在 1997 年讲,20 世纪 80 年代以前,外宣书刊在发行上实行国家买断,"虽也采取贸易与非贸易两种发行方式,但贸易只是形式,实际是低价销售或非贸易赠送"④。由于国家财政的大力扶植,外文局书刊对外发行总量在 20 世纪 70 年代末一度辉煌,发行范围达到 180 多个国家和地区。到了 20 世纪 80 年代,随着计划经济向市场经济的过渡,外文局对外发行总量急剧下降,20 世纪 90 年代时年发行量由原来的 3000 万册降为几百万册⑤。2006 年《国家"十一五"时期文化发展规划纲要》提出要加强对外文化交流,扩大对外文化贸易,改变文化产品贸易逆差较大的被动局面,拓展对外文化传播渠道。新的文化贸易模式目前已形成"借船出海""造船出海""购船出海""银企合作"等模式,其中的"船"指的是国际化平台(如海外知名出版机构),比如"借船出海"模

---

① 赵芸、袁莉:《著名翻译家倾谈文化"走出去"》,《上海采风》2010 年第 3 期,第 16—29 页。
② 戴延年、陈日浓:《中国外文局五十年大事记》,北京:新星出版社,1999 年,第 40 页。
③ 同上书,第 100 页。
④ 周东元、亓文公:《中国外文局五十年史料选编 2》,北京:新星出版社,1999 年,第 469 页。
⑤ 同上书,第 470 页。

式指中方企业和有实力的海外公司采取合作、合资等方式出版发行，双方共担风险、共享利润。①

长期以来，书刊一直是文化外交的重要媒介。近年来，电影、电视、网络视听等现代媒体开始变得越来越重要。2013年11月底奥巴马参观好莱坞，向现场数千名群众强调："我们可以通过娱乐业，塑造全世界的文化。"我国也开始在影视剧输出方面加快步伐，有关单位正合力将数十部电视剧、电影、动画片和纪录片译制并推向非洲等地区，其中《媳妇的美好时代》等在多国热播。随着智能手机、平板电脑和电子书阅读器的广泛使用，电子图书日趋主流，数字出版成为一种趋势。比如，外文局于2011年底推出中英双语《中国文摘》iPad读物。

4．译介受众与效果

"文化大革命"之前，我们把读者对象按社会主义国家（苏联、东欧）、民族主义国家（亚、非、拉）和资本主义国家（欧、美、日本）三类来划分，对外宣传对象以亚非拉广大中间读者为主。② 外文出版社1955年在总结经验时称，毛泽东著作、文艺作品和介绍中国文化生活的读物在国外需求大且受欢迎，不过人们在选题和编译工作中存在主观主义倾向，具体表现在选题时不对外国读者的需求和意见进行研究分析、中文编辑加工自以为是、外文流于死译硬译等，要求在此后工作中大力克服死译现象，加强外文译稿的编辑工作。③ 这些问题在当时的政治环境下显然难以解决。1962年，该社在其思想汇报中反映了"以我为主，照顾读者"的方针问题。④ "文化大革命"期间，外文局编译人员人人自危，怕犯错误，翻译工作中直译、死译现象很普遍，不敢与外国专家接触，怕被控为"里通外国"，如此便严重影

---

① 曲慧敏：《中华文化走出去战略研究》，山东师范大学博士论文，2012年，第56页。
② 郑晔：《国家机构赞助下中国文学的对外译介——以英文版〈中国文学〉(1951—2000)为个案》，上海外国语大学博士论文，2012年。
③ 周东元、亓文公：《中国外文局五十年史料选编1》，北京：新星出版社，1999年，第113—117页。
④ 同上书，第243页。

响了外译书刊的可读性。[①]

我国长期注重对外宣传政治经济成果，外文版图书在西方国家通常因为偏见被视为宣传品，难受普通读者的欢迎。在文学译介领域，研究表明，在20世纪80年代，英美读者倾向于从政治和社会学角度而非审美角度阅读以"熊猫丛书"为代表的中国现当代文学。20世纪90年代，政府不再为书刊外译提供大量资金，于是在市场经济的冲击下，2001年《中国文学》停刊，"熊猫丛书"也几乎停止下来，读者也转为国内读者为主，英美等国的普通读者群逐步丢失。中国国际书店（现名中国国际图书贸易总公司）在20世纪80年代进行改革，由外文书刊出口为主转为中外文书刊出口为主，由国外市场为主转为国内外市场并重。目前，该机构的主要海外读者群是华人、汉学家、学者和中文学习者。

三、经验教训与策略分析

1. 译介受众

无论是从常识还是从传播学、政治经济学等理论角度来看，受众在文化外交中都占据十分重要的位置。要在中国文化走出去中取得最佳传播效果，其他传播要素均需体现受众意识。在外译活动中，我们就需要从受众角度看待译介内容、主体、渠道及手段、翻译方法等环节，考虑受众的兴趣和需求。

长期以来，我们在外宣工作中将国外受众视为被动接受的宣传对象，以期对他们进行指导教育，促进世界革命。而在西方国家，民众认为宣传即谎言，对我们的外宣活动并不信任。外文出版社很早就意识到这个问题，其在1962年的经验总结中称："最好的宣传使人不觉得是宣传……不要不分场合地、过分天真地暴露出我们的宣传意图和政治目的"，"让事实说话……让读者自己下结论……不要把

[①] 周东元、亓文公：《中国外文局五十年史料选编1》，北京：新星出版社，1999年，第257页。

我们的观点强加于人,不要说教"。① 80 年代中后期以后,我们在对外传播中逐渐不再将国外受众视为政治意义上的宣传对象,而是有理性、有需求的市场信息消费者,开始尊重他们的需求,提高对外传播的针对性②。这是传播观念上的巨大进步。

2. 译介内容

20 世纪 80 年代之前我国的译介选题工作具有相当的盲目性,比如外文出版社的选题步骤是:基本不懂外文的中文编辑根据外宣需要和经验制定出统一的中文书目,对内容进行编辑,然后交由译员严格按照中文内容译成外语。即使一本书刊要译成多种语言,各版本的内容与形式亦是一致的。③ 由于各国受众所处历史文化环境不同,有着不同的价值观念、意识形态和思维习惯,同一国家受众的兴趣爱好、文化程度和欣赏水平也不相同,因此要满足各类受众的需求并非易事,需要对国外受众进行系统化、正规化的前期调查。

在文化外交中,文化一词有三个层次的含义:最外围的物质文化层(如长城、兵马俑)、中间的制度文化层(如风俗习惯)和最核心的价值观念层。④ 无疑,文化外交中最重要的应是核心价值观"走出去"。2012 年中共十八大报告明确提出的 24 字社会主义核心价值观为此指明了方向。据调查,国外受众通常较感兴趣的有关中国的内容包括:体现人文关怀和共同价值观的题材(如爱情、家庭、环境问题)、传统文化(如文化典籍)、关于旅游教育社会方面的题材、有关现代中国的内容(比如政治制度、经济发展、社会文明、科技力量)等⑤。目前,文化典籍外译工作接近尾声,国外对能反映国际视野和人文精神的中国现当代作品(包括文学、学术作品等)的需求增大。

文化外交中对外传播的信息即使到达受众,并不意味着受众完

---

① 周东元、亓文公:《中国外文局五十年史料选编 1》,北京:新星出版社,1999 年,第 250—251 页。
② 钟馨:《1976—2001 年中国对外传播史研究》,武汉大学博士论文,2010 年。
③ 周东元、亓文公:《中国外文局五十年史料选编 1》,北京:新星出版社,1999 年。
④ 曲慧敏:《中华文化走出去战略研究》,山东师范大学,2012 年。
⑤ 胡兴文、巫阿苗:《中国文化"走出去":面向受众的翻译出版路径》,《中国出版》2014 年第 2 期,第 34—37 页。

全接收该内容。受众对译介内容的接收有四个层次:①了解所传播的信息;②理解我们为什么要这么说;③同意或同情;④信服。① 达到第二个层次已属不易,因为人们在理解外国文化时难以摆脱自身的文化传统和思维方式"文化折扣"难以避免。那么应该如何提升受众对译介内容的接收程度或译介效果呢?

3. 译介手段

翻译策略对于译介效果十分重要。早在20世纪50年代,外文出版社就确定以"信、达、雅"作为翻译原则,其中的"信"(即忠实)是主要原则。前面所讲的死译硬译即是过度忠于原文文字的结果。然而在翻译(特别是文学翻译)实践中,编译并不少见。据汉英翻译家葛浩文(Howard Goldblatt)讲,国外编辑在读了他译的《狼图腾》后,为让译文更符合英美读者的阅读习惯,吸引更多的读者,将译文删掉至少三分之一;他翻译莫言的《天堂蒜薹之歌》时,国外编辑对原文结尾不满意,于是莫言为此撰写了一个全新的结尾。②

翻译的方式除全译外,还有摘译、编译、缩译、改译、阐译、译写等。③ 当今社会"文化快餐"盛行,许多人看名著只看精简版。2013年广西师范大学出版社对近3000名读者进行网络问卷调查,在其"死活读不下去排行榜"上《红楼梦》《百年孤独》与《三国演义》分居前三位。另据报道《三国演义》的原著译成法文,由于历史文化的巨大差异,很多法国人读不下去。不过《三国演义》连环画的法文版却在法国取得成功。因此,在文化外交中,没有必要全部采用全译的方式,可以先采用受众较易接受的摘译、编译等方式和漫画、口袋书等形式,在时机成熟时再推出全译本。④

---

① 沈苏儒:《有关跨文化传播的三点思考》,《对外传播》2009年第1期,第37—38页。
② 李文静:《中国文学英译的合作、协商与文化传播——汉英翻译家葛浩文与林丽君访谈录》,《中国翻译》2012年第1期,第57—60页。
③ 黄忠廉:《翻译变体研究》,北京:中国对外翻译出版公司,2000年。
④ 胡兴文、巫阿苗:《中国文化走出去:面向受众的翻译出版路径》,《中国出版》2014年第2期,第34—37页。

4. 译介主体

如前所述，文化外交的主导者通常是政府。由于国外受众对我们官方渠道所传播信息的信任度较低，我国政府应鼓励民间组织机构和非政府组织传播中华文化，以企业为主体，通过市场运作来扩大对外文化交流。但这并不意味着政府可以置身其外。有研究表明，2001年《中国文学》停刊后，由于我国当代文学译介机构长时间缺位，国内大量非主流文学作品被海外出版机构以"社会化""新闻化"的意识形态视角译介出版，如2001—2010年间被翻译出版最多的是卫慧的《上海宝贝》。[①] 目前，我国在文化外交中坚持政府主导，社会广泛参与，统筹国内国外两个大局，整合政府和民间两种资源[②]，政府为民间机构提供政策上的指导以及资助。

作为译介主体之一的翻译人员已成为制约我国文化外交的一个因素，主要原因是中译外人才短缺。为解决这个问题，自2007年起，国家设立翻译硕士专业学位，以培养高层次、应用型高级翻译专门人才。然而据笔者对所教翻译硕士生的调查，他们当中竟无人有意毕业后从事单纯的翻译工作，其中一个主要原因是翻译薪酬过低。对此，陆谷孙先生曾评论道："译文酬金N年不变，致成嚼火；译著一般不计入学术成果，即得百万之数，不及谈玄说虚千百字，风成化习，译道渐芜，自属必然。"[③] 始于2010年的国家社科基金中华学术外译项目，一本书的资助经费常为40万元，这为翻译薪酬标准提供了一种借鉴。

四、结语

本文从译介主体、译介内容、译介渠道及手段、译介受众和效果等方面简要介绍了我国文化外交的历史发展及经验教训。目前国内

---

① 何明星：《中国当代文学海外出版传播60年》，《出版广角》2013年第7期，第18—21页。
② 蔡武：《文化热点面对面》，北京：人民出版社，2014年，第234页。
③ 赵芸、袁莉：《著名翻译家倾谈文化"走出去"》，《上海采风》2010年第3期，第18页。

所用的对外宣传(简称外宣)、对外传播和文化"走出去"等说法在某种程度上都不如文化外交这一说法,因为前三者强调的都是信息的单向输出,有强加于人的意味,而文化外交则是政府主导的双向文化交流(尽管其重点仍是对外信息传播),注重与受众的交互。此外,在传统翻译理论中,原文与作者被推上神坛,人们关注的更多的是原作、译作、作者、译者之间的关系,特别是原作与译作之间的对比研究,对受众关注不多。从译作传播效果最大化的角度探讨翻译策略等理论问题,无论对文化外交工作,还是对翻译学科的发展,其意义都将是重大的。

中国文学出版"走出去":翻译的困惑、目的与对策①

栗文达

自从莫言获得诺贝尔文学奖后,其作品的英文译本就成为媒体关注的焦点,连带整个中国文学出版"走出去"的翻译问题也成为媒体和学界关注的热点。无疑,文学作品在语言不同的国家之间进行传播,翻译占有重要地位。英文译本的传播范围比中文原版更广,可以在全世界范围内捕捉读者的眼球。就此而言,翻译文本受到关注的确是件好事,但与此同时却出现了另外一些翻译研究者和爱好者,他们拿着莫言的中文原作与其英文译者、美国汉学家葛浩文的英译本逐字逐句地对照,得出的结论竟是葛浩文"把别人的作品删改坏了"②。围绕葛译作品的种种自相矛盾的立场和观点不只是引发了翻译界对葛译作品的认知混乱,即便对于整个中国文学出版"走出去"来说,翻译也是第一个要触碰和解决的问题。同时,尽管国家在"中国图书对外推广计划"的基础上于2009年推出了"中国文化著作翻译出版工程",旨在采取政府资助、联合翻译出版、商业运作发行的方式资助书稿的翻译和全球推广,把中国文化推向世界。但文化传

---

① 基金项目:河北师范大学2012年度人文社会科学科研基金青年项目"翻译目的论在文学翻译中的应用研究"(52012Q08)、河北省高等学校人文社会科学研究项目"全球化背景下河北出版集团数字出版发展策略研究"(SZ14129)、河北省社会科学发展研究课题"河北出版'走出去'策略研究"(2014031210)、保定市哲学社会科学规划课题"京津冀协同发展背景下河北大学出版社做大做强路径研究"(20140412)。

② 谢天振:《顶葛浩文的我行我素》,《文汇读书周报》2014年04月08日。

播不只是靠工程就能推动的,最根本还是要有好的内容和好的翻译。不解决当前面临的翻译困惑,就谈不上翻译之后的中国文学出版"走出去"和海外传播的问题,更谈不上中华文化"走出去"。

一、文学出版"走出去"面临的翻译困惑

中国文学出版"走出去"中的翻译首先面临的是文化与语言差异方面的传播困惑。由于世界各国所处的地域不同,历史发展轨迹不同,政治经济不同,信仰更是千差万别,它们在文化形态上存在着巨大的差异,这种差异直接影响他们对中国文化的接受程度。中国文学出版物是非常个性化的产品,国际读者个性化的阅读偏好、语言差异等诸多因素,都会起到主导性的作用,也直接影响到国际读者对我国文学出版内容的熟悉和接纳程度。就目前的中国文学出版"走出去"而言,有许多翻译到国外的东西让国际读者很难理解、甚至不知所云,更不用说被他们接受,由此,中国文学出版"走出去"还处于比较困难的阶段,因为这不是强加的,需要有国际读者的深刻认同。

由此,中国文学出版内容要真想在国际文化环境中生根发芽,就要使国际受众认同并接受中国文化,其根本还在于内容的被接受,这就要依赖翻译的力量,并需要中国文学作品的翻译者拥有对跨文化的理解。即是说,中国文学出版在"走出去"的翻译过程中,首先需要充分了解对象国的文化习俗和受众接受心理,其次才是语言的转换问题。

具体到翻译问题上,坚持对中国文学出版文本进行"归化性"直译或忠实原文的翻译都无异于坚持传播学中的"魔弹论"。"魔弹论"的核心观点是指传播媒介拥有不可抵抗的强大力量,其所传递的信息在受传者身上就像子弹击中身体、药剂注入皮肤一样,可以引起直接速效的反应;能够左右人们的态度和意见,甚至直接支配他们的行动,受众只会消极被动地等待和接受媒介所灌输的各种思想与知识,对大众传媒提供的信息产生大致相同的反应。中国文学出版"走出去"过程中的翻译行为在此前很多年就深受"魔弹论"所害,中国文学出版的传播和翻译组织者主观上认为他们输出到国际受众那里的东

西会被毫无保留地接受,即他们传播什么,国外受众就接受什么,这种想法完全忽略了国外受众的主动性,甚至只关注于文学出版物是否输出到了国外,而不问被接受程度如何。这种错误的翻译理念直接影响了中国文学出版"走出去"的传播效果,严重阻碍了中国文学出版真正打开国际市场的速度和效率。

同时,中国文学出版"走出去"的模式与渠道往往缺乏针对性和有效性,这就更需要从内容方面进行掌控。应该说,中国文学出版的"走出去"主要还处于一厢情愿单方面输出的阶段,还不能和国外读者实现良好有效的互动,在不了解国外读者需求的前提下,盲目翻译换来的往往是无效传播。如果只用僵硬刻板的翻译经验指导中国文学出版"走出去"的翻译与国际传播,则必定和国际文学读者之间形成一道藩篱,最终影响到中国文学出版的国际化。

二、文学出版"走出去"应坚持翻译目的论

中国文学出版要实现大规模"走出去",并产生真正的影响力,最后还是要靠好的内容。解决此困惑的关键在于翻译,而翻译的方法与标准历来是翻译界争论的焦点,这与翻译目的论有着千丝万缕的联系。

翻译目的论是功能派翻译理论中最重要的理论,其核心概念是:决定翻译过程的最主要因素是整体翻译行为的目的,而决定翻译目的的最重要因素之一是受众——译文所意指的接受者。每一种翻译都有特定的受众,而这些受众都各有自己的文化背景知识、对译文的期待以及交际需求,因此翻译是在目标语情境中为某种目的及目标受众提供部分或全部信息的源泉。[①] 简而言之,翻译是人类有意图的跨文化的互动活动,受众接受程度决定翻译目的。而翻译目的决定翻译策略和翻译方法,对原作形式与内容的取舍、目标文本的制作都以这个翻译目的为参照。目的论把原作品只看作是一种"信息供

[①] 贾丽、滕巧云:《从功能翻译角度解析对外传播英译策略》,《华南农业大学学报(社会科学版)》2007年第7期,第92—97页。

源",而不再是评价译作的唯一或最高标准,译者有权按照翻译目的来取舍其中的信息,是否与原文保持篇章一致是由翻译目的来决定的,忠实于原文只是其中的一种可能性。① 翻译目的实现的可能性取决于目标文化的条件,而不是源语文化。因此,翻译目的论常被用来解决意译和直译、动态对等和形式对等等问题。

人类的主动行为都是有其目的的,作为中国文学出版"走出去"的翻译活动也不例外。翻译作为一种社会文化活动,是不能脱离译入国社会文化环境而独立存在的。纵观中外翻译史,翻译行为都有着鲜明的社会文化目的,同时译者在翻译过程中也有着具体而微观的目的,二者共同服务于不同国家间的文化传播与认知。其间,翻译方法也因翻译目的的不同经历了各种变化,中国文学出版"走出去"过程中的翻译选材与翻译手段也都受到国际社会文化环境的影响。

三、文学出版"走出去":翻译的本质与方法

翻译不只是对文学出版作品的文本翻译,而是需要和译入国家的历史文化、权利关系、社会发展和意识形态等联系起来,甚至受到这几个因素的制约和影响。也就是说,尽管文学出版文本的翻译行为取决于译者,但译者对翻译题材的选择、翻译方法和标准的使用,都无法脱离当时的社会与文化大环境。这就告诉我们,翻译的过程是无法脱离翻译的社会目的和翻译的社会功能而进行的。

首先,翻译目的影响了译者对翻译题材和文本的选取。翻译过程要面临诸多选择,而决定这些选择的各种因素就是翻译的目的所在。这从翻译之始就有所体现,译者对源语文本的选取不是随意而为的,大多数情况下都带有一定的社会目的,即是说,译者会自然而然地选取那些容易被国际社会和文化认知的题材和文本进行翻译。作为目前英文世界地位最高的中国文学翻译家葛浩文的翻译清单包括了萧红、陈若曦、白先勇、李昂、张洁、杨绛、冯骥才、古华、贾平凹、

---

① 孙相文、聂志文:《基于功能翻译理论的商务英语翻译研究》,《北京航空航天大学学报(社会科学版)》2013年第5期,第83—86页。

李锐、刘恒、苏童、老鬼、王朔、莫言、刘震云、虹影、阿来、朱天文、朱天心、姜戎等二十多位名家的四十多部作品。① 其中,葛浩文最早读到并计划翻译的莫言的小说是《天堂蒜薹之歌》,但他后来又读到《红高粱》时马上改变了主意:"《天堂蒜薹之歌》是很了不起,但是我觉得作为他的第一本与英语读者见面的作品,《红高粱》会是更好的选择。"②葛浩文认为莫言的作品可以与狄更斯的作品相提并论,因为他们的作品都是围绕着一个鲜明道义核心的鸿篇巨制,大胆、浓烈、意象化而又强有力。由上述可知,葛浩文对翻译题材和中国文学出版文本的选取不是随意而为的,而是带有一定的翻译目的和社会文化耦合性目的。

其次,翻译的社会文化目的和文本目的影响了翻译方法。翻译目的论认为人类的行为是发生在一定语境中的有意图、有目的的行为,它既是语境的组成部分,又能够改变语境,而翻译就是在目标背景中为目标语境内的目标接受者制作一种文本,因此可以说翻译的社会目的是译者具体的、微观的翻译目的的决定因素。同时,翻译目的是多层次的,而这些多层次的目的之间不是相互孤立的,而是彼此影响的。就这样,翻译的宏观社会目的影响了译者微观的文本目的,而二者又会对译者的翻译方法、翻译风格的选择产生必然的影响,决定了译者是采用"归化"直译还是"异化"意译的翻译手段。鲁迅在把外文作品译成中文作品时,是一贯主张采用直译的,他主张为汉语输入新的表现法,为达到这一目的,在有些地方,宁可译得不顺口。但葛浩文则完全采取了迥异的翻译方法,并让中国文学披上了当代英美文学的色彩。葛浩文跟很多翻译家都不一样,他是凭灵感进行翻译的,他说:"我差不多看一句、看一段是什么意思,然后就直接翻,再回头对一下。如果太离谱了,那要去修正,太硬的话就把它松一点。""作者是为中国人写作,而我是为外国人翻译。翻译是个重新写作的过程。"③由此可以看出,在翻译中文文学作品时,译者不可避免地需要面对翻译的挑战性、模棱两可性和不确定性,并在忠实于原著和创

---

① 孙红、葛浩文:《翻译观点探析》,《科学大众(科学教育)》2012年第2期,第150页。
② 季进:《我译故我在——葛浩文访谈录》,《当代作家评论》2009年第6期,第45—56页。
③ 百度百科葛浩文,http://baike.baidu.com/view/1501267.htm。

造性翻译之间面对自我冲突与矛盾,并最后作出满足翻译目的的难免的妥协。很显然,葛浩文的翻译行为和目的是要对得起读者,而不是作者。

　　由此可见,一个译者选用何种翻译手法,是和他的翻译目的密切相关的。但无论如何,好的译者不仅要掌握足够好的外语,而且要了解两种不同的文化,还要掌握相关学科的知识。唐朝就有人说过:"译即易,谓换易言语使相解也。"也就是说,除了做好语言转换,译者还需要帮助不同语言的受众实现相互了解——"使相解"。如果译者不能考虑译入语国家读者的感受和接受,译本就没有达到翻译的目的。

　　如果只是就翻译谈翻译,或许"归化"性的直译更为确切些。若是就中文文学出版"走出去"而言,则必须从译作整体的成功度和忠实度出发,而不要纠结于译文中片言只语的匹配度和精确度,更不能发现某些句子或段落的翻译未能字当句对时,就觉得这部译作不忠实甚或不合格。这样一个结论或许是击中国内某些翻译研究者的要害的,也能看出他们的弊病。其症结在于国内某些译者根本不懂得文学翻译的特性,不懂得文学翻译成功与否的判定必须到译入语环境中去考察,而不仅仅是根据译文与原文是否字当句对来判断。

　　最后,有必要再次强调的是,翻译的本质是一种跨文化的认知行为,判断一个翻译行为成功与否要看它是否有效地促进和实现了不同民族之间的跨文化认知,而不是用所谓的忠实,更不是用自以为是的、所谓的"合格的译本"概念去简单评价。只有从这样的立场出发,我们才有可能正确理解翻译的本质,也才有可能对译者及其翻译行为是否合理和成功作出正确的判断。正所谓"译入语文化决定翻译策略",从文化传播的角度来看,盲目遵从直译原则并非最佳做法,片面国际化只会减缓中国文学出版"走出去"的步伐及其国际化程度。只有依靠优秀翻译者,遵从翻译目的论,以国际文化认知和国际受众的接受程度为衡量标准,才能在符合译入国文化需求的情境下,让中国文学出版"走出去",也才能真切传达中国文化的精髓。

文化"走出去"与复合型翻译人才培养研究

张瑜珊

随着全球化时代的到来和中国经济社会的快速发展,国际社会对中国信息的需求和与中国文化进行交流的热情前所未有;而中国在向世界展示中华文化的博大精深和精彩纷呈的道路上,也逐步取得了日益显著的成果。但我们也需注意到,国际社会对我国的误解甚至偏见仍然存在,这种交流障碍出现的一个很重要的原因在于大多数西方人并不熟悉中国的语言、文化以及中国的历史和现状。因此,准确而恰当地用外国语言向世界说明和展现中国是一项艰巨并富有挑战性的工作。由于语言的差异,翻译在这项长期工作的开展过程中一直发挥着不可或缺的作用。近年来中国文化"走出去"的经验表明,翻译不仅仅是文字转换的能力,更重要的是一种跨文化交际的能力,是跨文化再创作的能力;而只有具备了知识继承、能力复合和素养全面的复合型翻译人才更符合当今科学技术和文化发展的多元化要求。因此,培养复合型翻译人才对于进一步推动我国的文化走出去战略起到举足轻重的作用。

一、文化"走出去"的意义及存在问题

在纪念中国共产党成立 90 周年大会上,胡锦涛总书记指出:"要着眼于推动中华文化走向世界,形成与我国国际地位相对称的文化

软实力,提高中华文化国际影响力。"领导人的讲话内容强调了实施文化"走出去"战略的重要性,它对于提高我国民族文化的竞争力,推进中华民族的伟大复兴具有理论和现实意义。中国文化"走出去"主要是通过对外文化宣传、对外文化交流,特别是对外文化贸易等途径,增进国际社会对中国文化的认识,增强中国文化的国际影响力和我国的国际话语权,进一步提升我国的文化软实力。文化巨大的经济价值和强大的影响力日益得到包括我国在内的世界各国重视,文化在综合国力竞争中的地位和作用更加凸显。

然而,虽然有诸多政治、新闻、出版等各界人士从各角度对文化"走出去"的重要性进行阐述,但是真正帮助文化"走出去"的翻译者们的作用却往往被忽略掉。人类学家爱德华·泰勒在《原始文化》(1871)一书中,首次把文化作为一个概念提了出来,并表述为:"文化是一种复杂,它包括知识、信仰、艺术、道德、法律、风俗以及其作社会上习得的能力与习惯。"语言作为文化的一个组成部分,反映出一个民族丰富多彩的文化现象。文化部部长蔡武曾指出:"翻译工作是决定对外传播效果的最直接因素和基础条件,从某种角度讲,也是一个国家对外交流水平和人文环境建设的具体体现。"可以说,翻译虽然不引人注意,但它却在无形中影响和改变着世界文化的格局。没有翻译者的努力付出,就没有人类文明的发展和世界多元文化并存的繁荣景象。

因此文化能否"走出去",与翻译力量的强弱和翻译人才的培养有着直接的联系。但是《人民文学》主编李敬泽曾提到,翻译力量不足,是中国文化"走出去"的瓶颈之一。的确,通过走访河北省内优秀的文化企业发现,文化企业对翻译人才的要求远高于高校培养出的翻译人才的水平。经过进一步的调查研究及大量访谈,笔者发现,我们的翻译人才并非能力差,与文化企业要求相去甚远的原因主要在于在校学习期间所受培养模式与社会实际的脱节。第一,我省乃至全国的大部分翻译人才大多毕业于各高校的外语专业,翻译方面的专业知识和技能仍需进一步加强。第二,大部分就职于各文化企业的翻译人员反映,在校期间并未对翻译课程进行过系统学习,对翻译专业技能、翻译专业知识、翻译工作标准等知之甚少。第三,在以教师为中心的翻译课堂教学模式下,教学内容涉及的知识面较窄,翻译实践机会较少,从而延长了翻译人才适应工作岗位的时间,更有甚者贻误了文化企业"走出去"的良好契机。

二、传统翻译人才培养方式存在的问题

由以上调查结果我们认为,目前翻译人才培养模式的滞后现状亟待改善。翻译教学所取得的成绩与文化产业的实际需求还有相当的差距,教学与实践相脱节的现象也很普遍。

传统教学模式中,学生所学的翻译理论与现实生活中的翻译实践脱节,学生真正所需要学习的内容与课堂实际讲授的内容脱节,比较明显的是被很多学校定为翻译教材的《英汉翻译教程》是 1980 年张培基教授等编写,上海外语教育出版社出版的,历经时代变迁,社会发展,该书并未进行必要的修订。虽然各高校翻译方向毕业生的数量在增加,学科点在扩大,但是翻译水平、翻译能力、翻译质量却没有得到同步提升,传统的翻译人才培养模式下毕业生往往因为不了解所翻译内容的专业知识,不能适应用人单位的要求,不能胜任翻译工作,更不能为我国文化的对外传播做贡献。为了更好地满足文化产业的实际需要,翻译人才的培养模式改革势在必行。高等学校外语专业教学指导委员会制订的《关于外语专业面向 21 世纪本科教育改革的若干意见》也指出:"我们也应当清醒地面对这一现实,即我国每年仅需要少量外语与文学、外语与语言学相结合的专业人才以从事外国文学和语言学的教学与研究工作,而大量需要的则是外语与其他相关学科——如外交、经贸、法律、新闻等——结合的复合型人才,培养这种复合型的外语专业人才是社会主义市场经济对外语专业教育提出的要求,也是新时代的要求。"

目前,国内已有不少学者从英语专业或翻译专业的角度对复合型翻译人才培养的必要性、模式、课程设置等方面进行了研究,如北京第二外国语学院的武光君研究了翻译专业人才培养的模式与改革方向。而本研究尝试从文化产业的需求角度去研究复合型翻译人才培养的相关问题,通过了解文化产业对翻译人才的需求特点,提出复

合型翻译人才培养的模式与策略,从而进一步推动文化"走出去"战略。通过翻译工作向更多国家和地区传播中国文化,加强我国的软实力建设,更好地为实现国家长远战略目标服务。

三、复合型翻译人才培养新模式

综上所述,打造一支高素质复合型的翻译人才队伍已成为业界共识,而目前传统的外语教学无法满足文化产业对翻译人员的需求,当前翻译人才的培养方式已不能适应社会发展的需求。为了培养更多实用型高质量翻译人才,必须对现有的培养模式进行改革,以便探索出系统化、专业化的翻译人才培养模式。

1. 复合型翻译人才的培养模式

对于各高校外语系或外国语学院设置的翻译方向人才培养模式改革,由于其不是翻译专业,可采用"外语＋翻译专业知识"与"外语＋翻译专业方向"的培养模式,增设翻译专业知识和技能的课程,以增强翻译的专业性。对于翻译系或外语系、外国语学院等下设的翻译本科专业及翻译专业硕士人才培养模式的构建,我们建议采用复合型外语人才的 3 种培养模式,即"翻译＋专业""专业＋翻译"和双学位的模式;鼓励学生在主修翻译专业相关课程的同时,再辅修另一专业的课程以拓宽学生的专业口径和知识面,形成知识交叉,完善知识结构,增强学生的适应能力以及就业过程中的竞争力。

2. 复合型翻译人才培养的课程体系

我们认为,复合型翻译人才培养的课程应包括三大模块:翻译专业技能、翻译专业知识和相关专业知识。翻译专业技能课不仅包括传统的翻译技巧课,还应包括翻译的工具能力课、翻译的技术写作课、翻译的项目管理课等。翻译专业知识课不仅包括翻译史课、翻译文化课等,还应包括翻译策略课、翻译职业操守课、翻译工作标准课等。从而形成由以"外语+翻译"为主的必修课转向以"翻译+专业"和专业翻译的一体化课程的复合型翻译人才培养课程体系。

3. 创新教学模式,更新教学内容

翻译教学应改变以往以教师为中心进而建立以学生为中心的教学模式,倡导合作学习和自主学习。建立翻译实践实验室,把国际工程谈判、商务谈判、国际会议等场景引入课堂。教学内容应覆盖从理论到实践、从笔译到口译、从文本翻译到工程翻译、外事翻译、商贸翻译、科技翻译等多学科内容,以真实的或模拟真实的材料来做教学案例,目标定位于满足社会对应用型翻译人才的需求。同时,高校也应进一步优化师资队伍,从而形成覆盖多学科、知识结构合理的翻译教学团队。

4. 与地方经济结合,拓展翻译实践(实习)渠道

翻译实践不仅包含校园内的学习和翻译练习,更重要的是社会实践(实习)。将翻译的实践教学与地方经济相结合,加强与政府部门、行业协会及各类企业的合作,拓展学生的实习渠道,缩短翻译人才毕业后适应工作岗位的时间。高校可以选派志愿者为各种外事活动提供志愿服务,学生的翻译水平会得到极大的锻炼和提高。另外,校企签订翻译合作协议,组建学生翻译团队,为企业提供志愿翻译服务。学校为学生翻译团队配备校内专业导师,聘请合作企业的专职翻译担任校外导师,形成合力共同培养合格翻译人才。

相信通过这样的复合型翻译人才体系培养,我们的翻译人才会更成功地帮助国人了解国际文化交流的方式方法,抓住全世界范围内形成一股"汉语热"的有利契机,做好研究和战略规划,有步骤地向国外推介中国文化,提升我们的"软实力",完成文化"走出去"战略,不断使世界了解中华文化,接受中华文化,实现中华民族文化"走出去"与复合型翻译人才培养研究的伟大复兴。

翻译能力建构与中译外人才培养

吴 赟

一、引言

　　改革开放以来的三十多年间,日新月异的中国引起全世界的广泛关注。随着中国经济与政治地位的显著提高,如何相应提升中国文化的国际影响力得到了前所未有的重视。2011年底,在党的第十七届中央委员会第六次全体会议上"提高文化开放水平,推动中华文化走向世界"就被列入"文化强国"必须遵循的重要方针,成为当代中国文化建设与改革不可回避的重大议题。

　　事实上"推动中国文化走向世界"这一命题不仅与整个社会与文化环境的建设息息相关,而且对中国的汉英翻译人才培养提出直接而迫切的要求。目前,能在海外产生积极影响力的中国文化作品几乎都是通过英美出版机构策划发行、由外国翻译家进行译介的。本土翻译人才的缺失以及中外合作的匮乏更使得中译外这一重要议题处于被动的局面。仅依靠目前有限的译者群体无法对中国思想、文化、文学等进行全面、深入地介绍,也就很难合力为系统、完整的中国文化价值观,使得中国文化形象的建立和传播常会不够真实、不够准确。

　　因此,随着中国文化"走出去"需求不断加大,就需要我们能够形成文化自觉,能有效培养本土翻译人才,更好地向世界表达中国文化。那么,中国文化需要什么样的本土翻译人才来完成对外译介的使命;他们必须具备哪些必要的翻译能力;如何从制度法规、课程设置、海外合作等各方面来建构多层次、多要素的翻译能力体系,提高中译外人才的培养质量?本文立足中国文化外译的现状,剖析目前中译外人才培养的种种问题,探寻培养高层次、专业型中译外人才的原则、策略与方法,以求中国文化得以积极、有效地"走出去"。

二、现状:对中译外人才的巨大需求

一直以来,中国在文化交流和传播方面的"译入"与"译出"严重失衡。自清末民初而下,外国文化,尤其是西方的学术思想和文化作品,通过大面积、大批量的译介走入中国,从社会思潮、科学技术、文学理念等各个层面影响着中国文化,对推动中国社会的变革起到了不可替代的作用。直到今天,我国仍十分重视引进以英美文化为代表的西方文化,大量英美文化作品被译为中文,繁荣并影响着中国的学术和文化市场。

相较于"引进来"强大、丰富、多样的历史与现状,中国文化"走出去"的状况则显得十分萧条、惨淡,造成了中国文化对外译介明显失衡的状态。"整个20世纪西方译介的中国图书只有1000多册,但是中国翻译的西方著作数量却高达10万册,相差100倍;我们翻译的西方著作品种多不胜数,而输入西方的中国文化的品种却少得可怜,极不成比例。"[①]步入21世纪之后,虽然中国经济实力和政治地位不断提升,但是与之相呼应的文化魅力和影响却没有得到积极地拓展,"入超"的情况依然非常突出。有统计显示,中国出版业进出口贸易近年来始终呈现近10比1的巨大逆差。"2007年全国图书、报纸、期刊累计进口2亿多美元,累计出口仅有3700多万美元;在版权贸易方面,2008年中国引进图书版权15776种,输出图书版权2440种。"[②]而影视等其他文化产品的交流与传播也是进口远超出口。

---

① 王岳川:《面对薯片芯片大片中国文化不能失声》,《人民日报》2006年4月14日,第11版。
② 李蓓、卢荣荣:《中国文化走出去急需迈过翻译坎》,《人民日报(海外版)》2009年8月14日,第4版。

伴随着巨大文化赤字的,则是中国文化在外国市场的边缘地位。2011 年《中华读书报》曾以中国文学在美国市场为例,详细解析了中国文化对外交流的尴尬处境。"2008 年到 2010 的 3 年间,美国出版英译汉语文学作品分别为 12、8 和 9 种,共计 29 种,其中,当代中国内地作家的长短篇小说仅 19 种,可谓一少二低三无名:品种少,销量低,且没有什么名气,几乎无一进入大众视野。亚马逊北美店销售榜1 月 11 日的排名显示,毕飞宇的《青衣》排在第 288502 位,《玉米》排在第 325242 位,而莫言的《生死疲劳》和《变》,排位均在 60 万名之外。以小说类的 3 年内新书计,10 万位之后的排名,表明其销量是非常非常低的。余华的《兄弟》(软皮平装本)也排在第 206596 位,姜戎的《狼图腾》(硬皮精装本)则排到了第 84187 位,相对同胞们的其他作品而言,已属非常可观。"①虽然 2012 年底莫言获得诺贝尔文学奖之后,世界目光开始更多关注中国作家,但是要改变"引进来"与"走出去"失衡严重的格局,建立与国际社会之间平等、双向的文化交流,则远非易事。

分析中国文化在国外传播不力的状况,便可以发现不同层而的多种原因,比如出版发行的渠道不畅、推广机制的定位失当、域外读者所持的种种"傲慢与偏见"等。此外,一个不能忽视、也无法回避的疾病就在于优秀译介人才的缺失。国际译联理事及副主席、中国外文局副局长黄友义坦言:"中译外工作当前面临的最大的挑战无疑是对高端人才的需求和实际上存在的人才短缺的矛盾,而需求和短缺矛盾导致的不是一般意义上的短缺,是极度短缺。"②

仍以文学作品在英语国家的译介为例。目前,能在海外产生一定影响力,同时保持原著水准的中国文学作品,几乎都是由外国翻译家进行译介的。葛浩文(H. Goldblatt)、蓝诗玲(J. Lovell)、白睿文(M. Berry)、杜博妮(B. McDougall)、安德鲁·琼斯(A. F. Jones)和凯伦·格南特(K. Gernant)等美国、英国、澳大利亚、加拿大翻译家

---

① 康慨:《一少二低三无名:中国当代文学在美国》,《中华读书报》2011 年 01 月 12 日,第 4 版。
② 黄友义:《中国特色中译外及其面临的挑战与对策建议——在第二届中译外高层论坛上的主旨发言》,《中国翻译》2011 年第 6 期,第 5 页。

积极译介中国文学,甚至一度出现"中国小说翻译的繁荣景象"[①]。尤其是被夏志清称为"公认的中国现代、当代文学之首席翻译家"的葛浩文,更是译著丰厚;迄今为止,他翻译了包括莫言、萧红、老舍、巴金、苏童、毕飞宇、冯骥才、贾平凹、李锐、刘恒、马波、王朔、虹影等约二十五位作家的40余本小说。美国著名作家约翰·厄普代克(John Updike)曾以"接生婆""差不多成了(葛浩文)一个人的天下"评价其在译坛的贡献。然而,葛浩文与瑞典翻译家陈安娜(Anna Gustafsson Chen)的努力更是直接将莫言送上了诺贝尔的领奖台。

不过,由于中英语言与文化的巨大差异,精通中文并从事翻译的海外译者人数极为有限。除此之外,其他英译作品则多是通过国内的《中国文学》期刊和"熊猫丛书"来完成译介的。自1951年《中国文学》英文版创办,1981年时任《中国文学》主编的杨宪益先生倡议出版"熊猫丛书"开始,国内组织译介并出版了一大批中国作家、共计190余种作品。译者群体仍是以外国翻译家为主,其中也包括如杨宪益等为数不多的中国翻译家。不过,正是主要由于翻译人才的严重匮乏,2001年,中国文学出版社被撤销,2002年《中国文学》停刊"熊猫丛书"也几乎停止出版。此类中国文学主动译出所遭遇的重大挫折至今仍在继续。

归根到底,中国文化能"走出去"多远,能否改变文化"引进来"和"走出去"之间巨大的落差,很大程度取决于是否拥有相当数量的高水平中译外人才,取决于翻译的效果能否成功地对外介绍中国,帮助世界关注中国、了解中国。这也使得中译外人才培养和翻译能力培训成为一个迫切、重要的命题。

三、问题:目前中译外人才培养的不足

在文化多元共生的全球化语境中,世界关注中国、中国走向世界,已经成为一种重要的发展格局。近年来,国家已经从文化战略的

[①] S. Heller, "A Translation Boom for Chinese Fiction," *The Chronicle of Higher Education*, 2000-9-8, A22.

高度,采取了一系列措施来积极推动中国的对外文化交流。2004年,中国外文局成立"对外传播研究中心"。同年"中国图书对外推广计划"实施,开始着力资助国外出版机构出版中国图书的翻译费,每年资助中国图书翻译资金已由 2005 年的 600 余万元增加到现在的 1000 余万元。2009 年"中国文化著作翻译出版工程"全面开始,重点资助如以文化、文学、科技、国情等为主要内容的系列图书的翻译、出版及推广。2010 年"中国文学海外传播"工程启动。这一系列国家主导的推广措施先后出台,汇集成一股对外翻译、出版日渐发展、走向繁荣的态势,也反映出中国提高自我软实力,构建真实、完整、鲜明的国家形象的强烈愿望。

要将这一系列措施落到实处,真正实现中国文化与世界文化的汇通与融合,关键就在于必须拥有足够多的高素质、专业化的中译外人才。甚至可以说,中译外已经成为构建一个国家对外交流能力和对外传播能力的重要组成部分。全面、准确、深入、生动地向世界说明中国,已经成为翻译工作者所应承担的社会责任和历史使命。那么,我们需要什么样的本土翻译人才来完成对外译介的使命,增强中国在国际社会的话语权?换言之,中译外人才需要哪些必要的翻译能力?

目前,社会上多数人"还不能真正从学术角度理解翻译工作是一个高度专业化的职业,'懂外语就能做翻译'这一认识上的误区还普遍存在"[①]。对中译外工作的本质了解不够、认识缺失使得翻译能力多被简单地归结于译者的双语转化技能或是专家知识。事实上,语言能力仅仅是翻译能力中的一个方面,一个合格的翻译人才应该具备的是多模块、多要素的翻译能力与知识体系,或者说,翻译能力是一个十分复杂的概念,它涵盖了语言技能、百科知识、转换能力、工具技能、策略选择、认知过程和心理特质等各个方面,相互关联、相互影响的要求和素质。在翻译能力研究方面较为权威的 PACTE 模式是当前较为全面,也广为接受的翻译能力观。对它的解读能让我们对翻

---

① 黄友义:《中国特色中译外及其面临的挑战与对策建议——在第二届中译外高层论坛上的主旨发言》,《中国翻译》2011 年第 6 期,第 5 页。

译能力的构建形成较为完整的界定和了解。

PACTE 模式将翻译能力看作是陈述性知识(declarative knowledge)和程序性知识(procedural knowledge)共同构建的一个多层次的知识结构。该结构主要包括如下要素:

1. 双语次能力(bilingual sub-competence),即在双语交际中必备的程序性知识,包括语用知识、社会语言学知识、语境知识、语法和词汇知识。

2. 语言外次能力(extralinguistic sub-competence),主要是陈述性知识,即对世界的普遍认知和具体的专业知识,包括双文化知识、百科知识和专门领域知识。

3. 翻译知识次能力(knowledge about translation sub-competence)。主要是陈述性知识,即翻译及翻译职业知识,包括翻译实践的完成(翻译单位、翻译过程、方法、步骤及问题)、翻译的专业运作(市场、目标读者等),以及翻译协会、关税等其他方面知识。

4. 工具次能力(instrumental sub-competence),主要是程序性知识,指的是翻译中运用文献、信息及技术(辞典、百科全书、语法书、文体书、平行文本、语料库、搜索引擎等)的能力。

5. 策略次能力(strategic sub-competence),是保证翻译过程顺利有效、妥善解决问题的程序性知识。策略次能力是最为关键的次能力,它连接并影响其他各项次能力,控制了整个翻译过程。它的功能是规划、执行、评估翻译项目,激活并弥补各种次能力,发现翻译问题并解决问题。[①]

此外,PACTE 模式还包括心理生理要素,即不同的认知类型、态度要素和心理机制。认知类型包括记忆力、感知力、专注力和情感,态度要素包括好奇心、毅力、严谨、批判性精神、自信心、自知之明、动机等,另外还包括创造力、逻辑推理、分析和综合能力等。

---

① G. Pacte, "First Results of a Translation Competence Experiment: Knowledge of Translation and Efficacy of the Translation Process," in J. Kearns(ed.), *Translator and Interpreter Training: Issues, Methods and Debates*, London: Continuum, 2008, pp. 106—107.

除了 PACTE 翻译能力模式,Campbell(1998),Schaeffiner 和 Adab(2000),Anthony Pym(2003)也先后界定翻译能力,多模块、多要素的翻译能力建构成为各种模式中的主导思想。对照这一在翻译界中取得共识的知识体系,不难发现在中国文化"走出去"的背景下,当前翻译人才培养中存在着如下问题与不足:

1. 缺乏对翻译人才遴选的权威机构

"双语次能力"和"心理生理要素"对翻译人才,尤其对中译外人才的选拔、录用和培养提出了很高的要求。从事中译外的翻译人员必须具备很高的外语能力,必须谙熟语言的词汇、语用、语境及文化等特色;如果翻译的是中国的经史子集,还必须具备深厚的中文古文功底。但是目前"我国对翻译行业人员从业尚没有设置任何刚性的、统一的准入门槛,只要愿意,任何人都可以从事翻译工作"[①]。虽然自 2003 年起,国家人力资源和社会保障部开始设立"翻译资格水平考试",不过这一考试并未在行业内起到"准入资格"的作用,无法像会计、律师、医生等其他职业的认证考试那样树立清晰、严格的遴选标准和程序。"低准入、无准则"的现实使得整个翻译市场充满了大量的"兼职翻译"与"业余翻译"。而诸如译言网(Yeeyan)等网络平台更是汇聚了大量水准不一的翻译爱好者。翻译水平的参差不齐使得翻译行业的运作缺乏系统性、组织性和规范性,也使得翻译人才的培养缺乏有效的引导、定位和实施。

2. 缺乏对翻译行业和翻译规范的认知

"翻译知识次能力"要求译者必须充分了解包括出版社、赞助人、目标读者等在内的翻译市场《中国文学》和"熊猫丛书"的外译之路之所以以失败告终,原因就在于对于翻译机制里的各个环节把握不够

[①] 黄友义:《中国特色中译外及其面临的挑战与对策建议——在第二届中译外高层论坛上的主旨发言》,《中国翻译》2011 年第 6 期,第 29—30 页。

准确、到位，缺乏开拓主流出版路径、建立经纪人、版权代理商体制等专业意识。主动译出的译者在文学复兴的情结之下，将中国文化的外译转化为一种命题式的硬性推销，使得翻译的传播渠道不畅，译作多被归在学术化、专业化的小众类别，通过学术出版机构出版，很难得到海外主流出版社的认同。此外"翻译知识次能力"还要求译者能够尊重并遵守翻译运作的流程和规范。但是目前国内还无一个具普遍践行意义的翻译行业准则，也没有一个统一的管理部门，高校翻译专业教学也很少涉及对翻译行业流程的介绍，译者多半以个人行为来运作自己的翻译工作，大多没有形成遵守时限、忠诚客户、尊重翻译中介等基本翻译道德，这样营造了一个十分恶劣的市场环境，无法保证译者的利益和良性生存。

3. 专业领域翻译人才匮乏，对人文素质的培养不足

换言之，即译者的"语言外次能力"十分薄弱。这主要体现在两方面，一是欠缺专业领域知识，一是欠缺百科全书般的人文基础性知识。其根源多在于目前国内高校的翻译人才培养与翻译工作的现实需求脱节。随着全球化、信息化的发展，文化传播跨学科、多元化的性质使得越来越多的中译外工作需要不同的专业领域知识，需要来自不同专业背景的翻译人员，单纯语言类的翻译任务并不多见。而目前高校的中译外课程设置多以传统的语言文学性翻译为主，多侧重词句、语篇等基本转换技能的传授和训练。尤其值得关注的是，翻译作为架构两种文明、两种文化共性与差异的桥梁，需要广博的知识底蕴和丰厚的人文素养。一部经典的中国文化著作涉及的不只是文学知识，而是往往涵盖如语言学、文学、艺术、心理学、社会学、哲学、政治学等各个文化层面。当前单一化的语言翻译教学体系显然无法满足文化"走出去"的深度和广度需求。

4. 忽视对于翻译工具的运用和培训

"工具次能力"作为翻译能力体系中的一个重要因素，已经成为

区分职业译员和翻译新手的核心指标。美国学者安吉来利（Angelelli）指出,对"当今的译者来说,这些专业性工具的价值已经远远超过了字典"①。网络、电子资源、计算机辅助工具对身处新时代的译者而言都是必不可少的。在中译外方面,这些翻译工具的运用会更大幅度、高效率提升目前的翻译质量和翻译速度。然而,在当前的中国翻译界,对这些工具手段的应用仍远未普及,大多译者仍无法有效地进行网络搜索,不能运用诸如翻译记忆、机器翻译、本地化软件和数据库等翻译工具,对信息作出合理、正确的判断。更加值得注意的是,高校翻译教学体系中也鲜有引入数据库、网络资源和各种软件工具,尤其在进行翻译测试时,仍采取传统的手写答题,对翻译工具的忽视直接导致翻译培训和翻译工作无法与时俱进,保持高效进行。

5. 选择和制定翻译策略时,较少考虑对西方读者的文化心理和阅读感受

"策略次能力"作为翻译能力体系中的核心要素,直接决定了译本最终能否在海外被积极接受。国内译者对于翻译策略的选择往往更为注重忠实于原文本,努力想保留中国文化独特的审美价值和诗学特征,而较少关注到西方读者的文化心理和阅读感受。杨宪益夫妇翻译的《红楼梦》就是一个很好的例子。译者曾十分坦诚地说:"我们的灵活性太小了。有一位翻译家,我们非常钦佩,名叫大卫·霍克思。他就比我们更有创造性。我们太死板,读者不爱看,因为我们偏于直译。"②面对于霍克思的翻译策略,杨宪益夫妇更是认为:"在我看来西方读者需要这样的帮助。"但是"当我提出要用同样的策略时,被我的中国同事否决了"。他们承认,"霍克思的卓越贡献在于,他用精彩的英语向西方读者展示了这一中国的伟大著作。相比之下,我

---

① C. Angelelli, "Using a Rubric to Assess Translation Ability: Defining the Construct," in C. Angelelli and H. Jacobson (eds.), *Testing and Assessment in Translation and Interpreting Studies*, Amsterdam: John Benjamins, 2009, p. 37.
② 杨宪益:《杨宪益对话集:从〈离骚〉开始,翻译整个中国》,北京:人民日报出版社,2011年,第4页。

们的译本不过是一个逐字对照的文本"[①]。杨宪益所采取的是中国译者所普遍认同并接受的翻译策略,而杨宪益夫妇的感叹也正是目前中国译者所遭遇到的具有普遍意义的困境。就销路和影响而言,杨译远远不如霍克思的译本,这正是因为杨译较少考虑到目标市场的接受程度,所以译本往往欠缺自然通畅的表达美感。这种文学美感的缺失会影响到译本在目标读者中的流通与接受,因此难被认可,这就造成从中国本土输出的作品在大众市场遭受冷遇的现实。相反,采取适度变通的翻译策略可以使译本规避浓重的民族主义和地域文化标签,走入异域读者心灵,丰富他们的审美感受和人文体验。

以上这些问题和不足,折射出在全球化时代语境中,要实践中国文化"走出去",我们的翻译人才培养就必须以多模块、多要素的翻译能力体系建构为目标,从多方面、多环节上加以改进,有的放矢地让西方了解真实的中国文化,学会欣赏差异性的中国文化。

四、建议:力争建构多层面、多要素的翻译能力体系

中国文化要成功地"走出去",关键就在于翻译工作的成效如何,在于能否培养大批高质量的中译外人才,构建良好的对外交流和人文建设环境,认知、诠释并传播中国文化的内涵与厚度,与他种文化一起共同建构新的世界文化格局。具体联系中译外人才培养中的种种问题与不足,就需要我们积极调整应对思路,在行业规则的制定、课程体系的建构、译介策略的调整、考核机制的完善等各项环节上加以改进。因此,笔者提出一些建议。

1. 制定翻译行业的标准与规范,引入市场准入机制

要改变目前"低准入、无准则"的现实,就必须建立具有普遍践行意义的翻译行业准则和道德规范,并设立一个专门的管理机构进行

---

① G. Yang,"The Story of the Stone," *Bulletin of the School of Oriental and African Studies*,1980 (3),pp. 621—622.

整体的、统一性的管理。除现有的由国家质量监督检验检疫总局颁布的《翻译服务规范第一部分——笔译》(2003)、《翻译服务译文质量要求》(2005)、《翻译服务规范第二部分——口译》(2006)这3个只具参考意义的规则之外,还要制定具有强制性约束力的翻译管理标准,来承担规范从整个翻译行业到各个翻译企业的使命。尤其是要明确文化对外翻译、传播的战略地位和语言规范。具体而言,就是要界定翻译标准,制定有关翻译时限、对象客户、翻译中介、翻译争端等各个环节的道德规范,按重要程度、领域性质拟定不同的翻译规范文件,尤其要提升对外文化交流和传播的翻译语言和语言翻译的质量要求和安全意识。除制定行业标准和规范之外,还要引入客观的市场准入机制,在专门机构的统一约束下,进一步落实对翻译行业的规范化管理。

2. 设置多元化、系统化的翻译课程体系

自2006年开设本科翻译专业,2007年设立翻译专业硕士学位以来,翻译学科在国内迅猛发展,综合性大学、外语院校、师范院校、理工院校和研究机构等两百余所各类培养单位均开设了翻译专业,使之成为高校学生的热门之选。而近年来,随着提升中华文化软实力这一国家战略的提出,中译外人才培养成为各个培养单位健全学科建设与发展的重要命题。设置多元化、系统化的翻译课程体系成为实现这一命题的关键步骤。根据PACTE翻译能力模式,课程设置可涵盖4大板块,分别为翻译理论课程、翻译实践课程、翻译知识课程和人文知识课程。理论类课程如中西方翻译史、翻译理论、文化翻译和当代翻译研究等可以训练学生的策略次能力,提升翻译素养;实践类课程如商务翻译、个案研究、翻译工作坊、技术写作、翻译技术、计算机辅助翻译等立足语篇,结合现代翻译工具,可以培养学生的双语次能力、工具次能力和策略次能力;翻译知识类课程如翻译与文化政策、本地化项目管理、翻译项目管理等可以让学生具备一定的翻译知识次能力;人文知识类课程如语言学、语用学、跨文化交际、中国文学、外国文学、比较文学、哲学、历史学、可以提升学生的语言外次能力。此外,各培养单位还须根据翻译行业的市场需求和要求,立足学校的学科优势和发展定位,增加一些特色鲜明的课程,如金融翻译、法律翻译、外交翻译、旅游翻译等,在课程设置多元化和系统化的基础上,建设以市场需求为导向的符合自身发展的培养目标和课程体系,培养出适应市场需求、能胜任专门领域翻译工作的翻译人才。

3. 加强与海外高水平译者的交流

如前文所述,海外汉学家译者已经积累了相对丰富的经验,向他们汲取知识成为中译外人才培养的宝贵方法,能够帮助中国本土译者高质量地展开译介活动。近几年来,中国国家新闻出版总署与英国艺术委员会、英国文学翻译中心、澳大利亚西悉尼大学等机构合作,由凤凰出版传媒集团与英国企鹅出版集团联合承办了几期中英文学翻译研讨班,专门邀请了葛浩文、蓝诗玲和杜博妮等海外著名译者,也同时邀请了阎连科和毕飞宇等著名作家,与几十位从事汉译英的中国译者一起交流探讨,通过文学翻译的实例分析帮助本土译者们有效成功地进行翻译。诸如此类的交流和研讨可以在更大规模和更广范围内举办,以发现并培养更多的译才。还可以由官方和民间等多种渠道举办互访活动,特别是文学交流和研讨活动,加强中外译者之间的互动,使中国译者得以向那些著名汉学家、翻译家学习切磋。此外,也可以通过国外研修、科研合作、人员互派、开办中外暑期学校、联合培养等方式,着力打造一定数量的造诣深厚的本土中青年译者,尤其是重点培育一批高水平、专业化的翻译团队。

4. 了解译介各环节,调整译介策略

"策略次能力"作为联动各翻译能力的重要因素,辐射到包括作家、译者及经纪人、版权代理商、出版机构的译介各个环节,因此也成为体现本土译者与海外译者之间最大差异的能力,往往决定了译本的成败。因此必须要使中国本土译者熟悉并参与到出版、推广、译介的良性合作之中,了解国外出版社、评论家乃至目标读者的文学诉求

和阅读感受,疏通并及时解决译本在传播和推广过程中的困难,从而适当地调整译介策略。值得注意的是,对译介策略的调整并不是一味地削足适履,追随西方社会的价值取向,而是要关注跨文化传递过程中的诠释方式与交流效果。译者一方面要尊重国外的文化习惯和审美诉求,让国外读者能够形成自然、流畅、通达的阅读感受,另一方面也要注意保留中国文学中的陌生感、民族性及其背后所蕴藉的文化基因和审美方式,让读者能够体会并欣赏中国文化独特的美与力量。葛浩文英译的莫言的《生死疲劳》(*Life and Death are wearing Me Out*)、毕飞宇的《玉米》(*Three Sisters*)、白睿文英译的《长恨歌》(*Songs of Everlasting Sorrow：A Novel of Shanghai*)都是其中成功的范例。这些译作均选取了变通的翻译策略,一方面努力地忠实于原著,保留其中独特的文学个性和文化特征;另一方面努力地跨越语言与文化层面的局限与障碍,使得中文原著中的陌生元素适应西方读者的认知能力和审美习惯。译者、作者和读者、原文与译本、陌生化与可读性之间的角力在译者的笔下消解为十分和谐的共场。这些译本在译语文化中都大获好评,使原著的文学生命在空间和时间上得以延展,也证明了了解译介各环节,适度地调整翻译策略,才能让中华文化真正地"走出去",成为世界文化格局中不可或缺的重要组成部分。

5. 建立完善的考核和评估体系

要改变目前鱼龙混杂的翻译从业现状,真正遴选出高质量的中译外人才,就必须建立并实施翻译认证、考核与评估制度。要在已有的"全国翻译专业资格水平考试"和上海市的"上海外语口译证书考试"的基础上,衔接欣欣向荣的翻译硕士专业学位(MTI)培养,建立一套行之有效的认证与考核体系,考察包括双语次能力、语言外次能力、翻译知识次能力、工具次能力、策略次能力,甚至心理生理要素在内的各种翻译能力。从中译外人才的考核和评估来看,可以将全国二级翻译专业资格水平考试作为MTI学生毕业的必要条件;还可以发挥翻译教育指导委员会、各类翻译行业协会与各种社会组织的作用,从不同行业领域的翻译要求来检测和监督翻译从业人员的各种翻译能力要素;尤其要注意的是,考核与评估不应将重点放在某一字词的选择是否精准,而且应该检验译文整体的表达是否达到翻译指示的要求,是否准确地运用了相关的翻译策略,是否实现了原文的内容、意旨和观点,是否能够令外语读者解除文化障碍的困惑,达到自然通畅的阅读感受。此外,因为此类考核多为手写答题,无法评估应试者的工具次能力,还应当组建环境去衡量应试者在与真实工作环境中类似的翻译软件、数据库等的运用能力,全面考核翻译人才的专业能力和职业素养。

6. 汇聚并引导民间力量和海外资源

中译外翻译人才的培养不能局限于政府资助和学校行为,要同时汇聚来自民间的积极力量。在当前网络迅猛发展,信息瞬息万变的社会里,通过网络汇聚的民间学术机构和人士已成为一股不可小觑的推动力量。比如像"纸上共和国"(Paper Republic)这样由海内外的翻译爱好者建立的网络社区正凭着一己之力,发挥着一定的推动作用。另外,随着越来越多的"孔子学院"在海外开设,诸如"中国文化年""世界汉语大会"等文化活动的大力开展,越来越多的外国人开始学习中文、研究中文,这些积极的海外资源正日渐成为中译外人才的另一个重要发展基地。比如美国翻译协会下属的华语分会就有着数百名从事汉译英工作的海外华人,他们定居美国生活多年,谙熟两种语言,已然形成了一个十分宝贵的海外人才库。对这些民间力量和海外资源的关注、扶植和积极引导必将对中国文化在海外的传播与推介大有裨益。我们要在国家的政策主导和体制规划之下,将来自民间、高等院校以及翻译行业的学术力量汇聚一处,抓住发展机遇,立足市场的需求,形成全球化的视野,向海外展示一个具有差异性的真实的中国文化。

文化"走出去"战略背景下的中国少数民族文学对外译介反思

方仪力

作为中华文明重要的组成部分,少数民族文学不仅肩负着传承和发扬中华民族文化的使命,更是中华文化的特征和核心价值观的集中体现。通过翻译推动中国少数民族文学和文化走向世界,展现中国少数民族自身丰富的文化内涵和族群特征,将有助于中国国家形象建立以及文化"走出去"战略的务实推进。是故,在翻译学的视阈下,采取分析问题、解决问题的研究思路,反思并确立中国少数民族文学对外译介的本质、翻译目的,探讨切实可行的翻译策略,不仅具有一定的翻译学意义,更能为中华文化"走出去"提供一定的理论参考。

一、"走出去"与文化建构:
中国少数民族文学的翻译目的

"走出去"文化战略的提出具有鲜明的时代背景。"走出去"的文化战略即着眼于将中国作为一个文明国家所依赖的文化价值推送出去,在世界范围内发挥影响。这也说明,在"走出去"的文化战略背景下,少数民族文学对外译介的根本目的在于通过翻译在异域建构中华文化,扩大中华文化价值观念在世界的影响力。继而,如何建构文化成为了译者迫切需要解决的问题。

德国功能派翻译理论(Skopostheorie)将翻译视作一种有目的的行为(a purposeful activity),旨在强调目的之于人类行为的重要性,也即,"行为会产生一种结果、一种新的情景和事件,并且有可能产生一个新的文本"①。根据德国功能派学者汉斯·弗米尔(Hans J. Vermeer)的理解,"任何翻译都是面向预期受众的,因为翻译是在目的语语境中为实现预期的翻译目的,并针对特定语境中的目标读者创制文本的行为"②。将翻译视为面向受众的语言转换行为突出了预期受众和目的语文化语境的重要性。由是满足特定语境中读者的需求,使之为目的语文化所接受是中国少数民族文学翻译重要的翻译目的之一。基于此,翻译就不再是一种单纯的语言转换行为,而是一种文化翻译,其成功有赖于少数民族文学作品在目的语文化中对自身文化的阐释和重构。在全球化这种你中有我、我中有你的语境中,语言的复杂性与文化的多元性确立了翻译的必要性。译者和目的语读者同为中介者,借由对翻译行为和译作的理解来阐释和构建文化。

事实上,文化本身是一个极其复杂的概念。"这一概念模糊不清,我们究竟是尝试将文化作为一个人类学中的术语(人们日常生活中的全部行为)呢,还是视作一个美学的概念(人们如何进行创造性表达时的全部行为)呢?更复杂的问题其实是不同的文化是如何来理解'文化'这一概念的。"③然而,不可否认,文化已经成为了一种新的普遍主义观念。人类总是依照文化去行事和认识世界。伊格尔顿在谈及后现代语境中人类的认知方式时提出:"当下文化已经替代了上帝和自然成为了整个世界的基石。"④文化的建构和对不同文化的理解已经成为当下极其重要的事件。对民族国家而言,一方面,"在民族身份的构建中常常包含大量的、有意识的'文化构建'"⑤。文化

---

① Christiane Nord, *Translating as a Purposeful Activity: Functionalist Approaches Explained*, Shanghai: Shanghai Foreign Language Education Press, 2001, p. 12
② Ibid.
③ Micahael Cronin, *Translation and Identity*, New York: Routledge, 2006, p. 46, p. 120
④ Terry Eagleton, *After Theory*, London: Penguin, 2004, p. 58.
⑤ John Tomlinson, *Cultural Imperialism*, The Johns Hopkins University Press, p. 69.

所一直强调的并非普世性的价值观念,而是特定民族和族群所创造的价值,注重展现不同民族之间的差异和族群特征。另一方面,不同民族的文化和价值观念需要借助差异才能在新的语境中重构。正如斯图亚特·霍尔看来,"一些深刻而重要的差异,它们构成了真正的现在的我们"①。没有差异,也就没有对自我和"他者"的认识。文化价值的输送和文化的建构需要借助差异来完成。

很明显,无论是翻译的过程还是翻译的行为都凸显了不同文化和语言之间的差异。作为展现差异和族群特征的最佳场域,翻译能够帮助目的语文化与"他者"展开持续的对话。尤其是对目的语读者而言,译作提供了一个极其特殊的场域,用以捕捉"他者"(otherness)。在《文学文化理论关键词》一书中,作者特别指出:"鉴于差异问题既是政治性的也是本体性的,这也说明差异问题从某一方面来讲,其根本也是与语义有关的。"②因而,所谓的差异是多重的,包含语言和文化两个不同层面。就少数民族文学翻译而言,译作所要展现的正是少数民族文化和语言的双重"他异性"(alterity)。由是,中国少数民族文学翻译在本质上是一种特殊的文学翻译。在美国翻译理论家安德鲁·勒菲弗尔(Andre Lefevere)看来,文学翻译是要传播"文化资本"(cultural capital)。众所周知"文化资本"这一概念是法国社会学家布迪厄反思社会权利运作时提出的,强调的是资本、场域和惯习之间的紧密关系。由于"文化资本"必须通过继承和积累,少数民族文学翻译的关键不在于如何表征文学作品的文学性和审美特性,而在于如何通过文本让异域读者更好地了解中华文化,认识中国少数民族悠久的历史、独特的文化价值观念和族群特征。从这一层面上而言,少数民族文学的对外译介既是以目标语语言、文化和读者为导向的(target-culture and reader oriented),同时也是以源语语言和文化为导向的(source-culture and language oriented)。对源语文本、目标语文化语境以及目标语读者的观照应该是少数民

---

① Stuart Hall, *Cultural Identity and Diaspora* (1994), http://www.rlwelarke.net/Theory/Primary/Sources/HallCullturalIdetityandDiaspora.pdf [2014—12—25], p. 222.

② Julian Wolfrey, *Critical Key Words in Literary and Cultural Theory*, New York: Palgrave Maccmillan, 2004, p. 58.

族文学作品对外译介须重点关注的问题。但考察现有少数民族文学翻译作品却发现,上述三个层面恰恰是目前少数民族文学对外译介所待解决的问题。

二、中国少数民族文学"走出去":现状与问题

迄今为止,已有部分少数民族典籍被翻译介绍到国外,如维吾尔族典籍《福乐智慧》、达斡尔族典籍《少年与岱夫》、蒙古族典籍《江格尔》、柯尔克孜族典籍《玛纳斯》以及藏族格言诗《萨迦格言》等。从总体上来看,上述已翻译出版的少数民族文学大都属于史诗类长篇叙事诗,在文本类型选择上较为单一。众所周知,这些叙事诗本身属于活形态的口头文学,通过各民族人民口口相传至今。在流传过程中,每一个讲述者通常根据自己的理解、情感和愿望对故事进行加工和修正。也正是在这个意义上,民族史诗是各民族人民文化和智慧的结晶,充分反映了中国少数民族悠久的历史、灿烂的文化和不同的思维方式。然而,从翻译学的视角来审视,少数民族文学的上述特点和流传方式恰恰为翻译带来了很大的困难。检视现当代中国少数民族文学的对外译介不难发现,译者在源语文本(source text)的选择上面临着诸多问题。

作为翻译行为的出发点(departure),源语文本是"译者从事翻译的依据和依归"①。若翻译是以原作为主导的(source-text oriented),那么翻译的基本目的是要尽可能"忠实地"再现原作的全部特征。也即,源语文本的选择预设了目标语文本的形态。然而,在实际的翻译实践中,由于少数民族文学自身的特征,译者可能面临着源语文本缺失或需要在多个文本中选择和确立源语文本。事实上,虽然中国少数民族文学这一概念并未在当代学界持续不断的讨论中得以廓清,但可以肯定的是,少数民族文学从文本类型上至少包括民间口承文学和文人书面创造两大主题。因而,当译者在翻译少数民族文学时,他所面临的并不都是书写下来的文学作品,还可能面对民

---

① 方梦之:《译学辞典》,上海:上海外语教育出版社,2004年,第74页。

间的口承文学。

然而,就目前的情况来看,由于译者无法与口承文学的创作和流传保持一致,也很难通过翻译呈现和表达出口承文学"即时性"的特点,因而"原生态"的少数民族口承文学很难成为翻译的源语文本。正如国内翻译研究学者所认识到的,迄今为止"对活形态的少数民族口头文学的对外翻译及翻译研究几乎还是一个空白"[①]。也正因为如此,现已出版发行的少数民族文学典籍基本以现当代经过整理的典籍"定本"为源语文本。所谓的"整理"是指精通民族语言的学者考证、收集民间传唱的不同版本的民族史诗,并用文字将考证后的史诗记录下来,作为该史诗的"定本"。也即是说,民族史诗在成为翻译的源语文本之前已经经过"改变"和"再创造",并非通常意义下的"原作",其口传文学的性质在经过书写后也无疑发生了或多或少的变化。在索绪尔看来,用文字固定言语的行为包含"人为痕迹"的需求。

以彝族撒尼经典《阿诗玛》的英译为例。原诗是流传于石南圭山彝族撒尼聚居区的民间口传文学,在文本类型上颇为丰富,既有代代相传的民族歌谣形式,也有口口相传的民间传说,这也造就了各个不同版本的《阿诗玛》,并使得人物、情节、主旨等各个不同的方面因作品版本的不同而存在较大的差异。1953年石南人民文工团圭山工作组前往石林圭山整理《阿诗玛》,根据当地搜集到的20个民间传说,380多首民歌以及多个民间故事"改写"和"编译"了《阿诗玛》的汉语全本。1957年翻译家戴乃迭(Gladys Yang)将圭山工作组整理的文本作为源语文本,用英文译出,并由人民出版社出版。戴乃迭的译文全部选择了英国民谣(Ballad)的形式,旨在尽可能地反映出原诗"五行一组"的诗歌体风格,且译作流畅、准确,在一定程度上很好地表现出了原诗的文体特征。然而,正如前文所述,少数民族文学翻译有特殊的非文本目的。因而若回溯《阿诗玛》从民间传说到"定本"的过程,似乎可以说,由于戴氏所选择的源语文本只是《阿诗玛》众多版本中的一种,不管戴氏的译作如何精当,都很难展现出这部动人史诗

[①] 段峰:《作为表演的翻译——表演理论视阈下的我国少数民族口头文学的对外翻译》,《当代文坛》2012年第4期。

的全貌。根据当代学者的考察,圭山工作组所参考的原始资料在篇幅、故事情节和人物形象上都与老彝文抄本有相当大的差别,"口头流传的作品篇幅都比较短,情节或者简单,或者不完整;彝文记载的作品,篇幅较长,人物形象、情节都比较丰满、完整"①。

由此可见,少数民族文学作品的现当代"整理本"或"定本"或许在内容和形式上都存在"失真"的问题。当译者选用少数民族文学作品特定的"抄本"或"定本"作为源语文本时,这些文本自身已经经过改写,如此一来,译作所表现的中国少数民族风貌或许有所变形。是故,如何保证"走出去"的中国少数民族文学翻译作品尽可能地表现出原作的风貌,是目前译者和翻译研究者有待思考和解读的问题。

除了源语文本的确立和甄别,现当代少数民族文学译作未能更好地迎合目标语尤其是英语世界读者的阅读期待。这或许与目前少数民族文学译作较少有关。而当前翻译出版的少数民族文学作品主要集中在少数民族文学典籍上,以长篇叙事诗的翻译为主,少见或未见民族歌谣和说唱文学的翻译,译介的文学类型较为单一。与此同时,未经整理和译介的少数民族文学作品仍然为数众多。且现已出版的翻译作品的影响力还有待进一步研究。西方读者对中国文化的阅读兴趣大部分集中在中国传统典籍上,对现当代新近出版的中国文学作品的兴趣和关注度有限,即便是诺贝尔文学奖获得者莫言的作品销量也不大。美国的著名中国文学翻译家葛浩文曾在《东方早报》的个人专访中谈到中国现当代文学在美国市场的销售情况时说:"目前美国出版的中国文学作品主要是小说,每年大概出版三五本的样子。可是呢,现在卖得如何我不大知道的,但是一定不会很畅销,绝对不会的。"②从翻译的接受和影响而言,如果译作的文本类型单一,可选择译作较少,读者很难通过翻译深入理解中国少数民族的民族文化,对中国少数民族文学的认识也自然存在偏差。

分析目前翻译出版的少数民族文学的翻译作品,可以发现绝大多数译本是根据该作品的汉语译本转译成外语,因而这些译作在实

---

① 李缵绪:《阿诗玛原始资料集·前言》,北京:中国民间文艺出版社,1986年,第3页。
② 葛浩文:《葛浩文谈中国当代文学在西方》,《东方早报》2009年4月5日。

质上已经不是"直接翻译"(direct translation),而是一种"间接翻译"(indirect translation)。作为特殊的"间接翻译",现阶段的少数民族文学的对外译介基本是由两个阶段构成,首先由懂民族语言的译者和学者整理为汉语文本,再由精通外语的译者将汉语整理本翻译为外语。这也说明,少数民族文学翻译在很多时候包含着"民族语—汉语"和"汉语—外语"两个不同阶段,至少三种不同语言和文化之间的转换过程。如何在这一过程中尽可能地保留少数民族文学的语言结构,保证翻译的准确性,同样是译者亟须反思的问题。事实上,如果少数民族文学翻译的根本目的是要通过差异的彰显在异域构建中华文化,继而在世界范围发生影响,那么源语文本的筛选和确立、翻译策略的考量和制定、目标语读者阅读期待及目标语文化规范的反思都是影响中国少数民族文学"走出去"的重要问题。

三、源语文本确立与合作翻译:
少数民族文学翻译策略探讨

由于中国少数民族文学既有代代相传的口头文学,也有用各民族语言书写的书面文本,在翻译的时候译者可能面临多个源语文本的选择。根据不同源语文本译出的文学作品在审美情趣、语言结构和族群特征上都存在差别。美国学者马克·本德尔(Mark Bender)用"三种基本惯例"总结了当下少数民族文学翻译源语言文本来源。第一种是利用既有的汉文译本来进行基本的外文翻译;第二种是从口头的原始语言直接翻译为目标语的文字,比如从达翰尔语翻译到英文;第三种是利用书面(或经过编辑的)双语译本来翻译。① 在本德尔看来第三种方式虽是最为理想的方式,但要求颇高,实际很难实现或难以达到既定目标。采用第一或第二种方式,深入到源语文化的核心,能在"不太理想的情况下做到有效地处理问题"②。因而在实际的翻译过程中,控制源语文本的质量,保留作品的原生态性是保

---

① [美]马克·本德尔:《略论中国少数民族口头文学的翻译》,吴姗译,巴莫曲比嫫审校,《民族文学研究》2005年第2期。
② 同上。

证译作完整表达民族文化的前提。

是故,整理和确立源语文本是少数民族文学翻译的出发点。参考传统佛经翻译中的策略,西晋译经僧人曾在《合维摩诘经序》中探讨了译经僧在面对不同译经时的处理方法,提出了编纂"合本"或"会译"的策略。"同本人殊出异,或辞句出入,先后不同。或有无离合,多少各异。或方言训古,字乖趣同。或其文胡越,其趣亦乖。或文义混杂,在疑似之间。若此之比,其涂非一。若其偏执一经,则失兼通之功。广披其三,则文烦难究。余是以合,两令相附。以明所出为本,以兰所出为子,分章断句,是事类相从。"①所谓"合本"是两晋佛学中研读译经经文的策略,以同经异译中的某个译本为"本",以其他译本为"子",相互比较考寻,会通研究。在少数民族文学翻译中同样可以遵循"合本"的方法确立源语文本。应在尽可能地收集到口传文学不同版本和用少数民族语言书写的作品基础上,确立"母本",采用注疏的形式将"母本"和"子本"的差异标注出来,以尽可能地保证少数民族文学内在的历史性,还原少数民族文学特别是少数民族文学典籍的风貌,注重源语文本的完整性。

由于少数民族文学翻译作品是一种"混杂"(hybrid)文本,关涉到了多种语言和文化,有学者提出采用"合作翻译"的方式以确保译文文本在形式和内容两个方面尽可能地忠实于源语文本。② 事实上,如前文所述,少数民族文学翻译在一定程度上也是以目标语文化和读者为导向的。迎合目标语读者的阅读期待,使译作被目标语文化所接受,译者常常需要用目标语重新创造出源语文本丰富的内涵和精美的典故,借以帮助目标语读者在阅读这些文学作品时产生与源语读者相同的意象。这就要求译者同时精通中国少数民族语言、汉语和目的语及其文化。例如拉祜族文化和拉祜方言专家,美国学者安东尼·沃克(Anthony Walker)与中国民俗学者史昆合作翻译拉祜族史诗《牡帕密帕》。作为译者之一的沃克认为该史诗的汉语译本是最完整的版本,但他本人并不精通汉语,无法独立翻译。另一位译

---

① 释僧祐:《出三藏记集》,北京:中华书局,1995年,第310—311页。
② 罗选民:《多元文化语境中的文学翻译现状与前瞻——访安德雷·利夫威尔教授》,《中国比较文学》1997年第1期。

者史昆精通汉语、英语和拉祜文化,但并不精通拉祜方言。两位译者采用合作的方式,先由史昆将汉语译本译作英语,再由沃克在译本中添加注释。这种"深度翻译"(thick translation)的翻译策略,"将翻译文本放置在丰富的文化和语言环境中,将被文字遮蔽的意义与译者的意图相融合",①有助于目的语读者更好地理解源语文化与目的语文化之间的差异。

  无论如何,不管是源语文本的筛选和确立,还是"合作翻译"模式,抑或是"深度翻译"的翻译策略,都旨在彰显差异,表现出中国少数民族文学所具有的文化和语言上的双重"特异性",借以在目的语文化中构建起中华文化认同。在现当代译学中,彰显差异的"异化翻译"曾备受关注。然而,在"走出去"的文化战略背景下,翻译中国少数民族文学作品是要推动民族文化走出去,扩大中华文化的影响。如此一来,译者似乎应力求语言上的流畅和美巧,达到所谓的"文意畅然",让译本为目的语文化所接受。正如爱尔兰翻译理论家克罗宁所言:"在大语种里提倡不流畅、折射式的、异化式的翻译策略是勇敢的,可视作一种文化反叛和包容,但对小语种而言,流畅的翻译策略才是保证其生存的关键。"②

四、结语

  "翻译作为一座桥,连接了不同的个人经历、信仰系统和文化实践,开启了重新体验与阐释世界的大门。"③在当下多元文化语境中,少数民族文学翻译既不是单纯的语言转换过程,也不是所谓的强势文化对弱势文化的挪用和改写,而是异域读者认识和理解中国少数民族独特审美特性、族群特征和语言结构的场域。在少数民族文学翻译中彰显少数民族文化和语言的差异,构建中国少数民族丰富的

---

  ① Kwame Anthony Appiah, "Thick Translation," Lawrence Venuti (ed.), *The Translation Studies Reader*, London and New York: Routledge, 2000, p.427.
  ② Michael Cronin, *Translation and Globalization*, New York: Routledge, 2003, p.151.
  ③ Stuart Hall, *Cultural Identity and Diaspora* (1994), http://www.rlwelarke.net/Theory/Primary/Sources/HallCullturalldetityandDiaspora.pdf [2014-12-25], p.222.

文化和悠久的历史,确保中华文化与异域文化展开持续性的对话无疑是扩大中华文化在世界范围影响力的最佳途径,也是中华文化"走出去"的最终目的。从翻译学的视角来看,少数民族文学翻译不仅需要体察目的语文化的需求,迎合目的语读者的期待,更需要明确翻译的目的,确立和筛选最佳源语文本,选择合作翻译、深度翻译等合适的翻译策略。唯有如此,才能实现真正意义上的中华文化"走出去"。

从生态位原理看中国文化"走出去"中的翻译活动
——新时期"东学西渐"翻译活动的生态位考察

罗顺江　王　松

生态学中的生态位是指"生物完成其正常生活周期所表现的对特定生态因子的综合适应位置"①。生态位包括态和势两个方面,前者指生物单元的状态,后者则是"生物单元对环境的现实影响力或支配力"②。在大自然中,每一种生物都有自己独特的"生态位",其现状既有物种发展过程的积淀,也有当前时期生物为适应环境进行的演化;生物本身一方面受到环境的影响和制约,另一方面又通过自身活动影响环境,其存在和活动本身就构成环境的一部分。生态学中的原理适用于自然界和人类社会,而翻译活动作为人类社会活动的重要组成部分,同样具有其生态位。

我国的翻译活动历来以译入为主,从佛经翻译到西学东渐,外国的文化与科技通过一代代译者的努力被引入中国。而"时至今日,一个国家内部的发展与国际地位的奠定很大程度上要依赖文化软实力"③,我国综合国力的提高催生了文化走出去的需要,而这"首先是一个翻译问题"④。"东学西渐"的口号提了出来,"对翻译活动及以

---

① 许建忠:《翻译生态学》,北京:中国三峡出版社,2009 年,第 124—125 页。
② 同上。
③ 许钧:《翻译研究之用及其可能的出路》,《中国翻译》2012 年第 1 期,第 5—12 页。
④ 同上。

此为依托的跨文化交流活动的机制进行探索,提出建议,促使决策者对跨文化交流中的各种影响因素有更为理性的见解"的重任就落在了翻译者和翻译研究者身上①。

一、"东学西渐"翻译活动需要考察的生态位主体

运用生态位原理求得自身的生存与发展,首先要弄清楚处于何种生态位状态"东学西渐"翻译活动需要考察两方面的生态位,一是"东学",即中国文化资源的生态位;二是"西渐",即中国翻译的生态位。只有综合考察这两个方面,才可能尽量客观全面地认识中国文化走出去面临的优势与困难、今日之状况与明日之发展(参见图1)。

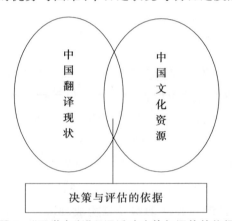

图1 "西学东渐"翻译活动决策与评估的依据

1. 中国文化资源的生态位

中国文化资源生态位的考察对于"东学西渐"翻译活动至关重要。首先"渐"什么,是"东学西渐"面临的首要问题。找准生态位,认识中国文化资源的特色和优势,"西渐"内容才有决策的依据。其次,中国文化的独特性影响到翻译活动。文化作品的翻译和传播都离不

---

① 许钧:《翻译研究之用及其可能的出路》,《中国翻译》2012年第1期,第5—12页。

开社会和社会中的"势必要面对各种非翻译学术性的社会因素"[①],国家法规和国情、出版社或赞助人都对翻译和输出文化作品产生影响。

不论是自然界还是人类社会,生存其中的每一个主体都扮演着多重角色,即拥有一个以上的生态位,中国文化同样如此。一方面,中国文化是世界文化宝库中的一部分,同法国文化、美国文化、英国文化等共同构成一个生态系统;另一方面,文化作为人类文明的一部分,还与政治、经济等因素相互作用,构成另一个生态系统。

从第一个生态维度看,中国文化的生态位是颇具优势的,因为它极具特色,向来被视为世界文化和人类文明中一颗璀璨的明珠。然而,文化的传播有其自身规律。"文化如水",总是从高处流向低处,从强国和强势文化走向相对的弱国和弱势文化。近些年中国综合国力的提高有目共睹,但近代以来中国闭关锁国造成相对闭塞和发展滞后,使得现状仍不容乐观,中国文化尚未赢回失去的话语权,给文化作品的输出带来了不便。

从第二个生态维度看,文化深受同处于一个生态系统的政治、经济等因素的影响。一方面特定民族和社会的文化成果或多或少地带有政治色彩,"意识形态是大多数语篇选择的主导因素"[②],当前中外在这方面存在的差异,致使国外对中国的部分文化带有抵制倾向。"国外主流社会对中国现当代文学的接受中,作品的非文学价值因素要大于其文学价值。"[③]另一方面,输入国政策对传播也产生很大影响。我国外译作品在美国的传播状况一直不理想,很大程度上是因为美国"重扩张轻接受","很少输入外国图书"。[④]

鉴于文化的多重生态位,中国文化资源处在既有利又不利的复杂状态中(参见图 2)。事实上,任何一个国家的文化生态位都曾经或正在处于这样一种双重状态中。

[①] 李景端:《要正视影响翻译的社会因素》,许建忠:《翻译生态学》,北京:中国三峡出版社,2009 年,第 38 页。
[②] Edwin Gentzler, *Contemporary Translation Studies*, London: Routledge, 1993, p.126.
[③] 高方、许钧:《中国文学如何真正"走出去"?》,《文汇报》2011 年 01 月 14 日。
[④] 同上。

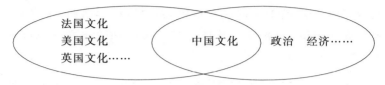

图 2　中国文化的双重生态位

2．中国翻译现状的生态位

既然是"东学西渐",就必然离不开翻译。如果说中国文化资源生态位的考察是"东学西渐""渐什么"的决策依据,那么对当前中国翻译现状生态位的考察则是关乎"怎么渐"的问题。

中国文化是独具特色的,但是这种鲜明特色,使得中国文化的对外翻译之路充满艰辛和困难。中外不论是从文化内容上,还是从文化形式上都存在巨大差异,尤其中国文化采用的是善于表意、意境至上的汉语言作为载体,这更给翻译工作带来了极大困难。以中国文化的精髓之一——中国传统文学为例,从唐诗宋词到四大名著,从情谊之颂到谈国论策,短则几字十几字,长则洋洋洒洒几十万字,言简意赅而又意味无穷,将汉语言的表意功能发挥得淋漓尽致。将这些合形意于一体的艺术之作翻译成外文,而又不损其精髓,实为难矣。

如果说中国文化的独特性给翻译带来了客观上的约束,那么翻译活动参与者的具体情况又为翻译带来了主观上的制约。翻译活动实践者包括宏观上的国家相关部门、中观上的翻译组织以及微观上的个体译者。对于"东学西渐"翻译活动,国家的重视程度与支持力度非常重要,其政策直接引导着整个翻译活动的大方向,其决策对整个翻译活动和对外传播活动起着关键作用;翻译组织是国家政策的落实者和翻译操作的组织者,起着承上启下的桥梁作用:对上承接项目,对下组织译员工作,既"上情下达"又"下情上传";而个体译者则是"东学西渐"的一线人员,是文化翻译成果(文化翻译涵盖各种形式、各个领域的翻译。既包括传统的文本翻译,如文学书籍、报纸杂志的文本翻译,又包括后来兴起的多媒体翻译,如电影、电视剧、文化节目的翻译。故文化翻译不仅仅是文本的翻译与出版的问题,更关注新技术的特别作用,如小说改编的电影在中国文学走向世界进程中就起到了非常大的作用①)的直接产出者,其素质和能力直接影响着最终成果的质量。

目前,宏观层面上,国家对文化走出去的重视程不断提高。国家外文局早在20世纪80年代就策划发行"熊猫"系列译丛,2004年创设"对外传播研究中心",全国哲学社会科学规划办于2010年首次批准设立了国家社会科学基金中华学术外译项目。中观上,相关领域群体(构成参见图3)大量增加,活跃了翻译市场,促进了文化作品的翻译和输出。2010年8月中国作家协会举办的"汉学家文学翻译国际研讨会",邀请了十几个国家的近三十位汉学家进行交流,对中国文学"走出去"起到了促进作用。微观上,近年来我国高校翻译学科建设成果显著,大批翻译人才得以培养,科技的发展也为翻译工作提供了便利。

在各方努力下,中国文化的对外翻译已取得一定成果。据报道,改革开放以来,有数百位中国当代作家的千余部作品被翻译成多种文字介绍到国外,很多作品在国外的发行也取得了较好成绩。②"仅中国国家图书馆收藏的英、法、德、荷、意、西等欧洲语种和日语的中国当代文学外译图书即在870种以上,中国有作品被译成西方文字的当代作家在230位以上。"③

然而,存在的问题也不容忽视。宏观上,中国对外翻译作品的传播渠道尚不够畅通,且"外国主流出版机构的参与度不高"④。中观上,群体组织体制尚不规范,市场化商业化倾向过重,翻译把关的质量有待提高等。微观上,翻译人才队伍暴露出三大方面的欠缺:①知识面狭窄,中外语言文化基础薄弱,缺乏译学相关学科知识;②理论修养不够,对本学科和相关学科的理论学习与研究太少;③精通语

---

① 高方、许钧:《现状、问题与建议——关于中国文学走出去的思考》,《中国翻译》2010年第6期,第5—9页。
② 王杨、王觅:《图博会"中国作家馆"开馆——作家畅谈中国文学走向世界》,《文艺报》2010年09月01日。
③ 李朝全:《中国当代文学对外译介情况》,中国作家协会:《汉学家文学翻译国际研讨会演讲汇编》,2010年,第102页。
④ 高方、许钧:《现状、问题与建议——关于中国文学走出去的思考》,《中国翻译》2010年第6期,第5—9页。

言、文学之外其他一两门学科的人太少①。老一辈翻译家在外译活动中作出了榜样,而新时期新任务,呼唤一批能胜任"东学西渐"任务的人才。

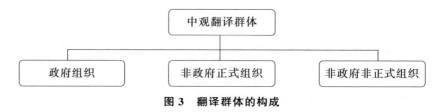

图3 翻译群体的构成

二、"生态位"原理在中国文化资源外译过程中的运用

一项完整的翻译活动可粗略地划分为四个阶段:译前决策、翻译实操、效果评估与反思总结。将单独一次翻译活动拿出来考察,这四个阶段是单向的链式过程(参见图4)。如果把翻译活动视为一个整体,包含若干次翻译事件,上述四个阶段便成为环状的循环式过程(参见图5)。

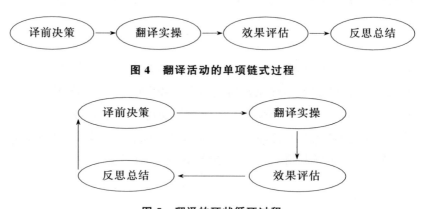

图4 翻译活动的单项链式过程

图5 翻译的环状循环过程

从历时角度上,链环中的反思总结阶段既是一次翻译活动的结束,也是下一次翻译活动的开始;从共时角度上,此译者或此翻译组织的经验与教训,将成为彼译者的学习和借鉴的对象。而生态位原

---

① 杨自俭:《我国译学建设的形势与任务》,《中国翻译》2002年第1期,第4—10页。

理的运用可以说贯穿循环始终。本文仅对译前决策和效果评估阶段生态位的考察作一论述,希望起到抛砖引玉的作用。

1. 译前决策

译前的决策既包括翻译对象的决策,也包括翻译策略的决策。

首先,"译什么"是翻译活动的首要问题,文本的选择对于翻译的作用不言而喻。"巧妇难为无米之炊",即便有再高的翻译能力,缺乏合适甚至优秀的文本,怕是也难拿出能够为外国人接受并且喜爱的译本。对于中国文化外译活动来说,翻译对象的决策者主要有国家和翻译群体两个层面。国家可以对翻译的大体方向和主要内容作出规定,而群体则具有部分文本选择权和立项申请权。

其次,作为翻译活动第二步的"怎么译",同样涉及国家和翻译群体的决策问题。国家对文化外译活动的总体规划、翻译政策的出台以及执行的力度和效果,对翻译活动产生很大影响。翻译群体对于翻译总体策略的选取为译者的操作实务建立规范和约束条件。而其如何组织译者进行翻译,则直接影响到翻译活动的效率。

2. 效果评估

译本输出后,对于效果的评估绝不可小觑。评估工作有着双重意义,一方面是调查特定的一次文化传播效果和译本的接受度,即衡量既定目标的实现程度;另一方面是为下一步的反思总结提供参考的资料,为以后的文化传播工作和翻译活动提供决策的依据。

对于"东学西渐"翻译活动效果的评估需要从文化传播与翻译工作两方面进行,且同样需要遵循生态位的原理。这就要求对结果进行客观全面的评价,尤其注意不可过于苛刻。在特定历史环境中,处于特定生态位上,主体必然受到来自外界与自身的双重限制和约束。每个时期每个生态位上的主体都有"能"与"不能",追求"够得到"的同时,不能无视"够不到"(此处引用"摘苹果"的目标确定法。设定目标时要选择跳一跳够得到的"苹果",太低或太高的目标都不利于目标的实现和自身的发展)。

中国文化的对外传播受到主客观的种种限制,取得一定成绩的同时必然伴随着大量不足与问题。评价时对成绩要予以充分肯定,总结经验,提高信心。对于问题,则要吸取教训,弥补不足,以批评促发展。正是"不能",推动着主体的不断自我发展、自我完善,向更高层次的生态位演进。

三、"生态位"原理下"东学西渐"翻译活动的几点启示

1. 正确而全面的"生态位"认知

"物竞天择,适者生存",只有对自身所处环境、环境中存在的各种非生物和生物因素有了清醒的认识,明确"物竞"的规律和"天择"的本质,才能调节自身以适应环境,做能够生存的"适者"。翻译活动亦是如此,翻译行为并非"独立于其他因素之外的纯语篇操作,在翻译行为实施之前,已经存在先在的系统结构,影响和制约将要实施的翻译行为"[①]。

中国文化作品的对外翻译处在文化生态系统和翻译生态系统的交叉交叠之中,其生态位"不仅是形成翻译动机的直接原因……而且深刻地影响和操控着译者所采取的文化立场、翻译策略、翻译标准、翻译方法以及宏观和微观的语篇选择"[②]。国家之间政治、经济等领域的交流与合作都会成为影响对外翻译及传播的因素。

2. 对环境的充分了解与尊重客观规律

大自然的力量是可畏的,对自然的不敬必将得到其惩罚,顺应自然而生已成为人类的共识。认识生态位的目的在于立足生态位,求

[①] 范祥涛:《科学翻译影响下的文化变迁:20世纪初科学翻译的描写研究》,上海:上海译文出版社,2006年,第28—29页。

[②] 同上。

得自身的生存与发展。对外翻译活动亦是如此。

过去,我国多以译入为主,译者熟悉目的语社会文化,对翻译中"合适"与"不合适"判断起来较为容易,"翻译者和翻译研究者通常甚少甚至完全不考虑翻译行为以外的种种因素……而只关心语言文字转换层面的'怎么译'的问题"[①]。而今天,面临中译外的课题,把中国文化介绍给外国人,就不能按照"译入翻译"的理念指导"译出翻译"了,"诸如传播手段、接受环境、译入国的意识形态、诗学观念"[②]等都要纳入考虑范围。

要"走出去",就要了解出去后的环境,了解周围主体的生态位。各个国家的情况不同,与中国文化的相容程度不一,文化市场的需要也各有差异。深入的跨文化研究和充分的文化市场调研,对于中国文化外译和传播的成功至关重要。"不同体制的国家,有不同的文化传播途径,既然是面对国外,就必须要非常清楚国外出版发行体制的惯行方法,要融入对方的社会,习惯他们的操作流程,例如经纪人、代理机构与出版系统之类。"[③]掌握翻译和传播活动固有的规律,将使我们的文化走出去事业达到事半功倍的效果。

3. 发挥主观能动性与追求生态位的优化

现有的生态位是客观的、历史的,但并非是不可改变的。相反,无论是在自然界生物演进过程中,还是在人类社会活动中,处处可见对改善自身生态位的追求"适者生存"中的"生存"实际上既包括被动的存在式生存,也包括主动的发展式生存,而后者显然更具意义。

生态位的优化需要内外两方面的作用,即外源扰动与内源扰动。按照耗散结构理论"涨落导致有序",生态学家将一切改变生态系统的状态、结构和功能的现象统称为"扰动"。扰动可以分为外源的和内源的两大类。翻译生态系统的外源扰动最终要转化为内源扰动,当这种扰动达到一定程度,在风险和反馈作用下放大为巨涨落,形成

[①] 谢天振:《新时代语境期待中国翻译研究的新突破》,《中国翻译》2012年第1期,第13—15页。
[②] 同上。
[③] 夏仲翼:《著名翻译家倾谈文化"走出去"》,《海风》2010年第3期,第17—29页。

新的耗散结构系统。外源是条件,内源是根本,外源需要通过内源起作用。追求生态位的优化,首先要从内部实现优化提升。内源可从纵向和横向两个维度来考察。纵向上,翻译系统内部主要由三层主体构成:宏观国家主体、中观组织主体以及微观个人主体。三个层次自上而下有着领导与监督作用,自下而上又有着反馈机制。个体译者在翻译决策上仅有被动执行权,但对于翻译实务来说却掌握着主动权。译者通过个体劳动将译本呈现给组织群体,并进一步汇总至国家层面向外传播。三层主体之间良好的配合与沟通,是相互促进、共同推进中国对外翻译事业的前提条件。(早在2006年,就有百名译者研究者和出版者共同发出倡议,呼吁"译者与出版者,共同承担着保证翻译质量的重任,既要相互支持,也要彼此监督"。"共同呼请社会重视翻译在促进中外文化交流及富国强民建设中不可缺少的作用。提供译者的社会地位,承认重要译作同属于科研成果;创造条件培养造就职业翻译家;……再次吁请主管领导部门,尽快设立'国家翻译奖',并早日确定统筹管理翻译事业的政府职能部门。"——《倡议书——百名译者研究者与出版者共同构建和谐翻译环境,提高翻译质量的倡议和呼吁》)

从横向上讲,中观层次的相关群体为数不少,它们之间的竞争与合作在矛盾运动中推动翻译市场和翻译事业的发展。良性竞争和合作机制有利于国家政策的落实、翻译整体质量水平的提高以及隶属于其管理的译者个体的成长;恶性竞争则会使政策扭曲、市场混乱、译者失去方向。微观层次上译者之间进行交流与合作,则有助于其素质和能力、翻译效率与译本质量的提高。

4. 趋利避害、取长补短,借助外力推进"东学西渐"

一个生态位主体对其所处环境的依赖,实质上就是对环境中其他生态位主体的依赖。在与周围主体进行周旋以求生存的过程中,学会利用他者促进自身发展是智慧之道,即发挥外源扰动的促进作用。"东学西渐"翻译活动同样如此,中国文化"走出去"的战略,需要放在国际大视野中予以考察。如将国家文化的传播视为一个生态系统,那么每个国家的文化传播都可以占据一个生态位。

而实际中的外源扰动既有有利方面,也有不利方面。要学会趋利避害、取长补短,借助外力作为"催化剂",才能实现生态位的优化。即是文化传播,便面临着市场竞争。在每一个特定的历史阶段,人类社会规模和整个文化市场的承受力是有限的,同一时间内文化市场中的消费者选择了这种文化,便放弃了另一种文化。

处在竞争中,中国的"东学西渐"一方面要充分发挥自身优势,从内源上提高自身竞争力;另一方面也要讲求策略,重视研究文化传播规律,尤其要学习借鉴他国成功的文化传播和翻译经验,吸取他国失败的教训。博采众长,取他人之长以补己之短,才能加快自身的发展。同时,可以考虑采取与他国合作的方式,将不利条件转化为有利条件,将竞争对手变为合作伙伴,共同为文化传播目的市场呈现一场饕餮盛宴。

中国文化作品的对外翻译和传播活动处在复杂的生态系统中,只有对其"生态位"有全面而正确的认识,才有可能在环境中求得顺利的生存和良好的发展。这种认知愈是趋于真相,发展愈是有可能加快。充分了解环境,掌握翻译与传播规律,学会趋利避害,与他国在竞争中寻求合作、在合作中学会竞争,期待中国文化的对外传播走出新道路。

"中学西传"之译介模式研究
——以寒山诗在美国的成功译介为例

鲍晓英

一、引言

中国文化"走出去"是国家战略,译介中国文学是实现中国文化"走出去"的途径之一。从20世纪50年代创刊的英、法文版的《中国文学》杂志、20世纪80年代的"熊猫丛书"、20世纪90年代开始的"大中华文库"、2004年发起的"中国图书对外推广计划"、2006年启动的"中国当代文学百部精品对外译介工程""经典中国出版工程"、2009年启动的"中国文化著作翻译出版工程"和2010年启动的"中国文学海外传播工程""国家社会科学基金中华学术外译项目",到2011年《人民文学》英文版《路灯》(*Pathlight*)的创刊等,这些都表明,通过翻译中国文学促使"东学西传"一直是国家努力实现的目标。然而,2001年《中国文学》停刊、"熊猫丛书"停止发行,多年来我国图书进出口10∶1的贸易逆差,70%以上版权输出港台东南亚等华人市场而引进书籍大部分来自欧美国家,1900年到2010年110年间中国翻译的西方书籍近10万种而西方翻译中国的书籍种类还不到1 500种。这些事实也表明,中国文学在"走出去"历史进程中,一直以来都步履蹒跚。相对于国家和出版机构的巨大努力,"走出去"理论研究滞后,也迫在眉睫。中国文学向西方译介还处在起步阶段,不能把"译入"理论简单拿来指导"译出"实践。尊重译介规律,积极探讨对外译介的翻译理论,才能更好地指导"译出"实践。

译介学理论认为,通过翻译将中国文学推向世界,不是简单的文字或文学翻译而是文学译介。译即翻译,介的重要内容是传播。翻译文本的产生只是传播的开始,在它之前还有选择译什么的问题,在它之后还有"交流、影响、接受、传播"等问题。译本的接受和传播受到国家外交关系、意识形态、诗学、翻译规范、赞助人、翻译政策、读者期待、传播渠道等因素的制约,传播要考察的是翻译文本是否达到目标语国家的语言要求、译介内容是否符合目标语主流意识形态和诗学,更要看文本传播各环节是否有效。传播往往是译介成功与否的关键。

如何实现有效传播一直是传播学研究课题,拉斯韦尔传播模式对传播过程进行了深入研究和总结,明确了传播过程模式和要素,是传播学理论经典,对实现有效传播有着积极的指导意义。

21世纪,世界出现了阅读中国图书热,如何将其延续下去?如何让中国图书更加快速、持续地"走出去"?我们有必要总结和研究以往成功案例。在中国文学译介中,寒山诗在美国的成功译介堪称经典案例。寒山是公元7世纪唐代隐逸诗人,著有《寒山子诗集》。寒山及其诗歌在中国文学史上是被忽视甚至被冷落的,然而寒山诗在西方社会尤其在美国有着经久不衰的文学经典地位和社会影响,从在中国文学史中的"被边缘化"到美国翻译文学中的"被经典化",在翻译文学经典中塑造了一个不朽的神话。从拉斯韦尔传播模式看其译介过程以及影响其传播的种种因素,总结其成功西传的经验,对找到中国文学有效译介模式给"中学西传"提供经验和参考具有积极的意义。

二、拉斯韦尔传播模式

拉斯韦尔传播模式是由美国政治学家哈罗德·拉斯韦尔在《社会传播的结构与功能》一文中提出来的,他最早以建立模式的方法对人类社会的传播活动进行了分析。文章中,拉斯韦尔提出了传播过程五个基本构成要素,即谁(who)、说什么(what)、对谁(to whom)说、通过什么渠道(in which channel)、取得什么效果(with what effect)。具体说"谁"就是传播者,在传播过程中担负着信息的收集、加工和传递的任务,传播者既可以是个人,也可以是集体或专门机构;"说什么"是指传播内容,它是由有意义的符号组成的信息组合,符号包括语言符号和非语言符号;"渠道"是信息传递所必须经过的中介或借助的物质载体,它可以是诸如信件、电话等人际媒介,也可以是报纸、广播、电视等大众传播媒介;"对谁"指传播受传者或受众,是所有受传者如读者、听众、观众等的总称,它是传播的最终对象和目的地;"效果"指信息到达受众后在其认知情感、行为各层面所引起的反应,即对信息的接受情况,它是检验传播活动是否成功的重要尺度。

拉斯韦尔传播模式界定了传播学的研究范围和基本内容,影响极为深远。这一模式还奠定了传播学研究的五大基本内容,即"控制分析""内容分析""媒介分析""受众分析"以及"效果分析",这五种分析涵盖了传播研究的主要领域,虽然后来的很多学者都对此进行过各种修订、补充和发展,但大都保留了它的本质特点。

三、从拉斯韦尔传播模式看寒山诗的成功译介模式

文学译介是文化传播的重要途径,将包含五大基本内容的拉斯韦尔传播模式应用到译介,指包含"译介主体""译介内容""译介途径""译介受众""译介效果"五大要素的译介模式,对译介主体、内容、途径、受众和效果进行深入研究,有助于探索最佳译介模式。寒山诗在美国的成功译介是因为它符合了译介主体、内容、途径以及受众等传播要素的不同要求,译介效果显著。

1. 译介主体

译介主体指翻译的发起者,它既可以是新闻出版署、出版社等组织机构也可以是个体译者。译介主体在翻译传播中发挥着重要作

用。从本质上讲,所有文化对外来事物都是抵制的,会把译本看作移植的器官,把本族语言文化对他者的抵制看作身体对外来异物的自然排斥,翻译本身就带来冲击,对固有的语言和文化带来威胁。心理学家发现人们对有着共同信仰、价值观、语言、种族、文化、宗教背景的人所说的话往往更信赖、更容易接受。社会心理学家纽卡姆也在一项实验中证实,彼此间态度和价值观越是相似的人,相互之间的吸引力也会越大,这是"自己人效应"。"自己人效应"普遍存在,就翻译而言,译介主体如果有目标语读者,"自己人"即其本土译者或出版发行机构,有他们参与翻译出版,译介的作品更容易为其信赖和接受。

"中学西传"译介主体虽然包括海外出版社和译者,但主要是国内出版社和译者。长期以来通晓中文的外国人极为有限,承担中译外的任务就只能落到中国翻译工作者的肩上。同时国内媒体与公众对译者在翻译过程中能多大程度再现文学作品中"原汁原味"的中国元素一直心存芥蒂,他们寄予了土生土长的中国本土译者以厚望,希望他们在中国文学"走出去"中充当关键角色,然而总体看来译介效果不佳。例如,国内著名翻译家杨宪益翻译的《红楼梦》堪称经典,但是,有学者(江帆)在对170多年来十余种《红楼梦》英译本进行深入研究,并到美国进行实地考察后发现,与英国汉学家大卫·霍克思(David Hawkes)译本相比,杨译无论在读者借阅数、研究者引用数,还是在发行量、再版数等方面,都远逊于霍译本。除了翻译策略不同等原因外,大卫·霍克思作为英语国家译者更容易被接受也是一个重要因素。

寒山诗在美国主要有三个译本,译介主体为个体译者。他们是伯顿·沃森(Burton Watson)、赤松(Red Pine)和加里·斯奈德(Gary Synder),其中影响最大、促使其广泛传播的是加里·斯奈德。

伯顿·沃森生于1925年,是美国著名的翻译家和汉学家。伯顿·沃森通过翻译和写作,向英语世界译介了大量中国历史和古典文学作品。作为当代最负盛名的中国古典文学翻译家,伯顿·沃森在美国乃至世界汉学翻译与研究领域享有崇高的声誉。1962年发表的《唐代诗人寒山的100首诗》(*Cold Mountain: 100 Poems by the Tang Poet Hanshan*)是伯顿·沃森翻译的第一部中国古典诗歌集。

赤松真名比尔·波特（Bill Porter），是美国民间学者。赤松1943年生于洛杉矶，1972年在哥伦比亚大学攻读人类学博士，中途辍学，去了台湾的一家佛寺，在那里与僧侣们一起生活了4年，后来在香港和台湾的英文教学电台谋职，现居美国。英语世界里最早出现的寒山诗全译本是1983年赤松翻译的《寒山歌诗集》(*The Collected Songs of Cold Mountain*)。

真正使寒山诗在美国声名远扬的是加里·斯奈德。加里·斯奈德出生于1930年，是20世纪美国深层生态学桂冠诗人、翻译家、禅宗信徒、"垮掉的一代"代表人物之一。2003年他当选为美国诗人学院院士，先后出版十六卷诗文集，相继获得"莱文森奖""古根海姆基金奖""普利策诗作奖""博林根诗歌奖""罗伯特·寇什终身成就奖"等。加里·斯奈德是垮掉派中"今天唯一存活的声音"，被称为"没有垮掉的垮掉派诗人"。1958年加里·斯奈德在《常青藤》(*Evergreen Review*)杂志上发表了寒山诗24首。

可以看出，在美国寒山诗译介主体不是中国本土译者，而是加里·斯奈德等精通英语和汉语的西方汉学家。他们将寒山带入了另外一个璀璨的文学世界，在那里，中国文学中的"边缘诗人"和"边缘文本"迈进西方文学"中心"与"经典"的殿堂。

中译外面临的一大挑战是高端翻译人才极度短缺。有学者认为，既熟悉中国文学的历史与现状，又了解海外读者的阅读需求与阅读习惯，还能熟练使用母语进行文学翻译，并善于沟通国际出版机构与新闻媒体及学术研究界的西方汉学家群体，是中国文学"走出去"最理想的译者模式选择和翻译群体，许多汉学家已经成为了中国文学外译得以传播的桥梁。然而，单纯以西方汉学家作为中国文学"走出去"的译者群体，在文本选择与翻译环节就必然受制于其个人喜好及研究专长。必须在西方汉学家与中国学者的有机互动中寻找最佳合作方式，"多轮驱动"的译介主体模式，即官方、本土译者和国外汉学家或汉学机构通力合作，依靠学贯中西的汉学家，采用中外合作的方式翻译，双方取长补短，才可能取得较好的效果。加强国际合作，拓展海外资源，建设全球中译外人才库，是解决译介主体问题的重要途径。

2. 译介内容

翻译是选择的过程，确定选择内容（例如译谁？译什么？何时译？）非常关键。选择贯穿于翻译全过程，无论是"译什么"还是"怎么译"都涉及译者的选择。这种选择，绝不仅仅是译者个人的自由选择，它要受到诸如历史、社会、文化、政治、审美情趣等多种外部和内部因素的限制，其中起主导作用的是译入语文化中的"诗学、赞助人和意识形态三大要素"，它们决定了译本被接受或拒斥、处于经典或边缘。翻译题材和体裁选择的妥当与否会严重影响国外的接受，如果发出方推出的译本与接受方读者的期待视野产生偏差甚或冲突，译本很有可能不会产生任何反响。这种冲突既可能源自双方在意识形态上的不同，也可能源自双方在诗学和赞助人方面的差异。要通过翻译实现"中学西传"，有必要深入研究目标语的社会意识形态、诗学以及读者的期待和需求等，知己知彼，精心选择译介内容。

寒山诗译介中，伯顿·沃森在寒山300多首诗中选择翻译了100首；赤松的《寒山歌诗集》是寒山诗全译本，初版翻译了307首寒山诗，2000年的新版本在此基础上加入了4首丰干诗和49首拾得诗；加里·斯奈德则仅仅选择翻译了24首，而正是这24首诗使寒山诗在美国得以广泛传播。加里·斯奈德翻译的24首寒山诗基本都是有关天人合一的自然禅意，而对原诗中那些劝世诗、宣扬孝道诗以及谐趣的俗语诗，则仿佛视而不见。加里·斯奈德这样的选择，是基于他对当时的主流意识形态、诗学和对读者的透彻了解。

加里·斯奈德深知，翻译只有符合社会的主流意识形态和诗学传统才可能为读者接受。当时的美国处在第二次世界大战之后，现代工商业及机械文明对人的压抑与异化使得各种社会问题日渐暴露，大批美国青年开始对西方文化和宗教传统产生强烈不满和深度质疑，他们露宿荒野、流浪、酗酒、吸毒，甘愿忍受贫穷、痛苦和困顿，"垮掉的一代"由此产生。加里·斯奈德选择翻译寒山的作品，是因为他觉得寒山超然不羁、寂然无求、宁静自在的心境和我行我素的行事方式与形象，符合当时社会的思想意识形态，能在"垮掉一代"中引起共鸣。就诗学传统而言,美国新诗运动尽管不在巅峰期,但是新诗在章节、音步、押韵等方面都比较自由灵活,没有格律诗严格固定格式的限制和约束。寒山诗简朴、淡恬、清朗的新诗诗风符合反对一切繁文缛节的"垮掉一派"读者的品味。

(1) 译介途径

传播媒介是指能够向社会大众传播信息的媒介组织和信息载体,包括报纸、杂志、广播、电视、网络、图书、报社、杂志社、出版社等。译介途径同样包括报纸、杂志、出版社、杂志社等。翻译作品在美国的文学市场占有非常小的比例,比起国外出版社出版的翻译文学作品,美国读者更倾向于阅读英语国家出版社参与出版销售的作品。然而多年来"中学西传"的译介途径比较单一。中外合作虽然近年来有所增多,但主要译介途径还是本土出版社,例如"熊猫丛书""大中华文库"等项目工程。英译本基本没有选择和英美出版社合作出版,而是由国内出版社出版。这样的发行方式加上别的原因致使其在海外的发行效果并不理想。

寒山诗译介途径是美国本土出版社和杂志,这也是其能够得到传播的原因之一。伯顿·沃森的《唐代诗人寒山的 100 首诗》1962 年由纽约丛林出版社(New York: Grove Press)出版,1984 年改由哥伦比亚大学出版社(Columbia University Press)出版。2000 年赤松的《寒山歌诗集》由铜谷出版社(Port Townsend: Copper Canyon Press)出版。加里·斯奈德 1958 年 24 首寒山译诗发表于美国《常春藤》杂志,1965 年,他将其并入集子《砌石与寒山》(*Riprap & Cold Mountain Poems*)由灰狐狸出版社(San Francisco: Grey Fox Press)出版。新世纪美国对寒山和寒山诗热情依然不减,《含英咀华集》(*Classical Chinese Literature, An Anthology of Translations*)(2000)、《哥伦比亚中国文学史》(*The Columbia History of Chinese Literature*)(2001)、《山居:古中国的荒野诗》(*Mountain Home: The Wilderness Poetry of Ancient China*)(2002)、《中国古典诗歌选集》(*The New Directions Anthology of Classics Chinese Poetry*)(2003)、《安克尔中国诗歌史》(*The Anchor Book of Chinese Poetry From Ancient to Contemporary, The Full 3000-year Tradition*)

(2005)等中国诗选集都争相选录或评论寒山诗,这些诗集均由英美学者编辑,美国出版社出版,这些都对其经典性的延传起着非常重要的作用。

拓展译介途径是"东学西传"的重要课题。《中国图书"走出去"成功案例选》一书(2010)中列举了 15 个案例,虽然"走出去"各有窍门,但所有案例都包含不同形式的中外合作。目前学界已认识到国内出版社与海外出版社联姻对中国图书向海外传播有着重要作用,认识到依托国际销售渠道和发行网络译介中国文学、借助自主知识产权输出策略"走出去"是一个重要途径,国家正采取各种措施鼓励国内出版社采取联合出版、版权转让等形式与国外出版社合作,协力开拓海外市场。中外出版单位从选题策划、撰写书稿、翻译编辑,到版式设计、印刷出版、发行销售,进行全方位的全程合作,双方在各个环节发挥各自的优势是一个理想的模式。例如,上海新闻出版发展公司从 2004 年开始与美国《读者文摘》合作出版为海外读者量身定做的《文化中国》丛书,以 3 年周期、每年 20 种的速度出版,现已进入巴诺书店、亚马逊网上书店等美国图书主流销售渠道,这是一个中国文化英文版图书首次较具规模地进入美国主流图书市场,并利用国际化平台进行海外推广的例子;2005 年企鹅出版社出价 10 万美元购得中国畅销书《狼图腾》的全球英文版权,在中国的图书界创造了一个纪录,大大提高了该书在西方的传播;王宏主持翻译的《梦溪笔谈》全英文国际版已由英国帕斯国际出版社于 2011 年底正式出版,售价 80 英镑,专攻国际市场,这是"大中华文库"《梦溪笔谈》(汉英对照)在国内出版后,国内出版社出让海外发行版权,将中国典籍英译作品推向海外的一个较为成功的范例。

(2) 译介受众

传播是由传播主体和传播受众共同构建的。传播受众是接受主体、反馈主体。传播主体和传播受众相互联系、相互依存,共同组成传播环流。没有传播主体就没有受众,没有受众,传播主体的存在毫无意义,最终也会不复存在。由此可见,对受众进行研究,就是考察传播效果、预测和评估传播的价值和意义的核心课题。

译介过程中,译介主体作为传播主体、译介内容作为传播内容固然重要,只有译介内容到达受众并为之接受,传播才得以真正实现。因此在译介中国文学之前,译介主体就要对译介受众进行深入分析和了解,探索中国读者的欣赏习惯跟西方读者的区别,了解"他者"的需求,根据译介受众的意识形态、喜好等决定译介内容和翻译策略。新中国成立之初到 20 世纪 70、80 年代,中国文学译介与传播常常遭到冷遇,原因之一是对译介受众的研究不够。正如曾在外文出版社工作的英国汉学家杜博妮(Bonnie McDougall)分析,这是翻译决策的失误以及读者对象的误置所致。杜指出,当时制定翻译政策的人对英语语言知之甚少,对英语读者的阅读取向更是不明就里,他们对文学译本的实际读者少予重视,而只关注专业读者的可接受性。著名汉学家葛浩文对中国文学的译介成绩斐然,将莫言领入了诺奖的殿堂,他翻译的《狼图腾》被美国销路最大的刊物《国家地理》评为年度最佳图书。其中一个重要的原因是葛浩文对美国读者的阅读兴趣有着非常清醒的认识,在选择译介内容时有的放矢,他知道:"所谓的知识分子小说他们(美国人)不怎么喜欢。他们喜欢的有两三种吧,一种是性多一点,第二种是政治多一点。其他像很深刻地描写内心的作品,就比较难卖得动。……另外一种就是侦探小说,中国的历史小说也颇受欢迎……"

加里·斯奈德选择翻译寒山诗是基于他对译介受众的了解。加里·斯奈德知道寒山疯狂乖张的举止及讽喻、虚无和玩世不恭的态度,与当时美国"垮掉的一代"的行为举止有着惊人的相似,寒山诗中隐居山林、回归自然的极度满足和狂喜及困顿、孤寂的内心表白,正符合"垮掉的一代"的思想状态;加里·斯奈德在寒山诗 300 多首中选择翻译了 24 首关于自然禅意的诗,这是因为他清楚地知道俗语诗与当时的主流意识形态和诗学背道而驰,绝不会在受众中产生任何审美认同;在翻译策略的选择上,加里·斯奈德深知矫揉造作、辞藻华丽的文风不会受到受众欢迎,因此他选用生态诗翻译形式,诗歌主客体不分、词少意丰、结构松散自由、白话口语体,这些都符合受众崇尚自由、不受约束的心理。可以看出加里·斯奈德是在对译介受众深入研究的基础上选择译介内容和翻译策略的,这也是其寒山诗译介成功的重要原因。

(3) 译介效果

传播效果是由受众对传播内容的接受情况来体现的,只有受众接受了传播内容,传播才算有效果,传播才算真正完成其过程。译介作品不被译介受众接受就达不到译介目的和传播效果,科学地选择译介主体、译介内容、译介途径,深入地了解译介受众,才可能达到较好的译介效果。

寒山诗阿瑟·韦利的翻译在英国就没有达到较好的译介效果。因为游离于中国文学经典与主流之外的、白话通俗的、不守格律的寒山诗,与当时英国学院派根深蒂固的文学经典与语言规范意识以及保守的英国诗学传统格格不入。然而在美国,加里·斯奈德翻译的寒山诗的传播似乎不经意中符合了译介主体、译介内容、译介途径以及译介受众等不同传播要素的所有要求,译介效果最佳,在20世纪50、60年代受到追求禅境、超脱、避世和期待大众英雄的"垮掉的一代"的顶礼膜拜。以斯奈德为代表的诗人群体、当时的美国民众都以懂中国诗和儒、道、禅的哲理为荣,对寒山和充满禅机的寒山诗有着无限的好感。寒山诗影响从20世纪50、60年代的"垮掉运动"和"旧金山文艺复兴"一直延续至今。20世纪90年代,美国小说家查尔斯·弗雷泽(Charles Frazier)于1997年创作的长篇小说取名为 *Cold Mountain*,在扉页上就援引加里·斯奈德所译的寒山诗第六首的前两行——"人问寒山道,寒山路不通",后来该小说被拍为同名电影《冷山》;美国的伯克利地区有一处名为"诗歌道"的"美国诗歌文物建筑",威特·宾纳(Witter Bynner)翻译的李白和加里·斯奈德翻译的寒山都入选了此"诗歌道"。这些都充分表明寒山诗已走近了美国的普通大众。至此,寒山诗在美国的经典化历程从加里·斯奈德的译诗开始,到多种文学选集的争相收录、全译本的面世以及"诗歌道"留名,走过了一个最富传奇色彩的经典建构历程。

四、结语

海外对中国图书需求多种多样,只要对路,就有市场。"对路"要求选好图书译介的主体、内容、途径,满足译介受众的需求。寒山诗在美国的译介,成功地把握了传播过程中五个主要因素,从而获得了较好的译介效果。然而"中学西传"中这样成功的案例并不多,要想在"走出去"的口号下,一蹴而就,实现一次文化对外介绍的飞跃,迅速大幅占领国外图书市场,显然是不现实的。将译介主体、译介内容、译介途径、译介受众以及译介效果作为研究对象,探索有效译介模式,是通过译介中国文学实现"东学西传"的重要课题和任务。在国家急于寻求文化"走出去"成功经验的今天,完成该任务显得尤为紧迫。

论少数民族文化"走出去"的汉译中介模式
——从达斡尔族乌钦体民间叙事诗《少郎和岱夫》英译谈起

王治国

当今中国经济蓬勃发展,综合国力显著增强,要求中华文化地位的配套发展和相应提升。将中国几千年多源头、多民族的灿烂文化翻译出来,推向世界,是提升中国文化软实力的重要途径,也是中国文化"走出去"不可或缺的一环。因此,中国典籍翻译(当前主要是英译)就具有不可推卸的责任,在中华多民族文学史重构中占有重要地位的民族文学翻译,则具有无法替代的作用。尤其是一批批入选联合国人类非物质文化遗产的民族史诗和叙事诗的域外翻译和传播,尤具重要的示范作用和较高的学术价值。张志刚翻译的达斡尔族乌钦体民间叙事诗《少郎和岱夫》英译本的适时出版[①],为少数民族文学"走出去",为实施中国文化"走出去"战略,做出了一次生动的注解和说明。该英译本是译者主持的 2010 年教育部规划项目"东北少数民族文化典籍的英译与研究"的成果之一,以达斡尔族乌钦体叙事诗《少郎和岱夫》英译为个案,对东北少数民族优秀文化在世界的传播与影响展开研究,涉猎了东北少数民族文化在国际市场的开拓和营销策略,并探索中国少数民族文学通向世界的途径。本文择其精华,仅就其翻译原则、策略及效果向读者作一介绍,以便管窥少数民族典

---

① 张志刚:《达斡尔族乌钦叙事诗经典英译:少郎和岱夫》,北京:民族出版社,2012 年。

籍与口头文学翻译的整体规划与可能途径。

一、《少郎和岱夫》英译的原则与策略

《少郎和岱夫》是达斡尔民族民间文学史上第一部长篇乌钦体民间叙事诗,也是一部英雄史诗,几十年来在黑龙江流域广为流传,其重要性可与饮誉海内外少数民族三大史诗《格萨尔》《江格尔》《玛纳斯》相媲美,2006年入选国家非物质文化遗产名录。1980年始,齐齐哈尔市开始了抢救、整理、汉译工作,搜集大量的原始资料,目前整理了六种异文本。经过黑龙江省和齐齐哈尔市达斡尔族人民和民间艺术作者辛勤耕耘,2002年民族出版社出版了《中国达斡尔民族乌钦体民间叙事诗精典:少郎和岱夫》一书①,标志着史诗的搜集、整理和研究工作取得了阶段性重要成果。《达斡尔族乌钦体民间叙事诗〈少郎和岱夫〉》英译本就是对照该书的汉语本翻译而来的,2012年再次由民族出版社出版发行,标志着史诗在朝向世界传播的征途中又迈出了坚实的一步,弥补了目前达斡尔乌钦体史诗英译及传播研究的真空区。译者在英译时,考虑到西方读者所共有的知识和观念,照顾到译入语文化习惯,兼顾西方大多数接受者的阅读心理,尽量采用通俗易懂的英语,以便使普通读者都能接受,达到跨文化交流的目的。

首次阅读《少郎和岱夫》英译本,就会被译者的翻译策略所深深吸引。译者以诗译诗,整篇的诗行合辙押韵,读来朗朗上口,令人听之入耳,仿佛就像赏析英语诗歌一样。再次阅读时,从诸多的达斡尔族文化词汇中逐渐领悟到乌钦叙事体史诗的独特魅力,令人思之入心。可以说,在当前为数不多的少数民族史诗英译本中,该英译本可谓是弥足珍贵。究其原因,一方面与译者深厚的英美文学功底和外籍专家的审校分不开,另一方面也与译者的翻译原则和翻译策略密不可分。本着为东北少数民族文学英译尽绵薄之力的目的,译者在翻译之初就制定了恰当的翻译原则。正如译者所言:①要传达出典

---

① 齐齐哈尔市委宣传部:《中国达斡尔民族乌钦体民间叙事诗精典:少郎和岱夫》,北京:民族出版社,2002年。

籍文本内容;②保留达斡尔族文化的特征和原貌;③再现达斡尔族乌钦体诗歌的艺术特色;④译文要通顺、流畅,可读性强。① 遵循这四项基本原则,译者随即采用了诗化、异化、模糊化和补偿的文化翻译策略,旨在传播达斡尔族乌钦的说唱魅力。毋庸置疑,少数民族文学翻译中如何突出民族特色和地域风格,是需要每一个译者认真思考的问题。我们就以翻译策略为重点来领略该英译本的独特之处。

1. 以诗译诗的诗化策略

《少郎和岱夫》为乌钦体叙事诗,全部故事读起来朗朗上口,唱起来合辙押韵。六部长诗,除第二音伪"中东"辙外,其余五部均为"江洋"辙。为了更好保留达斡尔族乌钦体诗歌韵体特色,译文借鉴英语民谣体诗歌(Ballad) A B C B 的押韵方式(第二行和第四行押韵),以诗译诗,采用 ABCB 韵式来翻译原诗。如此,则既保留了原汉语译文的押韵方式,又考虑到英语读者的语言文化习惯。例如:

> 薄薄的白云飞散了呐耶,
> 蓝蓝的天空出太阳;
> 胜利的军兰心中喜尼耶,
> 迟出的太阳暖洋洋。
> The thin white cloud vanished.
> The sun came out of the blue sky;
> Triumphant Junlan felt happy in Mind.
> The slow sun had warmth to supply. ②

上述原文中的二、四行押韵,为"江洋"辙,相对应的英译中,按照二、四句进行押韵。在诗化策略中译者结合中译文本的韵律,考虑英语诗歌的韵节、韵律,尽可能使译文既符合英语读者的阅读习惯,又体现出译文的音韵之美。

---

① 张志刚:《达斡尔族乌钦叙事诗经典英译:少郎和岱夫》,北京:民族出版社,2012年。
② 同上书。

2. 文化翻译的异化策略

英译本中对于很多体现达斡尔民族特有的文化地方采取了异化处理,即采用了直译,拼音音译。比如,东北达斡尔族人把睡觉的地方叫"炕",指在住宅里用砖或土坯砌成,上面铺席,下有孔道和烟囱相通,可以烧火取暖的床(a heatable brick bed),译者译为 kang,体现了中国北方文化独有的特点。再比如,一些达斡尔族特有的词汇如"罕伯岱""扎恩达勒""萨满""百音""乌钦"等在英语没有相应的对等词语,采用音译直译,可以延长审美过程,满足西方读者的文化心理预期,也更有利于少数民族文化的传播。

3. 模糊化处理策略

《少郎和岱夫》翻译的主要任务是再现达斡尔族乌钦体诗歌的艺术审美品质,译出原诗的主要信息,用译入语构建起优质的文学语篇。为此,在不影响全文信息传达的情境下,译者对于一些地名和冗余信息等实行了模糊化处理,把实指的意义译为虚指意义,如诗中出现的地名"色力克""昂昂溪"这些达斡尔族的地名,为了诗歌的整体韵美和形美,没有译出。而像"莫力根哈拉"指的是部落,译成它的解释义。这样处理尽管是一种"欠额翻译",但整体上照顾到诗歌的整体音美、形美和韵美。

4. 深度翻译的补偿策略

对于涉及达斡尔历史事件、人物、典故等文化专有项,对本族读者来说是常识性的共享知识,但对大多数西方读者而言,则会感到费解。有鉴于此,译者采用了深度翻译方法,即在不影响整体译文的通顺和不破坏译文的结构前提下加注进行解释型翻译。此外在附录中附加注释表(Glossary),对于一些专有名词进行解释,如 Hanbo: a Daurdance, dancing while singing 和 Gaxnlda: the head of a village 等。

仅就翻译原则与策略而言,《少郎和岱夫》英译本展示出如此丰富的文化翻译原则与策略,体现了译者对于民族文学和文化的深厚关怀和浓厚兴趣,以及娴熟的双语转换能力,着实令人惊喜感到欣慰。倘若从其他角度和标准来赏析,还会有民译和汉译、转译和复译、缩译和编译等传统意义上的分类方法。这里呈现的是一幅民俗传统与现代转型、古老传承与现代传播、民族文学本土化与国际化、民族化与世界化多重交叉、相互渗透的复杂图景。少数民族文学的翻译蕴涵着在中国文学"大一统"局面或中华"多元一体"大文学观新视野下民族文学如何走向世界的问题。

二、中国多民族文学史观与中国文化"走出去"战略

近年来,众多研究领域中越来越多学者开始对少数民族文学加以关注,在新的学术理念指导下,他们对少数民族文学成就给予了全新的评价。2007年《民族文学研究》第2期的一系列文章开启了"中国多民族文学史观"的话题,实际上在当下便是少数民族文学如何入史的学术问题,引起了文学界、史学界、民族学界的关注和探讨。[①]重点讨论的话题有:关于少数民族文学在中国各民族文学总体发展中的地位、少数民族文学对中华文学的特殊贡献、独有的价值,及其在中华文学史中的地位。例如,当下所讨论的,在汉族文学中缺类、在少数民族中却相当发达的史诗和各种口头叙事文类,各民族用本民族文字创作的经典作品,汉语文献中的一些原本被忽视的文学现象,等等。我国各民族史诗过去在文学史上没有占一席之地,世界文学史上提到的仅限于巴比伦史诗、希腊史诗和欧洲其他国家的中世纪史诗、印度史诗等。在中国文学史上,由于长期将少数民族文学排除在外,史诗当然挤不进去。三大民族史诗虽说很有国际影响,但从已翻译介绍的有关论著来看,这些国外学者大都是从民族学的角度

---

① 参见《民族文学研究》2007年第2期:关纪新:《创建并确立中华多民族文学史观》;徐新建:《"多民族文学史观"简论》;姚新勇:《关于"多民族文学史"研究的断想》;马绍玺:《怎样才能建构真正意义上的多民族的国别文学史》等文章。

对其进行考察和研究,因而这几部史诗还没有像世界其他著名史诗那样,真正跻身于世界艺术的殿堂。这不能不说是中国文学界的遗憾,更是翻译界的遗憾。正如王宏印所言:将它们翻译为汉语和其他少数民族语言,在国内进行交流,增进相互影响,是繁荣中国文学的一个重要方面;而译成外文,流播海内外,更是一项流芳百世的不朽功德。可惜如此认识的人太少,直接从事翻译和研究的人更是少之又少。①

实际上,20世纪80年代初,中国外文出版发行事业局曾主持对外译介"熊猫丛书"(Panda Books Series),借文学翻译重塑新时期中国形象,承续了近代以降中国文学"推广而参加世界文艺之业"(刘季同语)传统。然而,可惜的是,由于《少郎和岱夫》本身成因和流传情况的复杂性,再加上翻译人才的匮乏、语种的限制,《少郎和岱夫》英译并没有进入到这一中国文学域外出版的大行列。更令人惋惜的是,2001年负责"熊猫丛书"出版的中国文学出版社被撤销,而转手外文出版社。至此,中国文学走向世界遭受一定的影响,民族史诗的英译工作更是处于无人问津的境地。

21世纪初,提升国家的文化软实力、发展文化产业,逐渐成为中国发展的大战略。当前中国十分重视中国文学和文化"走出去"战略问题②,积极鼓励采取不同形式,利用不同渠道将中国文学推向世界。自2002年国家大力实施"中国图书'走出去'工程"以来,我国图书"走出去"已初步形成了政府推动、企业主导、市场化运作的格局,尤其是"中国图书对外推广计划"的实施,使中国图书在实物出口(图书出口)、版权贸易、合作出版、境外直接出版等方面成效显著,中国图书"走出去"步伐明显加快。2009年"中国文化著作翻译出版工程"正式启动,从更大规模、更多投入与更广领域支持中国图书"走出去"。在国家新闻机构和权威出版社等官方机构的支持下,特别是受

---

① 王宏印:《中国文化典籍英译》,北京:外语教学与研究出版社,2009年,第168页。
② 2000年10月中国共产党第十五届五中全会审议通过《中共中央关于制定国民经济和社会发展第十个五年计划的建议》,首次明确提出"走出去"战略,但仅着眼于经济方面。在2007年10月15日召开的中国共产党第十七次全国代表大会上,胡锦涛主席的报告中明确提出要"加强对外文化交流,吸收各国优秀文明成果,增强中华文化国际影响力"。中国文化"走出去"的观念开始形成。

到有识之士的大力推动,一些民族史诗如《格萨尔》英文版得以最终译出。这里面就充分体现着翻译与社会文化发展的相互影响作用,尤其是官方意识形态(ideology)、赞助者(patronage)某些时候的决定性作用。

在官方大力支持和权威出版机构推动下,《少郎和岱夫》的英译走向了由中华本土译者翻译为主的阶段,开创了由中国译者英译的篇章,响应国家中国文化"走出去"的战略方针,积极开展史诗的英译工作。可以说,《少郎和岱夫》英译既承接20世纪80年代以来《少郎和岱夫》的汉译工作,又与新世纪中国文化"走出去",走向"世界文学"的宏伟规划相契合,从而产生了中华本土首次对史诗进行英译的本子。一定意义上而言,《少郎和岱夫》英译本就是伴随着国家文化发展战略决策的制定而产生的,具有国家主流文化意识输出的倾向,主要体现在译者的身份、出版社的地位等翻译赞助者的影响方面。同时与世界文学、文化发展趋势是一致的,也与世界经济全球化趋势、文化多样性的倡导密切有关。

三、《少郎和岱夫》译介模式启示

1. 汉译中介走向世界

《少郎和岱夫》英译,进一步引出少数民族文学和汉族文学翻译新兴的研究课题。至少从世界文学的图景出发,当前的民族文学翻译就产生了两个问题:一是少数民族文学的汉译及其相互之间的翻译;一是指向外文的翻译。于是两条双向并行的途径就此诞生,即少数民族典籍的民译(含民语今译)、汉译和外译,以及汉族典籍的今译、民译和外译。民族文学翻译是民族学和翻译学这两大学科的交叉研究领域,理应作为中国翻译学建设的一个分支,然而长期以来被边缘化,得不到足够的重视。《少郎和岱夫》英译本开启了民族文学经由族裔文化到文学文本(汉语)再到世界文学(多种外语译本)的多维翻译空间,从而使民族文化经过汉语文本之后,再进入到世界文学殿堂成为可能。

该英译本的出现,给民族史诗走向世界文学带来了新的启发,或者说,在翻译模式上,带来了新的扩充和理论思考。至少与传统的翻译模式相比,翻译的类型和途径发生了变化。传统的翻译模式是由原文出发到译文的单向、线性运动过程,而当下民族文化翻译的一条比较可行的道路便是从达斡尔语出发、文本转写为汉语,再从汉语出发走向世界。也就是说,通过汉语对达斡尔语言进行文本转写,尔后在汉语本的基础上再翻译为英语。那么在这个过程中,由于译者不懂达斡尔语,只能从汉语出发,缺乏了对原民族语言的把握,这样的转译会不会造成翻译的损失呢?通常的观点认为经历的翻译过程越多,离原文的距离越远,这的确是一个客观事实。但是,通过中介语言转移也有很多成功的例子。最理想的状态是译者既懂民族语言又懂外语,越过汉语中介直接从民族语到外语,然而,最基本的客观情况是,这样的理想译者很难找到。倘若能够出版既有民族语拉丁文转写,又有汉语中介文本,再加上英文构成的三种语言平行对照译本,那么既能扩大读者范围(多语读者),又能供翻译研究者开展译学研究,说不定还有意想不到的理论发现。

2. 民族文化翻译的补偿策略

20世纪50年代以来,民间文学、民族工作者搜集、整理、出版了大量的达斡尔族民间口头作品,然而,达斡尔族只有语言而无文字,只能靠汉语言进行文字记录与转写。虽然汉语整理文本起到了保护民间文学的作用,但客观上却将民族文化进行了"格式化"处理。美国学者马克·本德尔(Mark Bender)在2005年《民族文学研究》第2期撰文指出:"少数民族语言到汉语文本的翻译过程是一个'汉语过滤器'的过程。"[①]其实,无论是"格式化"还是"汉语过滤器",均是指口头文学在翻译时,要经历汉语文本化处理和英语对外翻译的双重过程,口传文学的本质特征在文本誊录和翻译过程中不可避免地失

---

① [美]马克·本德尔:《略论中国少数民族口头文学的翻译》,吴姗译,巴莫曲布嫫审校,《民族文学研究》2005年第2期,第141—144页。

去,而且不只是一次完结,可能重复失去,也就是经历了双重失落的过程。这是一个少数民族文学翻译中再怎么讨论也不过分的重要问题。《少郎和岱夫》译者所翻译的史诗均为汉语文本,是汉语学者从达斡尔族人口头说唱中搜集并翻译过来的汉语文本,其英语翻译是在汉语语境下进行的。少数民族语言演唱的史诗或所讲述的故事首先经历了汉语翻译中介尔后再翻译为英语,其间经历了不同的"格式化"和"过滤"过程,不可避免地改变了某些语言的介质和内容,如从口语文化到书面文化,从民族语言到汉语,从汉文再到各种外文的多次翻译,这就需要我们解决如何从少数民族语言到汉语与外语跨语际翻译中民族文化缺失的补偿策略问题。

  实际上笔者在研究活形态民族史诗《格萨尔》英译时,借鉴民族志诗学理论来研究补偿民族文化缺失的问题。[1]《少郎和岱夫》英译实践再次凸显这一问题的重要性。20 世纪中后期以来,在美国民俗学、人类学界兴起的"民族志诗学"理论,为我们探索口传史诗翻译的方法提供了学科契机和理论借鉴。民族志诗学(Ethnopoetics)与美国口头程式(Oral Formular)、表演(Performance)和口头诗学理论一脉相承。1970 年,丹尼斯·特德洛克(Dennis Tedlock)和杰罗姆·鲁森博格(Jerome Rothenberg)联手创办了《黄金时代:民族志诗学(*Alcheringa Ethnopoetics*)》杂志,主要刊发对非洲、亚洲、大洋洲和美洲等地本土口头艺术表演的誊录、翻译和录音整理,成为该派崛起的标志。[2] 它在承认世界范围内每一特定文化都有各自独特的诗歌,这些诗歌都有其独自的结构和美学特点的前提下,发展出了一整套关于在书写文化中进行口头艺术文本记录和翻译的观点和方法。民族志诗学在努力寻求一种更好地翻译和转写口头诗歌的手段,为了能在书面文本翻译中将口头诗歌的口头性和表演性表现出来,民族志诗学学者们进行了多种实践,包括运用各种脚注、分行誊录、符号标记等方法,以求完整地再现口头叙事中诸如语气顿挫、声音变化等

---

[1] Dennis Tedlock, "Ethnopoetics," in Richard Bauman, *Folklore, Cultural Performances, and Popular Entertainments*, New York: Oxford University Press, 1992.

[2] 王治国:《民族志视野中的〈格萨尔〉英译研究》,《西北民族大学学报(哲学社会科学版)》2010 年第 5 期。

诸多口头因素,尽可能形象、立体地在重现口头艺术的表演性。这一学派已引起了国内史诗学、民俗学、神话学者们的关注,出现了一些研究成果,①这也是翻译界同仁大有可为的地方。

少数民族口传文学的翻译和传播是一个综合性的重要研究课题,需要一个长期的过程和社会各界的合作。这就要求我们整合民间力量、专家学者和政府部门的共同努力,树立长远目标,以便形成一幅政府主导、专家学者通力合作和民间积极参与的三维图景。《少郎和岱夫》英译成功地告诉我们:将少数民族文化转译为汉语文学文本,尔后再通过汉语中介本对外翻译,成为民族文学走向世界文学征程中不可或缺的重要一环。尽管在民族文学对外传播中一次次地被"格式化"、被"过滤",但在当前缺乏精通少数民族语言和外语的翻译人才背景下,不失为一种可行的模式。

---

① 国内代表学者为社科院民族文学研究所朝戈金、尹虎彬、巴莫曲布嫫及北师大杨利慧等学者。

从莫言英译作品译介效果看中国文学"走出去"

鲍晓英

中国文化"走出去"是国家战略,译介中国文学是实现中国文化"走出去"的途径之一。当前,一方面,中国文化迫切需要"走出去",国家设立了数十个中国文学译介工程;另一方面,中国文学译介作品在域外接受情况不容乐观,译介效果欠佳。

译介学认为翻译是跨文化传播行为,通过翻译促使文学"走出去"不是简单的文字翻译,翻译文本的产生只是传播的开始,在它之前有选择谁翻译和译什么的问题,在它之后还有"交流、影响、接受、传播等问题"[1]。翻译文本能够进入异域阅读层面,赢得异域行家的承认和异域读者的反响才有译介效果[2],译介效果是衡量翻译行为成败的重要标准。

中国文学在域外如何实现有效传播已经成为研究的焦点问题。莫言是中国当代文学领军人物,诺贝尔文学奖获得者,其英译作品译介效果如何,其经验和教训可以为中国文学"走出去"提供有益的参考。

---

① 谢天振:《译介学》,上海:上海外语教育出版社,1999年,第11页。
② 吕敏宏:《中国现当代小说在英语世界传播的背景、现状及译介模式》,《小说评论》2011年第5期,第11页。

一、译介效果

1. 译介效果是检验翻译活动的重要指标

传播效果指传播者发出的讯息,通过一定的媒介到达受众后所引起的受众思想行为的变化,只有传播信息到达受众、被受众接受,传播才有效果。没有传播效果的传播行为是毫无意义的,传播效果是检验传播成败的关键。拉斯韦尔传播模式认为传播由"传播主体""传播内容""传播途径""传播受众"和"传播效果"五大基本要素构成,五大要素中,效果研究是最受重视的部分,研究传播、探讨传播规律,都是为了提高传播效果①。

文学译介是文化传播行为,同样包含拉斯韦尔传播模式中的五大要素,即文学译介包含"译介主体""译介内容""译介途径""译介受众"和"译介效果"五大要素。译介作品若到达不了译介受众为其接受并产生影响,翻译就达不到传播文化的目的,就没有译介效果,译介行为就失去了意义。对译介主体、内容、途径、受众的研究归根到底是为了提高译介效果,译介效果是检验翻译活动成败得失的重要尺度。

就中国文学译介效果来说,全球化使得处于世界体系顶端或中心的文学加速向全球传播,而处于世界体系边缘的文学则在"向心"传播中阻力重重。许多西方受众对中国文学还停留在中国文学是"枯燥的政治说教"等负面的认知和判断上,英语世界中国作家翻译作品销量若能"成功"地达到两三千册的指标已属不俗。2014 年"镜中之镜:中国当代文学及其译介研讨会"上,葛浩文指出中国文学在西方,地位还没日本、印度甚至越南高。中国文学向西方的译介尚未达到译介效果。中国文学如何在当代西方强势文化影响下对外传播,达到传播效果,已成为不得不思考的问题。

---

① 张鑫:《大众传播效果研究新论》,《湖南社会科学》2013 年第 1 期,第 110 页。

2．影响译介效果的因素

影响文学译介效果的因素有很多，概括来说，译介效果深受译介过程中译介主体、译介内容、译介途径、译介受众等要素的影响。

（1）译介主体

译介主体是指"谁"从事的翻译，探讨的是译者问题。译者的作用并非单纯提供译本，译者要在原作者、编辑、赞助人等关系中进行沟通协调，要像商务人士、谈判人员、外交家一样，做文化交往的"中间人"。读者对译介主体的认同程度对译本的接受与传播效果也尤其重要。译介主体认同度、知名度与可信度越高，取得的译介效果会越好。

选择与确立中国文学"走出去"译介主体是影响译介效果的决定性要素之一。长期以来，中译外的任务落到了中国本土译者肩上，然而本土译者英语文学创作功力欠佳，对异域读者阅读习惯及文学出版市场缺乏深入了解，很难得到国外行家和读者的认可。目前，西方汉学家成为中国文学外译从而得以传播的桥梁。西方汉学家作为译介主体，其知名度、可信度，会在读者中产生心理学上的威信效应、自己人效应、晕轮效应，译介作品会更容易为读者接受，从而达到译介效果。然而，目前欧美文坛从事翻译工作的汉学家不到20人，翻译人才的缺乏已成为制约中国图书乃至中国文化走向海外文化市场的最大障碍之一。

（2）译介内容

译介内容指的是"译什么"的问题，它包括对原作者、作品以及翻译策略的选择。选择贯穿于翻译全过程。葛浩文曾说"翻译最重要的任务是挑选，不是翻译"，梁启超曾呼吁"故今日而言译书，当首立三义：一义，择当译之本……"较之"怎么翻译"，"翻译什么"是首要问题。"挑选重于翻译"原则可以在最大程度上保障翻译成品的可接受度及最终传播力和实际影响力。成功选择内容，翻译文本就更可能受到读者的青睐，反之传播就会遭到冷遇，达不到预期的译介效果。

目前我国译出作品多着眼于典籍，现当代文学读物的翻译相对滞后。要达到跨文化传播的目的,译介的作品至少具备两种要素:"普世价值"和"地域特色"。中国文学译介应该选择哪些作品、采用何种翻译策略才能达到译介效果,越来越成为必须解决的问题。

(3) 译介途径

译介途径解决的是译本"通过什么渠道"传播的问题。传播渠道的多少决定了受众在一定时间范围内有多大可能性接触到信源国的文化信息。接触频度越高、时间越长,越有利于了解所传递的文化信息。译本要走向国际市场,译介途径越多,译介受众接触译本频率越高,时间越长,越有利于传播,越容易达到译介效果。

多年来中国文化"走出去"的译介途径比较单一,主要包括本土出版社和国外书展,很不容易进入世界的传播系统。海外营销渠道不畅是制约我国出版物走向世界的主要瓶颈,如何有效地开拓译介渠道,是文学作品译介促进中外文化交流中必须考虑的因素。

(4) 译介受众

译介受众解决的是"对谁译"问题。传播效果是根据受众的反应来进行评价的,传播者发出的信息如果不被受众接受,传播就没有效果。译介受众是翻译传播活动的对象和终点,是译介效果具体体现者和最终实现者。对译介受众进行深入的了解和研究,有的放矢地调整译介内容、传播策略等,才能提高译介效果。

中国文学"走出去"经常是将海外版权卖给国外出版商,一纸协议签过之后就什么都不管了,对海外读者的需求关注度远远不够。如何了解译介受众、如何根据受众情况调整译介策略,是中国文学"走出去"必须关注的问题。

二、莫言英译作品译介效果

1. 莫言英译作品译介主体、内容、途径和受众

莫言英译作品译介主体是美国著名汉学家葛浩文。葛浩文被誉为"西方首席汉语文学翻译家",在国内外翻译界享有极高的知名度

和声誉,是莫言作品在西方世界"落地生根、开花结果的接生婆"①。葛浩文在莫言两百多部作品中选择了《红高粱》《生死疲劳》等十部小说作为译介内容,这些作品既具备世界文学普适性,又有着中国文学异质性,并采用了归化改写的翻译策略。正如戴乃迭所说,葛浩文"让中国文学披上了当代英美文学的色彩"②。

莫言作品译介途径多样,其作品最早走向国外是通过《红高粱》的电影拍摄;外国出版社是推动莫言作品走向海外的重要途径之一;莫言作品在海外有着较成熟的推广和代理机制,莫言是通过文学代理人桑德拉迪·杰斯特拉才接触到他的"伯乐"拱廊出版社创始人理查德·西维尔;另外,参加国际书展、加入亚马逊等国际网络销售平台、进入西方主流报纸和学术杂志等传媒,都是莫言英译作品的译介途径。

就译介受众而言,葛浩文无论是在作品的选择还是翻译策略的应用上对莫言作品的翻译主要考虑的是西方普通受众的接受度。

2. 莫言英译作品译介效果

(1) 在国外获奖情况

在海外获得奖项是莫言作品译介效果最直接的体现。莫言共有100多种类型的作品在海外发行,作品有多语言翻译,是海外翻译出版作品最多的中国当代作家。莫言在国外获得过很多奖项,2004年获得了法国"儒尔·巴泰庸外国文学奖""法兰西文学艺术骑士勋章";2005年获得意大利"诺尼诺国际文学奖";2006年,获得日本"福冈亚洲文化奖";2008年获得美国"纽曼华语文学奖";2012年10月11日,莫言获得2012年诺贝尔文学奖,这些奖项证明了莫言作品的译介效果。世界图书馆馆藏量能衡量图书的文化影响,被认为是检

---

① 高峰:《被誉为"西方首席汉语文学翻译家"——葛浩文,帮助莫言得奖的功臣》,《文化》2012年,第82页。
② 赋格、张健:《葛浩文:首席且惟一的"接生婆"》,《南方周末》2008年03月26日。

验出版机构知识生产能力、知名度等要素最好的标尺①。可以用藏有莫言作品的全球图书馆数量来衡量其译介效果。联机计算机图书馆中心(OCLC)是目前能够提供全球图书馆收藏数据的机构,全世界的近100个国家中,超过五万家图书馆使用OCLC服务。

根据OCLC数据,2012年10月莫言获得诺贝尔文学奖之前与2014年4月莫言获诺奖一年半以后莫言英译作品的世界图书馆馆藏量的对比为:

书名	出版社	出版时间(年)	世界图书馆馆藏量(家)	
			2012年10月前	2014年4月前
《红高粱》	企鹅出版社	1993	644	659
《生死疲劳》	美国拱廊出版社	2008	618	668
		2011(电子版)		244
		2012		358
《天堂蒜薹之歌》	企鹅出版社	1995	504	500
	美国拱廊出版社	2006、2012		340
《丰乳肥臀》	美国拱廊出版社	2004	472	488
		2011(电子版)		233
		2012		317
《酒国》	美国拱廊出版社	2000	398	412
		2011(电子版)		179
		2012		248
《师傅越来越幽默》	美国拱廊出版社	2001	357	379
		2011(电子版)		199
《红高粱家族》	企鹅出版社	1994、1993	165	643
《变》	海鸥出版社(纽约)	2010	101	266
《四十一炮》	海鸥出版社(纽约)	2012		545
《檀香刑》	俄克拉荷马大学出版社	2013		487

从表中可以看出,莫言获得诺贝尔文学奖后,其作品世界图书馆馆藏量有了一些变化:①所有英译作品的馆藏量都有了增加;②2012

---

① 何明星:《莫言作品的世界影响地图——基于全球图书馆收藏数据的视角》,《中国出版》2012年第6期,第11页。

年和2013年出版的莫言英译小说《四十一炮》和《檀香刑》非常迅速地分别被545和487家图书馆收藏,说明莫言获奖后世界图书界对莫言及其作品的密切关注,其作品译介效果得到了很大提高。

(2)专业人士受众量

专业人士这里主要指西方翻译研究学术圈。在美国,翻译研究学术圈包括美国文学翻译协会(ALTA)、美国翻译协会(ATA)、美国口笔译研究协会(ATISA),它们分别于2013年10月印第安纳大学、2013年11月德克萨斯大学和2014年4月纽约大学举行会议。笔者对参会的部分专业人士进行关于莫言的问卷调查(并以2013年诺贝尔文学奖获得者加拿大人爱丽丝·门罗做参照),以考察莫言的影响力和作品的译介效果。问卷问题为:①您听说过2012年诺贝尔文学奖获得者中国的莫言吗?②您是在莫言获奖之前还是之后听说过他的呢?③您听说过莫言哪些作品?④哪些途径使您知道莫言的?⑤您听说过2013年诺贝尔文学奖获得者加拿大的爱丽丝·门罗吗?在对参加ATA会议的23人的调查中,所有人都听说过莫言,其中19人在莫言获诺奖之前听说过莫言,葛浩文、诺贝尔奖、学术会议以及书评是主要渠道;对参加ALTA会议的28人的调查中,所有人都听说过莫言,其中25人在莫言获诺奖之前就听说过莫言,也是通过葛浩文、诺贝尔奖、学术会议以及书评才了解莫言;对参加ATISA会议的31人的调查中,20人听说过莫言,其中6人在莫言获诺奖之前听说过莫言,诺贝尔奖和葛浩文是主要了解渠道。

从问卷结果可以看出,莫言在专业人士读者群中知名度还是比较高的,葛浩文和诺贝尔奖是了解莫言的主要渠道。

(3)西方主流媒体提及率

西方主流媒体提及率是衡量译介效果的一个重要参考。莫言很早就被西方主流媒体提及,如:1995年《纽约时报》刊登文章《你几乎可以触及的乡村中国的"第22条军规"》,评价了莫言的《天堂蒜薹之歌》;《纽约客》1995年刊登文章推荐《天堂蒜薹之歌》,2005年推荐美国人阅读《丰乳肥臀》;《纽约时报书评》1993、2001、2008年分别刊登文章评价莫言的《红高粱》《生死疲劳》等;《华尔街日报》2000年刊登文章评价了《酒国》;《泰晤士报文学副刊》分别于1995、2000、2002年评价了莫言的《天堂蒜薹之歌》和《酒国》;《出版商周刊》分别于1993、1995、2000年刊登了莫言作品《红高粱》《天堂蒜薹之歌》和《酒国》的出版预告并对它们进行了评论……

莫言获诺贝尔文学奖后,西方主流媒体对其及其作品提及率有了很大的提高。2012年10月11日获奖这一天,莫言登上了许多西方媒体的头条,如:《纽约时报》刊出文章题为《莫言获诺奖让中国当代文学进入世界视野》,详细介绍了莫言的代表作品;《华盛顿邮报》称莫言为亚洲和世界文学的旗手;《华尔街日报》讨论了《生死疲劳》和《丰乳肥臀》……之后,《华尔街日报》(2012年10月12日、2012年10月13日、2012年10月16日)、《纽约客》(2012年10月12日)、《纽约时报》(2012年10月16日、2012年10月19日、2013年1月2日、2013年2月3日)、《出版商周刊》(2012年10月22日)、《纽约时报书评》(2013年2月3日)、《泰晤士报》(2013年3月1日)、《泰晤士文学副刊》(2013年3月1日)、《图书馆日报》(2013年3月1日、2013年4月1日)、《伦敦书评》(2013年8月29日)等都刊登了文章,介绍评价莫言或莫言的作品。

(4) 普通受众数量

普通受众是文学译介的主要目标受众,传播信息只有到达普通受众,为其接受并产生影响,才真正达到了译介效果。针对莫言作品普通受众的调查问卷有三个问题:①您听说过2012年诺贝尔文学奖获得者中国的莫言吗?②您是在其获得诺贝尔奖之前还是之后听说过的呢?③您听说过2013年诺贝尔文学奖获得者加拿大的爱丽丝·门罗吗?

在深入美国商场、图书馆等公共场所做的美国普通受众的问卷中,68%的普通读者听说过爱丽丝·门罗,而听说莫言的人不到5%,而且大部分都是因为关注诺贝尔文学奖才了解到莫言。虽然普通受众问卷量不够多,百分比也不够精确,也基本反映了普通受众对中国作品的了解情况。

(5) 销售量

衡量译介效果的一个重要标准是图书的销售量。出版莫言英译作品的有美国拱廊出版社、海鸥出版社(纽约)和俄克拉荷马大学出版社。根据拱廊出版社数据,莫言获得诺贝尔文学奖之前该出版社出版的五本莫言英译小说《生死疲劳》《丰乳肥臀》《天堂蒜薹之歌》《酒国》《师傅越来越幽默》总共只卖了 12 325 册,到莫言获诺奖一年后的 2013 年 10 月,销售记录显示该五本小说总销售量达到了 60 210 册;海鸥出版社(纽约)出版的《变》(2010)和《四十一炮》(2012)英译本截至 2013 年 11 月分别销售了 4 340 册和 6 035 册;俄克拉荷马大学出版社 2013 年出版的《檀香刑》英译本到该年 11 月时已经卖了 4 000 册。

从三个出版社的销售记录可以看出:①美国拱廊出版社出版的莫言五部英译作品,在莫言获得诺贝尔文学奖后销售量大幅增加;②莫言英译作品《四十一炮》(2012)和《檀香刑》(2013)出版不久就有了几千册的销售。

三、加强中国文学"走出去"译介效果的策略

莫言英译作品译的介效果总体来看"喜忧参半","喜"的是莫言及其英译作品在世界图书馆馆藏量、西方主流媒体提及率、专业人士受众中的知名度,尤其获得诺贝尔文学奖等方面,已经取得了非凡的成就,体现了极佳的译介效果。"千言万语,莫若莫言",莫言让世界目光转向中国文学,其英译作品译介主体、内容、途径等方面的经验给中国文学译介提供了宝贵的参考。"忧"在于莫言英译作品在普通受众中影响力仍然不够,销售量自然难以根本提高,而普通受众阅读量和翻译作品销售量也是考量文学译介效果的重要标准。改善中国文学译介效果仍然任重道远,还需不懈努力。改善译介效果的策略应包括:

1. 重视译介效果

中国文学"走出去"首先要重视译介效果。以往中国文学作品被翻译出版之后,宣传力度不大,对作品市场销售情况没有给予足够的重视,对作品受众的接受情况更是不加研究或者无从努力,这些都直接导致了对文学作品的翻译出版停留在一厢情愿、自说自话,很难保

证作品的译介效果。

2. 建立反馈机制

"任何性质的话语都必须以受众为转移",受众意见是传播策略调整的重要依据。文学作品译介要注重对受众接受情况的了解,建立译介受众反馈机制,及时做相应调整。译介受众反馈指的是包括普通读者、专家读者和翻译活动的委托人、翻译作品的出版者、翻译作品的评论者等对作品的意见反馈,反馈越好,译品的"整合适应选择度"就可能会越高,作品的译介效果越好。

3. 科学选择译介主体、内容、途径和受众

中国文学"走出去"的译介效果要得到提高,需要科学选择译介主体、译介内容、译介途径和译介受众。分析莫言英译作品的译介效果,我们可以获得以下启示:

(1)中国文学"走出去"的译介主体应该以像葛浩文这样的西方汉学家和学者为主。为克服西方译者无法透彻理解汉语的不足,可以辅之以国内本土译者,需加强对国内精于中国文学翻译人才的培养。

(2)中国文学"走出去"的译介内容方面,目前应多选择译介现当代作品,作品应如莫言作品一样,既具备世界文学普适性又具有中国本土异质性,所选翻译策略应该以归化为主。

(3)中国文学"走出去"的译介途径应该以莫言译介途径作参考,采取国内外出版机构多渠道合作、优秀文学作品影视拍摄、借用国外报刊媒体宣传、进入国际书展、亚马逊等国际销售平台、引入文学代理人制度等多渠道译介途径。

(4)在译介受众方面,中国文学"走出去"应确立以受众为中心的战略,受众不应仅局限于专业读者,需要专业读者和大众读者并重。

四、结语

加强中国文学"走出去"译介效果策略的提出主要基于两点:其一是中国文化文学在世界上的弱势地位,其二是中国文学对外译介所处的初始阶段。这两点决定了在策略的制定上必须更多地考虑到译入语强势文化的接受和认同。随着中国文学译介的进一步发展、中国文化"软实力"的进一步增强,中国文学"走出去"在译介主体、内容、途径和受众等选择上就会做相应调整。

一个民族接受外来文化、文学需要一个过程,要想在"走出去"的口号下一蹴而就,实现一次文化对外介绍的飞跃,迅速大幅占领国外图书市场,显然是不现实的。只有不断将译介主体、译介内容、译介途径、译介受众作为研究对象,才可能找到改善译介效果的方法。

第四编

中国文化"走出去"之个案分析

面对中国文化"走出去"面临的诸多问题,学界从不同领域、不同视角对中华文化走出国门做出了细致的个案分析。这其中既包括对民俗文化传播的探究,又包括对传统艺术流传经验的分析借鉴;既有对民族特色文化传播的洞见,又有对学术文化传播的反思。每一个个案分析都体现了学者在具体领域的独特视角。

以差异化的杂技艺术产品推动文化"走出去"

薛金升

所谓差异化的杂技艺术产品,是指在特色、内容、形式、道具、表现等各个方面具有独创性和独特性的作品。在当前文化"走出去"战略深入实施、杂技艺术国际交流日益频繁的形势下,同质化的杂技艺术产品越来越难以满足观众多层次、多样性需要。突破传统杂技仅靠发展高难技艺不够,打造差异化的杂技艺术产品,已然成为推动文化"走出去"的迫切需要。黑龙江省杂技团在传统杂技的基础上,结合花样滑冰以及冰舞、冰上芭蕾等艺术,创新打造了冰上杂技艺术产品,冰上杂技将为文化"走出去"提供"成功模板"。

一、杂技艺术产品的同质化阻碍了文化"走出去"

演出市场流行这样一句话:不怕没市场,就怕没精品。如果我们还对杂技表演抱着那些老观念、旧模式,年复一年地重复着转碟、地圈、柔术等人们看过无数遍的节目,没有新意,没有变化,观众们的热情、兴趣和耐心自然会渐渐耗尽。当代杂技艺术同质化现象严重,这对于杂技艺术"走出去"形成巨大挑战,因而,杂技艺术"走出去"必须实现杂技艺术产品差异化。

市场经济的激烈竞争对任何艺术门类来说都是巨大的挑战,要想取得更好的经济效益和社会效益,只有不断地创新、不断地提高品牌核心竞争力,才能创作具有独特风格的杂技艺术产品。现代社会是信息科技高速发展的时代,杂技艺术必须发展到更高的层次,即适应市场的走向和当代人们的多样性、多层次审美,更好地创造出适应现代观众口味、把握杂技艺术的时代特征、发掘地域特色、体现原创精神、顺应时代发展需要的杂技艺术产品,为文化"走出去"提供更加充分的可能和选择。

二、与时俱进、深挖特色,打造差异化杂技艺术产品

探讨杂技艺术创作的差异化,首先要研究杂技艺术的"局限"。歌德曾经说过,"巨匠在限制中表现自己"。艺术因为有了许多限制,才有各自不同的发展空间和魅力,才有各自的生存价值。杂技艺术究竟是什么?杂技艺术的特征就是高难特技,试图超越人类自身的极限,杂技艺术最为鲜明的特点是最大限度地开发人体极限,不断出新、出奇,制造惊险和动作悬念。以功夫外在的炫技为最有力武器,用惊、奇、难、悬、险来取悦观众,追求不断超越和自我挑战。但从更高的层面与要求而言,这些仍不过是平淡无奇的"大众食谱"。要想带给观众更新奇的观赏感受和艺术享受,必须在突破杂技同质化方面大做文章,在传承和保持传统杂技艺术特质的基础上,将现有杂技表演形式进行创新:依据地域、人文等特色,深度挖掘,打造具有差异化的杂技艺术产品,为观众提供新的选择,使观众产生新的倾向,才能在市场竞争中立于不败之地,才能在文化"走出去"战略实施进程中发挥应有的作用。

所谓差异化的杂技艺术产品,应该是指其在特色、内容、形式、道具、表现等各个方面的独创性和独特性。

杂技虽然是一种历史悠久的传统艺术形式,但也要跟随时代的步伐与时俱进,密切关注观众审美趣味的变化,不断地在继承优秀传统中创新,探索全新的表演形式和表演技巧,并结合现代市场化发展模式,不断培养出优秀的杂技演员并创排优秀剧目。在当今多元化的时代里,观众的审美发生了变化,更加注重杂技的审美性和艺术性,要求得到美的享受;审美观点更加开放和现代化,对传统文化有

着批判性的思考态度,期待在杂技中看到传统文化典故的现代化演绎;拥有更加包容和开放的审美心态,乐于接受国外优秀文化成果;当前传媒介质的数字化和多元化使观众的审美方式和审美趣味更加多样,从而更加期待差异化艺术产品和高科技带来的视觉享受。

三、冰上杂技——杂技艺术产品差异化的探索创新

冰上杂技是将传统杂技与花样滑冰、冰上特技、歌舞、魔术、滑稽等多种艺术形式融合呈现在冰面舞台上的创新艺术形式,集中呈现了"惊、险、奇、美"等特点,是黑龙江省杂技团有限公司自主创新的艺术品牌,已被列为黑龙江重点特色文化产业项目。

黑龙江省杂技团有限公司依据冰雪文化的神奇特质,策划创意代表龙江地域特色、国际水准的原创冰上杂技,于 2013 年在国家工商总局注册了冰上杂技商标——"冰秀"。我们发挥以"冰秀"为代表的冰上杂技品牌优势,坚持国内外巡演和驻场演出的常态化,提高了龙江知名度和影响力,提升了龙江冰雪文化旅游演艺品牌新形象。在创新冰上杂技新的艺术品牌的同时,以坚持打造精品剧目与"艺术创新"相结合,坚持地域特色的历史文化与冰雪文化的神奇特质相结合,坚持冰雪文化与都市时尚文化相结合,坚持打造"冰秀"剧目品牌与文化"走出去"相结合,坚持政府扶持和市场运作相结合,坚持品牌打造与产业开发相结合,坚持地域性、国际性、差异性、唯一性相结合为创意原则,创意打造以影视、舞台剧为表现框架,以冰雪文化、地域文化、都市时尚文化为载体,有机融入欧陆文化元素,把重点放在杂技技巧与冰上表演的完美结合上,将特定的叙事情节与冰上的滑动流畅结合,将唯美、时尚、浪漫与挑战人体极限的高难度技巧结合,带给观众一场新颖独特、精彩华美的差异化杂技艺术产品。

黑龙江省杂技团于 2006 年在全国首创冰上杂技艺术表演形式以来,历时 8 年,不断围绕着艺术产品创新、国内外演出市场以及冰上演员队伍的培养,对冰上杂技艺术不断进行升级打造,在 2013 年创意打造的冰上杂技剧《惊美图》基础上,2014 年我们又重新创意升级,凸显杂技艺术创新产品的差异性。

《惊美图》是黑龙江省杂技团几年来经过实践、修改后创意打造的冰上杂技剧,系国内首创,体现了传统杂技艺术与影视舞台表演艺术、冰雪运动表演、现代声光电完美融合的创新特色。《惊美图》把表演重点放在了杂技技巧与冰上表演艺术的结合上,呈现了"惊、险、奇、美"等舞台艺术表演特色。融入了历史、民族、都市、冰雪、时尚等文化元素,展示了地域文化特色。将人物形象、故事情节、特色道具有机融合而成,便于开发相关"冰秀"衍生产品,呈现了市场开发特色。

《惊美图》首次以影视舞台剧的表现框架,展现冰上杂技艺术。表演所需的特色道具,亦属黑龙江省杂技团自主创新研制的产品。

四、冰上杂技将为文化"走出去"提供"成功模板"

冰上杂技作为新兴艺术是演出市场的稀缺资源,具有鲜明的地域特征和极大的市场发展潜力,提升打造冰上杂技剧《惊美图》,是提升龙江及龙江文化软实力的需要,是推动文化出口贸易,推动龙江演艺事业发展的需要,是国有院团深化改革、探索市场新途径的需要,是打造龙江特色演艺品牌、实施品牌发展战略的需要,也是加强国际文化交流,让龙江走向世界,让世界了解龙江的需要。《惊美图》的成功打造,将进一步活跃国内外演出市场,进一步满足中外游客对冰雪文化的需求,间接拉动相关产业的发展;加强"冰秀"品牌的塑造,开发"冰秀"品牌及衍生产品,进一步发挥冰上杂技产业的示范作用,加快黑龙江冰上杂技产业化开发进程,进而推动黑龙江文化产业的进一步发展。将冰上杂技打造成为著名的"龙江文化品牌",进而向国际化品牌发展,也是黑龙江省杂技团有限公司实现创新体制、创新机制,面向市场、壮大实力,多出精品、多出人才、多出效益的现实的和长远的需要。

国家及黑龙江省委省政府高度重视打造龙江冰雪特色演艺品牌,并给予了政策和资金的支持,已将"冰上杂技"列为黑龙江省重点文化产业项目,并成为黑龙江省文化旅游演出的品牌,被誉为"中华品牌,龙江名片"。

五、驻场演出和国内外巡演的商演模式

《惊美图》几年来积累了较丰富的舞台实践经验,基本形成了驻场演出和国内外巡演相结合的商演模式,业已培育出相对稳定的市场消费群体,初步探索了冰上杂技差异化竞争的商业盈利模式,树立了冰上杂技品牌形象,为冰上杂技的发展和"冰秀"品牌的打造奠定了较好的市场基础。

通过市场调研,针对哈尔滨旅游演出市场,黑龙江省杂技团2013年针对冰上杂技秀《惊美图》的驻场演出与哈尔滨文旅集团战略合作,在国家5A级景区"哈尔滨冰雪大世界"园区内进行驻场演出,同时与黑龙江省内百余家旅行社合作,在黑龙江省杂技团"冰秀剧场"开展"黑龙江冰上杂技魔术旅游演出季"的驻场演出。从2013年初至今,国内外演出共300余场,观众人数约40余万人。

2014年,《惊美图》采取著名旅游景区和黑龙江省杂技团"冰秀"剧场相结合的驻场演出模式,以及委托文化经纪公司进行巡回演出的商演模式,实现票房收入和商演收入相结合的盈利模式。在此期间,发挥自身"冰秀"新浪微博、"冰秀"微信公众平台、黑龙江省杂技团网站功能及相关媒体作用,提高冰上杂技的市场影响力,提高游客和市民对冰上杂技的认知度,增强了剧目的吸引力,为打造龙江文化旅游演出品牌进一步奠定市场基础。

作为"城市名片",冰上杂技是在黑龙江特定的人文地理环境下,结合东北特有的冰上运动项目、融合姊妹艺术而独创的、独具黑龙江浓郁的冰雪文化特点的崭新艺术形式。作为"旅游名片",冰上杂技驻场演出已成为黑龙江冰雪文化旅游演出代表作,是一个能反映地方特色的好剧目,对带动地方旅游将起到重要的推动作用。作为"文化名片",冰上杂技因为没有语言障碍、形式新颖、特色鲜明,受到了广大国内外观众的热烈欢迎,很多国内外演出商、演出经纪机构均看好《惊美图》,纷纷邀请黑龙江省杂技团到美国、欧洲、亚洲等地演出。我们认为只有探索符合冰上杂技自身的"走出去"驻场演出模式和商演、巡演经营模式,采取现代化、国际化、科技化和民族化的手段打

造、包装、营销冰上杂技,才能在"走出去"战略中,在促进我国对外文化交流中,在战略合作伙伴的双赢中,在加深了解、共建友谊的同时创造更大的经济效益。作为"龙江品牌",当前冰上杂技在国内外演出市场的实践,给我们的品牌推广、外演创汇、国内旅游驻场演出,尤其是做强做大冰上杂技产业创造了良好的机遇。中国杂技虽然是对外文化交流与贸易的"王牌",但一直以来仍是海外杂技界"打工仔"的身份。改变充当世界杂技"原材料"的现状,改变投入大、收益低、中间商赚大钱的不合理效益格局,与国际大牌马戏杂技团体抗衡,唯一的出路就是走产业化发展之路,就需要整合和优化资源,打造品牌,提高市场运作能力,从而提高自己的生存能力和竞争能力。冰上杂技以其独具的艺术特点,具备在国内国际商演市场中的竞争优势,因此,打造冰上杂技剧《惊美图》,实施国内国外长期驻场演出模式,走自主经营、合作经营的途径,是实现做强做大冰上杂技产业的有力举措,更为实现今后的自主经营增加了重要砝码。

纵观黑龙江省杂技团近年来打造差异化杂技艺术产品——冰上杂技的历程,我们可以得出如下结论:只有不断强化品牌创新意识,深入发掘民族与地域特色,才能真正打造出具有中华特色的差异化的符合市场需求的杂技艺术产品,进而树立"立得住,叫得响,传得开"的杂技艺术产品品牌,达到提升中华软实力、推动文化"走出去"的目的。

美国20世纪30年代"京剧热"现象的传播学解读
——中国文化"走出去"战略实施背景下的历史借鉴

沈 静

一、文化"走出去"战略实施的背景

中国文化"走出去"是在我国综合国力日益提升和国际文化影响力趋于低迷两者并存的情况下政府推动的国家重大文化战略。先有2011年10月18日中国共产党第十七届中央委员会第六次全体会议通过的《中共中央关于深化文化体制 改革推动社会主义文化大发展大繁荣若干重大问题的决定》明确提出,要推动中华文化走向世界,实施文化"走出去"工程,完善支持文化产品和服务"走出去"政策措施,增强中华文化在世界上的感召力和影响力。后有2012年2月15日发布的《国家"十二五"时期文化改革发展规划纲要》及2012年5月7日文化部印发的《文化部"十二五"时期文化改革发展规划》作为指导文化系统"十二五"时期改革发展的总体规划。由此,推动文化产品和服务"走出去",探索推动中华文化"走出去"的新方式、新办法,不断创新文化"走出去"模式,就成为当下中国文化事业和文化产业的一个热门话题。

在这种文化"走出去"战略的时代背景下,本文回顾了现代史上中国文化输出的一个典型案例——美国20世纪30年代"京剧热"现象,并试图用传播学的相关理论进行解读,以为当前的中国文化"走出去"提供历史借鉴。

二、美国20世纪30年代的"京剧热"现象

在当下社会文化的急剧变迁中,堪称我国国粹的京剧艺术日益变得小众化和非主流化了,自当引起国人深思。同时,对比京剧艺术日渐萎缩甚至逐渐失去本土文化市场的现实状况,我们不禁感慨那段曾经令人激动万分的精彩历史——20世纪30年代的京剧文化输出及引发的美国"京剧热"。

越是民族的就越是世界的,中国京剧艺术也曾经历过世界范围的大规模输出。那是在中国的20世纪二三十年代,以一代京剧大师梅兰芳先生为首的京剧剧团曾经多次奔赴日、美、苏等国进行京剧演出,其成功的国际出演使古老的京剧艺术走向了世界。尤其是在与中国文化迥异的美国地盘上演出成功,更让我们惊讶这一跨越文化鸿沟的传播魅力。梅兰芳带领的中国京剧剧团在无数热心文化界人士的帮助下,利用各种能够促进文化传播和沟通的手段,不断加强对中国古典京剧和戏剧大师梅兰芳的传播力度,通过各种积极主动的传播措施,对美国文化界及美国广大受众展开了双向互动式的信息传播,最终促进了中国京剧艺术与美国艺术文化的有效沟通,尤其是改变了中国京剧在美国人心中的"刻板印象"。

梅兰芳赴美演出之后,让美国文化界和普通民众充分体验到了京剧作为中国国粹的无限魅力,不仅拉近了中美两国的文化距离,更带来了美国20世纪30年代一股持续的京剧热潮,尤其是纽约的很多当地人都开始爱上观赏京剧甚至自学京剧,并展开了民间的自发京剧表演活动。这股"京剧热"与当时京剧文化输出的传播技巧和策略是密不可分的。

三、美国"京剧热"的传播学因素

从传播学的角度进行分析,可以发现美国"京剧热"现象背后的诸多传播因素的作用。这些传播元素的运用主要包括:对美国人的

受众调查研究、对美国人传播心理的运用、美国大众媒介的有效利用、多元传播方式的有机组合等,而且我们发现当时国人对传播技巧和策略的运用达到了十分娴熟的程度。

1. 对美国人的受众调查研究

梅兰芳剧团赴美演出之前,对美国受众进行了有的放矢的调查研究,其核心目标是充分了解美国受众情况,从而针对其目标受众精确设计赴美京剧演出。正是在此基础上,梅兰芳剧团对赴美京剧演出进行了强有力的大胆改编,并获得了美国民众的巨大反响,进而掀起了一股美国"京剧热"。

当时的梅兰芳剧团及其"智囊"团队非常清楚地认识到中美文化的巨大鸿沟和中美受众的巨大差异,如果不对美国受众进行充分的调查研究,而完全按照国内的模式在美国演出,注定会以失败告终。当时,梅兰芳剧团赴美演出的主要组织者齐如山具体负责赴美演出前的美国受众调查工作。当然那个时候国人不可能有完备的科学的现代调查研究方法,但已经有了现代调查研究方法的理念萌芽,如调查样本的全面性和代表性等。凡是齐如山能认识和接触到的美国人甚至从美国留学归来的留学生,只要在可能的范围内,就向他们全面询问美国方面的情形、美国人的戏剧接受状况以及他们对中国戏的意见。齐如山后来回忆说:"美国旅游团或单人来中国,差不多都要来拜访梅君,并且特别演戏,请他们听,请他们批评。演出之后,总要设法问他们对于中国戏的真意见。"① 剧团在赴美演出之前,只要遇到来自欧美的人士,就问他们梅兰芳剧团演戏哪些地方最好,从中看出外国受众的特征和喜好,进而做好奔赴国外演戏的准备。在差不多六七年的时间里,调查询问过的外国人就有 1000 多人,当时多数外国人主张演《散花》《别姬》《洛神》《上元夫人》等戏,这种通过虽然简单但却十分有效的受众调查方法获得的研究结论成为当时京剧文化输出的关键指向标。

---

① 齐如山:《梅兰芳游美记》,长沙:岳麓书社,1985 年,第 3 页。

为了在美国能够保持剧团良好的形象和声誉,符合美国当地的日常生活习惯,剧团专门对当时美国人的生活习性等方方面面进行了调查研究,充分掌握了准确信息后,在出国前三四个月以前就开始对剧团成员进行排练,包括轮船上的规矩,街道、旅馆的章程,吃饭穿衣等,单单吃饭一项,就排练了几十次。剧团还请人来教大家英语,并详细说明一些应对进退的小礼节,这样的排练也用了大半年的工夫。京剧文化输出的成功事实表明,通过调查研究准确掌握信息并进行有效行动对于传播成功的重要意义。

2. 对美国人传播心理的运用

梅兰芳剧团针对美国人的京剧演出中,充分运用了传播心理技巧,不仅充分利用美国本土人观看戏剧的心理,还巧妙地利用了"求新求变"的传播心理。

剧团通过调查研究后,充分掌握了美国人观看戏剧的心理和习惯,于是决定改变在中国长时间连续演戏的状况而采取缩短演戏时长的做法,每晚只演一场共四段,连说明、音乐、叫帘、休息等共用两个小时,这是美国人观看戏剧的最佳时间段。而且演四段也是按照美国人的观戏心理设置的,因为只演一段,则戏剧情节不大容易明白,而且这样台上一切动作全戏没大变换,可能会使美国观众不耐烦。情节、动作、服装等都要时常更换,以适宜美国人的观剧心理。了解到美国戏剧的"象真"(即写实)特点,一般需较大的活动舞台,因此戏台普遍宽大。① 为保证赴美演出的传播效果,剧团特别制作了演戏用的桌椅,它们都是可以任意放大缩小的,而且尺寸普遍比中国戏台大一些。

美国人在听中国戏时面临的一大难题就是语言不通,所以在剧目选择的过程中,梅兰芳剧团特别请精通中西戏剧差异又熟知西方观众心理的张彭春帮助准确选择剧目。张彭春凭借丰富的现代戏剧知识和西方戏剧的表演程式以及多年导演戏剧的经验,根据他所熟

---

① 梅兰芳:《梅兰芳同忆录:舞台生活四十年》,北京:团结出版社,2006年,第214页。

知的美国文化和美国人,建议选择了一些做、打多于唱、念的戏,如《刺虎》《汾河湾》《贵妃醉酒》《打渔杀家》以及《霸王别姬》里的剑舞,果然大受美国人欢迎。而且考虑到两国语言差异,张彭春在开演之前就用英文做总说明,说明中国剧的组织、特点、风格以及一切动作所代表的意义,然后由剧团邀请来的华侨翻译杨秀女士用英文做剧情介绍、说明,这就跨越了语言障碍,向美国受众心理上又靠近了一步。

对于剧场和舞台的布置,也充分考虑到美国受众的心理。美国人非常熟悉西方戏剧模式,但是对中国戏剧却非常陌生,因此可以利用他们的求新求变心理和好奇心,采取足够吸引他们的模式。最终采取的充满中国特色的舞台模式就切中了他们的心理,令美国观众大开眼界从而一炮打响。剧团设置的是中国故宫戏台模式:第一层是剧场的旧幕,第二层是中国红缎幕,第三层是中国戏台式的外帘,第四层是天花板式的垂檐,第五层是旧式宫灯四对,第六层是旧式戏台隔扇,这样层层叠加、变化无穷,产生了独特的剧场效果。剧场的门口满挂中国式宫灯、梅剧团特有的旗帜;剧场内也挂着许多中国式纱灯,上面绣有人物故事、花卉、翎毛;壁上挂着介绍中国戏剧的图画;所有剧场人员包括检场、乐队、服务人员都着统一的中国式服装。这样的"中国式"舞台剧场布置正是利用了受众的强烈"反差"心理,使得美国观众耳目一新,有效吸引了美国人对京剧的好奇和持续关注。

3. 对美国大众媒介的有效利用

美国的大众媒介当时已十分发达,这在梅兰芳剧团看来是最具影响力的传播渠道,必须进行有效利用。于是便与美国媒体进行了无数次的直接沟通,同时也积极联系其他相关人士间接影响美国媒体的议程设置向中国京剧和梅兰芳剧团倾斜,从而充分利用美国的新闻媒体进行宣传报道。

梅兰芳剧团一方面直接与美国的新闻界取得联系,争取到美国媒体的关注和报道,扩大中国京剧和梅兰芳剧团在美国的影响力和知名度,另一方面也积极与其他各方面有关人员联系,如向各大戏院剧场寄去照片、剧照并配以文字说明,也时常给驻在各国的中国大使官员通信,同时经常给热心此事的留学生们寄去相关中国戏剧和梅兰芳等的资料,以供他们给报馆通信宣传,通过他们间接影响并获得更多媒体的报道。

梅兰芳剧团为了尽可能取得媒体上的广泛影响,甚至还专门聘请了两位美国人,每月付给一定报酬,让他们定期与美国各报馆通信,每封信都附上梅兰芳的一两张照片,这样的措施也非常有效,剧团在以后就常常接到美国通信员的来函索要中国戏剧以及梅兰芳的材料和图片,并告知他们的媒体诚意,乐意代为宣传。这样材料和图片就时常直接寄给美国的一些新闻媒体。齐如山对此感慨道:"美国来信索要梅君相片的越发多了,每年只算相片费大约在四五千元以上。据朋友调查美国登过梅君消息的媒体,他见过的就有几十种,寄到梅君家里的有三十余种。美国以个人名义要相片的信就有几百封。"① 由此可见,多种策略共同使用,尽量扩大美国大众媒体的关注和报道,媒体的传播扩散效应非常显著,美国社会越来越多的人关注梅兰芳和中国戏剧了。

梅兰芳剧团甚至有效使用了媒介轮番报道的信息集中刺激效应。在准备赴美的最后阶段,剧团特意写了100多篇临时送各报馆宣传的文章,专门针对不同的报纸而写成不同的样式,此外,还专门把预备梅兰芳沿途接待新闻记者时应该发表的谈话也写了几十篇,然后都译成英文,以备临时在美国分送。这样密集的媒体报道对美国受众形成了信息的轮番"轰炸",自然"培养"了美国受众对中国戏剧和梅兰芳剧团的进一步认知和强烈期待。

梅兰芳剧团赴美演出成功和美国"京剧热"的形成,诸多因素中美国大众媒介可以说功不可没,因此,有效利用美国大众媒介的经验仍然值得今天文化输出实践的学习和借鉴。

---

① 齐如山:《梅兰芳游美记》,长沙:岳麓书社,1985年,第13页。

4．多元传播方式的有机组合

梅兰芳剧团对传播媒介的使用不仅限于大众媒介，还充分使用了宣传小册子、广场展览、街头传单等诸多其他的传播方式。这样，因为不同的传播方式有着不同的传播范围和传播效果，它们之间相互补充、相互衬托，促成信息的叠加和强化，从而实现多元传播方式的有机组合，这种"立体传播"的叠加效应是任何强大的单一媒介都不可能匹敌的。

宣传小册子是梅兰芳剧团系统采用的一种重要传播方式。剧团赴美演出的主要组织者齐如山为了进一步扩大宣传力度和影响，专门组织力量临时撰写了多本宣传小册子，并译成英文在美国当地广为散发。这也是剧团投入很大财力和精力、做得非常有特色的地方。在这些宣传品中，有详细介绍中国京剧知识的《中国剧之组织》；有专门介绍有关梅兰芳家族的《兰芳》传记；有《梅兰芳歌曲谱》；有对梅兰芳准备演出的戏加以逐一说明的《说明书》，它不仅是简单写一出戏的内容情节，还把一切动作、做工、唱工、应该注意什么地方等都清楚地写出来，以便美国人能够提前尽可能地理解和领会戏剧。这么多种类的宣传册很好地起到了在美国民众中普及京剧常识的效果。

剧团还集中力量精心绘制了200幅京剧图画，在各个街头、剧场等公共场所悬挂起来，给予为数更多的美国民众以直接的视觉刺激。这200幅图涵盖了剧场、行头、古装衣、冠巾、胡须、扮相、脸谱、舞谱、乐器、钟、宫谱、角色等门类，都配以中英文的双语说明。这种图画展览的广场传播效果立竿见影，吸引了无数美国人前往观看，视觉传播的直观给美国人留下了更深刻的印象和对京剧深入浅出的理解。这自然构成了京剧文化传播中独具特色的有机环节。

四、美国"京剧热"对中国文化"走出去"的启示

通过以上对中国京剧成功走向美国并引发美国"京剧热"的传播学分析，从中可以为当下的中国文化"走出去"战略提供若干启示：

1. 中国文化"走出去"首先要跨越巨大的文化鸿沟,这种文化鸿沟就横亘在中外文化受众之间,只有进行有效的和准确的他者文化的受众调查,从而进行有针对性的文化产品的生产和传播,才可能吸引他国受众,让他国受众乐意接受我国的文化产品。中国文化要想真正"走出去",就必须告别不顾目标受众的一厢情愿的单向话语。

2. 中国文化"走出去",要在精确受众调查的基础上,需掌握他国受众的接受心理,并恰当运用传播心理技巧,打动他国受众的内心世界,就如众多美国好莱坞电影大片能够紧紧抓住全球受众的内心从而有效吸引全球电影观众那样,让观众自觉自愿地付费购买观看,这种传播心理技巧的运用是值得借鉴的。

3. 中国文化"走出去",不是仅靠我国媒介的一股脑宣传和报道就能起作用的,他国大众媒介的有效利用也十分关键。只有充分利用他国媒介对我国文化产业和文化产品进行集中关注和持续报道,才能影响他国受众对中国文化的认知和接受行为。

4. 中国文化"走出去",国外大众传播媒介是一定要充分利用的平台,同时要将多元传播方式进行有机组合;尤其是在今天这样的网络社会,互联网络提供了文化沟通和宣传的最佳平台,利用好网络平台应成为文化"走出去"战略的重要策略。总之,多种传播方式的有机结合一定能使文化"走出去"战略更顺利地施行。

美国20世纪30年代"京剧热"现象背后的诸多传播学因素是我国现今的文化国际输出必须重视传播技巧与方法的运用,传播在文化输出过程中起到十分关键的作用,值得文化界和业界进一步深入思考和探讨。

关于我国音乐文化"走出去"的思考

姜　楠

随着全球化进程的不断深入,经济全球化、文化多元化程度日益加深,国与国之间的竞争方向正在悄然转变。当今的时代是国家文化战略竞争的时代,各个国家都高度重视文化发展,把其作为国家发展战略的一个重要组成部分,大力发展文化产业已经成为国际社会新的战略选择形态。我国加入世界贸易组织至今,文化市场的逐步放开,让我们面临着日趋激烈的国际文化竞争,面临着西方文化产品和服务"扑面而来"的压力,使我们不得不进入国际大循环中来,直面国际文化竞争。除了竞争、除了参与我们别无选择。但是被动的防御是下策,只有凭借自身实力去竞争、去占有市场才是上策,在对抗和交融中前行。国家鼓励具有竞争优势和经营管理能力的文化企业对外投资;鼓励从事具有中国特色的音乐舞蹈、演出展览等领域的文化企业采用多种形式开拓海外市场;鼓励文化单位同国外有实力的文化机构进行项目合作,学习先进制作技术和管理经验;鼓励培育一批具有国际竞争力的外向型文化企业和中介机构,形成一批有实力的文化跨国企业和著名品牌,开发一批在境外长期驻场或巡回演出的演艺产品。在我国音乐文化"走出去"的路途中,我们有许多课题需要探讨,有许多难题需要破解,随之而来的也有许多难得的机遇需要把握。

一、我国音乐文化"走出去"的现状

近些年,特别是在加入世界贸易组织之后,我国对外音乐文化交流活动日益频繁,并取得了一定的社会效益和经济效益。核心文化产品出口呈大幅增长态势,境外商演团组数、演出场次、演出收益、乐器出口等均比过去有明显提高。但是,可喜的成绩并不能掩饰背后的隐忧。准确地说,当前我国音乐文化"走出去"的现状是喜忧参半。

1. 音乐文化"走出去"的可喜现状

(1) 涌现出一批极具代表性的演出项目和文化企业

近年来在我国音乐文化界涌现出了一批具有代表性的演出项目和文化企业,在文化出口方面做出了积极的贡献。如北京某制作交流有限公司成功收购美国白宫剧院,并投资注册成立了演出经营公司。这是中国文化企业首次在国外购买剧院,实现了在美国演出市场自我产业链的完整化。大型原生态歌舞集《云南映象》,在巴西、阿根廷、美国、南非等国上演,有专门海外版演出版本,与专业的国外全程演出推广公司和剧院经纪公司联手,共同开发海外市场,成为我国海外商演的样板。还有舞剧《大梦敦煌》、原创民族舞剧《一把酸枣》等都在海外取得了骄人的成绩。

(2) 出台了一批相关政策及规定

党和国家对文化产品和服务"走出去"给予了高度重视,制定、出台了一系列相关政策及规定,如《关于鼓励和支持文化产品和服务出口的若干政策》《关于金融支持文化产业振兴和发展繁荣的指导意见》《关于进一步加强文化产品和服务出口工作的意见》,发布年度《国家文化出口重点企业目录》和《国家文化出口重点项目目录》等。关于音乐文化的"走出去"工程,也有针对性地颁布了相关政策,如《关于促进商业演出展览文化产品出口的通知》《国家商业演出展览产品出国指导目录》等,在全国开发一批在国际演艺市场有一定市场潜力和影响的项目,并设立了"国产音像出口专项资金"。

2. 音乐文化"走出去"的隐忧

面对我国音乐文化"走出去"取得的喜人成效,我们不能盲目乐观,而是应该冷静分析,因为仍存在许多制约音乐文化产品和服务"走出去"的因素和问题。目前我国音乐文化"走出去"存在"春暖花未开"的情况。音乐产品尤其是演出"走出去""引进来"之间存在巨大逆差,海外演出数量增大,但多是交流性而非贸易性的。如中国演出走向世界仍以文化交流为主,真正进行市场化操作的能力较弱,仍以进入国际低端市场和海外华人市场为主。在国际文化贸易中,中国处于逆差严重的不平衡地位。对外商演一直是我们的弱项。我国引进和派出的文艺演出每场收入比约为10∶1,我国全部海外商业演出的年收入不到1亿美元,还不及国外一个著名马戏团一年的海外演出收入。"走出去"的文化企业优势形不成规模,形不成星火燎原之势,缺乏文化知名品牌,缺乏有实力的演出中介,缺乏复合型人才,缺乏"走出去"的桥梁,缺乏海外推广资金,缺乏版权保护意识,缺乏有序的音乐市场,这些都导致我们很难与世界知名文化企业同台竞技。

二、对我国音乐文化"走出去"的思考

面对我国音乐文化"走出去"让人欢喜让人忧的局面,面对当前的文化环境,如何利用自身优势在国际音乐文化大舞台上立足,如何既能保持自身音乐艺术特色,又能融入世界音乐文化潮流,成为紧迫而又复杂的命题。我国音乐文化"走出去""融进去",和国际音乐文化真正接轨,走出国门,走向世界,需要一种整体的国际视野。为此笔者提出以下几点思考和建议:

1. 创新音乐艺术形式,多出精品

工欲善其事,必先利其器。音乐文化精品是我国音乐文化"走出

去""融进去"的基础,是进入国际音乐文化市场的"准入证"。因此,我们要站在高起点上,准确定位我国音乐文化资源,在深度和广度上下工夫,打造精品,精品的"灵魂"在于高艺术水准。我们要对音乐作品和服务进行"包装",需要"世界的品质",提升原创音乐质量,以更丰富的形式鼓励创作。音乐语言是超越国界的,要让中国音乐在世界艺术舞台上绽放,就要合理化地利用民族音乐艺术的资源,创新演绎形式,打造符合西方观众审美习惯的音乐艺术产品和服务。要打造多元化的音乐产品,提炼音乐艺术精品,在深度和艺术感染力上做文章,打造出具有强烈艺术震撼力的经典之作。

2. 转变观念,做大做强对外音乐文化贸易品牌

我国的音乐文化资源丰富,但如何运用、如何整合资源来打造音乐文化品牌是需要思考的。品牌是"软性黄金",我们要树立品牌意识,开展品牌战略,独出心裁打造品牌,因为创意品牌是占领国际音乐市场的一大关键。品牌被认可、被接受是音乐文化"走出去"的当务之急。贵在创新,也难在创新。要突破传统模式,创新产品内容,在文化的差异性中寻求结合点,打造更多、更持久的"中国创造"音乐文化产品和服务,真正实现音乐文化品牌的国际化、市场化。

3. 构建国际音乐市场营销网络,建立国际音乐文化营销"前沿据点"

我国音乐文化要融入西方社会,就必须以市场化运作模式来实现。所以对市场的培育是必做功课。瞄准国际音乐文化市场,紧盯国际音乐经纪人和演出商,多学习借鉴国外音乐产品和服务的成功经验,多沟通。构建国际音乐市场营销网络,搞准音乐文化消费者的实际需求,用开放发展的思维去丰富营销手段,充分利用现代传播媒介,多渠道、多形式地进行市场宣传推广。在完善国内音乐艺术市场运作专业性的同时,畅通"走出去"的渠道,真正做到市场化、国际化,利用创意和行之有效的市场营销途径,建构有利于音乐艺术发展的

环境,建立科学的音乐艺术产业化链条。

4. 开拓思维,加大研究力度,在理论研究上"全面开花",指导实践

近年来,对于我国文化"走出去"的理论研究在逐步深化,涌现了一批研究成果,也对实践起到了指导作用。对于我国音乐文化"走出去"的研究,越来越受到重视。召开"演出'走出去'论坛""演艺博览会"等各类形式的活动,对艺术团体体制改革、演出经营新模式、国外市场、国际演艺活动等相关市场动态、政策环境、营销策略等一系列问题开展讨论,为我国音乐文化"走出去"献计献策,提供智力支持。但面对不断变化的新形势和可能出现的新问题,我们还需要在领域的拓展性、理论研究的深度和研究体系的完整性上下工夫、做文章,为协调政策规划、指导文化有秩序、有步骤的"走出去"给予理论上的保证。

5. 拓展对外音乐文化交流渠道,"借船出海""造船出海",多渠道传播中华文化

宏观上,我们要制定对外音乐文化传播的整体策略,并辅以具体实施措施和目标,以保证整体与部分的合力形成,产生影响力。微观上,我们要借助有实力的国外企业的营销网络,共同投资制作演出产品,"借船出海"。同时针对国际观众的欣赏习惯和国外长期巡演的要求,打造拥有自主版权和表演权的适合海外市场的品牌产品,"造船出海",打造音乐文化"拳头"企业。拓展文化交流渠道,扩大范围,加大交流和商业性互动。另外,政府要营造一个文化贸易的良好环境,搭建一个文化"走出去"的平台和渠道,在政策上提高支持力度,进一步完善音乐艺术外贸制度,在金融、财政、税收等多方面提供便捷,完善支持文化产品和服务出口的政策,真正做到政策倾斜,资金资助。进一步深化文化体制改革,培养兼具本土化和国际化的文化艺术人才,完善版权、表演权保护,依法"走出去",规避演出风险,真正熟知国际演出规则,规范音乐产业链条,理顺音乐创作、音乐制作、

音乐发行、音乐消费等各环节的关系。

三、结语

  我国的音乐产业在全球远没达到应有的影响力,还存在巨大的市场空间。那么如何杀出重围,如何在引领时尚与保留传统间寻求平衡,既提升民族性又体现世界性,如何把音乐产业做大,契合世界发展趋势,打入国际音乐主流市场,如何维护文化形象等,成为值得研究的新命题。当下我国音乐文化发展面对的不仅是国内环境,更是国际环境,面对的不仅是国内市场,更是全球市场,我们要以全球视野和世界眼光来看待它。相比较而言,我们具备"后来居上"的优势,抢滩登陆、与"狼"共舞,是提高我国音乐文化生存发展空间的"主动性行为",也是减轻外来文化对国内音乐市场冲击,抵制文化霸权的一种"回击措施"。将中国的音乐文化"送出去",打开外国人了解中国音乐的一扇窗户;音乐文化"走出去",走出国门,真正做到墙内香,墙外更香;音乐文化"融进去",融入发达的国际音乐主流市场,真正占据国际音乐市场份额。"送出去""走出去""融进去",这需要一个由浅入深的长期的、系统的过程。"送出去"是一种短期行为,我们真正要做到的不是送出去而是"走出去""融进去"。"走出去"是基础,"融进去"是最终目的,这期间并非易事。只能循序渐进,分步实施,真正做到"走出去",打造拥有自主版权的适应国际市场的品牌产品,既能取得丰厚市场回报,同时又能提升中国文化产品的整体国际形象。

中国文化"走出去":外语学科大有作为

王 宁

一年一度的论文统计数字又出炉了,自然科学家大都以期待和自豪的目光关注着中国科学在国际学界急剧攀升的地位。确实,我们的科学家果然不负众望,他们在国际学术期刊上发表并被收录SCI(科学引文索引)数据库的论文的数量已经名列世界第二,仅次于美国,而收录SCI数据库的期刊大多是英文刊物。也就是说,这些科学家必须用英文撰写学术论文然后在这些英语世界的刊物上发表。他们竞争的对手并非国人,而更多的是以英语为母语的西方同行。当然,也许有人会说,论文的数量并不说明其影响力,而且确实,究其质量和影响力而言,中国科学家的论文远居第一名美国之后。那么,作为专事人文社会科学研究的中国学者,我们中有多少人对这些数据予以关注呢?这方面,中国社会科学院的学者郑海燕[①]通过多年的潜心研究和数据搜集,拿出了令人信服的证据来证明中国的人文社会科学在国际上的地位。但是这一切仿佛均与我所在的外国语言文学学科无甚关系,我们的不少外语教师至今还停留在浅层次的教学层面写一些影响力极低的论文,或者仅满足于对国内的外语学习者传授自己的所谓"经验",或仅满足于介绍国外的一些基础理论概

[①] 郑海燕:《中国人文社会科学国际论文统计分析——基于SSCI和A&HCI数据库(2005—2009)》,北京:中国社会科学出版社,2012年。

况,远未达到与国际同行平等讨论学术问题的境地,即使是在国内也远离人文社会科学主流,更遑论跻身国际学界了。这究竟是什么原因造成的呢?我想这与我们这个学科的地位以及学者自身的素质有关。

确实,在中国的高校中,外语学科的地位确实是太低下了。尽管大多数高校都有着相对独立的外国语学院,但即使如此也很难跻身该校人文学科的主流。就拿我曾任教过的三所高校来说吧:北京大学的外国语言文学学科实力雄厚,语种齐全,自2003年教育部学位与研究生教育发展中心开始进行全国一级学科评估以来,该学科连续三次蝉联全国第一,但是他们在北大的学术地位又如何呢?这只有当事人才知道个中的苦楚。北京语言大学是一所从事语言文化教育和研究的专门性高校,有博士学位授予权的一级学科一共就两个——中国语言文学和外国语言文学。但是学校为了确保中国语言文学学科能够跻身前十名,在2008年的那次全国一级学科评估中,把全校语言文学研究的相关成果统统集中在中国语言文学学科门下,结果仍未能跻身前十名,于是在2012年的评估中干脆不参加了。我现在任教的清华大学又如何呢?虽然在前两次评估中外国语言文学学科进入了前五名,但并没有在本质上提高外语学科在全校人文学科中的地位,我们至今仍不过是人文学院之下的一个系。但尽管如此,我们的学科仍有可以值得自豪的地方:也即在2012年由汤姆森路透科技信息集团主持的全球大学专业学科排名中,清华大学的英语语言文学学科跻身世界百强,名列第53名,居中国大陆高校第二名。其原因恰在于我们学科的英文论文发表数量在国内高校同行中居前列。这里,我特地从汤姆森路透集团弄来了最新的数据,与大家共同分享:

中国高校和科研机构发表SSCI和A&HCI论文排名(2012年)

(1) 香港大学 729
(2) 香港中文大学 576
(3) 香港理工大学 522
(4) 中国科学院 466
(5) 北京大学 444

(6) 香港城市大学 426

(7) 清华大学 271

(8) 上海交通大学 240

(9) 浙江大学 233

(10) 复旦大学 228

看了这份排名榜之后,我们不禁问道:为什么专事自然科学研究的中国科学院能够雄踞所有中国大陆高校之上呢?为什么素来以理工见长的清华大学、上海交通大学和浙江大学高居于那些素来以人文社科见长的高校呢?我们都知道,从事科学研究的不少学者都有着深厚的人文素养和广博的社会科学知识,尤其是管理学科、统计学科和一些以实证和认知为主的学科研究已经渗透到了人文社会科学领域,再加之这些学科的学者大多十分重视英语写作和国际发表,因此他们发表的论文不仅能被 SCI 收录,相当数量的有着跨学科性质的论文还被 SSCI(社会科学引文索引)或 A&HCI(艺术与人文引文索引)收录。这样看来,我们从事外国语言文学教学和研究的同行的优势全无了。即使在这些跻身前十名的中国大陆高校中,外语学科的教师又有多少贡献呢?恐怕数据一经公布更会令人沮丧了。我近几年来在国内一直提倡①人文社会科学研究的国际化,但响应者主要来自其他人文社会学科,而来自外语学科的反响寥寥无几。当我在一些"985 工程"或"211 工程"高校作有关上述题目的演讲时,听者大多数是来自管理学、教育学、经济学以及哲学学科的学者,还有相当数量的理工科学者和博士生,却很少见到外语学科的学者。偶尔见到一两位英语界的同行,他们总向我抱怨:我们甚至在国内的 CSSCI(中文社会科学索引)期刊上发表论文都很困难,更不用说在那些国际期刊上发文了。

毋庸讳言,我国高校的外语教师队伍之庞大是全球独一无二的,尤其是英语教师的人数更是令人咋舌。但是我们不禁扪心自问:面对各门学科愈演愈烈的国际化潮流,外语学科怎么办?尤其是英语

---

① 王宁:《中国文学如何有效地走向世界?》,《中国艺术报》2010 年 3 月 19 日;王宁:《外语人才应该为人文社会科学的国际化做出贡献》,《中国外语》2009 年第 5 期;王宁:《中国文论如何有效地走向世界?》,《学习与探索》2012 年第 11 期。

专业怎么办？我们的英语水平应该达到听说读写的全面发展，也即听说应该达到可与母语国家的同行讨论本专业学术问题的水平，阅读速度应该接近母语国家学者的水平，写作则应达到在英语世界的学术刊物上发表与本专业相关的学术论文的水平。如果拿这个标准来对照，我们国内的英语教师有多少算作合格呢？如果我们自己的英语水平都没达到这一标准，又如何去教授我们的学生呢？我经常听到我的一些外语界同行抱怨：学校老是要我们写论文，但我们的教学任务又这么重，根本坐不下来，怎么可能写论文呢？就是写出论文来，又在何种刊物上发表呢？外语界一共就这几家刊物，怎么能轮到我们去发表？我猜想这些教师所说的是这样的意思：他们除了懂一些基础教学上的知识外，并未进入人文学科的学术层次。确实，外语界主办的 CSSCI 学术期刊很少，除了名家的文章容易发表外，小人物确实很难找到发表的园地。实际上，据我所知，这些忙于教学的教师根本没有充裕的时间去准备自己的教学，他们往往只是在应付学生和学校的任务，更不用说去阅读学术著述和撰写论文了。如果他们不努力去提高自身的水平，课上得越多其危害性就越大。所以难怪有诸多毕业生抱怨，学了几年英语终于盼到了毕业的那一天，但却找不到适合的工作。但另一方面，从国家实施的文化"走出去"的战略目标来看，高层次的英语人才又是那样的奇缺，优秀的翻译人才到处抢手，而能把中国文学作品译成外文并在目的语国家发表者更是凤毛麟角。这难道不是我们外语教育的一个失败吗？

倒是一些英语基本功扎实且知识较广博的教师说出了真话：我们可以写出漂亮的英语句子甚至富有文学味的散文，但是我们却不知道该写什么。对于这部分教师来说，他们仍然可以凭借自己的英语优势，和一些人文学科的同行合作著述，或许还可以在国际学界发表。而对于大部分英语教师来说，他们的写作水平达到在目的语国家的刊物上发表的水平了吗？如果没有达到的话，那你又拿什么优势去和其他人文学科的同行竞争呢？所以，我认为，对于我们的英语教师和博士生来说，除了要学好母语用中文在国内发表著述外，更要重视提高自身英语的写作和中译英的水平，这样才有资格参与到中国文化"走出去"的大项目中。

也许有人会说,中国文化"走出去"靠国内学者是不可能的,应该靠国外的汉学家,只有他们才能把中国文学和文化典籍译成道地的外语并在国外发表。这当然不无一定的道理,莫言的荣获诺贝尔文学奖以及李泽厚的著述收入《诺顿理论批评文选》[1]就是最有说服力的例子。但是我马上就可以拿出另两个反向的例子来证明其不可靠:其一,像葛浩文、马悦然、顾彬、宇文所安这样的优秀汉学家实在是凤毛麟角,他们除了花费大量时间翻译中国文学作品和文化典籍外,自己也需要著书立说。而且就他们所翻译的数量与我们国内学者译成汉语的西方作品的数量相比,实在是小巫见大巫。这种学术交流的不平衡状态靠谁去打破?显然靠这些屈指可数的汉学家是不可能的,他们在西方学界也长期以来处于边缘地位,只是近几年来中国的崛起使他们的地位也有了上升,但依然在西方学术主流之外。其二,我们都知道这样几个事实:世界上第一部英语语法书是出自丹麦语言学家耶斯帕森之手,而非英国人之手;世界上最大的一部中国书法词典据说也非出自中国人之手,而是出自日本人之手;被称为英语文学最优秀的文体家之一的康拉德本不是道地的英美作家,而是波兰人后裔;将德里达的《文字学》译成英文并得到德里达本人认可的并非是英美本国人,而是来自印度的比较文学学者斯皮瓦克[2],这位旷世奇才的母语是孟加拉语,第一外语是印地语,第二外语才是英语,而法语则是她的第三外语。在六十岁那年,为了更好地了解整个东方文化,斯皮瓦克毅然以一个普通学生的身份选修了哥伦比亚大学中文专业的汉语课,并参加各门考试。可见,非母语的人照样能写出优秀的外文著述,对此我们切不可妄自菲薄。我始终坚信,为了更有效地实施中国文化"走出去"的战略,我们虽然离不开国外汉学家同行的帮助,但更应该依靠自己的力量,在这方面,外语学科的学者应该大有作为。

---

[1] Li Zehou, "Four Essays on Aesthetics: Toward a Global View," *The Norton Anthology of Theory and Criticism* (2nd ed), Vincent B. Leitch (ed.), New York: Norton, 2010, pp. 1748—1760.

[2] Gayatri Spivak, "Translator's preface," in Jacques Derrida, *Of Grammatology*, Spivak (trans.), Baltimore & London: The Johns Hopkins University Press, 1974.

我国高校人文社会科学学术成果的国际影响力分析
——基于"985工程"高校在 Web of Science 期刊发文引文的研究

姚乐野　王阿陶

一、引言

随着中国在国际政治、经济领域地位的不断提升,党和国家领导人十分强调提高国家文化软实力,以此作为中华文化走向世界参与全球文化合作与竞争,进而提高中国国际话语权和文化影响力的重要手段。2005年,中共十六届五中全会通过的《中共中央关于制定国民经济和社会发展第十一个五年规划的建议》(以下简称"十一五"规划)中首次提出要"积极开拓国际文化市场,推动中华文化走向世界"。2007年,十七大报告发展了这一观点,强调要"加强对外文化交流,吸收各国优秀文明成果,增强中华文化国际影响力","推动我国哲学社会科学优秀成果和优秀人才走向世界"。[①] 2012年,十八大报告指出,要"建设社会主义文化强国,关键是要增强全民族文化创造活力",增强文化整体实力和竞争力,开创"中华文化国际影响力不断增强的新局面"。

[①] 胡锦涛:《高举中国特色社会主义伟大旗帜　为夺取全面建设小康社会新胜利而奋斗》,《中国共产党第十七次全国代表大会文件汇编》,北京:人民出版社,2007年。

哲学社会科学作为我国文化的组成部分,在提高国家文化软实力方面发挥着越来越重要的作用。2004年3月,中共中央发出《关于进一步繁荣发展哲学社会科学的意见》,提出必须大力繁荣发展哲学社会科学,加强哲学社会科学的对外开放。① 2011年中共中央办公厅、国务院办公厅转发了《教育部关于深入推进高等学校哲学社会科学繁荣发展的意见》(以下简称《意见》),明确指出未来十年我国高等学校哲学社会科学的任务:坚持"走出去"与"请进来"相结合,加强统筹规划,创新思路办法,拓展交流途径,健全合作机制,有选择、有步骤、有层次地推进高等学校哲学社会科学走向世界,推动中华文化"走出去",增强我国国际话语权。之后,教育部、财政部印发《高等学校哲学社会科学繁荣计划(2011—2020年)》,②教育部制定《高等学校哲学社会科学"走出去"计划》,③指出高等学校哲学社会科学"走出去",是中华文化"走出去"战略的重要组成部分,对于进一步提升高等教育国际化水平、扩大中国学术的国际影响力、妥善回应外部关切,增进国际社会对我国基本国情、价值观念、发展道路、内外政策的了解和认识,展现我国文明、民主、开放、进步的形象,增强我国国际话语权,具有十分重要的意义。

由此可见,中国的哲学社会科学不仅承担着打造中国文化软实力的重任,而且对于增强我国的国际话语权也发挥着重要的影响作用。因此,有必要对我国哲学社会科学学术成果的国际影响力的现状进行梳理,分析作为我国哲学社会科学研究主力军的高校目前在国际学术界的影响,以期为制定我国哲学社会科学④"走出去"战略提供借鉴与参考。

---

① 新华社、中共中央办公厅、国务院办公厅转发《教育部关于深入推进高等学校哲学社会科学繁荣发展的意见》,2013年4月18日,http://www.gov.cn/jrzg/2011-11/13/content_1992063.html.(2014年1月20日)

② 中华人民共和国教育部、中华人民共和国财政部:《教育部、财政部关于印发〈高等学校哲学社会科学繁荣计划(2011—2020年)〉的通知》,2013年4月19日,http://www.moe.gov.cn/publicfiles/business/htmlfiles/moe/s6137/201111/xxgk_126304.html.(2014年1月20日)

③ 中华人民共和国教育部:《教育部关于印发〈高等学校哲学社会科学"走出去"计划〉的通知》,2013年4月,http://www.moe.gov.cn/publicfiles/business/htmlfiles/moe/s6137/201111/xxgk_126304.html.(2014年1月20日)

④ "哲学社会科学"在下文中基于国际惯例称之为"人文社会科学"。

二、研究范围与对象界定

1. "985工程"高校

"985工程"高校是我国政府为建设若干所世界一流大学和国际知名的高水平研究型大学而实施的高等教育建设工程中入选的大学。通过三期的建设,共有39所大学入选。"985工程"高校在整体上代表了中国大学的最高学术水平,研究"985工程"高校人文社会科学的国际学术影响力能够从某一方面客观、实际地反映当前我国高等学校人文社会科学"走出去"战略的实施效果和国际学术影响力水平。

2. Web of Science

Web of Science 是美国 Thomson Scientific(汤姆森科技信息集团)开发的大型综合性、多学科、核心期刊引文索引数据库,包括三大引文数据库:科学引文索引(Science Citation Index,简称 SCI)、社会科学引文索引(Social Sciences Citation Index,简称 SSCI)和艺术与人文科学引文索引(Arts & Humanities Citation Index,简称 A&HCI)。目前,国际上公认被 SCI、SSCI 和 A&HCI 收录文献的多少可以作为衡量一个国家、地区或科研机构科研水平、国际学术影响力的重要评价指标。由于 SSCI 和 A&HCI 可操作性强、数据客观真实,可以作为我国"985工程"高校人文社会科学国际学术影响力的数据来源与评价工具。本文以 SSCI 和 A&HCI 为数据源统计"985工程"高校人文社会科学在国际期刊的发文状况和被引情况。

3. 国际学术影响力评价指标

一个国家的研究机构、学科领域的国际学术影响力具体表现为其公开发表和出版的国际学术论文和专著及专利、组织的国际会议、承担的国际科研合作项目、研究人员在国际学术组织和国际期刊的任职情况、获得的国际科研奖项等多个方面，在一定程度上体现了一个国家的文化在国际上的认可度。但是考虑到上述很多指标的实际数据难以获取和量化，而其中的学术论文数据公开、透明、易获取，因此本文基于 Web of Science 中的研究论文，选取论文数量、来源期刊、国际合作、基金资助、论文被引情况等 5 项指标来进行分析。

4. 文献类型

根据 Web of Science 数据库，SSCI 和 A&HCI 的文献类型包括学术论文、会议论文、评论、专题讨论、社论、人物自传、艺术评论等。学术论文是研究成果的主要表现和传播形式，不仅科研项目的立项需要数量多且质量高的学术论文为基础，高水平的学术著作也需要相当多的学术论文为基础，国际论文的数量和被引用次数高低是衡量研究成果的国际学术影响力的重要指标。因此，考虑到数据的易得性与可靠性，本文只统计 SSCI 和 A&HCI 数据库中 Article（学术研究）类型的论文。

5. 时间范围

本文统计的时间范围选取 2006—2010 年，这五年是国家的"十一五"时期，也是实施"中华文化走向世界"战略的启动阶段。统计这五年的数据有助于了解这一阶段我国"985 工程"高校人文社会科学"走出去"的具体状况和基本表现。另外，由于本文使用引文分析法，而论文的引用频次与其已发表时间的长短有很大的关系。为保证对论文的被引情况作出客观、公正的评价，这也是本文将统计对象限定为 2006—2010 年的一个原因。此外需要说明的是，本次数据检索日期为 2014 年 1 月 28 日至 2 月 13 日，数据库更新日期为 2014 年 1 月 24 日。

6. 其他

本文统计的所有论文都是以"985 工程"高校为第一作者单位。以四川大学为例,若第一作者单位是四川大学,则该论文只归属四川大学;若第一作者单位是复旦大学,第二作者为四川大学,则该论文只归属复旦大学,而不归属于四川大学。

三、"985 工程"高校在 Web of Science 期刊的发文统计分析

1. 发表论文基本情况

论文发表总数反映该大学或相关学科国际学术交流的参与度和贡献力的大小。从 SSCI 和 A&HCI 数据库中,以 2006—2010 年为时限,检索出所有以"985 工程"高校为第一作者单位的论文合计 3549 篇,具体见表 1。从检索结果可以看出,各"985 工程"大学发文数量相差巨大。

表 1 发表论文数量分布

序号	名称	篇数	序号	名称	篇数	序号	名称	篇数
1	北京大学	590	14	中国科学技术大学	82	27	东北大学	33
2	清华大学	274	15	华东师范大学	81	28	湖南大学	33
3	浙江大学	238	16	南开大学	81	29	重庆大学	29
4	北京师范大学	213	17	中国农业大学	66	30	北京航空航天大学	24
5	复旦大学	213	18	西安交通大学	60	31	吉林大学	24
6	上海交通大学	205	19	东南大学	57	32	兰州大学	22

续表

序号	名称	篇数	序号	名称	篇数	序号	名称	篇数
7	中山大学	147	20	厦门大学	57	33	北京理工大学	21
8	中国人民大学	133	21	山东大学	57	34	电子科技大学(成都)	17
9	武汉大学	122	22	同济大学	56	35	西北工业大学	14
10	南京大学	118	23	哈尔滨工业大学	51	36	西北农林科技大学	9
11	华中科技大学	113	24	大连理工大学	47	37	中国海洋大学	5
12	中南大学	94	25	华南理工大学	38	38	国防科学技术大学	3
13	四川大学	85	26	天津大学	35	39	中央民族大学	2

如表 1 所示,排名前八位的机构发文数量共计 2013 篇,占所有"985 工程"高校发文总量的 56.72%,是我国"985 工程"高校在 Web of Science 中的主要贡献力量。其中北京大学发文最多,有 590 篇,发文数量是第二名清华大学的 2 倍还多,足见北京大学人文社会科学研究实力之强。紧随其后的清华大学、浙江大学的发文量也较多,分别位于二、三位。北京师范大学和复旦大学发文量相等都是 213 篇,证明了两所高校人文社会科学研究实力势均力敌。上海交通大学虽然是以工科见长的"985 工程"高校,但其发文量仍排在前列,说明其综合科研水平已经大大提高。中山大学和中国人民大学发文量相差不大,分别位于七、八位。高校人文社科成果产出的多寡与学校的办学条件、科研方向、学科特点等有很大的关系,在一定程度上反映出该校科研实力与影响力的高低。

从发表论文区域分布来看(见图 1),华北 11 所高校共计发文 1 442 篇,占总发文量的 40.6%;华东 10 所高校发文总量紧随其后,计 1 112 篇,占总量的 31.3%;接下来是华中(4 所)、华南

(3所)、东北(4所)、西南(3所)、西北(4所)共计18所高校,发文占总量的28.1%。由此图大概可知我国高校科研成果数量分布,发文数量分布与所在区域入选"985工程"高校的数量多少有直接的关系,而所在区域入选"985工程"高校的多少也实际上反映了该区域的教育、科研水平。

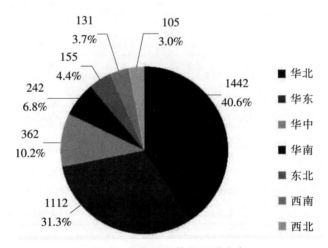

图1 发表论文篇数区域分布

年代	2006年	2007年	2008年	2009年	2010年
篇数	281	449	631	1002	1186

表2 发表论文年代分布

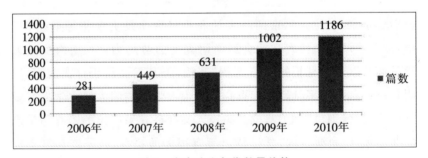

图2 发表论文年代数量趋势

2006年是"十一五"规划的第一年,我国"985工程"高校在Web of Science中共发表论文281篇,进入第二年后这个数字猛增到了449,比前一年增长了59.8%,而随着"十一五"规划各项事业的稳步推进,2008年、2009年的论文数量较上一年增长了40.5%和58.9%。2010年是"十一五"规划的最后一年,其发表论文为1 186篇,增幅放缓,仅比前一年增长了18.4%。从总体上看,这一时期,我国国际论文产出量逐年增加,对国际学术交流的贡献力也呈稳步增长的趋势。

2. 来源期刊

来源期刊种数的多少,表明学术影响的广泛程度。表3给出了"985工程"高校发表论文来源期刊的种数分布。北京大学、清华大学的来源期刊种数与发文量排名一样,都位于前两位,复旦大学、上海交通大学的来源出版物种数多于浙江大学,北京师范大学、中山大学、中国人民大学来源期刊数量也排在前列。由此可见,发文数量越多的单位,其来源期刊种类也越广泛,学术影响也越广泛。

表3 来源期刊种数分布

单位	发文数量	来源期刊种数	单位	发文数量	来源期刊种数
北京大学	590	321	浙江大学	238	143
清华大学	274	170	北京师范大学	213	121
复旦大学	213	161	中山大学	147	97
上海交通大学	205	147	中国人民大学	133	88

发表论文的期刊影响力高低也直接决定了论文的影响力水平。根据JCR Web[①]的定义,影响因子位于Q1区间[②]的期刊为高影响因子期刊,"985工程"高校发表在高影响因子期刊的论文数量分布见

---

① JCR Web是美国科学情报研究所(ISI)出版的综合性、多学科的期刊分析与评价报告。
② JCR数据库分学科对期刊影响因子从高到低排序,并分成四个区间,即Q1,Q2,Q3,Q4。Q1表示期刊影响因子位于该学科的前25%,Q2表示位于26%—50%,Q3表示位于50%—75%,Q4表示位于76%—100%。

表4。北京大学的高影响因子期刊论文数依然排在第一位,且是第二名的两倍多,北京师范大学、清华大学、上海交通大学的Q1期刊论文数相差不大,分别排在第二至四位。

表4 高影响因子期刊论文数

单位	发文数量	Q1期刊论文数	单位	发文数量	Q1期刊论文数
北京大学	590	158	复旦大学	213	55
北京师范大学	213	68	浙江大学	238	43
清华大学	274	66	中山大学	147	39
上海交通大学	205	61	南京大学	118	28

表5是高影响因子期刊论文数与发文总量的比重,吉林大学、中国海洋大学的Q1期刊论文数量均超过发文总量的一半,比重最高,东北大学、大连理工大学的Q1期刊论文比重也都超过了40%。从中可以看出,一些"985工程"高校虽然发文量较小,但其论文所发表的期刊影响因子却很高,反映了我国"985工程"高校在进行学术研究时,更加注重学术论文的质量与影响力。

表5 高影响因子期刊论文比

单位	发文数量	Q1期刊论文比重	单位	发文数量	Q1期刊论文比重
吉林大学	24	62.50%	电子科技大学	17	35.29%
中国海洋大学	5	60.00%	北京航空航天大学	24	33.33%
东北大学	33	45.45%	国防科学技术大学	3	33.33%
大连理工大学	47	42.55%	北京师范大学	213	31.92%

3. 国际合作发文情况

2011年3月,英国皇家学会出版了名为 *Knowledge, Networks and Nations: Global Scientific Collaboration in the 21st Century* (《知识、网络与国家:21世纪的全球科学合作》)的报告,该报告指

出,目前在国际期刊上发表的论文中有35%以上都是国际合作的产物。① 广泛的国际合作能够快速地提升科研组织的国际化步伐。统计我国"985工程"高校发表论文的国际合作情况有助于了解我国"985工程"高校在国际学术界的影响力情况。表6是我国"985工程"高校在"十一五"期间所发表的论文作者的国家数量。该表将"985工程"高校在"十一五"期间发表的论文的国际合作情况按照合作者来源国家数量分为三个层次,第一层次为合作作者来源国家数量在20个及以上的高校,只有北京大学和北京师范大学两所;第二层次为合作作者来源国家数量在10—19个的高校,共7个,包括清华大学、复旦大学、上海交通大学、南京大学、浙江大学、华中科技大学、武汉大学;第三层次为合作作者来源国家数量在9个及以下的高校,包括其余30个"985工程"高校。从整体上看,我国"985工程"高校论文国际合作的国家数量较少。

表6 发表论文的合作国家数量分布

国际合作国家数量	"985工程"高校数量	"985工程"高校名单
20个及以上	2	北京大学、北京师范大学
10—19个	7	清华大学、复旦大学、上海交通大学、南京大学、浙江大学、华中科技大学、武汉大学
9个及以下	30	其余"985工程"高校

表7是"985工程"高校发表论文的国际合作情况。可以看出,虽然北京大学所发论文数量、国际合作发文数量、合作国家数量以及国际合作次数最多,但其国际合作发文比却不是最高的,最高的是大连理工大学,总共发文47篇,其中有22篇为国际合作发文,国际合作发文比达到了46.81%,其篇均国际合作次数是0.64次/篇。

---

① The Royal Society, *Knowledge, Networks and Nations: Global Scientific Collaboration in the 21ˢᵗ Century*, https://royalsociety.org/policy/projects/knowledge-networks-nations/report/2014-2-15.

表 7　发表论文的国际合作情况

单位	发文量	合作发文量	合作发文比	国际合作发文量	国际合作发文比	合作国家数量	国际合作次数	篇均国际合作次数
北京大学	590	339	57.46%	169	28.64%	21	198	0.34
清华大学	274	142	51.82%	81	29.56%	16	92	0.34
北京师范大学	213	139	65.26%	72	33.80%	20	90	0.42
复旦大学	213	148	69.48%	71	33.33%	15	86	0.4
浙江大学	238	133	55.88%	67	28.15%	11	71	0.3
上海交通大学	205	141	68.78%	59	28.78%	12	67	0.33
中南大学	94	73	77.66%	44	46.81%	4	50	0.53
中国人民大学	133	70	52.63%	32	24.06%	9	42	0.32

4．受国际基金资助情况

表 8 给出了"十一五"期间"985 工程"高校在 Web of Science 中发文受国际基金资助情况。从整体来看"985"高校的基金资助机构数和资助次数都不多，国际基金资助机构数和国际基金资助次数更少。北京大学受国际基金资助次数最多，也只有 42 次，清华大学和北京师范大学都为 23 次，其他"985 工程"高校的资助次数都在 20 次以下。因此，我国"985 工程"高校受国际基金资助情况并不理想，应进一步加强国际合作，积极组织或参与国际合作项目，争取得到更多国际基金机构与项目的资助。

表 8 国际基金资助情况

单位	合计	基金资助机构数	资助次数	篇均基金资助次数	国际基金资助机构数	国际资金资助次数	篇均国际资金资助次数
北京大学	590	143	275	0.47	36	42	0.07
北京师范大学	213	96	190	0.89	16	23	0.11
清华大学	274	100	170	0.62	20	23	0.08
四川大学	85	47	67	0.79	13	14	0.16
复旦大学	213	78	124	0.58	11	11	0.05
中国农业大学	66	18	36	0.55	6	9	0.14
中南大学	94	38	47	0.5	8	8	0.09
华东师范大学	81	42	56	0.69	7	7	0.09

5. 论文被引情况

论文总被引次数表明该大学发表论文的整体被引用量，是学术辐射和影响范围指标。论文篇均被引次数则反映论文质量高低，篇均被引次数越高，说明该大学学术影响力越深远，引发的关注越多。

表 9 论文被引情况及 h 指数

单位	论文数	总被引频次	篇均被引频次	除去自引的被引频次	篇均他引频次	h指数	施引文献数	除去自引的施引文献	合计一施引文献	被引论文数	被引论文比
北京大学	590	5248	8.89	5037	8.54	33	4255	4145	4085	462	78.31%
上海交通大学	205	1960	9.56	1916	9.35	20	1836	1808	1794	179	87.32%
北京师范大学	213	1927	9.05	1877	8.81	24	1647	1610	1605	175	82.16%

续表

单位	论文数	总被引频次	篇均被引频次	除去自引的被引频次	篇均他引频次	h指数	施引文献数	除去自引的施引文献	合计一施引文献	被引论文数	被引论文比
清华大学	274	1645	6.00	1608	5.87	19	1486	1461	1430	210	76.64%
复旦大学	213	1356	6.37	1337	6.28	18	1261	1246	1214	174	81.69%
大连理工大学	47	1264	26.89	1253	26.66	18	998	990	974	45	95.74%
中南大学	94	1198	12.74	1186	12.62	16	1148	1137	1123	86	91.49%
浙江大学	238	1066	4.48	1045	4.39	15	987	973	946	154	64.71%
中山大学	147	879	5.98	850	5.78	16	752	732	714	101	68.71%
华中科技大学	113	747	6.61	737	6.52	14	717	708	698	87	76.99%
中国科学技术大学	82	736	8.98	719	8.77	16	666	654	653	77	93.90%
西安交通大学	60	693	11.55	687	11.45	16	650	644	627	58	96.67%
南京大学	118	686	5.81	669	5.67	15	608	595	589	72	61.02%
四川大学	85	556	6.54	546	6.42	11	531	523	521	55	64.71%
武汉大学	122	548	4.49	537	4.40	12	527	518	511	83	68.03%
东南大学	57	515	9.04	510	8.95	12	478	473	467	49	85.96%
中国人民大学	133	489	3.68	477	3.59	12	463	455	435	76	57.14%
华东师范大学	81	378	4.67	370	4.57	12	356	349	341	51	62.96%
南开大学	81	332	4.10	323	3.99	11	319	312	308	55	67.90%

续表

单位	论文数	总被引频次	篇均被引频次	除去自引的被引频次	篇均他引频次	h指数	施引文献数	除去自引的施引文献	合计一施引文献	被引论文数	被引论文比
同济大学	56	313	5.59	307	5.48	11	301	296	292	41	73.21%
中国农业大学	66	299	4.53	290	4.39	9	261	253	255	48	72.73%
东北大学	33	273	8.27	269	8.15	10	253	249	251	32	96.97%
华南理工大学	38	250	.586	246	6.47	8	227	224	217	33	86.84%
厦门大学	57	247	4.33	245	4.30	8	245	243	237	41	71.93%
山东大学	57	233	4.09	229	4.02	8	229	225	226	42	73.68%
天津大学	35	215	6.14	211	6.03	7	203	199	195	32	91.43%
哈尔滨工业大学	51	201	3.94	190	3.73	8	186	177	181	43	84.31%
电子科技大学	17	191	11.24	191	11.24	8	190	190	182	15	88.24%
北京航空航天大学	24	186	7.75	185	7.71	7	181	180	180	20	83.33%
北京理工大学	21	153	7.29	150	7.14	7	143	141	141	19	90.48%
吉林大学	24	151	6.29	142	5.92	8	143	138	138	19	79.17%
兰州大学	22	132	6.00	132	6.00	7	128	128	127	15	68.18%
重庆大学	29	111	3.83	105	3.62	6	95	91	95	23	79.31%
湖南大学	33	109	3.30	107	3.24	6	103	101	102	19	57.58%

续表

单位	论文数	总被引频次	篇均被引频次	除去自引的被引频次	篇均他引频次	h指数	施引文献数	除去自引的施引文献	合计一施引文献	被引论文数	被引论文比
西北农林科技大学	9	67	7.44	66	7.33	4	62	61	60	9	100.00%
西北工业大学	14	34	2.43	33	2.36	4	29	28	29	11	78.57%
国防科学技术大学	3	24	8.00	24	8.00	3	24	24	24	3	100.00%
中国海洋大学	5	13	2.60	13	2.60	3	13	13	13	4	80.00%
中央民族大学	2	2	1.00	2	1.00	1	2	2	2	1	50.00%

北京大学论文总被引频次为5 248，位居榜首。但从篇均被引频次来看，大连理工大学为26.89次，篇均他引频次为26.66，明显高于其他各校，这说明所发论文的国际影响力较高。

2005年由美国加利福尼亚大学圣地亚哥分校的物理学家乔治·希尔施提出了h指数的概念，以评估研究人员的学术产出数量与学术产出水平。随着在实践应用中的不断推广，h指数已被扩展应用到期刊、机构等领域。由于h指数将数量指标（发文量）和质量指标（被引频次）结合在了一起，将结果与真实的同行评估结果进行匹配，避免了以往各种评价科研成果单项指标的缺点，因此成为了目前国际上公认的衡量学术产出和学术影响力的指标。从表9可以看出，北京大学的h指数最高为33，接下来是北京师范大学和上海交通大学，分别为24和20。

从上述我国"985工程"高校在Web of Science中的发文情况来看，北京大学是我国高校人文社科学术研究的主要阵地和科研成果产出地。从区域来看，华北地区是我国人文社科学术研究的核心地带，这与该地区的经济、文化、教育等方面的较高发展水平关系密切。从发展趋势上来说，"十一五"期间我国人文社科学术成果数量呈稳步上升的趋势,对于国际学术交流的贡献逐步增加,在国际学术界占有了一席之地。从学科领域来看,经济学和心理学是"985"高校在 Web of Science 中所发人文社会科学类论文涉及最多的学科,当然这与 Web of Science 中收录这两类期刊数量较多有很大关系。

从国际合作发文来看,北京大学和北京师范大学的国际合作范围最广,清华大学、复旦大学等 7 个大学也较广泛,其他"985 工程"高校则有待提高。"985 工程"各高校受国际基金资助量与发文量有很大的差距,即使受国际基金资助次数最多的北京大学,其篇均受助也仅为 0.07 次。从论文被引情况来看,发文量和总被引频次最高的学校却并非篇均他引频次最高的,这说明发文量并不完全代表学术影响力。h 指数最高的是北京大学、北京师范大学和上海交通大学,说明这三所高校的学术产出和国际学术影响力最高。

四、提升我国高校人文社会科学学术成果国际影响力的对策建议

从上述"985 工程"高校在 Web of Science 中的发文统计分析结果可以看出,我国高校人文社会科学学术成果在国际学术界的影响力还有待提升,具体来说可以从以下几方面入手:

1. 培养人文社会科学科研工作者的国际化学术理念

我国的人文社会科学科研工作者必须树立国际化的学术理念,突破国家、地域的局限,积极主动思考和探索全球化进程中自身研究领域的国内外研究热点、研究前沿和最新研究成果,在此基础上制定既适合我国国情又兼具竞争优势的人文社会科学研究发展方案,开展创新性研究,并力争使自己的研究工作和成果融入国际人文社会科学学术研究体系中;其次要在保持本土文化特色的基础上,以开放的态度努力学习和吸收国际领先的研究方法与技术;第三,要积极参与国际学术交流,让世界了解中国的人文社会科学;第四,人文社会

科学成果的发表不要局限于国内,而要积极大胆地向国际期刊投稿,积累国际期刊的投稿经验;第五,要用世界语言和世界的学术话语体系表达中国观点。

2. 搭建国际学术交流平台

高校是我国人文社科学术成果的主要产出地,为了提升中国人文社会科学的影响力,各高校要利用自身的影响力和资源优势,为科研工作者搭建国际学术交流平台。首先,各高校要积极举办高水平国际学术会议及讲座。高校应邀请国际知名大学及研究机构的人文社会科学方面的专家学者、期刊编委、国际重要学术组织的任职人员等到学校参与学术交流,使本校科研工作者了解国际人文社会科学成果发表的规范、程序和话语体系,同时客观上为增强本校人文社会科学工作者的国际化视野提供条件。其次,积极组织或参与国际合作项目。各高校的科研管理部门要密切关注和积极争取国际科研合作项目,组织和督导本校人文社会科学工作者和学术团队积极申报,为组织或参与国际合作项目的组织和个人提供信息和具体申报等方面的支持和指导。第三,为英文学术论文的写作、翻译和投稿等提供专业化的咨询与指导。在国际学术通用语言和文字方面的捉襟见肘成为制约我国科研工作者成果发表的又一障碍。对此,我国一些高校已建立了专业学术论文翻译组织,聘请各学科专业背景深厚与写作能力优秀的资深专家和学者,为科研工作者的学术论文提供从投稿到发表的一站式服务,打破科研工作者在论文写作和投稿中遇到的种种障碍。第四,选派人文社会科学及相关领域的科研人员出国进修,并与一些国外顶尖大学建立固定的合作交流机制,开阔科研工作者的视野,提升其研究能力和成果的产出率。第五,加大对国际期刊发文作者的奖励力度。充足的时间和经费是科研工作持续、稳步开展的必要条件,因此,加大对国际学术成果作者的科研奖励,不仅是对其研究成果的肯定和激励,而且能帮助支持其后续的研究工作,为将来的学术成果走向国际打下一定的基础。第六,校际间根据学科优势和资源优势等组建强有力的国际性学术团队,提高科研成果的产出数量和质量。

3. 实施中国人文社会科学类期刊"走出去"战略

据统计，欧美发达国家出版的 SSCI 期刊数占总数的 97%[①]，而亚洲出版的期刊数量不到总数的 1%，A&HCI 入选期刊的地理分布与 SSCI 大致相似，大多分布在西方发达国家。若我国有更多的学术期刊被 SSCI 和 A&HCI 收录，那么在客观上就为提升国际学术影响力提供了有利条件。因此，"十三五"规划应重视我国人文社会科学期刊的整体发展，全面实施该类期刊的"走出去"战略。

对于期刊主办方和相应的行政主管部门而言，应努力学习和借鉴已被 SSCI 和 A&HCI 收录的中国人文社会科学期刊的做法，采取以下具体措施：

（1）努力突破现有人文社会科学期刊的经营管理模式，整合资源，使同一学科的期刊通过兼并、组合等方式，走集团化、专业化发展道路，形成规模效应和品牌效应。集团化、专业化代表着高素质的编校团队、高效率的工作流程和高质量的文章，这是中国的人文社会科学期刊"走出去"的必经之路。期刊进行集团化运作后可以建立专业的期刊推广团队，积极参与国际性的学术会议，加强宣传，提高国际知名度，努力实现更多期刊被国际大型检索系统收录的目标。而学术期刊在经营管理模式转向的同时，如何继续保持学术特色，发挥其在推动研究创新中的作用，这不仅需要期刊主办方的积极探索和学习借鉴已有经验，也需要相应的行政主管部门在充分尊重不同期刊学术特点和编审理念的基础上进行引导，使之在"走出去"的同时继续保持鲜明的国家和学术特点。

（2）加大对国内已有人文社会科学英文期刊的培育力度。据 ISSN（国际标准连续出版物号）中国国家中心资料显示，自 1950 年以来，我国外文学术期刊创刊近 380 种，基本上都以英文出版，其中

[①] 党生翠：《美国标准能成为中国人文社科成果的最高评价标准吗？》，《社会科学论坛》2005 年第 4 期。

自然科学类329种，人文社会科学类近50种。[①] 目前，这些英文期刊的出版方式主要有以下两种：一是由国内编委完成收稿、编审的工作，由国外出版社负责申请刊号和出版发行事宜；二是由一些学会、协会主办，并完成编审、出版事宜，例如目前由中国科协主办的英文期刊有70余种。但这类出版物很多都是以书代刊，出版周期较长，刊载论文篇数较少。以上这两类英文期刊基本具备了国际英文期刊的各项要素，也形成了较为规范的编审、出版流程。加大对这类已有英文期刊的资金支持力度，不仅可以尽快提升其国际化程度，进而为进入国际知名检索系统打下基础，而且还能降低扶持期刊"走出去"的成本投入。

（3）新办一批高质量的具有中国特色的人文社会科学类英文期刊。近年来，越来越多的华人学者通过国家海外高层次人才引进计划回国，进入高校和科研院所中，这些学者中不乏国际知名期刊的编委和审稿人。他们不仅掌握了国际人文社会科学期刊的编审和出版发行等具体运作方式和管理理念，而且对于国际研究热点和焦点非常了解，也能在一定程度上把握世界学术界对中国学术研究的关注点。邀请这样的学者参与新办一批高质量的，具有中国学科、文化、民族、地域特色的人文社会科学英文期刊，不仅可以很快使期刊的管理模式与国际接轨，而且也能使国内的研究人员尽快把握国际研究前沿而发表出高水平、高关注率的论文，同时也能使国际学术界对于整个中国的社会政治、经济、文化等有更深入的了解，增加国际学术交流与合作。

无论是扶持现有英文期刊还是新办英文期刊，都需要远高于中文期刊的资金支持。英文期刊需要邀请高素质的翻译人才对稿件进行语言文字方面的把关，需要邀请外国专家进行复审、校订、匿名评审，引入英文排版系统，等等，其成本远远高于中文期刊。资金的缺乏会严重制约期刊质量的提升，也会阻碍和放慢我国期刊进入国际知名检索系统的步伐。从2013年开始，中国科协联合财政部、教育

[①] 李文珍：《"中国学术期刊国际化现状调查"之一：英文学术期刊基本状况调查》，2014年6月27日，http://www.cssn.cn/xspj/201406/t20140627_123410.shtml.（2014年8月29日）

部、国家新闻出版广电总局、中国科学院、中国工程院组织实施"中国科技期刊国际影响力提升计划",对于已进入 SCI,EI,MedLine 的中国期刊,或具有发展潜力、具有学科特色的英文科技期刊实施资助。截至 2014 年 6 月,我国进入 SCI,EI,MedLine 的自然科学类期刊有 250 多种,而进入 SSCI 的人文社会科学类期刊仅有 10 余种。相比之下可以看出,目前急需培育和提升的是我国人文社会科学类英文期刊。因此,有关行政主管部门应联合相关部门积极组织和实施中国人文社会科学期刊国际影响力提升计划,加大对人文社会科学类英文期刊的资金资助和发展培育力度。

文化"走出去"战略背景下外语期刊的发展思路

张逸岗

在经济全球化和国际化的背景下,我国大力实施文化"走出去"战略,以增强文化影响力和辐射力。党的十八大报告明确提出要力争"中华文化走出去迈出更大步伐",着力开创"中华文化国际影响力不断增强的新局面"。2013年8月19日,习近平总书记在全国宣传思想工作会议的讲话中强调要引导人们更加全面客观地认识当代中国、看待外部世界。换言之,在文化"走出去"过程中要做到"讲好中国故事,传播好中国声音"。外语期刊作为跨文化沟通的桥梁,是扩展国际影响力的重要渠道之一。为了对接国家战略,外语期刊有必要深化国际意识,突出多语种特色,提高编辑专业水平和办刊质量,同时通过网络平台建设、建构专家数据库,推动期刊研究,促进国际合作交流。

一、树立国际办刊理念,深化国际合作意识

在文化"走出去"过程中,一方面孔子学院、孔子课堂等为各国人民了解中国文化、促进中外文化交流提供了重要平台,另一方面中华学术外译项目、中国图书对外推广计划项目、中国文化著作对外翻译出版工程项目等从学术出版角度向世界推介中华文化。作为沟通中西文化桥梁的外语期刊也应树立国际办刊理念,深化国际合作意识,

既可以与社会科学引文索引(CSSCI)期刊、艺术与人文科学引文索引(A&HCI)期刊加强合作,熟悉国际学术规范,掌握国际研究动态,也可以探索在国际知名期刊(如 *Modern Language Journal*, *Perspectives*, *Language Teaching Research*)开设专栏,介绍我国学者的研究成果。同时,还可以与国际出版社或研究机构合作,分析海外市场,了解他们对外语学术期刊的具体需求,并以此为根据确定办刊定位(学术类还是学习类)、语言(如英语、俄语、西语、法语、日语、阿语等)、栏目(高端学术论坛、英语学习或教学论坛等)、出版形式(电子版还是文字版)、出版频次(月刊、双月刊还是季刊)等,如学术类外语期刊定位于助力我国学者研究成果的国际化,学习类外语期刊则定位于不同国家的文化交流和基础教育、外语教学等。

外语期刊"走出去"需要相应的保障条件和发行推介渠道。在保障条件方面,期刊可以拓展为相关海外发展课题,申请文化"走出去"类型的项目,获得国家、省市或者学校的政策支持和资金支持,或者争取获得海外出版社或研究机构的支持。在期刊推介方面,既可以借力于海外知名出版社或图书馆,也可以借力于孔子学院、孔子课堂等。据统计,截至 2013 年底,全球已建立了 440 所孔子学院和 646 个孔子课堂,分布在 120 个国家和地区。这些孔子学院和孔子课堂有助于推介我国外语期刊,特别是学习类期刊。当然,在推介过程中,也应该注重电子版与文字版、文摘版与学术版的有机结合,从而提升影响力。

二、突出多语种、多层次特色,提高办刊质量

为了推动文化"走出去",外语期刊也应突出多语种、多层次的优势,采取不同举措提高办刊质量。根据中国社会科学研究评价中心开发研制的中文社会科学引文索引(CSSCI)数据库分类(2014—2015),外国语文 CSSCI 来源期刊包括 11 种,外国文学包括 6 种。此外,全国还有 20 余种一般期刊。各期刊尚存在一些同质化现象、缺乏名刊名栏等问题,为解决这一问题,各期刊主办单位,特别是教育部所属的"985 工程"重点综合性大学(如北京大学、南京大学),或者

"211工程"重点外语类院校（如北京外国语大学、上海外国语大学），应发挥所在院校传统的多语种优势，结合学术办刊特色，办好不同类型的通用语种或非通用语种期刊，推进理论、方法、研究机制等的创新，了解外国语言、文化、文学、翻译、教学或翻译学、商务英语等新兴学科的发展，把握专业方向，追踪学术前沿，推出特色名栏。如《外国语》强调突出国际化前沿特色，发表反映国际学科前沿的海外学者论文，而《外语界》则突出高等院校外语专业教学指导委员会、高等学校大学外语教学指导委员会协办的特色，探索外语专业教学、大学外语教学改革的最新动向和思路，发挥对外语教育的指导和参考作用。

在突出特色和创新、提高内容质量的同时，外语期刊也应该遵循国际惯例，聘请国内外知名专家组成编委会，实行国际国内同行匿名评审制度，同时在编辑体例等方面严格遵循学术规范。目前国内一般都遵循国家标准 GB/T7714《文后参考文献著录规则》，规范文后参考文献的格式。有的期刊也会参考国际标准，如 MLA（The Modern Language Association），APA（The American Psychological Association），Chicago（Chicago Manual of Style）等格式，然后结合期刊的学术传统自成一体。为了进一步提高编校质量，外语期刊应严格把关，积极参与相关质量检查。如上海市新闻出版局每两年根据《出版管理条例》及《期刊出版管理规定》等相关规定，委托上海市出版物检测中心对上海所有出版期刊开展期刊编校质量检查，评出优秀、合格、不合格三个等级，并进行通报，动态监控期刊质量。

三、鼓励跨学科研究，促进国际学术交流

为了促进"走出去"，外语期刊应突破学科限制，鼓励跨学科研究，既刊登针对某一类外语语言学、文学、翻译的本体研究成果，也刊登跨方向、跨学科的研究。所谓跨方向，即二级学科下设的各研究方向，如英语语言文学下设的语言学、文学、翻译、教学、外语政策与战略等，语言学中的定性定量方法既可以应用到文学作品阐释中，也可以应用到翻译文本的对比分析中。所谓跨学科，不仅包括对英语语言文学、俄语语言文学、法语语言文学、德语语言文学等各二级学科

的普遍性论题的研究,也包括对外国语言文学、教育学、社会学、新闻传播学等各一级学科的交叉之处进行的研究,即同一问题,不同研究视角。

外语期刊还应在国际学术交流中发挥重要作用。一方面,外语期刊可围绕某一专题(如认知语言学、生态文学等),依托高校、学术协会、出版社等的支持,汇聚英语、德语、法语、俄语、阿语等国内外专家学者,申报承办国际学术会议,特别是具有重大影响的高层次国际学术会议,并借助期刊及时刊载相关述评、纪要等,推介成果;另一方面,外语期刊可邀请包括海外华人在内的国际知名专家学者担任期刊某一栏目的组稿人,吸纳更多国内外学者发表文章,汇聚优势学术资源,介绍前沿研究成果,推动学术对话和争鸣,提高我国外语期刊的国际认可度和影响力。

四、提高编辑队伍的专业水平和国际化程度

在文化"走出去"的过程中,编辑队伍的专业水平和国际化程度至关重要。学术期刊编辑应该明晰自己肩上的文化使命,包括文化传播、文化建设使命,增强文化担当意识,提升传播效果,扩展传播价值。外语期刊的编辑肩负着传承学术文化、促进中外学术交流的重任,不仅要熟悉编辑业务,工作严谨细致,更要具有外语专业知识和较强的科研能力,从而把握学术动态,评判选择优秀学术成果,提高期刊的学术质量,发挥期刊的导向作用。

为了加强编辑队伍建设,首先应吸纳更多高学历、高水平的年轻学者加入编辑队伍,提高整体素质;其次应制定严格的编辑流程、责任制度和客观公平的编辑考评体系,从制度层面保障编辑的业务水平;再次,编辑自身要掌握语言学、文学、文化、翻译、教学、区域与国别研究等方面的研究动态,积极承担或参与国家级、省部级等各类科研项目,通过撰写发表学术论文或出版学术著作补充学科知识和专业知识,通过向审稿专家学习和请教提高学术评价能力。此外,还应通过相应出版职业技术资格培训和考试,获取《中华人民共和国出版专业技术人员职业资格证书》,熟悉出版学、编辑学等相关知识和技

能,掌握中外文信息处理技术、图像处理技术、打字排版技术等,并将之应用于版面设计、栏目策划等具体工作中;最后,期刊应将提高编辑人员的国际化水平列入发展规划,为编辑提供各类专业进修和国内外访学机会,拓展其国际视野,提高其理论水平和编辑能力。

五、加强平台建设,丰富国际专家数据库

信息技术的日新月异,正深刻影响着期刊的出版理念、载体形式、传播方式和运营模式。外语类学术期刊应一方面加强网络平台建设,抓住大数据时代所带来的机遇,推出多语种特色网站,促进文化的传承发展,另一方面可以丰富国际专家数据库,密切与知名学者的交流,提高外语期刊的影响力。

目前,有一些外语期刊已经自建网站,并应用网络采编办公系统,借助互联网和计算机技术搭建了一个集采、编、审于一体的信息化办公平台,方便作者在线投稿、查稿,专家远程审稿,编辑和主编审稿等,增强了专家、编辑和读者之间的互动性。同时这些平台提供论文下载、阅读等功能,方便统计论文下载次数、被引次数,并与中国知网、万方数据库以及其他期刊网等进行链接,有效提高了办刊效率和质量,促进了学术交流。外语期刊还可以同时建设外文网站,提供国际学术平台,传播我国的学术成果。建立国内外专家数据库时,应包括专家研究方向、联系方式等,不仅包括知名专家,还应包括海外学者、访问学者、留学生等,这将有助于期刊通过与专家学者的互动扩大自身的辐射力。

六、建设外语期刊群,推动期刊编辑研究

为了进一步推介中华文化,外语类学术期刊应密切合作,建设外语期刊群,通过网络平台系统等推介学术成果,丰富信息资源。同时,有必要组建国际性的外语期刊研究会,定期探讨外语期刊的发展规划、办刊理念、现存问题、解决对策等。全国高校外语学刊研究会成立于1989年,拥有30余个理事成员单位,会长为上海外语教育出

版社社长庄智象教授。该研究会每年均举行相关学术研讨活动，并取得了众多有影响力的成果。在条件许可的情况下，该研究会也可进一步与国际相关期刊合作，吸纳他们入会，通过互动咨询促进国际学术对话和交流。

  同时，要进一步推动期刊编辑方面的研究。学术期刊的相关研究大致包括五个方面：一是对学术期刊的内容、质量及规范的研究；二是对提高学术期刊影响力途径的研究；三是学术期刊发展中存在的问题研究；四是关于学术期刊编辑主体的素质和责任研究；五是学术期刊发展的方向性研究。就外语期刊而言，其相关研究主要集中在问题分析和发展对策上，且为数不多。应该鼓励更多外语专业编辑结合传播学、文献计量学、管理学等学科理论，研究国内外外语期刊的发展趋势，分析作者群、读者群、刊物影响力等因素，并针对办刊过程中存在的实际问题，对接国家文化"走出去"的发展战略，提出具体对策和解决方案。

  综上所述，在文化"走出去"的战略背景下，外语期刊应妥善处理好国际化与本土化、学术性与应用性、共性与个性、精品与普及等关系，鼓励多语种、跨学科、多层次研究，打造名刊名栏，传播前沿性成果，并在国际学术话语体系的协调和对接方面发挥重要作用，推介中国学术成果，提高其国际学术辐射力，从而进一步增强我国的软实力建设，提升国家形象。

面向吉尔吉斯斯坦实施文化"走出去"战略研究
——以新疆籍少数民族华人华侨为例

王 静

党中央十七届六中全会提出,"实施文化走出去工程","开展多渠道多形式多层次对外文化交流"。① 新疆维吾尔自治区党委书记张春贤在自治区第八次党代会上指出,进一步推动文化"走出去",扩大文化开放和对外交流,提升新疆文化影响力、彰显新疆地域文化魅力。所谓文化"走出去",应是"开展多渠道多形式多层次对外文化交流,广泛参与世界文明对话,促进文化相互借鉴,增强中华文化在世界上的感召力和影响力",以"增进国际社会对我国基本国情、价值观念、发展道路、内外政策的了解和认识,展现我国文明、民主、开放进步的形象"。②

从全球局势来说,吉尔吉斯斯坦的政治稳定对中国至关重要。③ 但 2010 年吉尔吉斯斯坦的政变表明,中国在中亚的政治影响非常有限。④ "理智决定"分析中心主任叶辛·乌苏巴利耶夫在接受记者采访时表示,对于普通民众来说,虽然吉尔吉斯斯坦与中国新疆毗邻,

---

① 十七届六中全会:《中共中央关于深化文化体制改革 推动社会主义文化大发展大繁荣若干重大问题的决定》。
② 同上。
③ [加]F. 威廉·恩达尔:《中国与吉尔吉斯斯坦的地缘政治未来》,西班牙《起义报》2010 年 7 月 29 日。
④ 盛世良:《通盘考虑综合应对中亚安全问题》,《俄罗斯中亚东欧研究》2011 年第 1 期。

但是对新疆的客观了解并不多。甚至对于很多学者来说,他们对新疆的最新变化情况也都不太清楚。① 因此,新疆对毗邻的吉尔吉斯斯坦负有展现真实新疆、交流中华文化、共促双边发展的重任。但肯定的是,作为跨界民族的新疆籍少数民族华人华侨无疑成为重要的桥梁和纽带。

面对错位发展的现状和跨越发展的目标,面向吉尔吉斯斯坦实施文化"走出去"是大势所趋,要解决好文化如何"走出去"的问题,必须从输入国文化需求、输出国文化优势角度分析,方能形成有效对策。

一、吉尔吉斯斯坦新疆籍少数民族华人华侨文化现状及需求

1. 其民族文化面临萎缩

吉尔吉斯斯坦通用语言是吉尔吉斯语和俄语,维吾尔语和东干语使用范围已缩小至家庭内部和族群聚会。吉尔吉斯斯坦的东干族使用东干语,从词汇、语法、语音来看,属于中国的陕甘方言。但其书面语却是由拉丁字母和斯拉夫字母创造出的另外一种语言,使汉语在当地变成一种拥有两种不同文字的语言。② 在访谈中有一位东干族老人曾在新疆是文艺骨干,具有较高的毛笔字造诣,但在吉尔吉斯斯坦生活几十年后,现在对汉字已不会认,不会写。目前,在吉尔吉斯斯坦还有人使用的是基里尔字母维吾尔文字,与新疆现行的维吾尔文字有明显的区别,当地的大多数维吾尔族人看不懂新疆维文报纸和杂志。另外,由于与其他民族联姻,族别相互融合,以及对国家官方主体语言的认同,新生代对本民族语言使用重视程度呈下降趋势。因此,他们渴望建立自己本民族的语言学校、更多汉语学校和相

---

① 周琪:《新疆与吉尔吉斯》,2011 年 10 月 19 日,http://www.huahechina.com/html/info/hot/kg/2011/1019/2543.html。
② 黄章晋:《中国在吉尔吉斯的存在》,2010 年 10 月 13 日,http://www.chinavalue.net/General/Blog/2010-10-13/491640.aspx。

关研究机构,有专业教师和教材,以发展其文化,传承其文明,更好地实现中国与吉尔吉斯斯坦的文化合作与交流。

2. 其了解中国存在差别

从调研走访中得知,在吉尔吉斯斯坦的新疆籍少数民族了解中国的渠道主要有:一是口耳相传。主要集中于一些老年人和较偏远集聚地居民,导致对中国的了解是"人云亦云"。二是广播电视。在苏联时期曾有规定时间、规定频道的民族语言广播电视节目,但现在由于经费等原因已经取消。现在可以收听、收看到我国的中央和新疆广播电视频道,但由于信号原因,效果不佳,导致对中国的了解是"断断续续"。三是报刊书籍。主要集中于《大陆桥》(中吉合办)等和来自土耳其的报刊、书籍,我国面向其出版的其他一些书籍由于文字不同,受众不多。这些导致他们对中国的了解是"参差不齐"。四是互联网络。主要集中于新生代和城市居民,其族源观念和根亲意识趋于淡薄,国家认同已趋同吉尔吉斯斯坦,了解中国的目的是为了寻求发展。尤其是随着中国的巨大发展,他们以此为豪,同时借此提高其在吉尔吉斯斯坦的政治地位。总体而言,其对中国的了解千差万别,亟待我国对其实施主流引导,还原和谐中国与真实新疆。

因此,他们渴求覆盖面广的多民族语言广播电视频道、报纸杂志和文化音像制品,并希望我国对他们重点帮扶,更好地实现中国与吉尔吉斯斯坦的战略合作。

3. 其新疆情结趋向密切

随着双边关系日趋升温,新疆籍少数民族华人华侨与新疆的联系越来越紧密。主要原因:一是叶落归根。主要集中于一些老年人,由于亲缘关系和乡情,寻根心切,与新疆联系越来越密切。二是改善生活。主要集中于一些偏远地区和城市居民,想发展边贸,尤其是随着一部分人先富了起来,导致更多的人与新疆联系越来越密切。三是改变现状。吉尔吉斯斯坦的政局动荡和民族冲突,使他们中间很多人羡慕新疆的稳定和发展,想获得中国国籍,回到新疆生活。四是政策吸引。随着我国与吉尔吉斯斯坦战略合作伙伴关系的加深,我国不断出台越来越多的优惠政策,如两国学历互认。这些政策使得他们渴求到新疆求学,并积极加强联系。总体而言,其生存现状有待改善,亟待我国以新疆为前沿,对其实施全面关注。

因此,他们渴望我国加大优惠政策出台、大量企业进驻和开通绿色通道,从而改善其生活现状,提高其生活质量,改变其生活状态,进一步促进吉尔吉斯斯坦的经济发展。

二、对吉尔吉斯斯坦新疆籍少数民族华人华侨实施文化"走出去"的优劣势分析

1. 优势分析

(1) 传统重视优势

毛泽东同志关于"古为今用、洋为中用"和"百花齐放、百家争鸣"、邓小平同志关于"面向现代化,面向世界,面向未来"、江泽民同志关于"实施'走出去'战略是对外开放新阶段的重大举措"和胡锦涛同志关于"实施文化走出去工程"和"开展多渠道多形式多层次对外文化交流"等系统文化思想,充分说明党和国家领导人一直高度重视文化"走出去"。

新疆各界领导也高度重视对外文化交流,并把研究中亚、开拓中亚市场作为全面开放的重大战略举措抓紧抓好,相关部门也积极加强和拓展对外文化交流职能,"十一五"对外文化交流的显著成效和"十二五""积极开展对外文化交流"的主要任务,充分说明了新疆对于加强文化"走出去"的一贯重视。领导对文化"走出去"和少数民族文化发展的重视,进一步催生相关政策的倾斜,提升了少数民族文化"走出去"的质量、规模和层次。同时,国家与吉尔吉斯斯坦签订的相关协定和取得的成效,也进一步说明国家对于吉尔吉斯斯坦实施文化"走出去"的全力支持。

(2) 传统交往优势

凭借丝绸之路的形成和俄国汉学自 18 世纪彼得一世改革开始的确立和发展,以及地理位置毗邻、生态环境相似等因素,我国新疆与吉尔吉斯斯坦具有悠久的交流传统,并取得了长足的发展。吉尔吉斯斯坦文化部长提到"中国汉代史学家司马迁《史记》中就记载着中吉友好交往的历史","希望复兴丝绸之路"。① 尤其是上合组织和新疆"桥头堡"作用的凸显,两国的战略合作伙伴关系愈发紧密。吉尔吉斯斯坦临时议会发言人奥穆尔别克·捷克巴耶夫指出:"我们的外交政策将有所变化。俄罗斯、哈萨克斯坦和包括中国在内的其他邻国仍将是我们的战略盟友。"② 随着两国交流领域的进一步深入,传统交往频次递增,必将辐射更多领域。如,中国 2011 年与吉尔吉斯斯坦的文化交流已呈现高规格、高质量、高层次的新特点。

时间	内容	来源
2011 年 1 月 7 日至 12 日	受国家汉办/孔子学院总部委派,在新疆维吾尔自治区教育厅、汉语国际推广中亚基地的高度重视和精心筹划组织下,由新疆大学承办的 2011 年赴吉尔吉斯斯坦孔子学院春节"巡演、巡讲、巡展"活动取得圆满成功	《欢乐春节感知中国爱满中亚——2011 年汉语国际推广中亚基地赴吉尔吉斯斯坦孔子学院春节"三巡"活动圆满结束》,http://www.xjedu.gov.cn/gjj/jywsxw/2011/28000.htm.
2011 年 5 月	新疆侨联"亲情中华"艺术团赴该国演出	《中国驻塔大使会见新疆侨联"亲情中华"艺术团》,http://www.scio.gov.cn/hzjl/zxbd/wz/201105/t911265.html
2011 年 7 月	新疆举办国际拳击邀请赛	《新疆国际拳击邀请赛俄罗斯以 5∶4 战胜吉尔吉斯》,http://politics.people.com.cn/h/2011/0723/c226651—2847239299.html.

---

① 侯汉:《新疆:中国连接中西亚的桥梁》,《对外大传播》2004 年第 1 期,第 30—33 页。
② [加]F. 威廉·恩达尔:《中国与吉尔吉斯斯坦的地缘政治未来》,西班牙《起义报》2010 年 7 月 29 日。

续表

时间	内容	来源
2011年7月9日至10日	第四届"玛纳斯"国际文化旅游节在乌恰举行	《第四届"玛纳斯"国际文化旅游节在乌恰举行》,http://www.xjpeace.cn/html/main/zjxj20110713/20110713185640.html.
2011年9月1日	吉尔吉斯斯坦共和国油画展在边城展出	《吉尔吉斯斯坦共和国油画展在边城展出》,http://news.mycollect.neVinfo/166574.html.
2011年9月	奥通巴耶娃总统应邀赴乌鲁木齐出席了首届中国—亚欧博览会,并与李克强进行了会见	《中国驻吉尔吉斯斯坦大使:中吉关系前景广阔》,http://news.hexun.com/2012—01—06/137024229.html.
2011年9月25日至10月3日	新疆维吾尔自治区人民政府组织50人规模代表团,在吉尔吉斯斯坦举办"吉尔吉斯斯坦·中国文化日"活动	《新疆代表团出访吉尔吉斯斯坦举行文化交流活动》,http://www.scio.gov.cn/zhzc/8/2/201109/t1017873.html.
2011年10月1日	"中国新疆综合文化周"走进吉尔吉斯斯坦人文大学	《"中国新疆综合文化周"走进吉尔吉斯斯坦人文大学》,http://www.chinadaily.com.cn/dfpd/xinjiang/2011—10—03/content.3972031.html.
2011年12月22日	"中国中亚国家大学生交流基地"在新疆大学揭牌	《中国中亚国家大学生交流基地在新疆大学揭牌》,http://cnstock.com/index/gdbb/201112/1761347.html.

(3) 跨界民族优势

中国新疆边境地区跨界民族总计 600 万左右,占边境地区总人口的 68%。① 至于在吉尔吉斯斯坦的少数民族华侨华人数量,一说吉尔吉斯斯坦现在约有各族侨胞 16 万人。其中,维吾尔族约 4 万人,回族(含东干人)约 10 万人,汉、哈萨克、乌兹别克、柯尔克孜各族

---

① 张军民:《从地缘战略角度认识新疆地缘优势》,《石河子大学学报(哲学社会科学版)》2005 年第 6 期。

约 2 万人①。从维吾尔族数量来看,与吉尔吉斯斯坦国家统计局 2010 年统计数据(2009 年有 48 543 人,2010 年有 49 176 人)、《新疆统计年鉴 2010》相同。二说吉尔吉斯斯坦新疆籍维吾尔族有 10 万多,回族 1 万人,其他民族 6 千人左右。② 三是 2011 年笔者赴吉尔吉斯斯坦调研时,其民族协会会长称维吾尔族已超过 7 万人,与《中亚维吾尔族的人口》数据相同③,可见新疆籍少数民族华人华侨数量众多。吉尔吉斯斯坦的乌孜别克、俄罗斯等民族在新疆均有分布。这些跨界民族不但语言文化相通,风俗习俗相同,具有亲缘关系,联系密切,交往频繁,促进了以文化为龙头的全面交流,催生了少数民族文化的融合发展。新疆籍少数民族华人华侨因为具有熟悉两国国情、消息灵通、熟悉市场、善于经商等特点,进一步促进了吉尔吉斯斯坦经贸发展,促使双边稳定,成为双边关系稳定发展的纽带。

(4) 文化繁荣优势

随着我国国力的稳健提升和西部大开发、对口援疆政策的实施,新疆积极加强"文化强省"战略推广,丝绸之路"湖商贩客,日奔塞下"。这也进一步促使少数民族文化相关法规相继出台,少数民族文化研究国家级成果不断,少数民族文化对外宣传强势推进,少数民族文化对外贸易持续增长。如 2006 年,经过 5 个民族 50 多位专家的共同努力,一部包含 13 卷、500 万字的国家重点项目《新疆少数民族文学史》完成并出版。2008 年,新疆通过了《新疆维吾尔自治区非物质文化遗产保护条例》。同年,新疆少数民族作家用本民族文字创作的长篇小说达 300 部之多。④ 新疆还多次举办《福乐智慧》和《突厥大词典》国际研讨会,承办"中国新疆国际民族舞蹈节"。截至 2011 年,新疆共拥有 23 个"中国民间文化艺术之乡"。⑤ 另外,乌洽会和喀交会进一步加大了中国在新疆与吉尔吉斯斯坦以贸易为龙头的文化交流。这些都体现了新疆少数民族文化呈现大发展大繁荣之势。

---

① 庄国土:《华侨华人分布状况和发展趋势》,《研究与探讨》2010 年第 4 期。
② 赵和曼:《少数民族华侨华人研究》,北京:中国华侨出版社,2004 年,第 122 页。
③ 《中亚维吾尔族的人口》,2011 年 9 月 28 日,http://apps.hi.baidu.com/share/detail/32808942。
④ 《新疆少数民族文化快速发展》,2009 年 7 月 09 日,http://news.xinhuanet.com/politics/2009—07/09/content_1168005/.htm。
⑤ 《新疆新增 12 个民间文化艺术之乡》,2011 年 11 月 11 日,http://www.mzb.com.cn/html/reportl252800。

(5) 经济繁荣优势

随着"西部大开发"政策全面推开和新一轮对口援疆工作的启动,新疆将迎来高速发展期,这也使得新疆与国内外贸易合作与往来日益密切。目前,我国在吉尔吉斯斯坦的公司已达 56 家,其中包括新疆在吉尔吉斯斯坦的公司 21 家。2009 年,我国已成为吉尔吉斯斯坦第二大直接投资来源国,吉尔吉斯斯坦国民生产总值为 46 亿美元,中吉贸易已达 52 亿美元。尤其是随着中—吉—乌铁路的建设,吉尔吉斯斯坦每年将获利 2.1 亿美元,产生两万个就业机会,还能吸引 25 万旅游者。① 中国经济的繁荣必将带动吉尔吉斯斯坦经济的发展,这也必将进一步推动中国与吉尔吉斯斯坦的文化交流。

2. 劣势分析

(1)"中国威胁论"在吉尔吉斯斯坦仍有市场

因为政治制度的不同和中国的逐渐崛起,西方等国一直致力于"中国威胁论"的炒作、"新疆问题"的制造,并将其辐射至吉尔吉斯斯坦,以对我实施近身"C"形包围。虽然我国与吉尔吉斯斯坦传统交往友谊深厚,并在上合组织框架下积极发展和深化双边政治、经济、安全和人文关系,但由于我国综合国力的稳健跃升、承担国际角色的变化,吉尔吉斯斯坦对我国猜疑、戒备、防范情绪难免掺杂其中。尤其是随着我国在吉尔吉斯斯坦的经贸等企业进驻,被吉尔吉斯斯坦一些民众视为资源掠夺。因此对我国存有芥蒂,并不乏一些组织和民众从中捣乱。

(2)我国在吉尔吉斯斯坦的文化竞争力有限

在目前的世界文化市场上,美国占 43%,欧盟占 34%,日本约占 10%,韩国占 5%,中国仅占不到 4%,② 说明我国存在很大的文化输出缺口。中亚国家是世界文化的交汇处,但是,中国文化在中亚的任

---

① 《吉欲提供铝、金矿、铁路换投资》,2011 年 1 月 13 日,http://uz.mofcom.gov.cn/aarticle/ddgk/1/201101/20110107361615.html。

② 张玉玲:《2012 年文化产业七大悬念:文交所何去何从》,《光明日报》,2012 年 2 月 3 日,http://www.shaanxici.cn/content/2012-02/03/content 5933499。

何国家都还未占主导地位,更无法与美国文化在此的显而易见的吸引力相比。① 吉尔吉斯斯坦属于贫困国家,新疆籍少数民族华人华侨文化发展渴望强烈,除从事经商的外,其余人的生存状况值得关注,吉尔吉斯斯坦政府也积极寻求与中国的全面合作。虽然,随着中国经济实力的不断跃升,国际影响力和话语权进一步提高,但是由于少数民族文化的品牌创意力度不够,文化"走进去"策略不多。尤其针对吉尔吉斯斯坦对俄罗斯的种族依附和经济取向,甚至美国文化和伊斯兰文化的长期影响,导致我国在吉尔吉斯斯坦的文化竞争力有限。

(3) 吉尔吉斯斯坦局势动荡制约我国文化"走出去"

吉尔吉斯斯坦作为世界级贫困国家,局势动荡,民族冲突带动文化冲突,频换政府,难以全力加强文化建设,恐怖主义和宗教激进主义渐兴,这些严重影响了新疆籍少数民族华人华侨民族文化发展、文化产业崛起,严重制约了我国对其文化扶持,导致文化"走出去"呈夹缝生存之势。这些影响外溢,必将牵扯新疆边境安全、文化安全和内部安全。

三、对吉尔吉斯斯坦新疆籍少数民族华人华侨实施文化"走出去"的基本对策

提到中国对吉尔吉斯斯坦的意义,吉尔吉斯斯坦各界人士都一致感觉到,吉尔吉斯斯坦离不开中国②,这也说明中国与吉尔吉斯斯坦只有加深联系,才能共同发展。这也要求我们必须尽快调整战略,适时评估文化"走出去"成效,进一步制定切实可行的对策。

1. 注重文化宣传投入

笔者在调研中得知,在吉尔吉斯斯坦建设一个调频电台只需要

---

① 倪建平:《中国在中亚文化传播和大国形象塑造》,《对外大传播》2006 年第 12 期。
② 周琪:《新疆与吉尔吉斯》,2011 年 10 月 19 日,http://www.huahechina.com/html/info/hot/kg/2011/1019/2543.html。

10元万人民币。如果在吉尔吉斯斯坦投资建广播电视台,或增加新疆现有广播电视频道辐射范围,以进一步介绍中国国情、宣传中国文化,必将有利于宣传真实的新疆。也可在新疆籍少数民族聚居地建设学校,为其印制教材等。申请李白故里、建设邓小平街、"中国文化热"等现象,充分说明吉尔吉斯斯坦渴望与我国加强交流,更不用说在吉尔吉斯斯坦的新疆籍少数民族华人华侨。尤其是随着经济的发展,新疆更应注重形式多样的文化宣传,发挥"新疆综合文化周"的影响,整合传媒优势,鼓励民间文化交流,建立针对年轻人的覆盖面更广的网站,注重文化宣传在全领域的体现,或直接深入吉尔吉斯斯坦全方位打造。这样,随着宣传的持久度、深入度和广泛度,必将剔除"中国威胁论"和"新疆问题"的影响,塑造"文明新疆""和谐新疆""现代新疆"的形象。

2. 注重发挥使馆、协会作用

笔者在调研中得知,2010年,我国在吉尔吉斯斯坦大撤侨活动的成功经验证明,使馆和协会发挥着重要作用。而且,诸如中亚华侨华人友好协会等协会组织,其凝聚、服务和保护吉尔吉斯斯坦华侨华人、中资企业、中国商人的平台作用日益凸显,已成为海外华侨华人热爱中国、宣传中国、回报中国的集聚地。因此,我国应注重使馆和协会作用的发挥,加强使馆与协会之间的联系,进一步维护吉尔吉斯斯坦华人华侨权益。建议由新疆派出文化使者以协助使馆工作,进一步关注新疆籍少数民族华人华侨需求、维护新疆籍少数民族华人华侨权益、解除新疆籍少数民族华人华侨困境。新疆侨办、文化、经贸等部门也要积极与使馆接洽,发挥新疆地理优势,为新疆籍华人华侨提供全力支持,并积极发挥新疆籍华人华侨在吉尔吉斯斯坦企业的作用。

3. 注重文化研究评估

要充分发挥我国中亚研究机构的作用,加强对吉尔吉斯斯坦新疆籍少数民族华人华侨的调研,注重新疆与吉尔吉斯斯坦新疆籍少数民族华人华侨机构的交流,了解其文化需求,掌握其文化动态,熟悉其文化市场,并对新疆文化"走出去"进行绩效评估,适时向新疆相关部门提出建议,以尽快推出具有鲜明新疆特色的文化产业和品牌,真正使文化"走进去""扎下来"。

4. 注重文化精品打造

随着国家重视力度加大和"外引内联、东联西出、西来东去"开放战略的深入推进,随着新疆申遗脚步加大和民族艺术挖掘力度加大,新疆精品级少数民族文化将更多地走向世界,也同时走进吉尔吉斯斯坦新疆籍少数民族华人华侨当中。为此,新疆应在大投入、大倾斜政策的推动下,推动文化精品工程的又好又快发展。

5. 注重经贸牵头

以新疆乌洽会、喀交会为龙头的经贸交易会,使乌洽会品牌影响已经深入到中西南亚[①],新疆周边的中亚国家参展、参会的积极性最高,这也成为吉尔吉斯斯坦交流的一个平台。尤其是随着"中国—亚欧博览会"的召开,新疆"桥头堡"作用更加凸显,新疆全方位走向世界。因此,新疆在加强经贸交流的同时,应注重文化元素的嵌入,以此为平台,使中华文化走向世界,走进海外华人华侨的生活。

6. 注重"请进来"

新疆维吾尔自治区人民政府副主席靳诺在首个"华文教育基地"揭牌仪式上表示,做好对新疆籍华裔的华文教育不仅是新疆留学生教育可持续发展的新亮点,同时对间接服务于新疆的安全和稳定也

---

① 张亚庆:《新疆乌洽会品牌影响力深入中西南亚》,2011 年 6 月 30 日,http://www.ylsw.cn/2011/0630/ONMDAwMDAwMzEONw.html。

具有重要意义,新疆将积极利用区位优势,加强文化的对外宣传和交流。① 这说明新疆实施对外文化交流,既要"走出去",还要"请进来",必须重视海外华人华侨的作用。此举既能为新疆籍少数民族华人华侨发展自身文化储备人才,又能作为文化的传播者,为华人华侨介绍真实的新疆。

由上可知,吉尔吉斯斯坦对于新疆实施文化"走出去"地位重要,新疆籍少数民族华人华侨对文化发展需求强烈,但新疆对其实施文化"走出去"的力度明显不够。因此,我们应在各级重视和政策倾斜的有利条件下,注重策略研究,突出特色发展,打造新疆品牌,实现新疆文化"走出去"的跨越发展。

---

① 国务院侨务办公室:《新疆建首个"华文教育基地"促中西亚交流》,中国新闻网,2011年6月16日。

关于中国文化走向阿拉伯世界的一些思考

陈 杰

2011年10月,中共中央出台了《中共中央关于深化文化体制改革 推动社会主义文化大发展大繁荣若干重大问题的决定》(以下简称《决定》)。《决定》从战略的高度提出文化"走出去",并指出要达到"增强中华文化在世界上的感召力和影响力","增进国际社会对我国基本国情、价值观念、发展道路、内外政策的了解和认识,展现我国文明、民主、开放、进步的形象"的目标。鉴于阿拉伯国家作为曾在重要国际场合支持过中国的力量、阿拉伯文化作为与中国文化同属东方文化圈的古老文化、阿拉伯民族作为与中华民族有着相似历史命运的伟大民族,中国文化应该走进阿拉伯世界。不仅如此,中国文化走进阿拉伯世界还应成为中国文化走进发展中国家的典范。而实际上,阿拉伯世界在近些年来也非常关注中国模式,意识到"向东看"的重要性,这为中国在阿拉伯世界实施文化"走出去"战略提供了难得的机遇。

一、哪些中国文化可以走向阿拉伯世界

中国文化和阿拉伯伊斯兰文化都是源远流长的文化,并同属东方文化圈,但是由于两者在独立的地域和人文环境中发展,因此具有自身的独特性,两者之间要做到完全"兼容"是不大可能的。在中国

文化走向阿拉伯世界的过程中,我们首先要思索的是,哪些中国文化可以走向阿拉伯世界?哪些中国文化易于被阿拉伯世界接受,并产生影响?笔者认为,可以从以下几个方面来回答这个问题。

1. 中国文化与阿拉伯伊斯兰文化共通共鸣之处,亦即两种文化的"交集"

有实证研究显示,中国价值观与其他文化具有共通性的内容易被外国人接受,共通性小的价值观在跨文化传播中会遇到文化冲突的障碍。① 因此,首先走向阿拉伯世界的应该是中国文化与阿拉伯伊斯兰文化的共通共鸣之处,即文化"交集"。2009 年 11 月温家宝总理在阿盟总部发表的题为《尊重文明的多样性》的演讲中,提到"各种文明都包含有人类发展进步所积淀的共同理念、共同追求"。中国中东问题特使吴思科指出:"一部世界文明史告诉我们,各种文明在其基本内涵中有许多共同之处。"②确实,中国文化与阿拉伯伊斯兰文化存在共通之处,有很多"交集"。譬如,中国文化和伊斯兰文化都是重视道德的文化。中国传统文化呈现出鲜明的道德特征,传统哲学、政治、历史、文学、教育思想中,伦理道德思想贯穿其始终,孔孟之道的"仁义礼智信"成为五个最基本的伦理道德范畴。而伊斯兰教也是"极为重视道德建设的宗教",并"把穆斯林的人格修养和道德品行纳入信仰当中"。③ 其经典圣训中有言道:"宗教就是良好的道德。"伊斯兰教的首要使命是"在人间栽培道德美行"。

具体说来,我们可以在阿拉伯国家宣传如下内容:

(1) 中国文化与伊斯兰文化的地位和历史价值。如两者同属东方文化圈范畴,都是为人类社会作出过杰出贡献的文化。

(2) 中国文化与阿拉伯伊斯兰文化之间的交流史。包括古代丝绸之路和香料之路,郑和下西洋,伊斯兰教传入中国的历史,等等。

(3) 中国文化和阿拉伯伊斯兰文化中蕴含的普世价值观。如关

---

① 吴瑛:《让物质文化先走出去——基于对海外孔子学院的调查》,《对外传播》2010 年第 9 期。
② 吴思科:《文明对话与交流是公共外交的核心内容》,《公共外交季刊》2011 年。
③ 丁俊:《伊斯兰文化巡礼》,甘肃:甘肃民族出版社,2002 年。

于和平,中华民族以"和"为贵,而伊斯兰教也是和平的宗教,穆斯林是爱好和平的人民,他们的问候语"赛俩目"就是和平的意思,"伊斯兰"一词本身也是"顺从真主、追求和平"的意思。如关于学习,《论语》中说:"三人行,必有我师焉。"圣训有言道:"学问虽远在中国,亦当求之。"如关于度,孔子提倡"中庸之道","不偏之谓中;不易之谓庸"。而伊斯兰教也有中和思想,圣训说:"最优美的事是中正之事。"

(4) 共同引以为傲的文化遗产。如在文学领域,中华民族和阿拉伯民族都被称为诗歌的民族,历史上诗人辈出,留下了丰富的诗歌遗产,甚至在文学批评领域,阿拉伯古代诗评的开山之作《诗人等级》和中国钟嵘的《诗品》在体例、思路上都有惊人相似之处;再如在书法领域,恐怕世界上真正的书法艺术也只有汉字书法与阿拉伯文书法了。在此类文化细分领域寻找中阿文化的共通之处,需要专门学者进行大量深入的基础性研究,其意义深远。

2. 中国传统文化中独特的精粹

中国文化与阿拉伯伊斯兰文化存在共通之处,但中国文化也有自己的独特之处。一国文化走出国门,最容易与外部文化产生距离感的就是自己的特色文化。但是,并非所有的特色文化都不宜"走出去"。有些精粹还是可以被译介至国外的,这类文化包括:

(1) 儒释道思想中的独特表述。如《论语》中"学而时习之,不亦说乎?有朋自远方来,不亦乐乎?人不知而不愠,不亦君子乎?""岁寒,然后知松柏之后凋也。"等,这些独特深邃的表述虽然在阿拉伯伊斯兰文化中没有对应物,但是作为文化精粹,是可以被接受的。在这方面"和合"的思想应是需要重点、系统宣讲的。叶小文称"中国传统文化的精髓就是'贵和'","'和'是中国历史文化的特征向量,古代先哲的生命信仰和思维基础"。[①]

(2) 中国文化中的代表性符号。2006 年美国《新闻周刊》评选出 21 世纪以来世界最具文化影响力的中国文化形象符号,包括汉语、

---

① 叶小文:《中国文化"走出去"》,《中央社会主义学院学报》2010 年第 3 期。

故宫、长城、苏州园林、孔子、《孙子兵法》、兵马俑、丝绸、瓷器、京剧、功夫、《西游记》、针灸、烹饪等。这些文化符号中,有的在阿拉伯国家的认知度还不够,有的已有相当高的认知度乃至接受度,其中较为典型的便是中国功夫和中医。前者在阿拉伯国家的中下阶层有特别的认知度和接受度,而后者在阿拉伯国家的精英阶层有特别的认知度和接受度。因此,不妨从这两种有形的、可直接感知的中国传统文化精粹入手,在阿拉伯国家传播中国文化。有问卷调查中国名人在埃及青年中的知名度,结果显示:比例最高的个体是成龙,达到18%,其次是李连杰,达到14%,再次是毛泽东,为8%,姚明占4%。如按类别分,武术、影视界名人占40%,其次是历史人物占16%,中医名人和政治名人各占12%,体育名人占4%。作者甚至提出:"如何借助成龙、李连杰等世界级明星的符号,传播更多的中国文化内涵,如中国经济、中国生活、中国教育、中国风光旅游等,却是一片潜力巨大的蓝海。"[①]这一提法是有一定道理的,但遗憾的是,目前尚没有看到相关的行动。此外,中国的茶文化也是可以在阿拉伯国家传播的。虽然中国茶文化载体主要是绿茶,与阿拉伯人喜爱的红茶有一定差别,但里面的待客精神是一致的,况且还有一些阿拉伯国家是喜爱中国绿茶的。

3. 中国的现代文化

目前中国文化"走出去"的主要类型是传统文化。有学者言:"必须清醒地意识到,文化的意义不仅在于博物馆的陈列品,更应该是渗透在大众日常生活中的理念及其实践。……当前的中国文化输出如果只集中于传统,而忽略现代、当下,不但不能在国际上树立文化大国的形象,也不能够实现中国文化的发展与重生。"[②]中国文化是古代文化和现代文化的集合体,缺了哪一部分都不是全面的。事实上,相比于古代中国,阿拉伯国家对现代中国有着更加浓厚的兴趣。因此,在阿拉伯国家传播中国的现代文化亦很重要。在这方面,中国的都市

---

① 何明星:《当代埃及青年如何认识中国——中国形象在阿拉伯世界的传播调查》,《传媒》2011年第6期。
② 孙玮:《中国文化:不能这样走出去》,《社会观察》2010年第3期。

文化、时尚文化、健康文化、旅游文化等等都可以成为传播的对象。

4. 中国政府的发展理念

中国模式引起了包括阿拉伯国家在内的全世界的关注,阿拉伯国家从政界到学术界都掀起了"向东看"的热潮。因此,不妨借此良机传播中国政府的发展理念(包括中国的国情)。例如,中国政府在外交方面,强调和平共处五项基本原则,强调以和平方式解决国际争端,提出"共建和谐世界";在社会发展方面,提出"构建和谐社会"和"以人为本,全面、协调、可持续"的科学发展观。这些主张具有浓厚的中国文化底蕴,外界很难对其进行准确把握,因此,要花费较大的精力加以说透。以中国提倡的和谐世界外交理念为例,据芝加哥全球事务委员会的调查,在国外知道这一外交理念的人口仅在9%到25%之间。[①] 该比例在阿拉伯国家可能更低。因此,在阿拉伯国家用阿拉伯人的语言宣讲中国的相关政策是非常必要的。在这方面,不应忘记宣传中国的穆斯林文化以及中国政府对伊斯兰教的立场态度,这一点很重要。"在伊斯兰国家方面,穆斯林皆兄弟是普遍情感,而他们中不少人容易认为穆斯林在中国是少数,而执政党又是无神论者,心理上容易认为多数会欺负少数,一旦在多民族集聚地区发生一些事件就容易不辨是非一边倒。2009年'七五事件'后西方媒体颠倒黑白的报道就在一些伊斯兰国家造成不少民众认识的偏差和误解,对我国不满。"[②] 如果我们能事先做好这方面内容在阿拉伯国家的宣传,就可以从根本上化解一些别有用心的言论带来的负面影响。

二、中国文化如何走向阿拉伯世界

中国文化走到国外,首先要完善机构和队伍的建设,然后要坚持官民两个传播渠道并举。当然,在中国文化走进阿拉伯世界的具体

---

① 黄金辉、丁忠毅:《论中国软实力建设的比较优势与约束因素》,《教学与研究》2011年第10期。
② 吴思科:《文明对话与交流是公共外交的核心内容》,《公共外交季刊》2011年。

过程中,也是需要讲究策略的。

1. 完善机构和队伍的建设

(1) 完善机构建设

"约瑟夫·奈认为,拥有最多的传播渠道的国家,能够对如何解释问题拥有更大的影响力。"① 因此,传播渠道的架构好比是文化走出去的"基础设施",要搭建好。笔者认为,中国文化走向阿拉伯世界在机构搭建方面可从以下几个方面来考虑:

首先是完善中国驻阿使馆文化处的架构。目前,中国驻阿使馆中只有9个设有文化处,其他则没有。② 因此,在中国文化"走出去"战略的要求下,应考虑扩大驻阿使馆文化处的数量,即便做不到或无须做到全覆盖,那么也要在一些重点国家考虑设置文化处。

其次是增加阿拉伯国家孔子学院(包括孔子课堂)和中国文化中心的数量。国家汉办主任、孔子学院总部总干事许琳曾将孔子学院形象地喻为"一支传播中国文化的童子军"③。总的来说,孔子学院在阿拉伯国家的设立呈增长态势,但依然不够。截至2010年10月,在阿拉伯国家建立的孔子学院(包括广播孔子课堂)有9所④,仅占全球孔子学院总数的1.3%,涉及7个阿拉伯国家,占阿拉伯国家总数的三分之一弱。

最后,还要增加中国主要媒体在阿拉伯国家的分支机构,并建立与阿拉伯国家媒体之间良好的交流互动;鼓励卫视落地海外,鼓励有关报刊出版阿拉伯文版。目前中国部分媒体有阿文版,但在阿拉伯国家的知名度还不够,影响力还不大,这与媒体运作模式、报道选题、对外宣传力度都是有极大关联的。

(2) 完善队伍建设

人是文化走出去的第一要素。《决定》中提出要抓紧培养"适应

---

① 陈奇佳:《文化输出和国家形象的塑造》,《江苏行政学院学报》2009年第2期。
② 参见文化部网站:http://www.occnt.gov.cn/xxflmew2011/jgsz/zwwhjg/。
③ 《孔子学院的"苦"与"歌"》,《中国报道》2011年第93期。
④ 参见国家汉办网站:http://www.hanban.edu.cn/confuciousinstitutes/node_10961.htm。

文化走出去需要的国际化人才"。在中国文化"走出去"战略中,最起码要精心打造并储备四支队伍:

① 一支过硬的翻译队伍

中国文化"走出去",关键一环是中国文化的译介工作。相关高校参与中国文化"走出去"战略,一方面,可以直接介入到中国文化的译介工作中,作为高校方面对国家战略一个回应;另一方面,可为培养、储备阿拉伯语翻译人才起到重要作用。

② 一支可靠的媒体队伍

打造一支能用阿拉伯语传播的媒体队伍是非常重要的,因为媒体借助互联网的快捷传播可以将中国文化及时传递到世界各地。"看中国"网站在这方面起了一个好头,但里面也存在一些不足,如阿文的链接不在主页上,里面内容偏少。2009年中央电视台推出了阿文频道,也是一个很好的尝试,但这一举措在文化传播效果方面尚缺少有效性研究。

③ 一支强大的文化使者队伍

如果说互联网在传播文化上可获得迅捷的效果,那么通过打造一支强大的文化使者队伍,其效果则是深入的,是互联网所不能比拟的。各地各级作协、戏协、译协等都可以在这方面发挥自己的独特作用。譬如,宁夏回族自治区的国家舞台艺术精品工程项目《月上贺兰》曾在埃及、卡塔尔等阿拉伯国家演出,大获好评,当时半岛电视台对演出进行了报道,对宣传中国文化起到了极好的作用。值得一提的是,国家层面应对全国各地开展的赴外文化传播进行资源整合,合理调配,最大限度地提高文化传播效率和效果,这就需要事前规划、事中监督、事后评估。

④ 一支专业的应急队伍

文化"走出去"的过程中并不是说万无一失,不排除可能会发生与当地文化冲突的事件,产生与初衷相反的效果。如孔子学院作为中国文化符号,随着在阿拉伯国家开设增多,会有一些负面报道见诸媒体。有学者在研究美国孔子学院的时候就发现:"在美国的孔子学院发展进度与美国媒体对孔子学院的消极评价之间存在正相关关系。2007年和2009年分别是美国孔子学院数量增加的两个高峰,而相应年份美国媒体对孔子学院的消极评价亦基本上处于峰值。"①虽然阿拉伯国家与美国在政府与民众两个层面对中国的态度有着极大的差别,但是中国政府也应有自己的预案:即一旦同样的情况出现在阿拉伯国家,中国政府该如何应对?

再如,西方早就在阿拉伯世界丑化中国形象,而阿拉伯媒体关于中国的报道多取材于西方媒体也对中国不利。"以美国为代表的西方各国基于地缘战略、意识形态、文明形态、历史记忆等因素考虑,对中国在发展中世界的软实力提高倍感失落和忧虑,并通过国际舆论、智库的调查报告等,炮制了诸如'新殖民主义论''支持独裁者论'等言论,以干扰和影响中国在发展中世界的软实力提高。"②基于此,我们认为有一支应急队伍去消除西方在阿拉伯世界散布的丑化中国形象、丑化中国文化的别有用心的言论是有必要的,有时甚至需要先人一着,防患于未然。

2. 官方"走出去"与民间"走出去"两个渠道并举

文化"走出去"需要依托官方和民间两个渠道。如果说官方"走出去"是打雷下雨,那么民间应该是涓涓细流,润物无声。既然是打雷下雨,则要做足宣传;既然是涓涓细流,则应持久而有耐心。目前而言,这两个渠道发挥的作用都还不够。

从官方渠道来看,现有中阿合作论坛框架下的"中阿关系暨中阿文明对话研讨会""中阿互动文化节"机制就是其代表。然而,我们可以看到,在中国与俄罗斯、法国等国互办"国家年""语言年""文化年"等大型活动、掀起"中国风""汉语热"的同时,中国与阿拉伯国家举办的诸如此类的文化节活动就少得多,影响也难以与"国家年""文化年"等相提并论。

从民间渠道来看,现有的文化"走出去"活动也相当少,这方面可挖掘的潜力巨大。有几点需要注意:

---

① 李开盛、戴长征:《孔子学院在美国的舆论环境评估》,《世界经济与政治》2011年第7期。
② 刘利琼:《中国国家软实力在发展中国家面临的挑战》,《世界经济与政治》2011年第4期。

(1) 中国作协、记协、译协、妇联等要建立与阿拉伯作协、记协、译协、妇联等长期的联络交流机制,一旦这个"管道"畅通了,很多在政府层面不能做的事情,以文化为内核的公共外交可以发挥它的作用。

(2) 要注意充分发挥中国穆斯林的作用。"作为伊斯兰文化在中国的载体,中国穆斯林在中伊文化交流中如何很好地发挥中介作用,也是一个重要问题。"①中国穆斯林身上兼有中国文化和伊斯兰文化的体现,在感情上能自然地在两者间进行沟通,因此,其独特的桥梁作用不容忽视。

(3) 中国企业也可以在中国文化"走出去"中扮演重要角色,即在一定程度上市场化、专业化地运作文化"走出去",包括鼓励建立一批外向型的文化企业,出一批文化产品。需要特别注意的是,在中国文化走向阿拉伯世界这个特殊区域的过程中,应坚持以文化宣传、文化交流的形式为主导,文化贸易的形式只是有益补充,两者不可倒置。

3. 中国文化走进阿拉伯世界的具体策略

中国文化走进阿拉伯世界在实施过程中,也存在一些策略。具体来说可以有:

(1) 让中国文化走进阿拉伯主流媒体、走近阿拉伯世界的精英是迅捷之道,因为精英阶层常常是一国社会的"意见领袖"。而让中国文化走进阿拉伯的教育界、走近阿拉伯世界的年轻一代,则是长久之计。要培养"中国通",如扩大阿拉伯国家来华留学生规模、扩大孔子学院的办学规模、支持阿拉伯大学的中文系办学。目前已有阿拉伯国家在中国大学设立讲席项目支持中国对阿拉伯国家的研究,而中国在阿拉伯国家设立讲席教授来支持阿拉伯国家对中国的研究则尚未听说。从这个意义上来说《决定》中提出的"建立面向外国青年的文化交流机制,设立中华文化国际传播贡献奖和国际性文化奖项"

---

① 丁俊:《伊斯兰文化巡礼》,甘肃:甘肃民族出版社,2002年。

构想是具有前瞻性的,同时也具备可操作性。

（2）不要忘记"请进来"也是一种文化"走出去"的方式。邀请阿拉伯世界的新闻人士、外交人士、教育界人士、作协人士等来中国考察,就是让中国文化走近阿拉伯精英人士的一种有效办法。通过耳闻目睹、耳濡目染可以增加中国文化在阿拉伯人士心中的直观感受,进而增加中国文化的影响力。这些人士回国后,会把所见所闻带回去,进而起到传播中国文化的作用。这种间接式的文化"走出去"策略也是不可忽略的。

（3）中国文化走进阿拉伯世界,应该与中国人走进阿拉伯世界、中国援助走进阿拉伯世界、中国产品走进阿拉伯世界并行不悖,最好做到互有融入。赵启正的一句名言"带着中国文化'走出去'"大抵就是这个意思。伴随每一个中国人到一个阿拉伯国家,每一批中国援助(包括医疗援助、人道主义援助)到一个阿拉伯国家,甚至每一件中国产品走进阿拉伯的家庭,都存在传播中国文化的可能性。反言之,不要让有的中国人、中国产品在这方面起到负面作用。

三、其他一些思考

中国文化走向阿拉伯世界还应注意以下几点,不妨归结为"四个注意":

要让自己的文化走进对方,首先要注意吃透对方的文化,否则会出现一些不和谐的音符,会发生文化冲突。伊斯兰文化是一种以宗教为内核的文化,伊斯兰教是入世的宗教,在现实生活中有很多的规矩需要中国的文化传播者掌握。一旦在传播中国文化的过程中发生与伊斯兰教相冲突的做法,则会伤害阿拉伯民众的感情,进而升级为"文化冲突事件",这样的话,不但不能起到传播文化的作用,反而会让当地民众产生抵触情绪。沙特就曾碍于宗教不愿接受中国在其境内开设孔子学院,但接受开设3个中文系培养通晓中国语言和中国国情的人才。①

---

① 朱威烈:《试论中国与中东伊斯兰国家的战略性关系》,《世界经济与政治》2010年第9期。

要注意充分了解中国文化在阿拉伯世界的认知度。中国与阿拉伯世界的交流古已有之,"学问虽远在中国,亦当求之",说明阿拉伯世界对中国是有认知的。据统计,阿拉伯人对中国的认知主要来自于出版物。一份针对埃及青年的数据统计显示:"一是迄今为止有关中国信息的介绍,或者说能够在阿拉伯青年人中传播的载体以图书为最多;二是在埃及青年人的心目中,对图书载体的信任度要比电视、互联网、报刊要高。"①因此,中国文化在阿拉伯世界的"认知存量"主要体现为阿拉伯世界出版的关于中国或中国文化的图书,包括:阿拉伯人从西方作者那里翻译的关于中国的书籍,如《中国:一个世界强国的复兴》《中国的世纪》等;阿拉伯人自己写的关于中国的书,如《中国之旅》《埃及人眼中的中国》《中国——20世纪末的奇迹》《聚焦现代中国》《中国在国际体系中的前景地位(1978—2010)》等;中国人用阿拉伯语出版的关于中国的书籍(包括孔子学院教材),如《中国古代诗文选》《中国文化读本》《中国民居》等,这类书籍由于出版方不是阿拉伯方面的著名出版社,因此影响力还不是很大。

要注意用平和的心态和正确的方式传播中国文化。在文化"走出去"的过程中,不能有文化优越感,避免将中国文化提到高于或优于阿拉伯伊斯兰文化的高度,避免让阿拉伯民众认为中国在强势输出自己的文化,即"文化扩张"或"文化占领",避免让阿拉伯民众产生"中国之所得即他国之所失"的零和思维。因此,在传播方式上,要注意以基于吸引和说服的方式来推进,避免让人感觉到是在强迫或是在利诱。崔启明也指出:"要把握文化'走出去'的正确方向,不为同化别人,不搞文化扩张,而是与人分享,在互相的学习、欣赏、吸引中促进人类文明进步。"②

要注意处理好中国文化内敛性与文化"走出去"战略的关系。中国文化是一种内敛型文化,如何在自身层面处理好文化内敛性和文化"走出去"战略的关系是很重要的。有学者对此持保留态度,如王义桅认为:"传统文化是传经文化而非送经文化,不足以支撑中国的

---

① 何明星:《当代埃及青年如何认识中国——中国形象在阿拉伯世界的传播调查》,《传媒》2011年第6期。
② 崔启明:《加快提升国家文化软实力》,《当代世界》2011年第11期。

'走出去'战略。历史上,我们只有'西天取经'的故事或'万国来朝'的壮举,很少有传教士精神。即便郑和七下西洋,也只是传播皇恩浩荡,并未积极输出中国观念。"①因此,要看到中国文化走进阿拉伯世界是一个长期的过程,不可能一蹴而就。

四、结语

"目前,中国与阿拉伯国家确立起了'全面合作、共同发展'的战略合作关系,这事实上反映了中国已经视中东伊斯兰文明体系中的这个特色国家群体为战略合作对象,它们在国际体系中虽不是一个大国,但却代表了当前主要文明体系中的一个重要行为体,乃是一个'战略板块'。"②因此,中国不仅需要与这个"战略板块"发展政治、经贸关系,更需要加强人文关系,其意义不仅在于可以增加中国文化在阿拉伯世界的影响力和感召力,更可以提高中国的国家形象,提升中国的软实力,增强中国的国际话语权。

---

① 王义桅:《超越和平崛起——中国实施包容性崛起战略的必要性与可能性》,《世界经济与政治》2011年第8期。
② 朱威烈:《试论中国与中东伊斯兰国家的战略性关系》,《世界经济与政治》2010年第9期。

文化"走出去"背景下的我国外国语言文学学科发展战略

戴炜栋　王雪梅

一、引言

《国家中长期教育改革和发展规划纲要(2010—2020年)》明确提出:"加快创建世界一流大学和高水平大学的步伐,培养一批拔尖创新人才,形成一批世界一流学科,产生一批国际领先的原创性成果,为提升我国综合国力贡献力量。"上海市作为国家教育综合改革试验区,2014年12月率先启动《上海高等学校学科发展与优化规划》,力图建设一批支撑具有全球影响力科技创新中心建设的高峰高原学科。学科顶层设计与规划建设的重要性可见一斑。

就学科发展与建设而言,国外研究的课题主要包括学科知识、学科身份认同、跨学科教学、学科相关理论等。如 Christie & Maton 从系统功能语言学与社会学角度指出,学科概念有利于学生了解不同形式的知识,促进知识建构与教育实践。[①] Golumbia 探讨了文学研究中数字人文作为政治因素的作用,及其对英语学科与学院的影

---

① F. Christie & K. Maton, *Disciplinarity: Functional Linguistic and Sociological Perspectives*, London and New York: Continuum, 2011.

响。① Smyth et al. 通过调研澳大利亚一所大学,发现学生的学习方法既受自我概念影响,也受学科身份概念及教育规范影响。②

国内研究多集中在教育学界,涉及学科制度、学科建设模式、相关因素分析等。如方文从学科制度视角分析社会心理学的学科发展历程,提出学科制度为学科进展提供了基本的分析框架、策略和工具。③ 翟亚军对大学学科建设模式进行了比较系统的理论建构和实证研究。④ 苏均平、姜北在阐述学科与学科建设基本概念的基础上,分析了学科建设与教学、科研、成果转化的关系。⑤ 就外国语言文学学科(以下简称外语学科)建设而言,研究内容主要包括发展定位、发展规划人才培养模式等。⑥ 但就整体而言,从文化"走出去"战略视角对外语学科进行的分析较少。有鉴于此,有必要阐释外语学科的内涵、分类,以及文化"走出去"背景下的发展原则,并深入探讨学科发展战略。

二、外语学科的内涵与分类

国内外学者对于学科有不同定义。法国学者 Morin 从知识观角度指出:"学科是科学知识领域内的一个组成部分,在科学范围内确定自己的研究领域和特长,迎合科学各方面的需要。尽管科学涵盖百科,但每一个学科由于有自己特定的边界,有自建的学术用语、研究方法和理论,因而都是独立的。"⑦ Clark 从组织架构层面指出,学科既包括"围绕学科建构起来的院系、研究所、学会等实体性组织机构",也包括"具有学科认同感的教师、学生、研究者等构成的虚拟性

---

① D. Golumbia, "Death of a Discipline," *Differences: A Journal of Feminist Cultural Studies*, 2014, 25 (1), pp. 156—176.

② L. Smyth, *et al*, "Discipline Social Identification, Study Norms and Learning Approach in University Students," *Educational Psychology*, 2015, 35 (1), pp. 53—72.

③ 方文:《社会心理学的演化:一种学科制度视角》,《中国社会科学》2001 年第 6 期,第 126—136 页。

④ 翟亚军:《大学学科建设模式研究》,北京:科学出版社,2011 年。

⑤ 苏均平、姜北:《学科与学科建设》,上海:第二军医大学出版社,2014 年。

⑥ 张绍杰:《扩大教育开放给外语教育带来的机遇和挑战——兼论外语人才培养》,《中国外语》2011 年第 3 期,第 15—21 页。

⑦ 转引自江小平:《法国的跨学科性研究与模式》,《国外社会科学》2002 年第 6 期,第 21 页。

组织"。杨天平将学科作为知识体系的本体含义推展至划分和组合学术活动的基本方式,包括学科发展方向、学术梯队、人才培养、科学研究和基础设施等,并指向以创造和发展知识为其内在职责的专门化的组织系统。刘小强则将学科内涵分为 4 个部分:逻辑范畴和知识体系;浸润其中的学科精神和学科制度、规范;学科的具体社会组织,如学院、学系、研究所等;更广泛意义上的学科的社会分工、管理、内部交流机制等。结合学科建设实践,我们认为学科既涵盖相关学术领域的知识体系和学术精神,也包括具有学科认同感的人才队伍以及科学研究与人才培养的机构等。其中前者依托后者得以建构与传承。就外语学科而言,一方面该学科包括显性的外国语言文学领域知识及隐性的学术精神,另一方面包括从事该领域知识传承与研究等活动的教师、学生、研究人员、院系、研究机构等。

学科分类可以有不同的角度。翟亚军结合不同标准对大学学科分类进行了梳理(见表 1)。①

表 1 学科分类标准与类型

分类标准	主要类型
基于建设的角度	重点学科
基于层次的角度	一级学科、二级学科
基于比较的角度	优势学科、强势学科、一流学科
基于整合的角度	带头学科、支撑学科、相关学科
基于体系的角度	基础学科、主干学科、支撑学科、交叉学科
基于属性的角度	基础学科、应用学科、职业学科

从学科层次的角度,外语学科为一级学科。根据教育部印发的《学位授予和人才培养学科目录(2011 年)》,外国语言文学为文学门类下的一级学科,下设英语语言文学、俄语语言文学、德语语言文学等二级学科。从学科的比较角度,不同院校的外国语言文学学科可以是优势学科、强势学科或者一流学科。梁志指出,强势学科一般把

---

① 翟亚军:《大学学科建设模式研究》,北京:科学出版社,2011 年。

比较的范围限定在一个学校范围内,是一校不同学科比较的结果,它不仅在校内发展中居主体地位、起支配作用,也是学校赖以在国内外学术界建立学术声望的主要学科。① 我们认为,在一校之内比较时,优势学科和强势学科在含义上有一定重合。但如果超越一校范围,强势学科和一流学科含义接近。一流学科主要强调某学科与国内外同类学科的比较,说明某一比较范围内的水平差异。

三、文化"走出去"战略背景下外语学科的发展原则

1. 文化"走出去"战略

党的十八届三中全会决议明确指出要"扩大对外文化交流,加强国际传播能力和对外话语体系建设,推动中华文化走向世界"。2015年3月国家发展改革委员会、外交部、商务部联合发布了《推动共建丝绸之路经济带和21世纪海上丝绸之路的愿景与行动》,阐述了"一带一路"的时代背景、共建原则、框架思路、合作重点、合作机制、开放态势、行动计划等。从文化"走出去"与"一带一路"战略规划可以看出,开放合作、交流融合已经成为国家战略的关键概念,而文化作为一种软实力,其推介不仅有助于增强不同国家间的认同与互信,而且有助于提升我们的国际影响力。无论合作涉及贸易、金融领域,还是科技、教育领域,均需要高层次的国际化外语人才,如致力于高层次学术交流与推介的外语学术研究人才以及大批具有国际视野、通晓国际规则、能够参与国际事务和国际竞争的多语种跨文化人才,而外语学科是培养此类人才的重要渠道。

2. 外语学科发展的原则

外语学科的发展原则建构须借鉴世界一流学科的建设经验。孟现志将国外一流大学学科建设经验总结为:学科设置上不断增设新

---

① 梁志:《世界一流大学的学科特征及其启示》,《建材高教理论与实践》2000年第4期,第18—24页。

的学科门类,形成多学科并存的局面;学科结构上构建多学科相互交叉、促进、融合的学科体系;发展战略上突出重点、形成特色;管理机制上科层组织与矩阵结构相结合;队伍建设上构筑人才高地;学科功能上将人才培养和科学研究、社会服务一体化;学科环境上倡导学术至上、学术自由。① 翟亚军分析了世界一流大学学科建设理念的共性特征,认为学科建设是一个连续的、长期的、创新的过程,而其发展原则为坚守与创新兼顾、和谐与一流同步、优异与广博共存、坚持操守与经世济纶相结合。② 笔者从外语学科的内涵出发,对接文化"走出去"战略,结合世界一流学科特色,认为外语学科发展应遵循以下原则:

(1) 系统性、前沿性原则

主要涉及外语学科知识体系和学术研究,即无论是英语语言文学、俄语语言文学等二级学科,还是语言学、文学、文化、翻译、语言教学等研究方向,其知识体系应系统完善,比较全面地反映学科内容、发展沿革、趋势等;其学术研究应体现学科前沿性,关注前瞻性领域,具有学术引领性。

(2) 特色性、国际化原则

主要涉及外语学科布局、人才培养、学术研究、学术队伍建设等,即各外语学科应对接国家和地区需求,结合所在院校特色,明确学科定位、优化学科布局、确定人才目标,培养具有国际视野、独具特色的跨文化人才;同时在学术研究和人才队伍建设中,突出国际化意识,通过科研教学的国际交流合作,提升整体素质,扩大国际学术话语权。

(3) 创新性、跨学科原则

主要涉及外语学科的组织机构与建设机制。各外语学科应树立一级学科发展理念,强调机制体制创新,促进跨学科合作,推动可持续发展。学科的交叉融合有助于学科保持生机与活力,外语学科各二级学科之间不仅要密切合作,汇聚优质资源,而且要加大与其他一

---

① 孟现志:《新建本科院校学科建设理论与实践研究》,北京:中国农业科学技术出版社,2009年。
② 翟亚军:《大学学科建设模式研究》,北京:科学出版社,2011年。

级学科之间的融合,培养新的学科增长点。

3. 外语学科发展战略

(1) 对接国家战略,整体规划外语学科发展

整体规划外语学科即充分考虑学科定位、学科布局、发展理念、人才培养、科研提升、师资发展等方面的问题。宏观层面,教育部可根据国家战略需求,推出外语学科建设理念和战略,突出文化传承创新,解决学科队伍、标志性成果、学术话语体系、学科"走出去"等问题,对全国外语学科发展进行规划和指导。微观层面,各高校外语学科应有具体规划。长期以来,各高校多以二级学院为单位制定院系发展规划,其中涵盖学科发展规划,但院系规划在发展目标、建设内容、建设重点等方面毕竟与学科规划有所不同。有必要由外国语言文学一级学科或各二级学科学术委员会的专家学者在广泛征求意见与深入分析的基础上进行规划,明确学科定位、实施错位竞争,避免学科同质化、缺乏特色。当然,国家的指导性规划应综合国家的需求与各高校外语学科的共性,而各高校外语学科的具体规划既要对接国家指导性规划,又应独具地域与学校特色。

目前无论从全国范围,还是从地域范围来看,外语专业仍然存在语种相对比较单一,各语种分布不够均衡,人才培养与社会需求脱节等问题。① 为解决上述问题,首先,各外语类专业以及外国语言文学一级学科应科学布局。譬如针对"一带一路"沿线各国的非通用语种人才培养问题,全国各非通用语种本科人才培养基地有必要统筹规划,有序发展,既要因地制宜、科学增设非通用语种专业,也要避免一拥而上、重复建设。其次,要考虑传统外语学科与新兴学科的共同发展问题。就本科阶段而言,应进一步分析传统外语类专业(如英语)与新兴翻译、商务英语专业之间的共性与特性,清晰定位;就研究生阶段而言,目前各高校已经能够在一级学科下培养新的学科增长点,自设二级学科,但各自设学科也应协调发展,避免产生学科内容相似

---

① 戴炜栋:《我国外语专业教育的定位、布局与发展》,《当代外语研究》2013年第7期,第1—5页。

但名称各异、地位有别的问题。最后,应组织外语界专家学者对文化"走出去"战略下的外语学科发展规划进行深入研究,并将相关成果推介应用,提高学科的核心竞争力,使其发展更加有序高效。

(2) 推行双向国际化理念,培养多元跨文化人才

戴炜栋指出,在文化"走出去"过程中,我们尚缺乏大批高端的研究人才、优秀的经典著作翻译人才、国际会议同声传译、国际组织工作人员、金融法律外语人才等。[1] 王宁提出,从国家实施的文化"走出去"战略目标来看,高层次的英语人才奇缺,优秀的翻译人才到处抢手,而能把中国文学作品译成外文并在目的语国家发表者更是凤毛麟角。[2] 有鉴于此,在文化"走出去"背景下,外语学科有必要适应国家和地区对人才的需求,结合所在院校特色,规划各类人才培养项目,推行双向国际化理念,培养具有国际视野的多元跨文化人才。

就跨文化人才类型而言,既包括高层次翻译人才,如外交翻译、文学翻译、复语翻译等,也包括国际化复合型人才,他们不仅熟悉外语,还掌握经贸、新闻、管理、金融、法律、教育等方面的知识,可以从事相关领域的工作。同时还包括区域国别研究人才,特别是熟悉"一带一路"沿线国家国情、社情,具有国际对话能力的人才。就学历层次而言,涵盖本科、硕士、博士等不同层次。就生源而言,既包括国内学位生,也包括国际学位生。就人才培养过程而言,各高校外语学科,特别是国家重点学科或者一流学科应实施双向国际化,开发优质课程资源,创新教学模式。所谓双向国际化,即引进与输入并行,既吸纳先进人才培养理念与优质国际课程,又输出自身的文化与理念;不仅要增加大学生的国际化比例,鼓励海外实习实践,设立外语专业卓越人才培养实验班,推出中外合作本硕连读(6年制)、本科层次的"3+1"和硕士/博士层次的"2+1"等模式,而且应着力吸引留学生到我国各高校外语学科攻读各类学位或者访学进修;在国际合作办学方面,不仅协同海外名校在国内设置分校,拓展国际国内、科研院所、行业企业、国际组织联合培养渠道,更要鼓励国内知名外语学科在海

---

[1] 戴炜栋:《我国外语专业教育的定位、布局与发展》,《当代外语研究》2013年第7期,第1—5页。
[2] 王宁:《我的学术道路》,《当代外语研究》2014年第1期,第1—6页。

外设置一流专业、学科或学科方向等,提高国际影响力。教育部2010年发布《留学中国计划》,预计到2020年,中国将成为亚洲最大的留学目的地国,全年在内地高校及中小学校就读的外国留学人员达到50万人次,其中接受高等学历教育的留学生达到15万人。据此,各高校外语学科应设立相关奖学金,不断丰富留学生源的国别和层次,积极探索学历教育的弹性学制,打造具有中国特色与国际比较优势的优质课程,开发学术专题、学术前沿类跨学科课程以及科研项目。就课程优化与教学模式创新而言,除了建构模块化课程之外,可以充分发挥现代教育技术的优势,将电子阅读器、手机、计算机等充分运用到教学中,并与Coursera,Future Learn等合作开发慕课,同时建设翻转课堂、微课,完善立体化教材体系,鼓励教学改革并在海内外推介教改成果。

(3) 立足本土研究,对接国际前沿,提升国际学术话语权

《高等学校哲学社会科学繁荣计划(2011—2020年)》提出,构建具有中国特色、中国风格、中国气派的哲学社会科学。在文化"走出去"背景下,外语学科学术研究须立足本土研究,对接国际前沿,彰显中国特色,逐步提升国际学术话语权。

首先,要规划阶段性学术研究目标和重点方向、重要任务等。戴炜栋、王雪梅指出,"十二五"期间,外国语言文学学科科学研究的总体目标是:以服务国家战略为指导思想,进一步深化基础性学术研究,加强应用研究,促进外国语言文学学科与其他学科之间的融合;以重大理论与现实理论问题研究为主攻方向,大力开展跨学科研究,加强国别与国际区域问题研究,为中国文化和学术"走出去"提供强有力的支撑,推动中国人文社科研究的理论创新、方法创新和机制创新。[①] 而"十三五"期间,除了语言学、文学本体研究之外,"一带一路"沿线国家的国情社情研究、中外文化交流机制研究、经典作品外译、语言规划与战略研究等需要进一步加强,以服务于国家战略。其次,研究要立足国情,以问题为导向,以团队形式进行,重在打造标志性研究成果。长期以来,国内外语学科的研究多以个人或者导师带

---

① 戴炜栋、王雪梅:《对外国语言文学学科战略规划的思考》,《外语界》2012年第3期,第2—9页。

学生的小作坊形式进行,局限于引进阐释西方的语言、文学、文化、翻译、教学等理论,而缺乏有组织、跨学科、国际化的高水平科研,忽略了对中国文化情境下外语研究理论体系的建构。而从国际学术对话角度而言,在美、英等发达国家的学术规范体系占据主导地位的现状下,我们的学术研究多处于边缘化地位。有必要提升文化自觉和自信,打造基于中国本土研究、具有中国特色、符合国际学术规范的成果。此外,研究要体现对学术前沿领域的探索与发展,成果形式可以多样化,包括论文、专著、辞典、译著、咨询报告等。同时,要注重产、学、研合作,将科研成果应用到出版、教学、文化传播等领域中。最后,各外语学科要完善科研考核指标体系,加大国际影响力、国际合作、咨政启民等指标的权重,强调质量而不是数量;创新管理机制,营造良好的学术环境,加强跨学科、跨高校、跨国之间的科研合作。同时建立以中国学者为主导的国际研究学会,组织全球性的学术交流活动,或发挥全国性外语专业研究会和学会优势,承办具有重大影响的高层次国际学术会议,从而有选择、有步骤、有层次地推进"走出去"战略,提升国际学术影响力。

(4) 提高文化产品外译质量,评估译介效果

在文化"走出去"过程中,中译外的作用不可或缺。目前国家已经推出"经典中国国际出版工程""中国图书对外推广计划"和"中国文化著作对外翻译出版工程"等。国家社会科学基金项目也已专设"中华学术外译项目",集中遴选代表中国学术水准、体现中华文化精髓、反映中国学术前沿、传播当代中国价值观念的学术精品。以上各类工程、计划或者项目的实施有助于推动文化"走出去",但是否切实讲好中国故事,传播好中国声音,既取决于文化产品的外译质量,又取决于译介效果。

美国传播学学者 Lasswell 将传播过程归纳为 5 个要素:传播者、信息、媒介、受众和效果(who, says what, in which channel, to whom, with what effect)。① 如果将中译外作为一种传播过程,就涉及谁来译、译什么、如何译、译给谁、译介效果等。就谁来译(译者)这

---

① H. D. Lasswell, *Power and Personality*, New York: W. W. Norton, 1948.

一问题,我们认为,除了中国高校或翻译协会的翻译家和学者外,还应包括海外华人圈的优秀外语人才,以及海外中国学者等。为了保证译者水平,应制定行业标准,实行行业准入制度。同时引导高校培养具有汉外文化翻译能力的专门人才,建设相对稳定的高水平汉外翻译人才队伍。为了保证翻译质量,有必要围绕翻译项目组织专业团队,由中外译者合作完成。就译什么(译作)而言,不仅包括经典名著、传统艺术、中医武术、现当代文学或电影、电视、戏剧、期刊、报纸、专著、教材等文化产品,还要对相应文化产业提供翻译服务。换言之,翻译内容应涵盖目的国文化生活的不同层面,对应文化产业发展要求,传播中华文化传统和价值观念。就如何译这一问题,应坚持中国立场、国际表达,适应目的国话语体系,运用变译策略。黄忠廉倡导翻译的变通,包括增、减、编、述、缩、并、改、仿等8种策略,具体又衍生出摘译、编译、译述、缩译、综述、述评、译评、译写、改译、阐译、仿作等方法。① 就译给谁(受众)这一问题,主要涉及目的国不同类型、不同层次的国民。建议与孔子学院、海外汉学研究机构、海外翻译机构等合作进行需求分析,了解不同职业、阶层、性别、年龄段的读者对中国文化题材的需求,特别是汉语爱好者、海外华人、在校学生等的需求。就译介效果而言,目前已有学者对此进行研究。譬如,耿强探索了"熊猫丛书"英译本在异域文化场域的接受程度。② 为推动此类研究,外语学科可与新闻传播等学科合作,建构动态数据库或文化"走出去"监测平台,及时掌握对外文化交流活动的主题与内容,跟踪海外相关报道和分析,并据此进行效果评估。

(5) 建设海外文化推介机构和平台,完善海内外专家资源库

孔子学院、孔子课堂以及海外文化中心等机构和平台为文化交流认同搭建了桥梁,而海内外专家资源库的完善为文化推介提供了人才保障。截至2014年12月7日,全球126个国家(地区)已建立475所孔子学院和851个孔子课堂。其中孔子学院设在120个国家

---

① 黄忠廉:《文化输出需大力提倡"变译"》,《光明日报》2010年1月5日。
② 耿强:《"熊猫丛书"英译本的跨文化传播》,《解放军外国语学院学报》2013年第2期,第83—88页、第94页。

(地区)共475所,孔子课堂设在65个国家,共851个。① 政府主办的公益性机构在语言文化的交流推广中发挥了重要作用,但也遇到一定挑战。譬如,2014年美国芝加哥大学、宾夕法尼亚州立大学先后宣布中止与孔子学院继续合作,瑞典斯德哥尔摩大学与孔子学院的合作协议于2014年年底到期后不再续约。面对此类问题,有必要明确孔子学院等机构在发达国家和发展中国家的建设目标、建设投入和成效等,同时结合所在国家或地域特色,实施差异化的地缘文化"走出去"战略,制定符合实际的发展规划,举办各类语言培训、学术讲座、艺术展览等活动。而外语学科的学者和教师可发挥多语种优势,了解国外对孔子学院等海外机构和平台的相关反馈,并就办学模式、课程设置、教学方法、对外汉语教学队伍建设等深入研究,培养海外优秀汉语教师,或者对跨国企业高管、政府工作人员等进行世界多元培训等,从而使文化不仅"走出去"而且"走进去",获得他国舆论与国民的认同。

在文化"走出去"过程中,海外各国对汉语和中华文化的兴趣逐渐增强。有必要建立海内外专家资源库,包括汉外翻译人才、汉学家、全球汉语教师、语言教育学家等。同时积极推进语言人才资源方面的共享,汇聚一批熟悉国外文化需求、擅长与国外相关文化领域学者交流、了解国外学界研究动态的专家。并通过设立海外中国学项目、开展汉外翻译合作等,让更多海外学者关注并推介中国文化。

(6) 打造国际化教学科研团队,促进教师专业发展

就国际化教学科研团队建设而言,各高校外语学科可坚持"外引"与"内培"相结合,一方面实施海内外领军人才引进项目,引进语言、文学、翻译、文化、汉语国际教育等方向的领军人才,特别是国际一流人才,对其实行常任轨机制,要求他们指导学术团队、引进国际合作项目、发表国际成果等,以充分发挥学术引领作用;另一方面对接学科高水平科研和教学的要求,以资深教授领衔,以骨干教师为主,推动高水平国际科研合作以及教学创新改革。同时实施海外高端讲学项目,既邀请学术名家开设前沿课程和系列讲座,又鼓励本学

---

① 数据来自网址:http://www.hanban.edu.cn/confuciousinstitutes/node_10961.htm。

科专家在海外高校开设课程或讲座,逐步造就一批具有国际水准和影响力的文化"走出去"人才。此外,还可与国际知名高校和研究机构合作成立教学科研共同体,建立国际学术网络联动机制,推动跨学科、跨院校、跨地区、跨国家学术研讨的常态化,促进教师专业发展。

值得注意的是,在文化"走出去"的背景下,外语教师培训或研修均要强调对中国文化的理解和掌握。宋学智、张杰提出,中国的外语专业教师和外语工作者要能够在国际学术界和高校的讲坛上拥有自己的话语权,必须具备相当扎实的中国文化基础。① 换言之,无论教师从事语言学、文学还是翻译、教学研究,中国文化和价值观应为必备的知识基础,这有利于增强文化自觉和自信,更好地推介中国文化。

(7) 有效运用大数据,丰富文化资源与传播途径

随着互联网的发展,大数据概念已经逐步进入教育界。Schonberger & Cukier 认为,大数据具有容量大、种类多、速度快、价值高的特征,并且导致思维的3个转变:分析与某事物相关的所有数据,而不是少量数据;乐于接受数据的纷繁复杂,而不再追求精确性;关注事物的相关关系而不是因果关系。② 这些变化为教学提供了海量资源,优化了网络学习环境,有助于推动外语教育的个性化发展,丰富文化传播资源和途径。

首先,课堂教学从封闭走向开放,使教师充分了解学习或者学习者数据,及时汇总并全程记录相关信息,监控教学质量;另一方面通过开发慕课,倡导大数据、大学堂和开放教学的理念,吸引更多对中国文化感兴趣的他国国民。其次,大数据时代,Skype,QQ,WeChat等通信社交平台使各国专家学者、广大教师跨时空、跨学科的科研与教学合作成为可能,实现人力、数据、计算、网络通信、仪器设备等资源的全面共享,教学科研共同体得以可持续发展。再次,iPhone,iPad,Kindle 等的广泛应用使数字出版成为主流,文化"走出去"使资

---

① 宋学智、张杰:《外语专业国际化办学模式的新探索》,《外语与外语教学》2012年,第9—11页、第15页。
② [英]维克托·尔耶·舍恩伯格、肯尼思·库克耶:《大数据时代(生活工作思维的大变革)》,盛杨燕、周涛译,杭州:浙江人民出版社,2013年。

源共享不再单纯依赖国际文化会展、国际巡演、学术论坛或者单一的纸质媒介,而以网络、手机、电子书等阅读形式面对海外读者,以广播影视、戏剧、曲艺、教育、旅游等形式被高效推介。此外,大数据丰富了数字化语言文化资源。譬如,语言资源有声数据库、语言文字资源库、语言文字学习平台、多语种涉华国际舆情案例数据库等为教学研究、文化传承提供了基础和支撑。同时,相关文化网站的建设、远程语言教学和文化传播活动的开展也有助于文化推介。最后,大数据时代使外语学科学术著作、教材等的海外出版推介更加有针对性。各出版社可借助各类软件搜集大量数据,并借助统计和营销专家的分析,及时了解读者需求、发行动态等,并做出相应调整。

(8) 建设高端智库,提高咨政启民水平

2015年1月,中共中央办公厅、国务院办公厅印发了《关于加强中国特色新型智库建设的意见》,其中第8条指出:"推动高校智库发展完善。发挥高校学科齐全、人才密集和对外交流广泛的优势,深入实施中国特色新型高校智库建设推进计划,推动高校智力服务能力整体提升……实施高校哲学社会科学走出去计划,重点建设一批全球和区域问题研究基地、海外中国学术研究中心。"[①]从中可以看出,高校在建设高端智库、服务国家战略中的重要作用。而外语学科作为多语种国际化人才培养基地,区域与国别研究的主力军,在中国特色新型智库体系中不可或缺,特别在涉及中外文化软实力对比研究、外国政策研究等方面的智库建设中有举足轻重的作用。

传统上,高校外语学科教师主要从事语言文学等方面的本体研究,成果多为论文、专著、辞典、译著等,较少从国家战略角度选定研究问题,并以咨询报告作为成果。而根据智库建设要求,广大教师和研究者有必要转变思路,将研究与国家和地域的战略需求相结合。就研究内容而言,魏礼群指出,智库研究需要真正做到"顶天立地":"顶天",就是站高望远,善于顺应时代潮流,洞察和把握国际国内发展大势,紧紧围绕党和政府的决策需求;"立地",就是接地气,深入实

---

① 具体请参阅网址:http://www.gov.cn/xinwen/2015-01/20/content_2801126_2.htm。

际,搞好调查研究。① 坚持从实际情况出发,不事先设置框框和禁区。我们认为,各高校外语学科可与政府研究部门、社会咨询研究机构合作,围绕国家发展战略以及教育实践中的实际问题进行研究。就研究机制而言,应依托现有科研机构、研究基地和研究中心,以研究重大问题、满足重大需求、促进学科交叉融合为宗旨,开展国家语言战略、区域与国别、外语应用与社会服务、国际传媒、中外民间外交等研究,为教育部、外交部、国家语委等不同部门的决策提供高端咨询。就研究主体而言,重点综合类院校与外语类院校的外语学科一般具有多语种、跨学科特色,在文化交流研究、对外合作与关系对策研究上有比较优势,而在为大型国际会议、国际活动等提供翻译和口译服务等方面也经验丰富,是实施国家文化"走出去"战略的排头兵,能够实现咨政建言、社会服务、公共外交等智库功能。

(9) 建设外语类期刊群,促进期刊国际化

文化"走出去"战略对期刊的专业水平和国际化程度提出了更高要求。2011 年教育部发布的《高等学校哲学社会科学"走出去"计划》中,已明确"重点建设一批国际知名的外文学术期刊"的目标。而我国外语类期刊仍然存在同质化、国际化不足等问题。因此,各期刊一方面须结合自身学术传统,与国内外相关研究机构、知名学者合作,推出特色栏目;另一方面应建设外语类期刊群,打造学术论文发布平台,促进期刊国际化。

外语类期刊群的建设主要以多语种网络平台形式,在全国和高校两个层面进行。如在全国层面,相关政府机构或者研究会可以整合知名外语期刊的优质资源,设置不同学术板块,用英语、法语、俄语、汉语、西班牙语和阿拉伯语等推介学术名家与代表性成果,尤其是立足本土研究,对接学术前沿具有前瞻性、创新性的成果。而在高校层面,综合类高校或者外语类高校可依托国际外语学术共同体,汇聚本校期刊资源,打造期刊群网站。既围绕热点学术论题,鼓励国内外学者在线投稿、发表观点,促进学术交流互动,又可借助教育改革栏目,推介富有中国特色的外语教育政策、教学改革模式等。当然,

---

① 转引自蒋正翔、李贝:《智库研究要做到"顶天立地"》,《光明日报》2015 年 2 月 3 日。

在多语种推介成果时,可采用摘要、译述、缩译、综述等形式,突出重点与特色。

学术期刊的国际化主要有 3 种途径:第一是高端学术期刊试点创办英文版;第二是创办英语、德语、法语等多语种期刊;第三是不断提升期刊质量,力争入选 SSCI 和 A&HCI 等国际权威期刊。就外语类期刊而言,既可选择部分知名期刊遵循国际标准,创办英文版;也可根据国家或地方战略需求创办专业性强的多语种期刊(包括网络电子版),采用西方认同的话语体系进行学术交流与对话。我们认为,第三种途径更有操作性,且能够提升汉语在国际学术中的认可度。各外语类期刊可与国际知名期刊合作,成立国际化的编委会、建构国际审稿体系、创建特色栏目、扩大国际稿源、满足国内外读者的需求。这不仅需要政策支持与经费投入,更需要专家型、研究型的编辑队伍。有必要增强编辑人员的全球意识和学术意识,鼓励他们承担科研项目、参与国际性专业会议以及专业培训,提升素质与水平。至于期刊国际化的效果,需要相关机构和专家进行专项研究。譬如中国学术期刊光盘版电子杂志社与清华大学图书馆联合发布了《2014 年中国学术期刊国际影响力引证报告》,确定排名前 61 位的期刊"已经具备相当国际影响力,迈进了国际期刊的门槛"。

(10) 引入国际评估理念,提升外语学科的国际影响力

面对教育全球化的趋势,我国外语学科评估不能局限于一个国家或地区,而是要置于全球同类学科体系中进行,确定国际标杆学科,明确相应差距并确定目标和任务。换言之,外语学科本身也要"走出去",凝练学科方向,力争成为世界一流。就评估方式而言,各学科既可参与教育部学位与研究生教育发展中心的全国一级学科整体水平评估,也可参与国际评估(如 THES 世界大学排名、QS 世界大学排名、ARWU 世界大学学术排名)。就评估指标体系而言,在教育部第三轮学科评估(2012 年)指标和上海高校一流学科建设绩效动态监测评价指标基础上,结合外语学科特色,我们提出以下指标体系:

表 2　外语学科评估指标体系

一级指标	二级指标	指标说明
人才培养	学生质量 学生国际化程度	获市优秀硕士、博士论文数，学生海外访学比例，授予境外学生学位数等
学科队伍	国际化程度 学科带头人的学术话语权 发展潜力	国外知名学校毕业生比例，高水平外教数，国际领军人才数，新增优秀人才数（如"长江学者"等）；国际学术机构任职数，国际顶级期刊编委数；骨干教师海外访学进修、参加国际学术会议比例等
科学研究	学术质量 国际合作能力	SSCI、A&HCI、CSSCI 论文数，ESI 高被引论文或热点论文数，代表性论文他引次数；国际合作项目与国际顶级期刊合作发表论文数；系列专著数，海外出版专著数；国际学术会议邀请报告数，高端咨询报告数；国家级、省部级科研项目与获奖数；国家级与省级优秀教学改革成果奖数，国家级、市级精品课程数；国家规划教材数；主办 CSSCI 等核心期刊数等
国际合作	中外合作办学 高端国际学术会议	与国际知名高校合作办学项目数，举办大型高端国际学术会议数等
学科声誉	学术声誉 社会服务	此为主观评价指标，由 10—20 名左右国内外顶尖专家对学科的教学科研、学术影响力、社会贡献等进行客观评估，并指出未来发展方向等社会服务

表 2 中的指标体系在考虑人文学科特色的基础上，强调学科的国际化特点，吸纳学科服务于国家战略的理念，同时重视中外合作办学，关注国内外同行的认可度。当然，各高校外语学科可以根据自身发展规划调整指标，加入科研活跃度（论文占本学科全球的比例）、科研影响力（论文总被引占本学科全球的比例）、学术综合实力（学科 h 指数）、科研平均质量（篇均被引与本学科全球均值比）、海外开办分

校等指标。众所周知,科学的评估指标体系有助于学科稳步发展。外语学科在积极参与国际评估,取得国际认可的同时,也应向国际学术界推介有中国特色的学科评估和发展理念,参与制定国际评估规则,提高国际影响力。

四、结语

教育部 2015 年工作要点第 31 条明确提出:"着力推进高等教育内涵发展。坚持中国特色、一流标准,统筹推进世界一流大学和一流学科建设的组织实施。"在文化"走出去"背景下,我国外语学科应在明确学科内涵与发展原则的前提下,科学规划、顶层设计、筹划战略、协同推进。本研究主要探讨了外语学科如何助力文化"走出去"以及学科本身如何"走出去",并从学科规划、人才培养、科学研究、学术资源、学科队伍、文化传播、智库与期刊、国际评估等方面提出建议,希望有助于外语学科处理好国际化与本土化、引进与输出、共性与个性、学术性与应用性等关系,实现学科、科研与人才培养一体化,不断扩大国际影响力。

论中华文化"走出去"的出版策略

高　奋

在 21 世纪推动中华文化大发展大繁荣的进程中,中国出版业凭借其文化产品的普及力、影响力和深刻度等特性,将在中华文化"走出去"中担负重任。书籍流通的广泛性和普及性可以让中华文化进入世界各地寻常百姓家,书籍阅读的耐久力、重复性和便利性有利于中华文化的传播、记忆、吸收和保存,书籍内涵的博学性、思辨性和感悟性有益于中外文化的交流和创新。中国出版业要担负起向世界推广中国文化的重任,需要思考下列两个重要问题:出版业需要让哪些文化走出去？文化出版"走出去"的有效途径是什么？

要回答这两个问题,我们可以以史为鉴,对中学西渐悠久的出版历程作出梳理,进行反思,获得启示,把握世界对中国文化的内在需求。在此基础上提出的"走出去"策略将是有益而可行的。

一、"中学西渐"中图书出版的回溯与分析

中华文化"走出去"历史悠久而富有成效,国内学者通常将这一持续而绵延的文化传播过程称为"中学西渐"或"东学西渐"。几千年的中华文化传播主要包括物质产品、科学技术、社会制度和精神文化几大部分,各个历史时期的传播侧重和途径各不相同。

秦汉至唐宋(前 221 年—13 世纪),中国文化主要通过物品商贸

与文化交往传入世界。中国的鼎、陶器、青铜剑、丝绸、铜镜、服饰、瓷器、茶叶等物品,铸铁技术、农耕技术、音乐、建筑艺术、火药、指南针、活字印刷等先进科技艺术,以及政治体制、商贸方式、货币制度、风俗礼仪、医学等社会管理和生活方式,通过海陆丝绸之路、战争、使节往来、和亲、旅游等多种途径,陆续不断传入西域与欧洲。当时有书籍记载与中国通商的国家的情况,比如《岭外代答》《诸蕃志》等,但几乎没有向外介绍中华文化的书籍。中华文化的昌盛、繁荣和发达主要通过广泛的物品交易和有限的人际交往来折射和传递,神秘的中华帝国不仅带给世界高度的物质文明,也留给世界其他国家无穷的想象。

元代至明代(13—15世纪),除原有的物品贸易和文化交往活动之外,书籍出版开始在中国文化传播中发挥重要的传媒作用,中华文化的传播变得全面、深入、广泛。随着海陆交通逐渐便利,元上都开始聚集来自阿拉伯、俄罗斯、英国、法国、德国等世界各地的使节、商人、旅游者、传教士等,其中有学识的欧洲人撰写了在华游记,向本国民众介绍中国文化。这些游记从政治、社会、人文、地理、贸易、宗教、风俗等诸多方面介绍中国文化思想,引发了欧洲对中国的广泛关注。著名的游记作品包括马可·波罗的《马可波罗行纪》、鲁布鲁克的《东行纪》、鄂多立克的《鄂多立克东游录》、柏朗嘉宾的《蒙古行纪》等。[①]

明末清初(16—18世纪),大量欧洲耶稣会士往来于中西之间,旨在向中国传播宗教思想,扩大西方势力,他们却同时着迷于中国的哲学、艺术、政治等高度昌盛的精神文化思想,自觉不自觉地担负起向自己的国家传播中国文化的职责。当时的传教士们人数众多,在华活动时间长;来华之前大都是颇有造诣的学者,擅长用中西文著书立说;来华后遍布京城宫廷和国内重要城市,广交中国的政界学界人士;可以说他们对中国文化的了解和理解是比较深入的。[②] 他们不仅撰写大量介绍和研究中国文化的书籍,而且翻译大量中国重要典籍,全面激发了欧洲的"中国热"。他们的译介作品从多个层面影响

---

① 冯国荣、侯德彤:《中学西渐的历史线索及其相关研究课题》,《东方论坛》2004年第5期。
② 项国雄、黄小琴:《传播学视野下的"东学西渐"》,《新闻与传播研究》2004年第4期。

并促进欧洲近代哲学、政治、文艺思想的形成,这些书籍大致可以分为三类。

第一类是对中国文化的全面介绍。比如:利玛窦的《基督教远征中国史》,卫匡国的《中国新地图志》《中国上古历史》,柏应理的《中华帝国年表》,门多萨的《大中华帝国史》,达克鲁斯的《中国志》,曾德昭的《大中志》,安文思的《中国新史》,约翰·巴罗的《中国旅行记》,李明的《中国现势新志》等。

第二类是对中国哲学、语言、园林、建筑、医学等学科的专题研究著作。比如:柏应理的《中国贤哲孔子》(第一部比较完整地向西方介绍中国传统文化的书籍),卫匡国的《汉语语法》,曼策尔的《拉汉小辞典》,王志诚的《北京附近的皇室园亭》,威廉·钱伯斯的《论中国人的建筑、家具、服饰、机械和生活用具》《论东方园林》,路德维希·翁则尔的《中国园林论》,卜弥格的《医论》(第一部系统地向欧洲介绍中医的著作)等。

第三类是中国经典著作翻译。比如:利玛窦翻译了《四书》(拉丁文),柏应理《中国贤哲孔子》的第四部分是《大学》《中庸》《论语》的拉丁文译文和注解,冯秉正翻译了朱熹《通鉴纲目》,韩国英、宋君荣、刘应等翻译了《四书》《五经》(法文),钱德明翻译了《古乐经传》,赫苍璧、白晋、宋君荣翻译了《诗经》,儒莲翻译了《赵氏孤儿》《西厢记》《白蛇传》,巴赞翻译了《琵琶记》《货郎担》《窦娥冤》,昂特尔科尔翻译了《今古奇观》,威尔金森翻译了《好逑传》,韩国英翻译了《医宗金鉴》等。

19—20世纪,随着西方政治经济的日益强大,欧洲的"中国热"开始消退,但是欧洲各国对中国文化的研究和吸收从未中断。这一时期,除了传教士继续译介和传播中国文化之外,欧美各国出现了一批学术造诣颇高的汉学家和汉学研究机构,译介中国文化的书籍大量出版,所涉领域更为宽泛,所作研究更为深入。

最具影响力的传教士和汉学家当推卫礼贤,他在中国居住二十余年,不仅在中国办医院、办学校、建立东方学社,而且翻译出版了《论语》《道德经》《列子》《庄子》《孟子》《易经》《吕氏春秋》《礼记》等大量中国典籍,撰写并出版《老子与道教》《中国的精神》《中国文化史》

《东方——中国文化的形成和变迁》《中国哲学》等多部著作,发表大量关于中国问题的文章,是"中学西渐"进程中的一位功臣。

另一位著名汉学家是翟理斯,在中国居住 20 余年,致力于传播中国文学、历史、艺术、语言、文化习俗等,译著丰硕,对中国文化的传播贡献巨大。他编纂《华英字典》,翻译《三字经》《聊斋志异》(选译本)、《古文选珍》(节译了老子、庄子、孟子、司马迁、柳宗元、苏东坡、梁启超等 89 位中国思想家、作家的 186 篇文章)、《古今诗选》《庄子》(内含大量评注)、《中国绘画史导论》(译介自远古至明末多位艺术评论家和画家的著作和作品)、《中国神话故事》等,撰写《中国概要》《历史上的中国及其概述》(概述中国各朝代、法律、教育、占卜、围棋、姓氏等)、《中国文学史》《中国的文明》《中国古代宗教》《古今姓氏族谱》《中国札记》(内容涉及社会问题、文学、医学、风水等诸多方面)等多部研究著作。

在汉学家和汉学机构的推动下,欧美各国不仅先后掀起老庄热、易经热、禅宗热等,而且不断推进中学西渐重要议题的研究,以法国研究为例,"中国文化西传欧洲的过程""中国文化对法国重要哲学思想形成的影响""法国著名哲学家与中国文化的关系""西方哲学中的东方思想"等都是法国当代哲学的重要研究议题。①

二、对"中学西渐"出版传播的反思

在中国文化走向世界的几千年历程中,书籍出版不仅使文化传播的途径由有限的、隐性的实物贸易和人际交往转变为广泛的、显性的语言传播和机构交流,而且将文化传播的内涵从浅显易懂的文化习俗层面推进到深入浅出的基本国情、价值观念等精神思想层面。可以说,在中学西渐过程中,书籍出版在传播中国文化方面所取得的成绩是显著的,但是它的局限也是明显的。

"中学西渐"出版传播所取得的成绩表现在以下三个方面:传播

---

① 耿昇:《十六—十八世纪的中学西渐和中国对法国哲学思想形成的影响》,《传统文化与现代化》1996年第 1 期。

过程的可行性和持久性、传播者的主动性和可接受性、传播效果的高效性和普及性。

1. 传播过程的可行性和持久性

中学西渐自元朝以后开启的书籍传播是以秦汉至唐宋1000多年的物品商贸和文化交往为基础的,并始终与多渠道多层次的政治、经济、文化交往并行不悖,这保证了出版传播的可行性和持久性。换句话说,凭借物品贸易和文化交往活动,世界其他国家早已对中国高度昌盛的文明耳濡目染,神往已久,马可·波罗等人的游记以及历代传教士、汉学家们对中国文化的不间断的、主动的、广泛的译介成果极大地满足了世界各国对中国文化的渴求,书籍传播是顺应时势的自然之作,它的可行性与持久性的基础是世界各国对博大精深的中华文化的内在需求。

世界对中国文明的内在需求是必然且持久的,因为东西方基本思维模式是互补的。诚如季羡林先生所言:"东方的思维模式是综合的,它照顾了事物的整体……既见树木,又见森林……而西方的思维模式则是分析性的……分析到极其细微的程度……只见树木,不见森林。"①因而,当西方人发现他们的理论和思想发生内在困难和矛盾的时候,他们往往会转向东方思想,特别是中国思想,以获得超越困境的良方,也就是说,"为了解决现代西方思想内在矛盾的多元性,需要中国文化"②。

2. 传播者的主动性和可接受性

中学西渐自元朝以后的书籍传播者主体是来华的欧洲旅行家、传教士和汉学家,他们身为西方人士,在来华之前大都已经是富有学识和影响力的知识人士,他们对中国文化的主动选择和悉心译介是

---

① 季羡林:《东学西渐与"东化"》,《东方论坛》2004年第5期。
② 成中英:《发扬中国哲学的融合力量与中国文化、哲学的现代化、世界化》,《东方论坛》2004年第6期。

以他们的国家和人民对东方文化的兴趣和内在需求为标杆的,因而他们的书籍对西方各阶层读者有着自然的感召力、影响力和亲和力。再者,他们对中国文化的主动选择和阐释是基于西方文化的知识结构和思维模式的,他们多年在华的体验和阅读有益于消解两种文化之间的巨大鸿沟,因而他们的著作十分有利于未曾接触中国的西方人顺利接受并吸收中国文化。

3. 传播效果的高效性和普及性

不论是来华的旅行者,还是来华的传教士和汉学家,他们大都是经由宫廷、宗教团体、社会机构的筛选和资助而来到中国的,他们较高的学识和强烈的责任心使命感使他们不仅著述丰硕而且造诣颇高,他们的书籍出版往往获得国内资助方的大力推荐,书籍的普及力和影响力巨大。同时他们在华期间也获得中国官方和相关社会机构的重视,为他们提供良好的接触中国文化的渠道和环境,确保他们对中国文化的了解有一定的广度和深度。

出版传播的局限性主要表现为传播者的主观性所带来的传播内涵和范围的有限性。

已有的中学西渐是一种以西方传播者为主体的传播模式,其传播内容、方式、目标均基于西方文化的兴趣、知识体系和价值观之上,不可避免地会对被传播的中国文化进行想象性误读、文化性误读乃至政治性误读。就像现代主义诗人庞德对李白诗歌的翻译一样,其中既有李白诗句的原味,也流露着庞德本人的创作特性和他所根植的英美诗歌的韵味。中学西渐所阐释的中国文化和所选择翻译的中国经典无疑带着某种西方思维和西方文化的韵味。这虽有利于西方人的接受,却可能将中国文化停滞于某一层面,局限于某一范围,既不利于呈现中国文化的整体性,也不利于传达中国思想原有的高深意蕴和蕴外之境。

三、新时期中华文化"走出去"的出版策略

在梳理和反思中学西渐的优势和局限的基础上,新时期中华文化"走出去"的出版策略应该具有综合联动性、中外合作性和世界性的策略。

首先,可以以中华文字、绘画、书法、瓷器、武术等传统大众文化为传播媒介,用多渠道多形式多层次的综合联动方式,向西方大众普及中华文化。

中华文化的表意性使各大众文化类型,如绘画、丝织品、瓷器、书法、音乐、建筑等,均能以直观形式表现诸如"天人合一"等深刻思想内涵,这既是中华文化与西方文化最根本的不同之处,也是中华文化最具魅力和感召力的地方。许多西方思想家、艺术家正是因为被直观意象打动而迷恋上了中国文化,比如美国诗人华莱士·斯蒂文斯就是因痴迷中国禅宗画而开始大量阅读中国禅宗、哲学和诗歌,乔伊斯《尤利西斯》的部分章节充分借鉴了中国传统文字印刷不着标点垂直而行的特点。这样的例子不胜枚举。

易于感知的中国大众文化是让世界了解中国的良好起点,而我们要做的则是推出以图片为主体的系列大众文化出版物。我们既可以依托海外孔子学院和海外中国文化中心加以传播,也可以让它们伴随各类文艺交流活动或海外机构走向观众,还可以与国外重要出版社联合出版,充分依靠这些出版社对本国读者的兴趣和口味的了解和他们对读者的亲和力和影响力。

其次,以中华典籍为核心传播载体,增强并提升西方世界对中华文化的认同,推进中外文明对话。

无论是西方传教士还是海外汉学家,他们传播中华文化的核心始终是中华典籍。中华典籍是中华文明的瑰宝,是中华思想根本之所在,也是西方最渴望从中国文化中汲取的思想,是满足西方内在需求最重要的部分。比如伏尔泰、孟德斯鸠、狄德罗、海德格尔等诸多西方思想家在形成自己的理论之前均以各种方式阅读过中国典籍。先前的传教士和汉学家们虽然尽一己之力翻译了部分中国典籍,但

是大多数经典依然等待翻译。

中国典籍正是中华文化提升自己在世界上地位的核心利器,也是开展并推进中外文明对话的重要基础,而我们要做的则是系统翻译最重要的文化经典。为了避免翻译过于中国化或过于西方化,最佳的选择依然是与国外出版社合作出版,翻译者若能由中西学者合作组成,那是最佳选择。再次,建立国学与海外汉学之间的对话平台,推进中华传统文化的现代阐释的世界化。

就如中国的国学研究一直向前推进一样,海外汉学研究也从未中断。由于语言不同,中国国学和海外汉学研究的交流和对话平台需要建立并扩展。借助书籍出版,我们可以让国学研究的重要成果在海外传播,将海外汉学重要成果引入国内。中华传统文化的现代阐释将会在世界性的对话平台上得到进一步的推进。

"走出去"的中国文化：
18 世纪中国古典戏剧西传

吕世生　刘　浩

近代以降，中西文化交流的基本趋势是"西学东传"，但在 18 世纪中叶前后的欧洲却发生了持续几十年的"中国文化热"。这是 16 世纪中西两大文化传统较深入接触后，"走出去"的中国文化产生的最有影响的一次文化交流。在"走出去"的"中学"中，中国的古典戏剧成为影响范围最广的文学形式，成为"中国热"持续高涨的助推器。中国的古典戏剧传统与其时的西方戏剧传统有天壤之别，其之于西方接受者是一种全然陌生的异质文化形态，但却为 18 世纪的西方文化所认同，创造了中国文化走入西方的历史。这段"中学"西传的历史一直为学者关注。目前，学者们通常将其归于两个原因，一是西方人对异域文化的好奇心，二是西方社会自身发展的需求。[①] 显而易见，这是基于文化交流的接受者的研究结论。但这一结论显然缺失了"走出去"的中国文化的其他环节，因而难以充分解释中国古典戏剧何以走入西方文化这一实质问题。中国文化"走出去"这种跨文化交流活动是一种复杂的连续过程。这一过程始于原语文本，尔后向

[①] 杨健平：《从〈赵氏孤儿〉在欧洲看艺术接受中的民族变异》，《文艺评论》2002 年第 2 期；吴戈：《〈赵氏孤儿〉的文化改写：古代/当代/中国/外国》，《戏剧艺术》2004 年第 3 期；钱林森：《纪君祥的〈赵氏孤儿〉与伏尔泰的〈赵氏孤儿〉》，《文艺研究》1998 年第 2 期。

目的语文本转换,最后毕于目的语文本的接受;而其间文本的转换受到多种因素制约。要揭示18世纪中国古典戏剧"走出去"的基本规律,不仅要研究这一过程的各个环节,更要研究原语文本到目的语文本转换的全过程,特别是这一过程的转换方式,以及该过程的多种制约因素。文本之间的转换以及与制约因素的联系则是理解中国文化"走出去"的核心问题。如果将中国文化"走出去"视作中国文化的提供与接受的过程,则先前的研究可视作接受端的研究。在此基础上,我们还要关注中国文化"走出去"这一过程本身,既要对中国古典戏剧转换为西方可接受文本的具体阶段、形态改变的过程进行分析,也要探讨西方社会现实对这一过程的制约,以及中国古典戏剧为此所作的适应性变化,借此才有可能揭示中国文化"走出去"的一般规律。

一、原语文本的适应过程与目标文化的制约

在文化交流过程中,由于原语文化和目标语文化的生活经验、价值观念、审美取向迥异,原语文化必须在相关方面适应目的语文化才能为其所接受。这一适应过程是目的语文化对接受他者文化加以制约的结果。因此,原语文本要转换为目的语文化所接受的文本,必须经过转换,以适应目的语文化的价值观和审美取向。对此普列汉诺夫曾断言:"一般说来,为使一定国家的艺术家的作品对其他国家居民的头脑产生影响,必须使这个作家或艺术家的情绪符合读他作品的外国人的情绪。"[①]《赵氏孤儿》为18世纪的西方文化所接受,一方面是当时欧洲社会现实对其进入西方文化产生了制约,另一方面是中国古典戏剧适应这种制约的结果。适应制约的手段包括:原语文本的翻译、阐释以及改写。《赵氏孤儿》进入西方文化的转换过程体现为这三个阶段。

《赵氏孤儿》适应目的语转换的三个阶段分别以文本翻译、文本阐释以及文本改写为特征。一种文化的文学作品与他者文化的交流

---

① [俄]普列汉诺夫:《普列汉诺夫美学论文集》,曹保华译,人民出版社,1983年,第581页。

常始于翻译,翻译通常是跨文化交流的起点。《赵氏孤儿》正是沿袭了这一文化交流的模式。

这部中国古典戏剧的西传始于法国来华传教士马若瑟(Joseph Henri-Marie de Premare)神父的法语译本。该译本最初于1735年在法国的《水星杂志》上发表。该本删除了原文本的全部唱词,因此它并非自己宣称的全译本,更非通常意义上的准确翻译,但它却是最先成功走进西方文化的中国戏剧文学作品。人们关注其在中西文化交流史上的历史价值而非其与原文的相似度。这一译本成功跨越了中西文化障碍,是两种文学传统结束隔绝开始交流的里程碑。该译本的发行成为历史上最重要的一次中西文化相会,由此激发了西方接受者对中国戏剧的强烈兴趣,中国文化的道德理想与西方文化的价值观念交汇融合升华为更具普遍价值的人类价值。中国文化与西方文化的相会迅速得到广泛认同,最终生成更高层次的道德理想,这一过程是18世纪中国文化走出去的典型路径。

马若瑟的法译本《赵氏孤儿》被杜赫德(Du Halde)收入《中华帝国全志》。伴随该书的发行,《赵氏孤儿》迅速传到西方各国,即西方发行了各主要语种的转译本,仅英译本在不到20年的时间内就出现了三个版本,这无疑是在当时刊印技术相对落后、成本高企的时期文本魅力展现的结果。

《赵氏孤儿》西传的第二个阶段以对该剧的评介为主要特征,在时间上与对法译本的多次转译互相交织,文学家、剧作家、文学批评家、思想家对这部来自遥远国度的古典戏剧从文本立意到艺术特征给予了全面解读。不过由于各个国家的社会现实、读者个人的意识形态观念和审美取向不同,对它的解读也明显不同,甚至截然相对。但这种众人争说的局面无疑在更大程度上激发了接受者的好奇心,从而使它的传播范围超出了宗教界与文学界,进入了普通市民的视野。《赵氏孤儿》的传播范围由专业领域扩展到普通民众,固然受西方社会其时存在的文化好奇心的驱使,但它的影响超越了专业范围且持续几十年,这与其适应西方文化模式、审美观念或可存在因果关系。

如果说《赵氏孤儿》西传的第一阶段和第二阶段仅仅是中国文化

元素在西方文化中量的增长，中国文化与西方文化在这两个阶段经历了最初的相会、相知，那么西传的第三阶段则是这种元素的质的飞跃，伏尔泰改编的《中国孤儿》对文本立意的提升是这一飞跃的标志。原剧本讲述晋国大臣赵盾遗孤成人后杀死了宿敌屠岸贾，各种扶困济危的善行得到回报。剧本表现了中国文化忠信仁义、惩恶扬善的伦理观念，剧情发展符合中国受众的文本期待。而伏尔泰的《中国孤儿》的结局则是，中原的征服者成吉思汗感动于爱达米夫妇的信义美德，最终表示臣服中华文明。文化战胜了蛮力，文明优于野蛮，他的剧本讴歌了扬善惩恶的启蒙理性，提升了惩恶扬善的理想层次，升华为更具普遍价值的人类美德。

《赵氏孤儿》这一中国古典戏剧的文本适应性变化经历了翻译、评介以及改写三个阶段，完成了由原语文本到目的语文本的转换，成功适应了中西文化交流中的制约，从而以文化他者的身份进入了西方文化。这一文本的适应性转换典型地体现了中西文化的相会、相知、融合的完整过程。

第一阶段体现了中西文化相会的特征。中西文化长期隔绝，直至16世纪西方传教士进入中国，中西文化在思想文化层面上才开始逐渐接触。在18世纪中期之前，西方偶有蕴含中国元素的戏剧演出，不过这些元素都是作者根据传闻或想象编造的东西，而非真正源于中国的文学作品或戏剧作品，而《赵氏孤儿》是第一部中国戏剧的翻译及改编剧本。该剧的法译本一经刊出就被转译为几种主要欧洲语言，如英语、德语、俄语、意大利语等。由此，中国的古典戏剧开始接触西方文化，中西文学开始由陌生到相识。随着这些语言转译本的流行，戏剧评论家、剧作家等开始研读这部来自遥远国度的古典剧本，开始自己的解读，这又促使该剧为更多人所了解。借助这些阐释，西方文化对中国文化的认识程度不断加深，这就进入了两种文化的相知阶段。随着相知阶段的发展深入，更多的剧作家为其吸引，开始对剧本加以改写，伏尔泰最为典型。他改写了《赵氏孤儿》剧本，并将其更名为《中国孤儿》(*L'Orphelin de la Chine*)。名称的改变意味着剧本主旨的改变，由家族之争转变为野蛮与文明之争。这一改变体现了改编者的深刻用意。文本的立意得到提升，两种文化代表的价值观在新的层次上开始融合。这是两种文化交流的最高阶段。文本转换进入了第三阶段,目的语文本的道德理想获得提升。

中国古典戏剧的这种转换是对当时欧洲社会文化现实制约的适应性变化。

18世纪的欧洲社会处于急剧变革时期。当法国启蒙运动进入鼎盛时期,启蒙运动的思想特征是对"理性"的诉求,其核心是回归人的理性,以打破欧洲中世纪以来"神性"的精神枷锁。针对欧洲中世纪以来长期的宗教蒙昧统治,法国启蒙运动表现出了批判主义精神特征:"宗教、自然观、国家制度,一切都受到了最无情的批判;一切都必须在理性的法庭面前为自己的存在作辩护或者放弃存在的权利。"① 法国启蒙运动领袖高扬对法国社会进行批判的大旗,努力寻求一种理想的社会道德和制度模式。他们认为,法国社会道德失范,社会动荡,君主立宪统治效果甚微。而中国的道德规范、政治结构、思想文化为包括伏尔泰在内的一批智者向往。汉学家弥维礼(Wilhelm K. Müller)表述了这种心声:"当我们阅读到那些近代第一批到达中国的欧洲人,即传教士,所写的一系列报道时,我们所表现的对中国的激情是何等强烈,正是这些报道激发出对中国兴趣的冲击波。这些报道描述的是一种使欧洲人的古代幻象得以实现的国家制度。这是这样一种社会,在这个社会里,每个人都可以被崇高的自然美德引导到任何领域去,并从而造成一种完全和谐、由可信赖的关系构成的体系。毫不奇怪,当年四分五裂的欧洲曾把这种中国式的和谐视为他们的理想。"②

18世纪的法国社会从中国文化中发现了他们一直渴望的社会模式和道德理想,由此产生了对中国文化的内在需求,正是这种需求决定了他们对中国文化具体内容的抉择,这就对中国文化进入西方文化构成了制约,只有适应这种制约的中国文化才能为西方文化所认同。

18世纪50年代与法国隔岸相对的英国社会则是另一种情形。

---

① [德]恩格斯:《反杜林论》,《马克思恩格斯选集》(第三卷),北京:人民出版社,1972年,第56页。
② 文涛、关殊、张文珍编译:《莱布尼茨和中国》,福州:福建人民出版社,1993年,第1页。

当时正值英法战争期间,与法国不同,英国统治阶层内部的纷争致使战争接连失败,甚至英国本土也面临被侵略的危险,英国面临民族危机。此时乔治三世刚刚成年,即将于1760年登基,全国上下对新国王寄予厚望。抵抗外族入侵、挽救民族危机成为这一时期英国社会的主流观念。这种观念也就决定了他者文化在英国的命运。正是这样的社会语境决定了《赵氏孤儿》走进西方文化的特定形式。

英国演员兼剧作家墨菲(Arthux Murphy)对《赵氏孤儿》做了适应性的改编。他也同伏尔泰一样将改编本更名为《中国孤儿》(*The Orphan of China*),该剧本随后在英国剧院开始演出。他的《中国孤儿》表达了中原民族抵抗鞑靼入侵的主题。这在当时的英国社会具有重大现实意义,剧作家也因此被视为爱国主义者的精神导师。[①] 如同伏尔泰的《中国孤儿》满足了法国启蒙运动的理性诉求,墨菲的《中国孤儿》也契合了英国社会的爱国主义,回应了时人抵抗入侵的企盼,因而如同伏尔泰在法国的情形一样,墨菲也受到了英国接受者的广泛认同。

伏尔泰的《中国孤儿》于1755年在巴黎的"法国剧院"上演,随即引起轰动,门票比平时增加了约5倍。剧院人满为患,后来不得不搬到枫丹白露宫演出。[②] 随着舞台演出的成功,伏尔泰的《中国孤儿》剧本也开始出版发行,同时马若瑟的法文译本又开始再版。

墨菲的《中国孤儿》剧本于1759年4月22日在伦敦的德鲁丽兰皇家剧院(Theatre Royal in Drury Lane)上演。斯时伦敦戏剧舞台第一演出季度已近尾声,但直到5月中旬,该剧接连演出9场,此后10年中年年上演,1777年之后,该剧又演出3场。[③] 甚至在18世纪末期,该剧仍在英国剧院上演。除在英国演出外,该剧还曾远赴爱尔兰、美国演出,1788年英国的《每日镜报》还刊登文章赞扬墨菲的《中国孤儿》。[④]

尽管伏尔泰与墨菲各自改编的《中国孤儿》文本立意不同,一个

---

① 范存忠:《中国文化在启蒙时期的中国》,南京:译林出版社,2010年,第163页。
② Liu Wu-chi, "The Original Orphan of China," *Comparative Literature*, Vol. 5, 1953, p. 208.
③ 许明龙:《欧洲十八世纪中国热》,北京:外语教学与研究出版社,2007年,第108页。
④ 范存忠:《中国文化在启蒙时期的中国》,第159—164页。

弘扬理性大旗,呼唤理性胜于野蛮,一个光大正义理想,呼唤爱国主义,但两者均顺应了各自社会的现实条件,使他者文本完成了适应性转换,因此均获得了本国接受者的认同。细加分析,不难发现这一规律。反观同一时期《赵氏孤儿》在其他文化中的改编上演过程,并没有出现如同伏尔泰和墨菲的《中国孤儿》演出时的反响,无论德国、奥地利甚或英国的另一个改编本都是如此。究其原因,这些改编本似乎都没有针对相应文化制约作出适应性转换。下面这些失败的改编从相反的角度印证了这一点。

伏尔泰和墨菲改编的《中国孤儿》获得了成功,与之相比,其他一些剧作家的改编则相形见绌。意大利剧作家梅塔斯塔齐奥(Pietro Metastasio)奉奥地利女皇之命改编《赵氏孤儿》,改编本名为《中国英雄》(*L'Eroe Cinese*),但女皇命令甚为具体,如剧本只能是三幕剧,演员人数为5人,且舞台演出时不能出现令人不愉快的场面。① 这些要求反映了西方古典主义戏剧美学的影响,女皇的命令本质上是两种文化传统的戏剧美学观念的相斥。这样的表述似乎美化了女皇的审美取向。实际上,女皇的这些命令更有可能源于她偶发的文化好奇心。剧作家遵从女皇的改编命令,这意味着剧本的目的是取悦女皇,而非广大接受者。女皇的个人兴趣如果无关国家主流诉求,那么就意味着剧本的立意无视国家的社会现实的制约,从而被主流接受者拒斥则在意料之中。梅塔斯塔齐奥的《中国英雄》正是这种情形。

德国剧作家维兰德(Christoph Wieland)改编的剧本在德国同样未能产生广泛影响。这一剧本名为《中国人或命运的公正性》(*Der Chinese oder die Gerechtigkeit des Schicksals*)。维兰德的改编本在伏尔泰改编之后的1772年上演,他的剧本似乎沿袭了伏尔泰理性优于野蛮、倡导文明和解的文化立意。在这一剧本中,赵氏遗孤最终登上了王位,但放弃了复仇,成为民众景仰的一代贤君。同样的和解主题,18世纪中期伏尔泰的剧本闪烁着理性的光辉,创造了中西道德理想融合的一段历史。而在德国,维兰德的剧本却被漫漫历史长河淹没,未能激起些许涟漪,其时间间隔仅为十几年。两位剧作家的剧

---

① Liu Wu-chi, "The Original Orphan of China," p. 206.

本源于同一文本,目的语文本立意师承痕迹十分明显,两个目标文化国阡陌相连,同源西方文化传统,那么,能够解释两者成功与失败之别的大概只能是两个目标国家的特定社会历史语境。维兰德剧本上演时,德国正处于"狂飙突进"的历史阶段,这是席卷西方的启蒙主义在德国的回声。新兴的资产阶级对腐朽的封建主义意识形态发起了猛烈攻击,因此剧本体现的"和解"立意与社会的主流思潮的制约要求明显不符。

在社会主流思潮与文本立意的制约与适应的关系上,英国剧作家威廉·哈切特(William Hatchet)改编的剧本与前述两位有相似之处。哈切特的改编本多处影射英国政坛的派系斗争,更为甚者,他明确声言改编剧本献给政治派系的领袖。而当时英国与法国正处于交战状态,英国处于不利形势,爱国、正义、团结抗敌成为社会共识,在此背景下,力挺派系领袖难免引发对国家力量内耗的焦虑。因此,该剧不仅不会得到英国主流观念的认同,而且只会遭到普遍摒弃。事实上,哈切特改编的剧本甚至未能在任何一家英国剧院上演。这表明,尽管西方社会普遍认同基督教文化,但在目的语文本立意相同或相近条件下,目标国家特定的社会历史文化条件,特别是主流意识形态观念、主流社会思潮是目的语文本能否被接受的主要制约因素。伏尔泰与墨菲的改写本高度适应了法、英两国社会文化语境的制约,满足了两国对异域文化的内在渴求,这或可是中国古典文化为西方文化接受、中西文化实现融合的合理诠释。正是在这一点上,梅塔斯塔齐奥等剧作家的改编本与之形成了明显反差。

二、文化交流的目标与策略

18世纪中国文化成功传入西方是对西方文化语境适应的结果,而这种适应的结果则是原语文本的主旨、艺术特征的严重变形,甚或扭曲。如马若瑟的翻译本为适应西方的戏剧审美规范,将《赵氏孤儿》中的唱词全部删除,因此使得以唱词为其艺术特征的元曲面目全非;而伏尔泰、墨菲等剧作家对剧本的改编甚至仅保留了原剧本的中国背景。经过如此转换的文本,其文化内涵与原作已经有了很大距离。这样扭曲的文本与文化交流的初衷是否相悖？

　　文学作品是其所在文化现实存在的反映，一种文学作品中必然体现出该种文化的价值观念、审美取向等文化特征，但是，在文化交流过程中"将原语文化价值体系强加给目的语是危险之举"，而将原语的艺术特征强行移植往往更是徒劳。① 因此，在文化交流过程中，适应目的语的文化语境是原语文本成功进入目的语文化的必然选择，也是必要条件。在文化交流过程中，无论是东方文化还是西方文化，接受他者的文学作品总是以本土文化存在为基础，这种机制就构成了他者文化进入的约束，成为文化交流的障碍。对此海德格尔曾有过论述：任何存在都不能超越一定历史环境，都是特定时间和空间里的"定在"。存在的时间性和空间性，规定了人的认识和理解的历史性，我们认识、理解任何事物，都是以自己已有的先在、先见、先把握，即意识的"先结构"为基础进行的有选择、有变形的吸收。②

　　跨文化交流本质上是一种文化突破目标文化障碍的文化流动过程，文化要突破文化交流障碍，必须作出适应性变化，否则将为交流障碍所阻挡，两种文化的交流则无从发生。普列汉诺夫在理论上对此作了深刻阐述，而中外文化交流的实践也充分验证了这一事实。

　　莎士比亚戏剧是各国改编最多的外国戏剧之一，然而又有哪一国舞台不加改动而直接演出呢？1980年北京演出莎剧《威尼斯商人》，该剧被改编为一部抒情喜剧。编剧删除了莎剧中犹太人与基督徒之间的民族矛盾和宗教矛盾冲突，把夏洛克复杂的性格简单化，使其变成了贪婪狠毒、报复心切的高利贷商人。夏洛克性格的这种改变与中国传统戏剧中脸谱化人物的文化模式十分吻合，这种改变似乎更为适应中国观众的期待。莎剧进入法国时也发生了很多适应性改变，因为法国文化认为"莎剧使法国人的感情受到了伤害"，而德国文化则认为法国人删除的内容正是德国人所欣赏的。③ 这表明，各

---

　　① Susan Bussnett, *Translation Studies*, Shanghai: Shanghai Foreign Language Education Press, 2004, p. 30.
　　② [英]马尔霍尔：《海德格尔与〈存在与时间〉》，亓校盛译，桂林：广西师范大学出版社，2007年，第189—197页。
　　③ Susan Bussnett, *Translation Studies*, p. 30.

国的文化心理不同,为适应本国文化心理模式而改变的内容也因此而不同。美国导演在北京排奥尼尔名剧《安娜·克里斯蒂》时则对戏剧情节作了重大改动,背景也由纽约、波士顿换到了上海、宁波。当被问及改动的原因时,他回答说这种改动将能使中国观众产生更强烈的共鸣。① 这些事情证明不同的文化总是按照己有的文化模式去接受他者文化。换言之,在文化交流过程中,由于目的语文化的制约,原语文化必须作出适应性调整才能保证为其接受。这种适应虽然往往导致原作的主旨、情节、背景等内容的改变,但在文化交流中却有其存在的必然性和合理性。②

适应性变化的必然性与合理性还反映在中国文化"走出去"的目标上。中国文化走向世界是一种文化交流活动,其目标是通过这种交流,中国文化可以汲取他者文化精华,不断丰富自己。这是文化自身发展的要求。然而,这仅仅是中国文化"走出去"的一个方面。另一方面,"走出去"的目的是弘扬中国文化,确立中华民族的文化身份,与世界文化对话。但更为重要的是,通过这种交流,传播中华文明的核心价值,即"和谐"的理念,使中国文化的理念通过与他者文化的交汇融合,升华为更具普适性的人类价值观,实现人类的大同、和谐。

借助对中国文化"走出去"的重新认识,不难看出,使其他文化接受中国文化的核心价值观是中国文化"走出去"的基本诉求。这样,中国文化"走出去"应是中国的核心价值观为他者文化所认同。《赵氏孤儿》成功走入西方文化正是基于这样的理解。伏尔泰的《中国孤儿》中中国文化的忠信仁义观念、墨菲的《中国孤儿》中的正义爱国理想都是中国文化核心价值观的体现。而如果没有对法、英文化模式的适应性过程,这些观念的传递则不可能发生,中西文化交流的愿望未免流于空谈。

从文化交流的角度看,中国文化"走出去"指向中国文化的核心价值观,这种价值观的交流以其载体形式的适应改变为条件。所谓

---

① 钱念孙:《论吸收外国文学影响的潜在形态及其作用》,《文学评论》1985年第5期。
② 同上。

的载体包括艺术特征、文本情节、背景甚至文本主旨,而核心价值观的传递则指向文化交流的终极目标——使中华文化的核心价值观升华为人类的普遍价值。中外文化交流的终极目标决定了文化交流的实施策略。

三、中国文化西传的启示

18世纪中国古典戏剧西传成功,除其适应性转换策略外,主要应归因于中国文化的魅力。文化魅力是国家综合实力的一种表现,是与他者文化交流的前提。18世纪的中国综合国力强大,加之悠久的历史文化无疑使中国文化对西方产生了较大魅力,这是当时中国文化得以向外扩散的根本原因。18世纪之后,虽然中国文化也间或走入西方,但与18世纪的"中国热"对西方的影响无法相提并论。这与此后中国在西方看来失去文化魅力不无关系。由于国力衰弱,文化魅力下降,中国文化难以走入西方。近几十年来,中国综合国力上升,文化魅力随之上升,因此,中国文化走出去成为历史发展的必然。基于18世纪的经验,中国文化要实现走出去的目标,目前需要完成观念的转换,一是传统翻译观念的转换,二是中国文化"走出去"观念的转换。

我国传统的翻译观念意在寻求文本之间的对应关系,以保证目的语文本与原语文本从内容到形式上的"信"或对等,这一观念对文学作品文化交流的影响尤甚。从文化交流的角度看,相距遥远的两种文化往往难以实现文本关系"信"的标准,对等的程度受制于两种文化熟悉的程度,而熟悉的程度则取决于交流的深度。归根结底,文化交流制约了"信"或对等的理想。另一方面,文化交流中人们总是基于自身的文化心理模式解读他者文化,要实现交流的目标,他者文化必须适应目标文化的心理模式。因此,传统的翻译观念对跨文化交流而言不存在可行性和必要性。事实上,在翻译实践中,很多成功的翻译并非传统翻译理念的产物,如严复、林纾的外译中,林语堂的中译外等,而他们的翻译对引入西方文化或传播中国文化的重要价值仍然为历代学人所景仰。

目前,中国文化"走出去"的观念旨在增强中国的软实力,这一观念应理解为中国文化外传的目标之一而非全部内涵。增强中国的软实力是提升综合国力的手段之一,同时也是增强中国文化魅力的手段之一,旨在提高中国文化与世界文化对话的能力,从而使中国文化的核心价值观参与世界文化间的对话。这是对"和谐"这一中国文化的核心价值观的当下诠释。中国文化"走出去",增强中国的软实力,这本质上是西方文化核心价值观"竞争"的体现。竞争的观念应服务于文化发展的手段,这种手段又应服务于文化交流的终极目标。在文化交流过程中,应将手段与目标区别开来,以保证中国文化"走出去"这一战略散发出中国传统文化的魅力。

文化"走出去"战略背景下中国武术对外发展研究

王国志　张宗豪

武术作为我国最具代表性的民族传统体育项目,历史悠久、内容丰富,具有深厚的文化底蕴,集道德至上、追求教化、享受过程、艺术至上、和谐有度于一体,几乎涵盖了中华文化的所有因子,折射出中华文化的特征和核心价值观,展现了中华民族独特的文化魅力,是中华民族文化的重要表征和文化认同的重要符号,是重要的文化资源和宝贵的文化遗产。在国家深入实施文化"走出去"战略背景下,本文拟对武术对外发展作一探析。

一、关于文化"走出去"战略

1. 何谓文化"走出去"

随着全球化进程的加快,各国之间的政治、经济、文化等领域交流日益频繁,随之而来的各种矛盾也不断加剧。在此背景下,要使中国屹立于世界民族之林,赢得世界话语权,弘扬中国文化和民族精神,使中华文明成为世界文明的一朵绚丽奇葩,必须实施文化"走出去"战略,使西方社会更加了解中国文化,理解、认同、尊重中国文化,享用中国文明(如古代造纸术、印刷术、指南针和火药)给世界文明带来的巨大贡献,改变他国给中国冠名的"经济威胁论""军事威胁论""文化威胁论"等形象。这样才能更好地塑造和平崛起的大国形象,提高中国的国际地位和世界影响力,推动世界的和谐发展。

2. 中国文化为何要"走出去"

数千年绵延不断的历史为我们提供了世界上最博大精深的文化资源。勤劳智慧的中华民族在五千年的文明历程中,创造了气势恢宏、内涵丰富、绵延不断的文化成就,使中国几乎在人类知识的所有领域都形成了自己的知识体系和实践传统,包括政治、经济、军事、文学、艺术、戏剧、教育、体育、音乐、语言、宗教、哲学、建筑、医学、饮食等领域。这种传统的丰富性、内源性、原创性和连续性都是其他民族难以企及的。

随着中国的崛起,中国文化开始进入前所未有的繁荣和复兴时代。这种繁荣和复兴深度、广度和力度也只有一个文化资源如此丰富的国家才可能做到。过去 30 多年的中西文化碰撞,不但未使多数中国人丧失文化自信,反而促成了中国人新的文化自觉,在国内掀起国学热、孔子热、老子热、书画热、文物热、茶道热、养生热、中医热等,均体现了中国传统文化的繁荣与复兴。王有布在《中国文化的世界地位》一书中指出:"当代中西文化交流的极不对称和巨大的翻译逆差,使得当代西方对中国文化所知甚少,当然还有一些有关认识的形形色色的不准确,甚至歪曲中国现实,很少有一样东西,能真正深入浅出地介绍中国文化并以西方受众喜闻乐见的形式出现。"中国国家形象的树立也因此受到一定影响。

在世界各国激烈竞争的今天,中国应怎样影响世界未来的发展?我们需要新的大国意识,需要大智慧、大战略、大担当,需要自己的国际话语权,为人类作出更大的贡献。我国应利用丰富的文化资源担当此重任,发挥文化强国的作用,塑造和平崛起的大国形象,即文化"走出去"战略的初衷。

3. 何种文化应"走出去"

我们将通过什么、借助什么实现文化"走出去"战略,塑造良好的中国形象,让世界更好地认识、了解中国,从而尊重中国?文化部部长蔡武指出:"学会'中国元素、国际表达'",用现代的表达手法推出中国的文化产品,赢得国外观众是关键。"很长时间内,西方对中国文化的关注大多集中在器物类工艺层面的'中国形象'——茶、瓷器、丝织品、工艺品(漆器、玉器、景泰蓝)、建筑园林(17、18世纪),而对思想文化和艺术文化,尤其是20世纪的当代文化理解相当缺乏。"[①]这提醒我们应注重思想文化和艺术文化的输出,因为真正意义上的文化交流是思想文化的交流,只有思想哲学层面的交流才能深入到文明的内核。当然,对于有着五千年文明、丰厚文化资源的中华民族来讲,有许许多多的典型文化都可以给我们一个满意的答案。如"悠扬动听的音乐、精美绝伦的诗词、龙飞凤舞的书法、风云舒卷的国画、仪态万方的戏曲、幽深典雅的园林、历史悠久的杂技、奥妙无穷的中医"[②],等等,都可以作为中国典型的文化符号"走出去"。

作为取之不尽、用之不竭的文化资源的汉语,是中华民族的精神血脉,也是民族认同的利器。汉语是世界上使用人数最多的语言,其影响力将随着中国成为世界最大贸易国、经济体、游客输出国而辐射到全世界。遍布世界各国的孔子学院已表明,中国文字将随着中国的崛起成为中国最大的软实力之一,中国语言展现了西方语言难以达到的那种简洁度、极为丰富的形象感,以及超深厚的文化底蕴。[③]也许众多学者认为汉语是中国文化"走出去"的最佳选择。

在中华文化形态中,相比于汉语、书法、中医、戏曲等传统文化,中国武术的世界认知度、影响力和感召力可谓独步天下。[④] 近年来,

---

① 许静涛、徐沛君:《摆脱"逆差":文化输出与当代文化建设》,南昌:江西美术出版社,2009年,第11页。
② 王国志:《中国武术"武"动的线性艺术》,《体育论坛》,2011年第8期,第3页。
③ 张维为:《中国震撼》,上海:上海人民出版社,2011年,第71页。
④ 栗胜夫、栗晓文:《全球价值链视域下的中华武术对外发展战略思考》,《体育科学》2011年第3期,第18—20页。

武术在世界的知名度、影响力不断提升,已成为世界了解中华文化的重要窗口和中华文化走向世界的重要载体。武术是中国元素,是一种典型的身体文化,蕴含丰富的文化哲理,能较好地"国际表达"。作为肩负武术发展重任的武术人,作为中国武术的推广者、传播者,我们认为中国武术也许更能代表中国,因为中国武术集中体现了中华文化的总体特征,是最具中华文化特质的文化形态之一,已成为中华文化走向世界的文化品牌。

二、中国武术对外发展的历程及意义

1. 中国武术的海外发展历程回顾

有学者指出,中国武术已成为濒临灭绝的非物质文化遗产,到了迫切需要保护的地步,其办法就是要传承、传播。20世纪30年代,以老一辈武术家郑怀贤、温敬铭、张文广、刘玉华等为代表的中国武术代表团远赴柏林参加奥运会武术表演,其精湛技艺和精彩表演使中华武术在世界崭露头角,树立了良好的国家形象。20世纪70年代初,李小龙凭借高超的武术技艺战胜了世界各大搏击高手,再加上功夫影片的海外热播,掀起一股中国功夫浪潮。"功夫"一词因此成为中国武术的代名词,李小龙也因此成为世界追捧的偶像。

20世纪80年代,国家体委在全国武术工作会议上提出"要积极稳步地把武术推向世界"。在这样的方针政策指引下,中国武术加快了海外进军的脚步。1985年,我国正式成立了国家武术联合会筹备委员会。1990年,在我国正式成立了国际武术联合会。其间,亚洲武术协会、欧洲武术协会、南美洲武术协会、非洲武术协会相继成立。① 自此,武术迈向世界的步伐不断加快,世界武术锦标赛的举办、武术成功进入亚运会,使武术在国际上产生了重要影响,"武术入奥"也因此成为武术国际化发展的战略目标。为此,国家不仅对竞技武术进行了大幅度的改革,而且在方方面面作出了巨大努力,虽未成

---

① 王岗:《中国武术:走向世界的文化品牌》,《中国社会科学报》2012年2月20日。

功,但是在很大程度上扩大了武术的国际化影响。①

进入 21 世纪,中国武术的海外交流更加频繁,官方的、非官方的武术组织频繁出访,给武术的海外传播提供了更好的展示平台。再加之北京 2008 年奥运会期间武术的频频亮相、功夫熊猫的横空出世、功夫舞台剧的世界巡演等,使武术的国际影响力与日俱增,从而宣传了中国文化,提升了中国形象。

2．中国武术能更好地向海外传播中国文化,塑造国家形象,提升国家软实力

"启蒙主义时代,世界上流行的'中国元素'是丝绸、茶叶、瓷器和'礼'性;接下来的 100 多年里,世界上流行的'中国元素'是辫子、小脚、烟枪和贫弱;新中国成立 60 年间世界上流行的'中国元素'是中餐、功夫、中国印及和谐世界。"②这反映了几个世纪以来中国元素的"世界表达",更可见中国武术在当今世界的知名度得到提升。中国文化的"走出去"仅仅靠纯语言交流还远远不够,因为中西方文化的差异,会造成文本翻译的逆差。或许,我们从文本之外能找到更好的答案。将武术看作一种身体语言,一种蕴含中国传统文化的独特语言,一种提升中国软实力的"世界语言",通过中国武术讲述"中国故事",抒发中国人的国际情怀。

有学者研究表明,在体育领域足球是巴西的"代言者",篮球是美国的"国家形象"代表,武术是中国的"形象大使"。早在 2006 年,作为一位橄榄球迷的美国国务卿赖斯来访中国,对美国棒球进入中国表示了赞许,并称"两国体育交流会让人们更多地了解美国"。在她看来,"靠政府做大量的事去改变和改善人们对美国的印象,远不如大学、音乐家、艺术家和体育活动起到的作用显著"③。近些年以中国功夫为主题的《功夫熊猫》《风中少林》《少林海宝》等动漫电影、舞

---

① 国家体委武术研究院:《中国武术史》,北京:人民体育出版社,1996 年,第 455—461 页。
② 杨建营、杨建英、郭远巧:《国家形象视角下的武术国际化推广研究》,《山东体育学院学报》2011 年第 1 期,第 30 页。
③ 傅守祥:《锻造中国元素》,《中国文化报》2010 年 1 月 29 日。

台剧在世界范围的票房业绩也证明了中国元素的世界号召力。2010年2月3—4日,河南省教育厅"汉办"率领汉语国际推广少林武术基地学生到美国俄亥俄州举行了名为"武林汉韵"的武术表演,震撼了俄亥俄州的青少年学生和社区居民,他们对中华武术的技艺赞不绝口。这极大地增强了中国文化在美国的知名度、影响力。① 这些都证明了武术对于中国文化"走出去"战略的价值和重要意义。

与文字、语言、艺术、音像、图书相比,中国武术所具有的语言传播特性、人体运动传播特性,更具有消除语言障碍、文化逆差等制约传播效果的优势。今天的中国武术已成为世界各地孔子学院和海外"中国文化中心"开展中华文化传播的主要内容之一②。功夫剧的世界巡演,"武术汉语"的国际推广,美国斯坦福大学学生身穿中国服装练习中国武术,世界各国"中国文化年"活动中随处可见中国武术的身影,"非洲李小龙"多米尼克·萨艾特浪在非洲、欧洲收徒三千余人传播中国武术等,均充分证明了中国武术在中国文化"走出去"进程中的地位和作用。

三、文化"走出去"战略为中国武术的对外发展提供契机

文化"走出去"战略作为我国的文化政策,不再是中国文化发展的战略构想,而是"十二五"社会文化发展务实追求的主要目标,是当今民族文化发展的最强音,是我国争取国际话语权的重要举措。武术是世界公认的中华品牌文化,自新中国成立以来,中国武术蓬勃发展,无论技术还是理论均取得了令人瞩目的成绩,这是值得我们欣慰的;然而,武术的国际化还存在明显的不足。中华武术如何更好地走向世界,在世界的大舞台为中国争取国际话语权,树立国家形象,促进中国文化的传播,提高中国文化软实力,是摆在我们面前的重要课题。

---

① 方国清:《武术传播:讲述"中国故事"的"世界语言"》,《浙江体育科学》2011年第1期,第96页。
② 王岗:《中国武术:走向世界的文化品牌》,《中国社会科学报》2012年2月20日。

中国武术的发展不应是一个独立的体系,必须与国家的宏观文化政策衔接,与社会主流文化发展同步,应在政府的主导下培育具有中国文化独立品格的武术特质和与之相适应的文化生态环境①。国家实施文化"走出去"战略,为武术的发展提供了契机,创造了环境,提供了发展平台。党的十七届六中全会关于推动社会主义文化大发展大繁荣的决定出台,标志着我国文化改革发展进入一个崭新的时期,为文化"走出去"战略的实施提供了千载难逢的历史机遇,也为武术的发展提供了契机。党和国家从政策层面对文化发展给予大力支持,这不仅体现着一种舆论氛围的营造,还意味着从政府层面给文化发展以更多的政策、资金、渠道等扶持,中国武术迎来新的发展机遇。

四、中国武术对外发展策略

1. 对海外市场进行深入调研,提高武术在海外的竞争力和占有率

目前我们对中国武术的海外参与、分布、广告宣传、国外受众的消费口味等了解不够深入,仍处于探索阶段,不像其他国家传播自己国家的文化那样有针对性。如韩国的跆拳道、韩剧,美国的好莱坞电影,他们的生产者和创作者花大力气调研中国市场,研究中国文化,并巧妙利用中国文化元素赢得中国受众的好感,吸引更多的中国受众参与其中,更好地传播了他们的文化。美国导演马克·奥斯伯恩花费了 30 年时间研究中国文化,利用中国元素的"世界表达"制作了动画片《功夫熊猫》,耗时 5 年,将其形容为"写给中国的一封情书"②,冲击着中国的电影市场,至今影响深刻。因此,中国武术应充分了解海外市场和需求,制订针对性的发展策略,提高其海外竞争力。

---

① 尹碧昌、彭鹏:《文化政策视野下中国武术文化发展研究》,《中国体育科技》2010 年第 1 期,第 106 页。

② 饶曙光:《树立国际化思维,探索差异化途径》,《中国社会科学报》2011 年 6 月 21 日。

2. 培育具有国际竞争力和影响力的中国武术文化品牌,打造武术文化精品

中国武术文化品牌不是一个狭义的品牌概念,而是一个宽泛的概念。它不仅有物化的产品,还有无形的资源,包括"赛事品牌,拳种品牌,名人品牌,影视品牌,大师品牌,演艺品牌"[1]等。要大力保护、扶植现有武术品牌,不断培育具有国际影响力的新品牌,提升其国际化程度和国际竞争力,打造跨行业、跨地域的武术文化品牌产业,培养具有创新意识的武术专门人才。只有武术精品才能更好地体现中国的优秀文化;只有武术精品才能找到市场,引起消费者的兴趣。武术文化精品应是拥有广阔市场、体现中国时代精神和主体文化思想的优秀文化产品。

3. 了解海外市场及其受众所熟悉并乐于接受的武术"讲故事"方式

现代大众文化传播经历了以传者为中心向以受者为中心的转变,更加注重受众的特质和接受心理。要开展海外受众的调研,切实掌握海外受众的参与心理和审美期待,以及理解和接受习惯,打破因语言障碍、文化障碍和审美习惯差异引起的文化壁垒,寻找合适的武术表达方式,借助李小龙、成龙、李连杰等功夫明星的世界影响,打出中国功夫、武侠牌。

4. 借助功夫舞台剧海外巡演,促进武术国际化传播

近年来以中国武术为重要元素而创作的艺术精品(如《风中少林》《武颂》《少林武魂》《盛世雄风》《武林时空》等功夫舞台剧),通过"武"动的身体、生动的故事情节表达丰富的中国文化内涵,别具一格。历时5年以"影视明星搭台+全国武术冠军精英+原《少林寺》

---

[1] 冉学东、王岗:《对中国武术走出去战略的重新思考》,《体育科学》2012年第1期,第76页。

电影的武术明星＋真功夫"拍摄模式精心创作的功夫剧《少林寺传奇》,是真功夫剧的代表性作品,被译成 8 种语言,在海外 24 个国家和地区播放,向海外观众展示出中华武术文化的博大精深和自强不息的民族精神,迎合了海外观众的需求,产生较好的传播效果。

正如原国家广电总局电视剧管理司司长李京盛所说:"《少林寺传奇》三部曲讲述了一个饱满的中国故事,它将佛教文化、儒家文化、道教文化和中国传统武术文化融为一体,是传统文化的当代再现,它传达出的不畏强暴、刚正不阿、百折不挠、忠孝仁义的精神与我们当前所提倡的主流价值观相吻合,具有一定的历史性、独特性和当代性。"这些功夫舞台剧的世界巡演,产生强烈轰动,给世界各国人民带来非一般的视觉享受,使人们在欣赏的过程中接受中国文化,打破了因文化差异而引起的传播障碍,架起了一座国际沟通的桥梁。

5. 借鉴中国京剧海外营销中"细节决定成败"的策略

改革开放以来中国文化的世界影响力虽然明显上升,但是由于方方面面的原因,我们的很多文化元素和文化内涵目前还很难完全让外国受众接纳。比如《少林足球》一开始进入美国市场很难被接受,其主要原因就是美国人对"少林"一词及文化内涵有陌生感。在目前情况下,中国武术在"走出去"时,应在细节方面尽力消除陌生感,通过宣传语、宣传片、电影海报中的语言和视觉效果运用,使得异域受众感到武术创作内容与其处在"隔"与"不隔"之间,从而激发受众的接受欲望。[1]

京剧的海外推广细节值得借鉴,京剧《王子复仇记》取材于莎士比亚经典剧目《哈姆雷特》,本身就是西方观众熟悉的故事,其在荷兰等国的营销中打出"当京剧遇到莎士比亚""哈姆雷特在中国"等宣传语,利用观众熟悉莎士比亚名剧和期待中国京剧文化的双重因素,制造一种"熟悉的陌生感"。在剧目上演前,举办关于京剧的各种讲座,通过演员现场表演、讲解等方式,使国外观众了解京剧、懂得怎样欣

---

[1] 闫玉刚:《中国电影海外营销"细节决定成败"》,《中国社会科学报》2011 年 6 月 21 日。

赏京剧。凡此种种细节运用,才造就了京剧《王子复仇记》的海外成功。京剧在细节方面的种种用心表现值得借鉴。

6. 创新武术文化产业,实现跨越式发展

"创新乃文化之灵魂,提高原创力乃时代之大势所趋。有出息的民族必定善于创造、勇于开拓,经济文化概莫例外。"创新不足、创新贫瘠是制约中国武术"走出去"的瓶颈。欲摆脱这样的困境,就需要我们在观念、方法上"锻造独特,彰显创意",打造出真正对世界产生巨大影响的武术精品,提高文化软实力。[①]

自古以来,中华民族从不缺乏创新理念和能力,闻名全世界的古代四大发明就是最好的例证。"创新是一个民族进步的灵魂,是一个国家兴旺发达的不竭动力";"文化引领时代风气之先,其生命力在于创新";"创新是推动社会主义文化大发展大繁荣的根本动力,是提升社会主义文化软实力,努力建设社会主义文化强国的根本途径"。[②]要使魂"灵"起来,力"动"起来,光靠"写在纸上,说在嘴上,挂在墙上,落在会上"还远远不够,必须靠创意去开垦、播种、收获,通过创意充实、夯实、翱翔。美国微软公司联合创始人比尔·盖茨曾描述说:"创意具有裂变效应,一盎司创意能够带来巨大的商业利益、商业奇迹。"[③]中国武术要"锻造独特,彰显创意",创新武术文化产业,创造海外发展奇迹。目前,我们需要做的首先是汲取传统文化的营养,形成鲜明的民族性;其次是发掘当代文化的内涵,体现时代感;最后要借鉴海外优秀的成果与经验,赋予其开放性,真正实现海外市场的拓展。

7. 选择"政府推动、民间配合、贸易主导"模式

这一模式的基本思路是:在文化部、教育部、国家体育总局(武术

[①] 王岗:《中国武术创造力的思考》,《武术科学》2009 年第 3 期,第 17—20 页。
[②] 南振声:《推动社会主义文化大发展大繁荣的三重维度》,《中国社会科学报》2011 年 12 月 22 日。
[③] 吴存东:《文化创意产业概论》,北京:中国经济出版社,2010 年,第 192 页。

运动管理中心)等官方机构的大力推动与支持下,辅以民间社团和学术机构的紧密配合与补充,通过服务贸易这一桥梁和通道,让中国武术走向世界,使国外民众、社会精英和舆论界更多、更深入地了解中国武术和中国文化。"国务院应设立中华武术对外发展协调领导小组,将武术的对外发展工程纳入中华文化发展的国家计划中。在实施过程中,相关部委能通力协作,将民族的文化资源运用好、发挥好,争取效果、利益最大化。"[1]

五、结束语

国家实施文化"走出去"战略方针的指导,为武术"走出去"提供了较好的发展平台,创造了发展环境。通过文化"走出去",武术才能更好地向世界"讲述"自己的故事,用独特的身体语言,向世界传达自己的思想和文化精髓,加深世界对中国的认识和了解,改变世界对中国的偏见,更好地塑造国家形象,同时也能使武术实现跨越式发展。

---

[1] 栗胜夫、栗晓文:《全球价值链视域下的中华武术对外发展战略思考》,《体育科学》2011年第3期,第18—20页。

附录:中国文化"走出去"论文存目(2012—2015)

1. 穆桂云:《中华文化"走出去"中的几个结合》,《理论观察》2012年第1期。
2. 萧盈盈:《中华文化走出去的现状分析与发展思考》,《现代传播》2012年第1期,总第186期。
3. 冉学东、王岗:《对中国武术文化"走出去"战略的重新思考》,《体育科学》2012年第32卷第1期。
4. 荆玲玲、张会来:《中国文化"走出去"战略的时代变革与思路创新》,《未来与发展》2012第1期。
5. 王丽娜:《文化走出去战略:我国民族传统体育发展的历史契机》,《体育世界》2012年1月。
6. 花建:《中国文化地缘战略和中国文化"走出去"的新格局》,《东岳论丛》2012年1月第33卷第1期。
7. 李丽:《后危机时代中国文化模式的公共性意蕴——兼论中国文化"走出去"的内在根据》,《科技·经济·社会》2012年第1期第30卷,总第126期。
8. 曹阳、刘占辉:《浅议中国文化走出去的现状和策略》,《中国报业》2012年2月下。
9. 高奋:《论中华文化走出去的出版策略》,《中国出版》2012年4月上。
10. 张志洲:《文化外交与中国文化"走出去"的动因、问题与对策》,《当代世界与社会主义》2012年第3期。
11. 黄娟、沈德昌:《政府定位:"文化走出去"的关键》,《学习月刊》2012年第4期下半月,总第504期。
12. 曲彗敏:《以文化产业化模式推动中华文化走出去的思考》,《山东师范大学学报》2012年第57卷第3期,总第242期。
13. 杨欢、吴殿廷、王三三:《中国"走出去"战略的阶段性及其策略研究》,《国际商务——对外经济贸易大学学报》2012年第6期。
14. 王眉:《文化与经济齐头并进——政协委员谈文化和企业走出去》,《对外传播》2012年4月。

15. 唐天标:《创新文化走出去模式》,《中国人大》2012 年 4 月 25 日。
16. 陈杰:《关于中国文化走向阿拉伯世界的一些思考》,《宁夏社会科学》2012 年 5 月第 3 期,总第 172 期。
17. 罗顺江、王松:《从生态位原理看中国文化走出去中的翻译活动——新时期"东学西渐"翻译活动的生态位考察》,《宁夏大学学报》2012 年 5 月第 34 卷第 3 期。
18. 孙大光:《推动中国体育文化走出去战略构想》,《体育文化导刊》2012 年 5 月第 5 期。
19. 崔玉宾:《中原文化"走出去"的改革与创新方略》,《中国集体经济》2012 年 5 月 15 期。
20. 左玲:《西方文化"请进来"与中华文化"走出去"的变奏曲》,《甘肃理论学刊》2012 年 5 月第 3 期,总第 211 期。
21. 韩强:《推动中华文化"走出去"必须加强海外中国学研究》,《新视野》2012 年 6 月。
22. 姜楠:《关于我国音乐文化"走出去"的思考》,《音乐天地》2012 年 6 月。
23. 叶新、林曦:《从林语堂看中国文化"走出去"》,《中国出版》2012 年 6 月。
24. 毕磊:《中国文化"走出去"更要"走进去"》,《中国经贸》2012 年 6 月。
25. 蔡虹:《中国故事,国际表达》,《中国经济周刊》2014 年 6 月。
26. 许晓晴:《中国文化"走出去"面面观》,《对外传播》2012 年 7 月。
27. 赵可金:《中国文化"走出去"的权力杠杆》,《人民论坛》2012 年 7 月下。
28. 曲慧敏:《论多渠道推动中华文化"走出去"》,《思想理论研究》2012 年 7 月上。
29. 邓显超、袁亚平:《从话语转换看中华文化"走出去"》,《长白学刊》2012 年第 4 期。
30. 郭栋、刘海贵:《文化"走出去"工程的政策体系局限与优化思路——"我国文化'走出去'工程政策研究"专题研讨会综述》,《新闻大学》2012 年第 5 期,总第 115 期。
31. 程建明:《文化"走出去"的三个致力之点》,《理论探索》2012 年第 6 期,总第 198 期。
32. 张殿军:《论中国文化"走出去"》,《理论探索》2012 年第 6 期,总第 198 期。
33. 李炳毅、王丽鸽:《文化自觉与文化走出去》,《理论导刊》2012 年 08 期。
34. 刘兆征:《文化"走出去"的阻力及应对思路》,《宏观经济管理》2012 年第 11 期。
35. 佟斐:《浅析中国文化"走出去"的政治意义》,《社会纵横》2012 年 9 月,总第

27卷第9期。

36. 范玉刚:《文化"走出去"的价值祈向》,《理论视野》2012年9月。

37. 刘波、白志刚:《我国文化"走出去"的困境及其创新思路》,《理论学报》2012年9月。

38. 孙岭军:《中国传统文化"走出去"与国家软实力的提升兼论孔子学院的重要作用》,《山东行政学院学报》2012年10月第5期,总第120期。

39. 赵少华:《推动当代中国文化"走出去"》,《西部大开发》2012年10月。

40. 吕雅琴、刘妍:《后危机时代中国文化产业走出去的机遇与对策》,《改革与开放》2012年11月。

41. 张晓凤、金起文:《文化"走出去"的模式及转型》,《青年记者》2012年11月下。

42. 徐豪:《翻译推动中国文化"走出去"》,《中国报道》2012年终特刊。

43. 杨利荣:《文化"走出去"战略与文化大繁荣》,《中共山西省党校学报》2012年12月第35卷第6期。

44. 吴奇志:《为文化"走出去"战略铺路搭桥——全国翻译工作座谈会侧记》,《对外传播》2013年1月。

45. 祁述裕:《当前文化建设的几个重点难点问题》,《行政管理改革》2013年第1期。

46. 王宁:《中国文化"走出去"的自觉与自信——基于海外孔子学院成败得失的分析》,《探索与争鸣》2013年第1期。

47. 谢天振:《中国文学、文化"走出去":理论与实践》,《东吴学术》2013年第2期。

48. 王宁:《中国文化"走出去":外语学科大有作为》,《学论经纬》2013年第2期。

49. 王志勤、谢天振:《中国文学文化"走出去":问题与反思》,《学术月刊》2013年第2期。

50. 杨国平:《中原文化"走出去"战略实践中存在的问题及对策研究》,《北京城市学院学报》2013年第2期。

51. 沈静:《美国三十年代"京剧热"现象的传播学解读——中国文化"走出去"战略实施背景下的历史借鉴》,《媒体时代》2013年2月。

52. 王静:《面向吉尔吉斯斯坦实施文化"走出去"战略研究——以新疆籍少数民族华人华侨为例》,《新疆职业大学学报》2013年第2期。

53. 冯颜利:《中华文化如何"走出去"——文化影响力建设的问题、原因与建议》,《学术前沿》2013年4月下。

54. 黄韫宏：《科学、技术、管理在文化"走出去"战略中的作用》，《辽东学院学报（社会科学版）》2013年第2期。

55. 董晓莉：《京味文化"走出去"提升文化国际影响力》，《北京观察》2013年第3期。

56. 王雅坤、耿兆辉：《中国文化"走出去"的影响因素及路径选择》，《河北学刊》2013年第3期。

57. 赵丽涛：《社会主义核心价值观"走出去"的战略思考——文化软实力的视角》，《湖北民族学院学报（哲学社会科学版）》2012年第3期。

58. 王希军、卓成霞：《谈谈文化自信、包容、创新与"走出去"》，《东岳论丛》2013年第3期。

59. 董德福、孙昱：《关于中国文化"走出去"战略的几个问题》，《延安大学学报（社会科学版）》2013年第4期。

60. 王海文：《我国文化企业"走出去"：现状、问题及对策》，《理论探索》2013年第4期。

61. 胡晓明：《中国文化"走出去"的认知误区及应对之策》，《华东师范大学（社哲版）》2013年第5期。

62. 谭振江：《关于中华文化"走出去"的几个问题》，《理论导刊》2013年第5期。

63. 卫志民：《建构中国文化产业"走出去"战略体系的设想》，《现代经济探讨》2014年第5期。

64. 石文卓：《论文化"走出去"战略的四个基础》，《云南行政学院学报》2013年第5期。

65. 王国平、袁也：《推进中国传媒文化"走出去"研究》，《求索》2013年第5期。

66. 胡晓明：《如何讲述中国故事？中国文化"走出去"的若干理论与实践问题》，《华东师范大学学报》2013年第5期。

67. 朱昌爱：《"走出去"选题策划的思考与实践》，《出版发行研究》2013年第6期。

68. 杨国荣：《关于中国文化"走出去"的若干思考》，《上海人大》2013年第6期。

69. 王国志、张宗豪：《文化"走出去"战略背景下中国武术对外发展研究》，《上海体育学院学报》2013年第6期。

70. 严三九、刘峰：《中国文化"和谐"价值理念及其国际传播路径探析》，《新闻与传播研究》2013年第7期。

71. 席春燕、张志：《对中国文化"走出去"经济政策的思考——基于政策分析的视角》2013年第8期。

72. 宋建清、高友萍：《文化翻译与文化走出去》，《中国出版》2013年9月下。

73. 邓胤:《文化"走出去"路径探析——以〈吴哥的微笑〉为例》,《学术探索》2013年第9期。

74. 杨国平:《中国文化"走出去"的逻辑架构》,《内江师范学院院报》2013年第9期。

75. 孟晓雪:《我国文化产品和服务"走出去"的运行机制研究》,《上海文化》2013年第10期。

76. 高凤平、刘新淼:《中华文化"走出去":诉求与挑战》,《渭南师范学院学报》2013年第11期。

77. 张瑜珊:《文化"走出去"与复合型翻译人才培养研究》,《科技信息》2013年第12期。

78. 田新玲:《我国文化"走出去"工程面临重大发展契机》,《新金融》2013年第12期。

79. 李海莲:《促进我国文化企业"走出去"的税收政策研究》,《税务研究》2013年第12期。

80. 曹一宁:《浅析海外商会与中华文化"走出去"之结合——以海外温州商会为例》,《前沿》2013年第12期。

81. 黄自强、苗凯周:《公共外交视域下中华文化走出去战略》,《学理论》2013年第1期。

82. 杨宏华:《中国加快文化"走出去"的现实困境与有效途径》,《中国商贸》2013年第23期。

83. 崔玉宾:《中国文化"走出去"的现状及对策分析》,《人民论坛》2013年2月中,总第394期。

84. 鲍晓英:《中国文化"走出去"之译介模式探索——中国外文局副局长兼总编辑黄友义访谈录》,《中国翻译》2013年第5期。

85. 王碧薇:《中国文化走出去的现状、困境及对策建议》,《中国商贸》2013年第23期。

86. 蒋云美、何三宁:《转型期传统文化走出去困境考量》,《历史与文化》2013年12月中,总第426期。

87. 胡兴文、巫阿苗:《中国文化走出去:面向受众的翻译出版路径》,《中国出版》2014年1月下。

88. 赵跃:《本土化与全球化的交融——中国传统文化走出去问题探析》,《理论学刊》2014年2月第2期,总第240期。

89. 阮耀华:《海外"欢乐春节"活动对推动中华文化走出去的作用及建议——以2014年马耳他欢乐春节活动为例》,《中国外贸》2014年2月下,总第

307期。

90. 赖招仁:《文化走出去战略与本科外语专业人才培养创新》,《临沂大学学报》2014年4月,第36卷第2期。

91. 姜伟娜:《蒋彝与中国文化"走出去"》,《出版广角》2014年4月下。

92. 薛金升:《以差异化的杂技艺术产品推动文化"走出去"》,《杂技与魔术》2014年5月。

93. 赵科慧:《我国文化"本土化"和"走出去"的战略思考》,《中共云南省委党校学报》2014年5月,第16卷第3期。

94. 李玉云:《西双版纳州民族文化"走出去"问题探究》,《中共云南省委党校学报》2014年7月,第16卷第4期。

95. 王春林:《数字传播条件下中国文化"走出去"的机遇挑战与对策》,《出版广角》2014年7月下。

96. 杨利英:《新时期中国文化"走出去"战略的意义》,《人民论坛》2014年8月中,总第451期。

97. 刘彦武:《文化"走出去"战略的地缘政治学分析》,《中华文化论坛》2014年第1期。

98. 王治国:《论少数民族文化"走出去"的汉译中介模式——从〈达斡尔族乌钦体民间叙事诗《少郎和岱夫》〉英译谈起》,《中华文化论坛》2014年第2期。

99. 王如忠:《文化创意产业"走出去"》,《上海文化》2014年第4期。

100. 胡丹婷:《文化"走出去"的主力军》,《浙江经济》2014年第4期。

101. 周明伟:《建设国际化翻译人才队伍,推动中国文化走出去》,《中国翻译》2014年第5期。

102. 苏毅:《国家文化安全战略下的中国文化走出去战略》,《暨南学报》2014年第5期,总第184期。

103. 藤依舒、袁媛:《第二届"'文化'走出去':中国当代文化价值凝聚与国际传播路径"国际论坛会议综述》,《现代传播》2014年第8期,总第217期。

104. 李道今:《文化走出去亟须打造"北京模式"》,《投资北京》2014年第8期。

105. 刘凤山:《文化走出去工程——今晚报社10年创办20个海外版》,《新闻战线》2012年第1期。

106. 蔡武:《新形势下传承和弘扬优秀传统文化的思考》,《全球化》2014年第5期。

107. 薛正昌:《丝绸之路经济带与宁夏》,《宁夏社会科学》2015年1月。

108. 李永村:《中国文化"走出去"背景下小语种人才素质及素质培养措施——以德语专业为例》,《教育教学论坛》2015年1月。

109. 苏秀云:《韦努蒂异化翻译理论对汉译英教学策略建构的启示》,《教育探索》2015年第1期。
110. 孙三军、文军:《翻译与中国文化外交:历史发展及策略分析》,《上海翻译》2015年第1期。
111. 曾微:《基于修辞能力的广西外宣翻译人才培养模式的探索与研究》,《大众科技》2015年1月,总第17卷第185期。
112. 蒋多、杨乔:《生产性保护背景下非物质文化遗产国际化的路径与对策》,《中国海洋大学学报(社会科学版)》2015年1月。
113. 吴赟:《翻译能力构建与中译外人才培养》,《外语学刊》2014年1月。
114. 苏磊:《版权输出,"走出去"才是王道》,《科技与出版》2015年1月。
115. 刘伯根:《出版国际化:中国出版集团的自觉选择》,《科技与出版》2015年1月。
116. 向安全:《文化资本及出版人"走出去"是中国出版企业"走出去"的最优途径》,《科技与出版》2015年1月。
117. 孙跃进:《加快文化"走出去"步伐,促进文化强省建设》,《前进》2015年1月。
118. 张逸岗:《文化"走出去"战略背景下外语期刊的发展思路》,《现代出版》2015年1月。
119. 冯思淇:《习近平的传统文化观初探》,《实事求是》2015年1月。
120. 朱振武、杨世祥:《文化"走出去"语境下中国文学英译的误读与重构——以莫言小说〈师傅越来越幽默〉的英译为例》,《中国翻译》2015年1月。
121. 王蓉:《具有西蜀地域文化的特色产品设计研究——推动成都文化"走出去"之路》,《现代装饰(理论)》2015年1月。
122. 曹文刚:《中国当代文学的海外传播》,《哈尔滨师范大学社会科学学报》2015年1月。
123. 王宏:《海洋文化,推动海洋文化"走出去"》,《中国海洋年鉴》2015年1月。
124. 陈戎女、秦晓星:《"跨文化论坛2014:海外汉学与比较文学研究新方向"综述》,《中国比较文学》2015年1月。
125. 刘道学、文叶飞:《凸显民族特色,彰显文化自信——铜仁民族文化频频亮相海内外》,《当代贵州》2015年1月。
126. 朱振武、袁俊卿:《中国文学英译研究现状透析》,《当代外语研究》2015年1月。
127. 周汶霏、宁继鸣:《孔子学院的创新扩散机制分析》,《中国软科学》2015年1月。

128. 谬建维:《葛浩文翻译观试析——以〈生死疲劳〉英译本为例》,《湖北民族学院学报(哲学社会科学版)》2015年2月。

129. 张馨云:《推动民族文化走出去》,《云南日报》2015年2月。

130. 朱有志:《深化文化体制改革,推动湖南文化"走出去"》,《新湘评论》2015年2月。

131. 刘晟、焦波:《地方文化走出去迎来"开门红"》,《中国文化报》2015年2月。

132. 井水清:《中华文化走出去》,《商业文化》2015年2月。

133. 兴杰:《中华文化如何走出去》,《商业文化》2015年2月。

134. 王曦悦、张亚蓉:《从香港授权展看四川文化走出去的前景》,《中国文化报》2015年2月。

135. 乔令先:《"文化走出去"背景下的汉英合作翻译研究》,《学术界》2015年2月。

136. 成昭伟、张祝祥:《费孝通的"文化自觉"思想对典籍英译的启示》,《中国科技翻译》2015年2月。

137. 任成金:《中国文化走出去的历史借鉴与现实选择》,《中州学刊》2015年2月。

138. 程芳:《多维视角考量下中华文化走出去的战略基点》,《中央社会主义学院院报》2015年2月第1期。

139. 苟德培:《中国文化"走出去"的话语表达与路径选择》,《对外传播》2015年2月。

140. 刘建华:《论传媒产品走出去的三大生产模式》,《传媒》2015年2月。

141. 王桢:《文化输出与交流:云南歌舞何时真正"走出去"》,《学科建设与文化创意》2015年3月。

142. 韩震、陈海燕:《协同创新推动中国文化走出去》,《国家教育行政学院院报》2015年3月。

143. 覃颖川:《议古论今:浅谈中国对外文化交流》,《黑龙江史志》2015年3月。

144. 旭彦:《互联网如何助力中国文化走出去?》,《中国艺术报》2015年3月。

145. 何文琦:《文化走出去,不能自说自话》,《深圳商报》2015年3月。

146. 邹韧、范燕莹:《中国文化走出去还差什么》,《中国新闻出版报》2015年3月。

147. 黄玲:《文化交流,深圳文化走出去》,《深圳年鉴》2015年3月。

148. 白杰:《世界主义影响下翻译的经济价值》,《经营管理者》2015年3月。

149. 方仪力:《文化"走出去"战略背景下的中国少数民族文学对外译介反思》,《文化与传媒·当代论坛》2015年3月。

150. 曹庆珠：《译者身份再思考——小议莫言获奖背后的翻译问题》，《佳木斯职业学院院报》2015年3月。
151. 李成家、彭祝斌：《中国文化"走出去"的问题与对策》，《云梦学刊》2015年3月。
152. 卢加伟：《基于文化开放视域的中国外语教育》，《中国成人教育》2015年3月。
153. 曹文刚：《论中国现当代文学的对外译介与传播》，《湖北第二师范学院学报》2015年3月。
154. 庹继光、塞莉：《文化走出去视阈下的武术电视剧传播分析》，《中国电视》2015年3月。
155. 殷亚敏：《中小型出版社版权输出工作初探》，《中国发明与专利》2015年3月。
156. 孟祥杰：《中国出版物海外发行渠道拓展的实践与思考》，《对外传播》2015年3月。
157. 侯国金：《语用翻译观助中国文化走出去》，《中国社会科学报》2015年3月。
158. 徐金玉：《抓住优秀文化这个"根"》，《人民政协报》2015年3月。
159. 赵天：《共建丝绸之路经济带的文化交流战略研究》，《新疆社会科学》2015年3月。
160. 冯思淇：《论习近平同志的传统文化观》，《毛泽东思想研究》2015年3月。
161. 王志标、侯贺：《文化可持续视角下中国翻译产业的发展战略》，《技术经济与管理研究》2015年3月。
162. 刘璐：《文化走出去，不能走美国老路》，《解放日报》2015年3月。
163. 占善钦：《2013年改革进展，扩大对外文化交流和贸易，文化"走出去"更加稳健有效》，《中国改革年鉴》2015年4月4日。
164. 刘永红：《论汉外语对比研究的境界、方法与呈现》，《社会科学家》2015年4月。
165. 周树雨、刘建华：《传媒生产文化差异减少对文化"走出去"作用浅析》，《中国出版》2015年4月。
166. 朱晓辉、张佑林：《自贸区框架下上海文化贸易发展所面临的问题和对策研究》，《浙江理工大学学报：社会科学版》2015年4月。
167. 邢扬：《文化"走出去"战略下版权输出策略研究》，《传播与版权》2015年4月。
168. 庞彦杰：《中国文化传播与西方译介受众地位的考量》，《郑州航空工业管理学院学报(社会科学版)》2015年4月。
169. 金巍:《文化"走出去"需要耐心和诚意》,《华夏时报》2015年4月。
170. 洪伟成、黄思宇:《海派文化"走出去",交流与贸易并举》,《中国文化报》2015年4月。
171. 李菡静:《云南演艺产业"走出去"的"在地化"与"国际化"——以〈吴歌的微笑〉为例》,《民族艺术研究》2015年5月。
172. 张西平:《中国古代文化典籍域外传播研究的门径》,《中国高校社会科学》2015年5月。
173. 于雪:《市场化助推中国文化"走出去"》,《深圳商报》2015年5月。
174. 姜佳伟:《从莫言的文学作品〈红高粱〉的翻译策略探究中国文化"走出去"的途径》,《决策论坛——公共管理决策案例与镜鉴研讨会文集》2015年5月。
175. 张朝意、冯刚:《高校在中国文化"走出去"战略实施中的作用分析》,《对外传播》2015年5月。
176. 许勤:《打造文化走出去"主力军"》,《光明日报》2015年5月。
177. 崔艳荣:《文化"走出去"语境下的中国旅游文化翻译策略——以关联翻译理论为视角》,《绿色科技》2015年5月。
178. 杨琳、史春林:《"三力"助推中华文化"走出去"》,《人民日报》2015年6月。
179. 李艺:《略论文化"走出去"背景下复合型翻译人才的培养路径》,《兰州教育学院学报》2015年6月。
180. 李建军:《中国文化"走出去"新视角》,《新疆师范大学学报(哲学社会科学版)》2015年7月。

论文作者简介

习近平,现任中国共产党中央委员会总书记,中共中央军事委员会主席,中华人民共和国主席,中华人民共和国中央军事委员会主席。
刘奇葆,现任中央政治局委员、中央书记处书记,中央宣传部部长。
蔡　武,曾任文化部党组书记、部长。
藤依舒,北京师范大学博士研究生,昆明理工大学讲师。
袁　媛,北京师范大学艺术与传媒学院博士。
苏　毅,暨南大学国际关系学院博士生。
荆玲玲,哈尔滨师范大学管理学院讲师。
张会来,哈尔滨师范大学管理学院学生。
赵少华,曾任文化部党组副书记、副部长。
张殿军,中共天津市委党校科社部副主任、副教授。
黄　娟,燕山大学马克思主义学院讲师。
沈德昌,燕山大学文法学院讲师。
韩　震,北京外国语大学党委书记、教授。
陈海燕,北京外国语大学党委宣传部副部长。
李建军,新疆师范大学国际文化交流学院教授。
程　芳,山东省社会主义学院教研部讲师。
张　志,南京大学信息管理学院博士生。
席春燕,内蒙古大学出版社财务部主任。
祁述裕,国家行政学院社会和文化教研部副主任、教授、博士生导师。
杨国荣,教育部长江学者,华东师范大学学术委员会副主任、人文社会科学学院院长。
蒋云美,南京信息工程大学公共管理学院硕士研究生。
何三宁,南京信息工程大学教授。
董德福,江苏大学马克思主义学院教授。
孙　昱,江苏大学马克思主义学院研究生。
王春林,中共广西区委党校文史部教授。

张志洲,北京外国语大学国际关系学院教授。
王海文,北京第二外国语学院国际经贸学院副教授、硕士生导师。
冯颜利,中国社会科学院马克思主义研究院研究员。
宋建清,南通大学外国语学院副教授。
高友萍,南通大学外国语学院讲师。
孙三军,北京外国语大学英语学院翻译系讲师。
文　军,北京航空航天大学外语学院教授、博士生导师。
栗文达,河北师范大学外国语学院副教授。
张瑜珊,河北科技大学外国语学院讲师。
吴　赟,上海外国语大学教授。
方仪力,西南民族大学外国语学院讲师。
罗顺江,中国海洋大学外国语学院教授。
王　松,中国海洋大学外国语学院本科生。
鲍晓英,上海外国语大学副教授。
王治国,天津工业大学外国语学院副教授。
薛金升,黑龙江省杂技团团长。
沈　静,华中科技大学新闻与信息传播学院博士生。
姜　楠,沈阳音乐学院硕士研究生。
王　宁,清华大学外国语言文学特聘教授。
姚乐野,四川大学公共管理学院教授。
王阿陶,四川大学社会发展与西部开发研究院副研究馆员。
张逸岗,上海外语教育出版社期刊编辑室主任。
王　静,中亚汉语国际教育研究中心成员。
陈　杰,上海外国语大学东方语学院副教授。
戴炜栋,上海外国语大学英语学院教授、博士生导师。
王雪梅,上海外国语大学英语学院教授。
高　奋,浙江大学外语学院文学研究所所长。
吕世生,南开大学外语学院教授。
刘　浩,天津市招生考试院讲师。
王国志,苏州大学体育学院教授。
张宗豪,苏州大学体育学院副教授。

备注:
1. 简介中的所有作者均按其文章先后顺序排序。
2. 所有作者的简介信息以其原文发表时载明的为主要依据。

编后记

党的十八大以来,中央高度重视中国文化"走出去"工作。习近平总书记多次作出重要论述,提出明确要求,中国文化"走出去"已成为重要的国家战略。中国政府、学界、企业、社会组织等多方力量积极参与,努力构建全方位、多层次、宽领域的文化"走出去"格局,增强了中国文化的国际影响力。《中国文化"走出去"研究总论》是"中国文化'走出去'研究丛书"之一,选编本书正是这种努力的体现。

本论文集由张西平和管永前担任主编。在编选过程中,我们得到了诸多学界同行,尤其是入选本论文集的各位作者的帮助和支持。北京外国语大学国际中国文化研究院郭景红博士推荐了许多好文章,硕士生郭玉红、余倩虹在资料收集、论文查找、文档转换、入选论文联系授权等方面做了大量工作,使这本论文集得以最终完稿,在此一并致谢。但由于编写时间紧迫、编者水平有限,论文的选取难免会有缺陷、疏漏,不当之处,概由编者负责。

最后,衷心感谢北京外国语大学、中国文化"走出去"协同创新中心、北京大学出版社支持本书出版。希望这本论文集能够为推动中国文化"走出去"发挥一些积极作用,能够对中国文化国际传播研究感兴趣的学者和学生有所助益。

编者

2016 年 6 月 20 日